BAEDEKER

I
ISTRIEN

Kvarner-Bucht

»
... ein Italien, das nicht in Italien liegt.
«

Pier Paolo Pasolini

🟧 DAS IST

··

🟩 TOUREN

··

LEGENDE

Baedeker Wissen
● Textspecial, Infografik & 3D

··

Baedeker-Sterneziele
★★ Top-Reiseziele
★ Herausragende Reiseziele

··

ZIELE

■ HINTERGRUND

■ ERLEBEN & GENIESSEN

■ PRAKTISCHE INFORMATIONEN

■ ANHANG

PREISKATEGORIEN

Restaurants
Preiskategorien
für ein Hauptgericht
€€€€   über 25 €
€€€   17 – 25 €
€€   10 – 17 €
€   bis 10 €

Hotels
Preiskategorien
für ein Doppelzimmer
€€€€   über 250 €
€€€   170 – 250 €
€€   100 – 170 €
€   bis 100 €

MAGISCHE MOMENTE

ÜBERRASCHENDES

Den Urlaub nach Hause holt man sich mit Meersalz aus Sečovlje ...

D
DAS IST ...

... Istrien

Die fünf großen Themen rund
um die grüne Halbinsel in der blauen Adria.
Lassen Sie sich inspirieren!

Ganz im Süden Istriens ragt
Kap Kamenjak ins Meer hinaus. ▶

DIE BIBEL IN BILDERN

Farbenfrohe Skelette geben mit dem Dudelsack den Takt vor, gefolgt von einer Menschenschar: Bettler, Handwerker und der Papst reihen sich im Totentanz von Beram hintereinander. Das wohl berühmteste Fresko Istriens ist jedoch nur eines von vielen: Auf der Halbinsel gibt es in rund 140 Kirchen Wandmalereien zu entdecken, die auch ohne Worte viel zu erzählen haben.

Der Totentanz in der Kirche von Beran ▶

MAN muss schon genau hinsehen, um alles zu erkennen: Das Abbild Jesu, hoch über seiner Apostelschar, ist stellenweise stark abgeblättert. Die Wandmalerei im Kirchlein Sveti Rok (St. Rochus) in Roč stammt noch aus einer Zeit, in der die meisten Menschen weder lesen noch schreiben konnten: »Im Mittelalter haben Fresken das **Wort Gottes aus der Bibel bildlich übermittelt**, wie eine Art Comiczeichnung«, sagt Zdenka Majcan. Ihre Reiseagentur Istrianatravel bringt Urlaubern die Tradition istrischer Fresken näher – nicht nur durch Erzählungen.
Die Wandmalereien – die meist Maria, Jesus, die Heiligen, Schutzpatrone oder biblische Motive darstellen – wurden

OBEN: Detail aus der Nikola-Kirche in Pazin
UNTEN: Marienlegende in der Kirche von Bale

nicht nur angebetet. Zugleich mahnten sie die Gläubigen, nicht vom rechten Weg abzukommen. Wer es dennoch tat, musste damit rechnen, eine der abgebildeten Szenen am eigenen Leib zu erleben – etwa die Qual des Jüngsten Gerichts. Diese Furcht wurde während der Blütezeit der Fresken, die in Istrien vom 11. bis 16. Jh. dauerte, durchaus real empfunden.

Schicht für Schicht

»Später setzte ein gewisser Fanatismus ein, der dazu führte, dass viele Kirchenwände weiß übertüncht wurden«, erzählt Zdenka Majcan. Mancherorts kratzten die Kirchgänger den auf den Fresken dargestellten Menschen gar die Augen aus. Nachdem sich der Eifer gelegt hatte, geriet die Freskenmalerei allmählich in Vergessenheit. »Unter mehreren Schichten Putz entdecken wir heute den versteckten Kunstschatz wieder«, so Zdenka Majcan.

Auch eine der bedeutendsten Wandmalereien in Istrien, der Totentanz im **Kirchlein Marija na Škriljinah** (Hl. Maria im Fels) in Beram, unweit von Pazin, wurde erst vor gut 100 Jahren bei Restaurierungsarbeiten entdeckt. Die wunderschönen Wandmalereien waren mit Putz überdeckt: Bei jedem neuen Kunststil wurde der ältere übermalt, so die gängige Praxis.

Überhaupt umfasst die Freskomalerei nicht nur eine Schicht: Vor dem Bemalen wurden die Kirchenwände zunächst grob abgeschmirgelt und anschließend mehrere Male mit Kalkstein und feinem Sand verputzt. Die letzte Schicht kam erst an dem Tag hinzu, an dem die entsprechende, noch frische feuchte Stelle an der Wand tatsächlich bemalt wurde – daher der Name »al fresco«.

Haus der Fresken

Eine Brücke zwischen Vergangenheit und Gegenwart schlägt das »Haus der Fresken« (Kuća fresaka) **im Dorf Draguć**: Hier wurde ein moderner, für ganz Istrien zentraler Infopunkt eingerichtet. Mit Wechselausstellungen, interaktiven Spielen und Karten wird die mittelalterliche Kunst vermittelt – praktische Tipps, wo es die schönsten Fresken zu entdecken gibt, inklusive (▶ S. 61).

FRESKEN-WORKSHOP

Kerzenlicht erhellt das Atelier von Hari Vidović, aus den Lautsprechern dringt Renaissance-Musik: So wird der Fresken-Workshop in Roč begleitet. »Jeder kann eine Freske gestalten, auch ohne Vorkenntnisse«, verspricht Organisatorin Zdenka Majcan. Damit alles klappt, wird zunächst eine Skizze gezeichnet und anschließend auf flache, graue Steinplatten, den Tavelice, übertragen. 2,5 Stunden dauert der Fresken-Workshop in Roč, inklusive Drink, Anleitung und Materialkosten (Durchführung auch auf Deutsch möglich; Kosten abhängig von der Teilnehmerzahl 63–87 € pro Person; Infos: Istriana Travel, Vrh 46, 52420 Buzet, Tel. mob. 091 541 2099, www.istrianatravel.hr).

HABS- BURGER NOS- TALGIE

Alter k. u. k. Glanz hängt über den Seebädern in der Kvarner-Bucht: Die vornehme Pracht der Habsburger Donaumonarchie blüht hier wieder auf mit illustren Fassaden, schmucken Hotels und köstlichen Backtraditionen. Vieles scheint fast wie damals, als der Kaiser noch hier tanzte.

Stilecht begrüßt »Wolferl« im Mozart-Hotel in Opatja. ▶

DAS »Wolferl« darf nicht fehlen: Als Büste thront Mozart in dem nach ihm benannten Hotel in Opatija, hinter herrschaftlicher Gründerzeitfassade. Überhaupt erinnert in dem einst mondänen k. u. k. Seebad vieles an die »Goldenen Jahre« der Donaumonarchie: Opatija, das frühere Abbazzia, wurde bereits 1889 zum »k. u. k. Curort« erkoren. Mit mildem Klima und subtropischer Vegetation lockte der Sehnsuchtsort vor allem in den Wintermonaten Kurgäste an.

Österreichs Riviera

Ab Wien reiste der Adel, später auch das wohlhabende Bürgertum mit der Südbahn an die »österreichische Riviera«. Weiter ging es vom beschaulichen Vorort Matulj mit der Pferdekutsche nach Opatija. Daran wird heute ein- bis zweimal pro Jahr angeknüpft, wenn der Original k. u. k. Salonzug Majestic Imperator Train de Luxe erneut anrollt: rote Teppiche, Kirschholz und schwere Brokatvorhänge verleihen Speisewagen, Rauch- oder Damensalon aristokratisches Ambiente. Schon **Kaiser Franz Joseph I. und Gattin »Sisi«** nutzten die luxuriös ausgestatteten Waggons. Der Kaiser soll sich in Opatija übrigens gerne mit seiner Geliebten, der Burgtheater-Schauspielerin Katharina Schratt getroffen haben.

Urlauben wie Seine Majestät

In Opatija angekommen, residierte die Hautevolee in eleganten Nobelherbergen, etwa im »Kronprinzessin Stephanie«, das heute als Heritage Hotel Imperial mit Kronleuchtern und ausladenden Fluren auch weniger betuchte Gäste aufnimmt. Im legendären Kristallsaal des 1884 erbauten Hotels Quarnero, heute Hotel Kvarner Liburnia, wurde Walzer getanzt.

Alljährlich Mitte Juli verwandelt sich nicht nur dieses Hotel, sondern das Herz von Opatija in eine »Kaiserstadt« (Carski grad): Bei dieser **Nostalgie-Nacht** flaniert das Kaiserpaar, gefolgt von anderen Schauspielern in prächtigen Roben durch Opatija, begleitet von klassischer Musik und Tanz unter Sternen. Auch beim **Wiener Ball** im September in Opatija wird im Dreivierteltakt getanzt. Er gilt als Höhepunkt der Wiener Woche, bei der in vielen örtlichen Cafés natürlich »Išleri"« – die berühmten Törtchen aus Opatijas Partnerstadt Bad Ischl –, »Kremšnite« (Cremeschnitten) und andere köstliche Kuchen nicht fehlen dürfen.

Frische Sachertorten wurden einst direkt aus Wien ins frühere Café Glacier angeliefert, das im Juraj Šporer Kunstpavillon untergebracht war. Längst schon werden Kuchen, Strudel und andere Mehlspeisen **in bester k. u. k. Tradition vor Ort gebacken**: Als eine der besten Adressen gilt das nostalgische Café Wagner im Amadria Park Hotel Mileni.

Neuer Glanz

Die Blütezeit der k. u. k. Seebäder an der Adria fand mit dem Niedergang der Donaumonarchie 1918 ein jähes Ende. Im sozialistischen Jugoslawien wurden die mondänen Villen verstaatlicht, aus dem »Kronprinzessin Stephanie« wurde für einige Jahre – ehe Tito mit Stalin brach – das »Hotel Moskau«. Erst im neuen Kroatien knüpft man mit wieder herausgeputzten Gründerzeit-Fassaden an die alten Traditionen an.

ALTWIENER KAFFEEHAUSTRADITION

Einmal in das versunkene Österreich am Meer eintauchen: Dazu gibt es wohl keinen nostalgischeren Ort als die Seeterrasse des Café Wagner im Hotel Milenij in Opatija. Kellner in weiß gestärkten Hemden servieren die wohl köstlichste Sachertorte südlich von Wien! Warm eingemummelt, lässt es sich dort schon im Februar unter freiem Himmel gut aushalten, mit Blick auf den palmenbestandenen Park und die Franz-Joseph-Flanierpromenade. Als würde der Kaiser hier gleich vorbeispazieren! (Ul. Viktora Cara Emina 6, Opatija, Tel. 051 20 20 71, tgl. 7–22 Uhr)

WOHL-FÜHL-PRO-GRAMM

Wenn das nicht verlockend klingt: Die Thalasso-Therapie zaubert mit Algen, Aerosol und Meerwasser nicht nur straffe Haut, sondern mildert auch so manche Beschwerden. Auch bei anderen Kur- und Wellnessanwendungen lässt es sich in der Kvarner-Bucht herrlich entspannen.

WELLNESS UNTER FREIEM HIMMEL

Die Schlammpackung mit schwarzgrauem, feinem Schlick spannt beim Trocknen auf dem Körper ein wenig. Nach dem Abbrausen mit Meerwasser fühlt sich die Haut jedoch unglaublich weich an! Ein Tag im Thalasso-Spa Lepa vida im slowenischen Sečovlje ist Wellness pur! Behandelt wird nur mit Produkten aus den Salinen, an die das Freiluft-Spa angrenzt. Minimalistische Massagepavillons und Holzstege umgeben den zentralen Meerwasserpool. Höchstens 50 Gäste können gleichzeitig verwöhnt werden – mittlerweile stammt jeder fünfte aus Deutschland oder Österreich. Da alles im Freien stattfindet, ist nur bei schönem Wetter geöffnet (Mai bis August, Reservierung mehrere Tage im Voraus empfohlen, Seča 115, 6320 Portorož, Tel. 00386 5 672 13 60, www.thalasso-lepavida.si).

DASS das Meer heilende Kräfte besitzt, entdeckte schon Hippokrates im antiken Griechenland: Der »Vater der Heilkunde« behandelte Fischer mit Wunden an den Händen – und stellte fest, dass diese mit warmen Meerwasserumschlägen besonders gut abheilten. Hippokrates' Behandlungsmethoden mit Salzwasser gelten als Vorläufer der Thalasso-Therapie.

Heilkraft des Meeres ...

Auf diese setzt man in den mondänen k. u. k. Seebädern **Opatija** und **Crikvenica**: Schon die feine Gesellschaft der Österreichisch-Ungarischen Monarchie schätzte die Heilwirkung des Meeres (griech. thalassa) und nutzte die Anwendungen vorbeugend, aber auch heilend. Eine Thalasso-Therapie ist jedoch nicht nur ein Badeurlaub am Meer, sondern basiert auf mehreren Säulen – auch wenn der Begriff nicht geschützt ist und die Anwendungen schon in den Schweizer Bergen angeboten werden. Eine **echte Thalasso-Therapie** könne jedoch nur an der Küste durchgeführt werden, sagt Ivana Mijatović, die das Thalasso Spa Lepa Vida in den Salinen im slowenischen **Sečovlje** leitet. Diese Auflage fordert auch der Europäische Heilbäderverband: maximal 300 m vom Meer entfernt, unbehandeltes Meerwasser in der Wanne oder im Pool, allergenarme Seeluft, Schlick- oder Algenpackungen und Aerosol, zerstäubte Meerespartikel in der Luft, zudem eine Heliotherapie mit natürlichen Sonnenstrahlen. Eine Kombination dieser Faktoren soll sich vor allem positiv auf Rheuma, Neurodermitis oder allgemeine Erschöpfungszustände auswirken. Im Thalasso Spa Lepa Vida kommt zudem Salzlake auf die Haut, so genanntes

acqua madre, das bei der Meersalzgewinnung in den angrenzenden Salzbecken zurückbleibt. Es kann bis zu zehn Mal dickflüssiger als Wasser sein. Zudem sei es sehr mineralstoffreich, so Ivana Mijatović. Überhaupt enthält Meersalz über 80 Mineralien und Spurenelemente, die einen positiven Effekt haben.

... der Pflanzen ...

Doch nicht nur die Thalasso-Therapie kommt an der Adria zum Einsatz. Die Insel **Lošinj**, wo schon im späten 19. Jh. der Habsburger Adel lustwandelte und später über 30 000 Kinder aus der DDR ihr Asthma im örtlichen Sanatorium kurierten, setzt heute auf mehr als 1000 Pflanzenarten: Deren ätherische Öle vermengen sich mit dem Aerosol in der Luft – und schaffen so eine **»kostenlose Aromatherapie«**. Das Zusammenspiel von mediterranen Kräuterdüften, Sonne, Salzwasser und mildem Klima wird hier, aber auch anderswo in der Region, als **»Kvarner-Effekt«** vermarktet.

... und des Thermalwassers

Dich nicht nur an der Küste hat der Gesundheitstourismus eine lange Tradition: Im inneren Istrien sprudeln die einzigen Thermalquellen, **Istarske Toplice.** Schon die Römer nutzten sie für medizinische Kuren. Und natürlich locken die Wellness-Zentren in den großen Hotels mit globalen Entspannungstrends wie Hot-Stone-Massagen mit heißen Lavasteinen, japanischen Shiatsu-Körperanwendungen oder Detox-Behandlungen – Wellness pur!

ÜBERRA-SCHUN-GEN IN DER UNTER-WELT

Der Weg ans Meer führt durch eine wildromantische Karstlandschaft: Im wasserlöslichen Kalkstein haben sich eigenartige geologische Formen herausgebildet. In den verschlungenen Höhlensystemen tief im Erdinnern lebt ein ungewöhnlicher Zeitgenosse – der Grottenolm.

◄ Durch die phantastische Unterwelt in Postojna

BEIM angekündigten Besuch des österreichischen Kaisers sollte alles glänzen: Eine Gruppe von Arbeitern wurde abgestellt, um den Höhleneingang der **Postojnska jama** feierlich zu beleuchten. Einer von ihnen, der slowenische Lampenwart Luka Čeč, entfernte sich jedoch von seinen Kollegen und stieg durch eine Wand in einen bislang unbekannten Höhleneingang. Als er wiederkam, rief er: »Hier ist eine neue Welt, hier ist das Paradies!« An jenem Tag im April 1818 entdeckte Luka Čeč, dass die Karsthöhle Postojnska jama weit mehr als die bis dahin bekannten 300 m umfasst – sondern sich als imposantes Höhlensystem über rund 24 km Länge unter der Erdoberfläche ausbreitet.

Ein merkwürdiger Geselle

Das unterirdische Labyrinth wurde schon bald mit Strom und einer Elektrobahn ausgestattet, die Besucher ins Erdinnere bringt – mehr als 40 Millionen Gäste waren es in den vergangenen 200 Jahren. Das dürfte einem scheuen Zeitgenossen nicht ganz recht sein: dem **Grottenolm**. In freier Wildbahn bekommt man das Tierchen kaum zu Gesicht, dafür jedoch im »Konzertsaal«, einer Halle in der Höhlenwelt von Postojna: Dort lebt der pigmentlose, weißlich-fleischfarbene Schwanzlurch in einem Aquarium. Hübsch ist er nicht gerade, dafür umso faszinierender: Er ist blind, benötigt kein Licht und kommt sogar zwölf Jahre ohne Nahrung aus. Sein asketischer Lebenswandel im Dunkel der Karstwelt lässt ihn bis zu 100 Jahre alt werden.

Zauberhafte Tropfsteine

Dass im Erdinneren ein eigenes, ganz gemähliches Tempo vorherrscht, zeigen auch die Tropfsteinformationen: **Stalaktiten und Stalagmiten** wachsen nur einen Zentimeter – pro Jahrhundert! Das Wahrzeichen der Postojnska jama, der fünf Meter hohe Stalagmit »Brilliant«, der vom Boden emporragt,

AUF DEN SPUREN VON LUKA ČEČ

Die Postojnske jame sind ein Besuchermagnet, ohne Zweifel. Fernab der gut besuchten Haupthöhlen, die mit dem Besucherzug erkundet werden, wartet jedoch ein anderes Abenteuer: »Auf den Spuren von Luka Čeč« heißt eine recht anspruchsvolle Führung. Mit orangefarbenem Schutzoverall und gelbem Helm ausgestattet geht es durch die Tiefen der Höhle – inklusive Klettern und Abseilen. Das Besondere daran: Die Tour wird in ihrem Verlauf immer einfacher, dank der Hilfsmittel, die in den vergangenen 200 Jahren – also seit Luka Čeč weitere Teile des Höhlenkomplexes entdeckt hat – entwickelt wurden (www.postojnska-jama.eu/de/attraktionen-im-park/abenteuerliche-touren).

Ein ebenso scheues wie geheimnisvolles Wesen:
der Grottenolm

benötigte entsprechend 50 000 Jahre,
bis er seine heutige stattliche Größe erreicht hat! Solche Tropfsteinformationen entstehen durch feine Risse im
durchlässigen, wasserlöslichen Kalkstein, der die Karstlandschaft dominiert: Sickert das kalkhaltige Wasser in
die unterirdischen Hohlräume und vermengt sich dort mit der Luft, kommt es
zu solchen Tropfsteingebilden.

Dolinen, Ponor und Polje

Weit verzweigte Höhlensysteme sind
die bekannteste Eigenheit einer Karstlandschaft. Stürzen die unterirdischen
Hohlräume ein, entsteht ein trichter-
förmiges Tal, das Doline genannt wird.
Dieser international gebräuchliche
Fachbegriff stammt übrigens aus der
Gegend: Unweit der Höhlen von Postojna erstreckt sich die **Velika dolina**
(»Große Doline«) in den Škocjanske
jame (Höhlen von Škocjan) als eines
der beeindruckendsten Naturphäno-
mene dieser Art. Die 165 m tiefe Ein-
sturzdoline entstand, als ein unterirdi-
scher Hohlraum einbrach. Das ist gut
100 000 Jahre her. Seither hat der Fluß
Reka hier eine 2,5 km lange Schlucht
durch die Kalksteinlandschaft ausgewaschen. An deren Ende verschwindet er
in einer Felswand und kommt erst
34 km weiter, nahe der Adria, wieder an
die Erdoberfläche. In der Fachsprache
heißt solch ein **Schluckloch** Ponor,
ebenfalls ein Begriff aus dem Südslawi-
schen. Größere eingestürzte Hohlräume nennt man Polje (dt. Feld); als eines
der größten weltweit gilt die gesamte
Lika im Hinterland von Senj.

TITOS GEIST UND KOKIS HUSTEN

Jugoslawiens Staatschef Josip Broz Tito war ihrem Charme erlegen: Mindestens vier Monate pro Jahr verbrachte der ebenso charismatische wie umstrittene ehemalige Partisanenführer auf den Brijuni-Inseln. Dort ließ er von Häftlingen luxuriöse Villen ausbauen, bekochte Hollywood-Stars und empfing die politische Weltelite. Titos Geist ist bis heute auf der Inselgruppe allgegenwärtig.

◄ Gleich legt das Boot ab zu den Inseln.

WENN Koki hustet, ist das kein beliebiges Krächzen. Der Gelbhauben-Kakadu, Jahrgang 1959, imitiert nämlich den Raucherhusten von Tito! Auch wenn der frühere jugoslawische Staatschef seit über vier Jahrzehnten nicht mehr lebt, erinnert sich Koki ebenso daran wie an dessen Lachen und Fluchen. So umgarnt der legendäre Papagei die Besucher des Nationalparks Brijuni, sein Käfig in Hafennähe auf der Hauptinsel Veli Brijun steht – damit ihm nicht langweilig wird.

Koki, den Tito seiner Enkelin Šaša zum 9. Geburtstag schenkte, ist nicht der Einzige, der den ehemaligen Staatschef noch erlebte: Die Elefantendame Lanka, die im Safaripark gerne Ball spielt, war ein Staatsgeschenk von Indira Ghandi. Aus Somalia kamen Schafe, die Queen brachte Shetland-Ponys mit.

Spaghetti für Sophia Loren

Marschall Tito lud gerne illustre Staatsgäste auf die Brijuni-Inseln ein, die er 1947 als Sommerresidenz entdeckt hatte. Im Gästebuch stehen mehr als **90 Staatsoberhäupter** – darunter Fidel Castro, Leonid Breschnjew oder Winston Churchill. Im Kalten Krieg gelang Tito, der Jugoslawien ebenso geschickt wie brutal zusammenhielt, ein Spagat zwischen Ost und West. Den politischen Balanceakt unterstrich er 1956, gemeinsam mit dem indischen Premier Nehru und dem ägyptischen Staatschef Nasser, durch die **Gründung der Blockfreien Staaten** – auf den Brijuni-Inseln. Das Tito-Museum hält diesen Moment auf vielen Fotos fest – und pflegt den Personenkult um Tito bis heute.

Auf den Inseln umgab er sich daher nicht nur mit den politisch Mächtigen, sondern auch mit den Schönen und Berühmten, hatte er doch **eine Schwäche für Glamour**: Hier kochte er für Schauspiel-Ikone Sophia Loren Spaghetti und Zagorske štrukli, Quarkstrudel aus seiner nordkroatischen Heimatregion Zagorje. Zum berühmten Freundeskreis gehörten auch Gina Lollobrigida, Elizabeth Taylor und Richard Burton.

Tito einst und jetzt

Die schönste Zeit seines Lebens sei jene auf den Brijuni-Inseln gewesen, sagte Tito mehrfach. Hohen Staatsbesuch empfing er in der Weißen Villa (Bijela Villa) auf Veli Brijun. Sein **privates Paradies** ließ er auf Vanga errichten: 1952 entdeckte Tito das Inselchen, so groß wie 27 Fußballfelder; es war zugewachsen und unbewohnt. Zu dieser Zeit lebten auf Veli Brijun noch rund 280 Menschen, die schon bald umgesiedelt wurden, da die Inseln militärisches Sperrgebiet waren. Auf Vanga baute Tito mit Leidenschaft Mandarinen an, die er an Pioniere verteilte, und Trauben, aus denen Wein für Empfänge gekeltert wurde. Sein geliebtes Inselchen überließ er 1977 seiner vierten Ehefrau **Jovanka Broz**, zu der er nicht das beste Verhältnis hatte.

Tito starb 1980. Drei Jahre später wurden die Brijuni zum Nationalpark erklärt, der Tourismus hielt wieder Einzug. Während das Anwesen auf Vanga in einen Dornröschenschlaf fiel, um das sich Titos Nachfolger kaum kümmerten, werden die repräsentativen Villen auf Veli Brijun bis heute für staatliche Anlässe genutzt und die ehemaligen Gästehäuser an Hotelgäste vermietet. Wer einen Ausflug auf die Inseln bucht, kommt am Tito-Museum nicht vorbei und an Koki, der Besuchern buchstäblich einen hustet, erst recht nicht.

BRAND NEW CADILLAC – BEINAHE

Blankpoliert, mit mächtiger Motorhaube und bequemen Lederpolstern, wartet es direkt vor dem Tito-Museum auf Veli Brijun auf
Mitfahrer: Das dunkelgrüne Cadillac-Eldorado-Cabrio, Baujahr 1953,
produziert in 530 Exemplaren, war Titos Lieblingsauto. Mit der Lu-
xuskarosse kutschierte er seine illustren Gäste über die Insel, von
Willy Brandt bis Sophia Loren. Heute kann das Gefährt für Spritztouren gebucht werden! Das Vergnügen hat jedoch seinen Preis:
Gut 700 Euro kostet die Fahrt – von 30 Minuten!
www.np-brijuni.hr/de/entdecken-sie-brijuni/sehenswurdigkeiten/
titos-cadillac

T
TOUREN

Durchdacht, inspirierend, entspannt

Mit unseren Tourenvorschlägen
lernen Sie Istriens beste Seiten kennen.

Hinein geht's in die Altstadt von Rovinj ▶

UNTERWEGS IN ISTRIEN UND DER KVARNER-BUCHT

Blau und Grün
Keck wippt die blau-grüne Ziege, das Markenzeichen der größten kroatischen Halbinsel, auf allen Broschüren: Sie symbolisiert das blaue Istrien, wie die Küstenregion werbewirksam genannt wird, sowie das grüne Istrien im Hinterland. Dieses schätzen insbesondere Feinschmecker wegen der Trüffel, Weine, Olivenöle und seinem

ursprünglichen Charme. Lebhafter geht es im blauen Istrien zu, wo sich vor allem an der Westküste hübsche Badeorte und weitläufige Feriensiedlungen abwechseln. Die Ostküste mündet mit der nostalgischen k. u. k. Riviera von Opatija in die Kvarner-Bucht. Unmittelbar hinter der geschäftigen Hafenstadt Rijeka erheben sich Natur- und Nationalparks im waldreichen Bergland. Badespaß und Erholung versprechen die Kvarner-Inseln. Slowenisch-Istrien im Nordwesten der Halbinsel besticht mit schmucken Seebädern an der Küste, während im Hinterland der Karst mit seinen Höhlenlabyrinthen und Tropfsteinformationen begeistert. Und Triest, die Stadt der Winde, gilt als die österreichischste Stadt Italiens, mit gelebter Wiener Kaffeehauskultur.

Vor allem wenn man in abgelegenen Landgasthöfen oder bei Winzern im Hinterland einkehren möchte, benötigt man ein Auto. Bei Anreise mit dem Flugzeug empfiehlt sich ein Mietwagen, die größeren Orte sind auch gut mit regionalen Bussen angebunden. Dagegen sind Bahnverbindungen in Istrien und in der Kvarner-Bucht eher dürftig. Am schönsten nähert man sich der Region mit dem eigenen Boot, das auch mit Skipper gechartert werden kann – er kennt bestimmt die versteckten Badebuchten, in denen man herrlich entspannen kann.

Welches Verkehrsmittel?

KÜSTENPERLEN: DAS BLAUE ISTRIEN

Start und Ziel: Von Savudrija nach Opatija | **Länge:** ca. 220 km
Dauer: 4 – 5 Tage

Umrunden Sie die herzförmige Halbinsel Istrien doch einmal an der Küste! Die Route durch das blaue Istrien verbindet antike Küstenstädte, gemütliche Fischerorte und schöne Strandpromenaden miteinander. Wenn man mit dem Auto unterwegs ist, hat man die Freiheit, überall dort zu stoppen, wo man am liebsten einfach einen tiefen Seufzer ausstoßen würde, wie schön es hier ist. Machen Sie sich auf viele Seufzer gefasst!

Tour 1

Der westlichste Ort Kroatiens, ❶ **Savudrija**, begrüßt seine Besucher mit einem alten Leuchtturm von 1818. Hier, wo die Bucht von Triest abschließt, beginnt Kroatien. Die Küstenstraße schlängelt sich südlich nach ❷ **Umag**, vorbei an den großen Ferienanlagen rund um die Stadt, die mit hübschen Stränden locken. Stopp! Die beste Zeit für

Westlichster Punkt Kroatiens

31

einen Cocktail an der Uferpromenade von Umag ist der Sonnenuntergang. Zum Abendessen lohnt die Weiterfahrt nach ❸ **Novigrad**: In der »neuen Stadt« zeugen die Reste einer zinnenbewehrten Festungsmauer davon, wie bedeutend der Ort einmal war. In den vergangenen Jahren hat sich Novigrad mit seiner verwinkelten Altstadt als neue Feinschmecker-Destination an der Küste etabliert. Gleich mehrere Restaurants, wie das Damir e Ornella oder die kleine freundliche Konoba Čok haben sich hier mit kreativer, gehobener Küche einen Namen gemacht.

Frühchrist-liche Kunst Auf dem Weg nach ❹ ★ **Poreč** verschwindet das Meer aus dem Blickfeld, da die Straße größtenteils durch das Hinterland verläuft. Am Etappenziel beeindruckt die frühchristliche Euphrasius-Basilika mit ihren schönen Mosaikböden, in der antiken Altstadt zeugen Tempelreste und ein römischer Grundriss von der langen Besiedelung der Gegend. Wer eine Verschnaufpause braucht, fährt mit dem Wassertaxi zum Baden auf das Inselchen Sveti Nikola, gegenüber der Uferpromenade von Poreč.

Muscheln und Austern Der nächste Stopp lohnt in ❺ **Vrsar**, einem reizenden Städtchen mit quirliger Hafenpromenade, das Giacomo Casanova in seinen Memoiren lobend erwähnt. Danach macht die Küstenstraße einen Knick ins Landesinnere – am Limski kanal entlang, über den es keine Brücke gibt. Die schmale, fjordartige Bucht ist für ihre frischen Muscheln und Austern bekannt. Diese werden in den traditionsreichen Restaurants Fjord und Viking serviert – ein kulinarisches Highlight!

Mittelalter-pracht Dann folgt das wohl malerischste Küstenstädtchen Istriens: ❻ ★ **Rovinj**, dessen Altstadt auf einer Halbinsel ins Meer hineinragt, gekrönt vom höchsten Campanile Istriens. Mittelalterliche Häuser dicht an dicht bis an die Wasserlinie bilden einen hübschen Kontrast zur lebhaften Hafenpromenade.

Von der Antike bis zur k. u. k. Zeit Ganz im Süden Istriens folgt ❼ ★★**Pula**, eine lebhafte Hafenstadt, die auf antiken Grundmauern steht. Am Amphitheater, das einst 30 000 Zuschauern Platz bot, führt kein Weg vorbei! Unterirdische Kellergewölbe und ein Marinefriedhof erinnern an die einstige k. u. k. Präsenz. Ein Abstecher an die Südspitze Istriens lässt sich mit einem Snack in der legendären Safari-Bar verbinden. Archäologisch Interessierte sollten auf der Weiterfahrt an die Ostküste Istriens einen Abstecher zur antiken Ausgrabungsstätte **Nesactium** machen. Nach einer Fahrt über Land folgt die Hügelstadt ❽ ★ **Labin**, deren aufmüpfige Bewohner sie 1921 als Stadtrepublik ausriefen, was immerhin 36 Tage Bestand hatte. Von dort geht es zum Badeort **Rabac** hinunter, der mit seinen komfortablen Hotels und weitläufigen Kiesstränden punktet.

Die winzige Altstadt von **9** ★ **Mošćenice** thront hoch über der Küstenstraße auf einer Bergkuppe. Wer zum Strand möchte, kann 760 Stufen zum Fischer- und Badeort Mošćenička Draga hinabsteigen. Hier reicht der Učka-Gebirgszug fast bis ans Meer.

Adlerhorst

Dahinter beginnt die etwa 30 km lange Riviera von Opatija. Die Küstenstraße führt durch das hübsche **Lovran**, vorbei an Villen, eleganten Kaffeehäusern und reichlich altösterreichischer Nostalgie. Nahtlos gehen die Prachtbauten mit Fassadenstuck und Pal-

Viel Nostalgie

33

men in den Vorgärten in das alte k. u. k. Seebad **10** ★★**Opatija** über – wo ein Stück Sachertorte im Hotel Milenij die Istrien-Tour krönen sollte!

ENTDECKUNGEN IM HINTERLAND

Start und Ziel: Von Brtoniglia nach Beram | **Länge:** ca. 130 km **Dauer:** 3 – 4 Tage

Tour 2 *Romantiker vergleichen das Hinterland Istriens gerne mit der Toskana: Malerische mittelalterliche Städtchen thronen hier auf Bergkuppen, umgeben von grünen Tälern, sanften Rebhängen und mediterranen Olivenhainen. Die Vielfalt des grünen Istriens haben Feinschmecker, Kunstliebhaber und Naturfreunde längst schon für sich entdeckt – auch außerhalb der heißen Sommermonate, etwa zur Spargelzeit im Frühjahr oder wenn weiße Trüffeln den Herbst einläuten.*

Kulinarische Highlights

Kulinarische Entdeckungen gehören mitunter zu den Höhepunkten einer Reise durch das Landesinnere Istriens. Zunächst erfährt man in der alten Ölmühle im Provinzstädtchen **1** **Buje** viel Wissenswertes über die Olivenverarbeitung. Das köstliche Olivenöl, für das Istrien so berühmt ist, lässt sich in **Brtonigla** in gleich drei hervorragenden Konobas testen.
Eine Stichstraße schlängelt sich ins nordöstlich gelegene Dörfchen **Momjan** hinauf: Die Gegend ist vor allem für den strohgelben, lieblichen Muskatwein bekannt.

Kunst und Musik

Nächster Stopp ist das hübsche Künstlerstädtchen **2** ★**Grožnjan**. In den mit Kopfstein gepflasterten Gassen reihen sich Galerien und Ateliers aneinander, die eine ganz eigene Atmosphäre schaffen. Das gilt umso mehr, wenn Konzerte des Musiksommers die Altstadt klangvoll erfüllen.

Trüffelhochburgen

Schon von Weitem sieht man das vielleicht hübscheste Hügelstädtchen Istriens, **3** **Motovun**, auf einer Bergkuppe emporragen. Von der verwinkelten Altstadt, wo man u. a. mit Trüffeln eindecken kann, bietet sich ein Rundum-Blick auf das Mirna-Tal. Wer Trüffel-Spezialitäten mag – und das entsprechende Urlaubsbudget hat –, fährt nach **Livade**, ein winziges Dörfchen unterhalb von Motovun, um im bekanntesten kroatischen Trüffelrestaurant Zigante fürstlich zu speisen. Ein kurzer Abstecher von der Hauptstraße führt zum einzigen Thermalbad Istriens, **Istarske Toplice.** Die steile Felswand oberhalb des Kurkomplexes haben die Kletterer für sich entdeckt. Auch ❹ ★ **Buzet** ist für gute Trüffeln und Wein bekannt – die hier im Herbst groß gefeiert werden.

Die Straße nach Westen zweigt nach wenigen Kilometern links nach ❺ ★ **Roč** ab, einem alten Zentrum der Glagoliza-Schrift. Die Allee der Glagoliter, ein Skulpturenweg, verbindet Roč mit ❻ ★ **Hum**, der kleinsten Stadt der Welt. Der Mistelschnaps Biska in der gemütlichen Humska Konoba beim Stadttor ist über die Region hinaus bekannt.

Kleinste Stadt der Welt

Die Schnellstraße nach Südwesten führt ins geografische Zentrum Istriens, nach ❼ ★ **Pazin**. Hoch über der Schlucht thront das einst größte und bedeutendste Kastell Istriens, heute ein Museum. Reichlich Adrenalin wird auf der Zipline, einer Seilbahn über die Schlucht, ausgeschüttet.

Geografisches Zentrum

Das letzte Highlight dieser Tour ist das winzige Marienkirchlein ein wenig außerhalb des Örtchens ❽ ★★ **Beram** nordwestlich von Pazin. Der wunderbar erhaltene Freskenzyklus stellt einen Totentanz dar – bei dem Gevatter Tod sogar Lyra spielt.

Beeindruckende Fresken

35

RADELN AUF KAISERLICH-KÖNIGLICHER BAHNTRASSE

Wo einst die alte Parenzana-Dampflok quer über die Hügelkette Istriens schnaufte, kommen heute Radfahrer aus der Puste. Über steinerne Bogenbrücken und durch stillgelegte Tunnel hindurch führt die 123,1 km lange ehemalige Eisenbahntrasse vom italienischen Triest, an der slowenischen Küste vorbei bis ins kroatische Poreč (ital. Parenzo). Ein echtes Abenteuer, für das man sich drei bis vier Tage Zeit lassen sollte!

Bergauf und bergab: Über erhebliche Steigungen dampfte die kaiserlich-königliche Parenzana-Schmalspurbahn ab 1902 durch Istrien. Dabei musste der Regionalzug, der eine Spurbreite von 760 mm hatte, ganz schöne Herausforderungen überwinden: Mehr als 600 Kurven, 9 Tunnel, 11 Brücken und 6 Viadukte trennten Triest von Poreč. Nach dem Ersten Weltkrieg übernahm die italienische Staatsbahn den Betrieb. Mussolini ließ die Gleise 1935 stilllegen, demontieren und ins eroberte ostafrikanische Abessinien (heute Äthiopien) verfrachten. Dort sollten sie für die Feldbahnen der Faschisten verwendet werden, so die Pläne. Man sagt, dass sie dort jedoch nie ankamen ...

Wo geht's lang?

Heute gehört die ehemalige Parenzana-Bahntrasse, die auch **»Weg der Gesundheit und Freundschaft«** genannt wird, Radfahrern und Wanderern. Während die Route durch Slowenien und Kroatien fast durchweg entlang der alten Zugstrecke verläuft, wurde der italienische Abschnitt, vor allem in Triest, größtenteils überbaut. Der Zustand der Strecke ist unterschiedlich: In Slowenien ist der Weg recht gut asphaltiert, in Kroatien hingegen vielerorts eine holprige Schotterpiste – Mountainbikes werden daher empfohlen. Der Ausbau dauert noch an.

Ausgangspunkt Triest

Start der Radtour ist in der italienischen Hafenstadt: Zur Einstimmung bietet sich –wenn es wieder offen hat – das Eisenbahnmuseum auf dem Campo Marzio an, wo sich einst der Parenzana-Startbahnhof, St. Andrae, befand. Die Bahn fuhr an den Hafen- und Industrieanlagen von Triest entlang über die Ortschaft **Muggia** (Km 11) bis zur slowenischen Grenze hinauf. Eine Beschilderung sucht man hier vergeblich, daher sollte man mit einer guten Karte oder GPS ausgerüstet sein!

In Slowenien

In Slowenien ist die Strecke asphaltiert und ausgeschildert: **D-8** steht in weißer Schrift auf blauem Schild. Am slowenischen Bahnhof von **Koper** (Km 22) erinnert eine Dampflokomotive vom Typ U 37 an alte Zeiten. In **Izola** (Km 29) gibt es im Museum Izolana nicht nur Schiffe, sondern auch eine kleine Ausstellung, die an die Parenzana-Trasse erinnert (Ulica Alme Vivode 3, Infos: www.visitizola.com/izolana) – gut für einen Zwischenstopp.

In Kroatien

In Kroatien ist die Beschilderung weiß mit schwarzem Rand und heißt Paren-zana. Hinter den Salzfeldern von Sečovlje (Km 42) geht es bergauf nach **Buje**, eine anstrengende Etappe, doch die Belohnung erfolgt umgehend: Der Ausblick ist einfach wunderbar. Nach Buje (Km 58) folgt ein steiler Anstieg ins Städtchen **Grožnjan** (Km 65), wo der Bahnhof heute als Wohnhaus dient. Der Kalcini-Tunnel (293 m ü. d. M.) ist die höchste Stelle der Tour.
Der Bahnhof des Trüffeldörfchens **Livade** (Km 85) zeigt in einer kleinen Ausstellung Meilensteine, alte Fotografi-en und Postkarten aus einstigen Bahn-zeiten. Bei Livade überquert die Trasse den Fluss Mirna, um dann den Hügel von **Motovun** (Km 90) recht steil bergauf zu führen. Der alte Bahnhof von Motovun ist heute ebenfalls bewohnt. Über **Rakotule** (Km 97) klettert die Trasse weiter hinauf bis zum alten Bahn-hof von **Vižinada** (Km 102). Dort steht ein Nachbau der Parenzana-Lokomotive U20 in Originalgröße (3 m hoch, 7 m lang). Die Route verläuft nun über **Baldaši** (Km 105) und **Višnjan** (Km 111) bis zum Endpunkt **Poreč** (Km 123) – hier lockt ein Bad im Meer!

Infos

Geschichte, Verlauf, Tipps und aktuelle Radtouren hält die Website auch auf Deutsch bereit: www.parenzana.net

Nicht immer geht es so flott voran. Ab und zu hat es ordentliche Steigungen.

INSELHÜPFEN IN DER KVARNER-BUCHT

Start und Ziel: Rijeka | **Länge:** ca. 340 km | **Dauer:** 7 – 8 Tage
----

Tour 3 *Das Festland bleibt zurück, während die Fähre auf die Inselwelt der Kvarner-Bucht ablegt: Herrliche Sandstrände verspricht die Insel Rab, auf Krk gibt es guten Wein, auf Cres ursprüngliche Natur und auf Lošinj schmucke Seefahrervillen. Alle vier größeren Kvarner-Inseln sind einen Stopp wert!*

Entlang der Adria
Über den bunten Wochenmarkt flanieren, sich in einem der vielen Museen inspirieren lassen und zum Abschluss noch einen Espresso am Hafen trinken – ❶ ★**Rijeka** ist ein guter Auftakt für eine Tour in der Kvarner-Bucht. Östlich der Stadt beginnt nach wenigen Kilometern der Badeurlaub: ❷ **Novi Vinodolski**, einst Sitz des Frankopanen-Adelsgeschlechts mit Kastell, ist ein beliebter Ferienort.

Zur Roten Zora
Die Adria-Küstenmagistrale führt weiter nach ❸ **Senj**, das mit einer beeindruckenden Festung aufwartet Wer sich noch an den Kinderbuch-Klassiker »Die Rote Zora und ihre Bande« erinnert: Die TV-Serie wurde in den 1970er-Jahren in Senj gedreht, ein spezieller Stadtplan führt zu den Drehorten. Bis zum Fährhafen ❹ **Stinica** sind es noch gut 35 km, hier geht es an Bord.

Paradiesstrand
Nach gut 15 Minuten erreicht man die erste Insel: ❺ ★★**Rab** mit dem gleichnamigen schmucken Hauptort, der für seine vier markanten Kirchtürme bekannt ist. Ganz im Norden führt die Inselstraße nach **Lopar**, dessen sandiger und sehr flacher Paradiesstrand (Rajska plaža) zu den schönsten Kroatiens gehört.

Beliebte Ferieninsel
Bei Lopar legt die Autofähre nach Valbiska auf ❻ ★ **Krk** ab. Die gleichnamige Inselhauptstadt besitzt eine große Kathedrale und malerische Altstadtgassen. Die Hauptstraße der Insel führt, vorbei an der kreisrunden Klosterinsel Košljun, zum beliebten Ferienort ❼ ★ **Baška** im Süden, mit einem der schönsten und längsten Kieselstrände Kroatiens. In einer kleinen Kirche ganz in der Nähe wurde die berühmte Tafel von Baška entdeckt, das älteste erhaltene Zeugnis der glagolitischen Schrift. Heute ist hier eine Kopie als Altarschranke zu sehen.

Viel Natur
Zurück in Valbiska, geht es mit der Autofähre nach Merag auf ❽ **Cres**. In der gleichnamigen Inselhauptstadt dreht sich alles um den alten, von bunten Häusern gesäumten Hafen. In der Kirche des malerischen

Fischerdörfchens **Valun** wird eine altkroatische Tafel verwahrt. Steil bergauf schlängelt sich eine schmale Asphaltstraße ins Dörfchen **Lubenice**, das dramatisch auf einer Bergkuppe thront.

Bei ★ **Osor** führt eine Drehbrücke auf die südliche Nachbarinsel ❾ ★★ **Lošinj**. Bei Nerezine ist der 588 m hohe Televrin-Gipfel ein Ziel für Wanderer. Ganz im Süden lockt das stimmungsvolle Seefahrerstädtchen ★ **Mali Lošinj** zum Bummel am Wasser entlang, während das benachbarte **Veli Lošinj** bei leckerem Grillfisch den Blick auf bunte Boote im schmalen Hafenbecken freigibt.
Zurück nach Rijeka geht es über die drei Inseln Lošinj, Cres und Krk, dann über eine 1,4 km lange Brücke aufs Festland – während die Inselidylle im Rückspiegel zurückbleibt.

Bergtour oder Stadtbummel

KARST, KÜSTE UND EDLE RÖSSER

Start und Ziel: Von Postojnska jama nach Piran | **Länge:** ca. 130 km
Dauer: 3 – 4 Tage

Tour 4

Zerklüftete Karstlandschaften mit bizarren Tropfsteinhöhlen, die berühmten Lipizzaner-Pferde, bemerkenswerte Kirchen und Burgen hoch über der Adria, alte Seebäder und moderne Ferienorte sind die Highlights auf dieser abwechslungsreichen Route durch Sloweniens Südwesten.

Faszinierende Höhlen

Höhlenforscher horchen auf, wenn entlang der Autobahn A1 von Ljubljana nach Süden das Schild »Postojna« auftaucht. Schon wenig später steht man am Eingang der ❶ ★★ **Postojnska jama**. Die elektrische Minibahn fährt an faszinierenden Tropfsteinformationen vorbei durch das riesige Karsthöhlenlabyrinth. Wieder an der Erdoberfläche, führt ein Abstecher 9 km nordwestlich zum ❷ ★ **Predjamski grad**. Die »Burg vor der Höhle« duckt sich unter einer steilen Felswand und gibt im Sommer die Kulisse für ein Ritterfestival ab. Höhlenforscher lieben auch die zum UNESCO-Weltnaturerbe erklärten ❸ ★★ **Škocjanske jame** bei Matavun. Besonders fasziniert der unterirdische Canyon mit dem Fluss Reka.

Hohe Reitkunst

Rund 30 km westlich davon erreicht man über Nebensträßchen das welweit berühmte Gestüt von ❹ ★★ **Lipica**. Hier werden die weißen Lipizzaner-Pferde gezüchtet, deren Anmut und Eleganz beim Vorführen von Levaden, Kapriolen und Piaffen deutlich wird. Eine Besichtigung des Gestüts ist ein Muss für Pferdefreunde!

Kirchenschatz

Eine gute halbe Stunde dauert die Autofahrt zum nächsten Highlight: Im Dörfchen ❺ ★★ **Hrastovlje** hütet die winzige Dreifaltigkeitskirche einen wunderbaren gotischen Freskenzyklus mit Motiven aus der Bibel und einem sehr eindrucksvollen »Totentanz«.

Schmucke Bauten

Die Tour führt nun nach Westen, an die slowenische Adriaküste: Der Hauptplatz des belebten Studenten- und Hafenstädtchens ❻ **Koper** besticht mit schöner venezianischer Architektur. Die Küstenstraße verläuft südwestlich über Izola mit schmucken Palazzi ins alte Seebad **Portorož** mit seiner langen Uferstraße.

Venezianischer Charme

❼ ★ **Piran**, die »Perle der slowenischen Adria«, ist der letzte Höhepunkt dieser Tour: Reichlich venezianischer Charme und eine Altstadt auf einer spitz zulaufenden Landzunge prägen diesen Sehn-

suchtsort. Auf dem zum Hafen offenen Hauptplatz hat man die Wahl:
Ein Espresso? Ein Besuch in der Muschelausstellung? Oder doch lieber ein Souvenir aus dem Schoko-Geschäft?

Z
ZIELE

Magisch, aufregend,
einfach schön

Alle Reiseziele sind
alphabetisch geordnet. Sie haben
die Freiheit der Reiseplanung.

Nur zu Fuß kommt man in die Bucht
von Klančac – Erholung garantiert. ▶

★ BRIJUNI

Höhe: 0 – 55 m ü. d. M. | **Inselfläche:** 7,42 km² | Kroatien

F/G 8/9

Ein Sumpfgebiet, das die Malaria unbewohnbar gemacht hatte:
So sahen die Brijuni-Inseln aus, als sie der Tiroler Industrielle
Paul Kupelwieser im 19. Jh. recht günstig erworben hatte. Im
nahen k. u. k. Hafen Pula hielt man ihn für einen Narren.
Kupelwieser glaubte jedoch an die Zukunft der wunderschön
gelegenen Inseln und holte sich Hilfe vom deutschen Bakteriolo-
gen Robert Koch, dem es gelang, die Malaria auf den Brijuni aus-
zurotten. Damit war der Grundstein für ein mondänes Ferien-
paradies gelegt, in dem die Oberschicht der k. u. k. Monarchie
zur Sommerfrische anreiste. Bis heute sind die Inseln ein beliebtes
Ausflugsziel.

Die Mischung macht's: Eine mediterrane Landschaft mit Olivenbäumen und schattigen Wäldchen, kristallklaren Buchten und gepflegtem
Rasen, auf dem freilaufende Rehe grasen – so idyllisch präsentiert sich
die Natur im heutigen Nationalpark Brijuni (ital. Brioni). Fast noch
spannender ist die Geschichte des Inselarchipels, mit Dino-Spuren,
römischen Ruinen, k. u. k. Nostalgie und Tito-Kult.

Natur, k.u.k. und Tito

Die Brijuni sind ein **blühendes Paradies**: Mediterrane Stechpalmen,
Erdbeerbäume, Manna-Eschen, Myrten oder die in Istrien gefährdete
Eselsgurke gedeihen hier, aber auch importierte libanesische Zedern,
Palmen und Kakteen. Hinzu kommen gepflegte Parks und Rasenflä-
chen, die mehr als 200 km Spazierwege durchziehen. Im Mediterranen Garten (Brijunski mediteranski vrt), der zum Programm der ge-
führten Inseltour zählt, wachsen 170 Pflanzenarten. Jede davon ist
auch auf Deutsch benannt, ein QR-Code gibt weitere Auskunft.

Ein Olivenbaum auf Veli Brijun hält den Altersrekord unter den Pflanzen: Er wird auf 1700 Jahre geschätzt! Aus seinen Früchten werden
heute noch bis zu 14 l Olivenöl pro Jahr gewonnen, das ganz besonderen Gästen vorbehalten ist. Als ein Blitzschlag den antiken Baum in
den 1970er-Jahren spaltete, wurde er mit Beton gekittet.

Mit Tour oder auf eigene Faust?

Überblick

Mit **14 kleineren Inseln** erstreckt sich der Brijuni-Archipel vor der
Südwestküste Istriens. Von Fažana auf dem Festland gegenüber legen
die **Ausflugsschiffe der Nationalpark-Verwaltung** ab. Nach 15
Min. ankern diese auf der Hauptinsel **Veli Brijun** (Großes Brijun).
Recht neu im Angebot, und exklusiver, sind Ausflüge auf die Insel Mali
Brijun. Die Besucher erwartet dort eine dreistündige, geführte Tour
mit deutschsprachiger Reiseleitung. Davon verbringt man gut eine

Stunde in der Lilliput-Bahn, die über die Insel tuckert. Solche Touren sind zwar bequem, freie Zeit bleibt dabei jedoch kaum. Wer das autofreie Veli Brijun lieber auf eigene Faust entdecken möchte, sollte sich in einem der Hotels in Hafennähe einquartieren. Mit einer speziell entwickelten App (8 €) lässt sich ein herrlicher Tag beim Baden oder mit dem Leihfahrrad (früh kommen, begrenzte Anzahl!) verbringen.

Am Anfang war die Malaria

Paul Kupelwieser kannte die Brijuni-Inseln, da er die k. u. k. Marine in Pula belieferte. Und er wettete mit dem Mediziner **Robert Koch**, dass es diesem nicht gelingen werde, die Malaria auszurotten. Das Gegenteil war der Fall: Angestiftet durch die Wette, identifizierte Koch zunächst die Anopheles-Mücke als Überträgerin, legte die Sümpfe mittels Petroleum trocken und rottete so die Malaria aus. Kupelwieser ließ mehrere Hotels mit Lift, ein Strandbad mit Meerwasser und einen Hafen errichten. Der Hamburger Zoo-Pionier **Carl Hagenbeck** legte einen Tierpark mit weitläufiger Parklandschaft an. Der Nachtzug aus Wien brachte adelige Sommerfrischler bis an die Mole, wo das Schiff auf die Brijuni ablegte. Zu den Glanzzeiten des Brijuni-Tourismus erschien sogar eine deutschsprachige Inselzeitung.
Der Niedergang des Ferienparadieses kam mit dem Ersten Weltkrieg: Die k. u. k. Kriegsmarine nutzte die Inseln als U-Boot-Stützpunkt, nach

BRIJUNI ERLEBEN

NACIONALNI PARK BRIJUNI (NATIONALPARK-VERWALTUNG)

Karten für die Inseltour gibt es im Büro der Nationalparkverwaltung in Fažana. In der Hauptsaison einige Tage im Voraus reservieren!
Brionska 10, 52212 Fažana
Tel. 052 52 56 00
www.np-brijuni.hr
Überfahrt+Inseltour: (Veli Brijun): 40 € (Nebensaison: 27/30 €)

Juli/Aug.: Theaterfestival Ulysses, Festung Minor, Mali Brijun
www.ulysses.hr

VILLEN BRIJUNI €€€€

Die legendären Vier-Sterne-Villen auf den Inseln sind inzwischen (sehr teure) Feriendomizile: Lovorka, frisch saniert, mit großer Terrasse (6 Pers.), Dubravka mit Meeresblick (4 Pers.) oder Primorka (8 Pers.).
www.np-brijuni.hr/de/unterkunft

VILLETTA PHASIANA €€€

Geschmackvolles Boutique-Hotel in historischem Gemäuer in Fažana; der Glockenturm nebenan ist allerdings nichts für Langschläfer!
Trg Sv. Kuzme i Damjana 1
52212 Fažana, Tel. 052 52 05 58
www.villetta-phasiana.hr

KONOBA BECCACCIA €€€€

Schnörkellose istrische Küche kommt in diesem Landgasthaus mit hübschem Garten auf den Tisch. Stammgäste schätzen das Wild aus den umliegenden Wäldern – auch Schnepfen – oder die hausgemachten Ravioli. Leider ist das Lokal kein Geheimtipp mehr, daher empfiehlt sich eine Reservierung.
Pineta 25, 52212 Valbandon
Tel. 052 52 07 53
www.beccaccia.hr

RESTORAN OFFICINA DEL PESCE €€€€

Der Oktopus »alla diavola« lässt keine Wünsche offen, wenn man gerne scharf isst. Überhaupt hat sich das heimelige Restaurant im Ortskern von Fažana qualitativ sehr gutem Meeresgetier und Fisch verschrieben.
Piazza Grande 11, Fažana
Tel. mobil 095 904 35 31
https://www.facebook.com/OfficinadelPesceFazana

RESTORAN GALIJA €€

Das renommierteste der Inselrestaurants auf den Brijuni liegt unweit des Landungsstegs. Hinter Panoramafenstern oder auf der Terrasse genießt man traditionelle mediterrane Küche.
Veli Brijun
www.np-brijuni.hr

Kriegsende fielen die Brijuni Italien zu. Paul Kupelwieser verstarb 1919 in Wien. Sein Sohn Karl versuchte zwar in den Zwischenkriegsjahren, die k. u. k. Tourismustradition mit Golfplatz, Poloanlage und Casino wiederzubeleben – doch es war vergeblich. Die Zeiten hatten sich geändert, die Wirtschaftskrise trug ihr Übriges dazu bei und Karl Kupelwieser beendete sein Leben mit einem Jagdgewehr. Im Zweiten Weltkrieg wurden die Brijuni mehrfach von den Alliierten bombardiert. Mit **Josip Broz Tito** brach eine neue Ära an: Der jugoslawische Staatschef entdeckte die Inselwelt 1947 für sich, verlegte seine offizielle Sommerresidenz auf Veli Brijun und sein privates Refugium auf die Nachbarinsel Vanga. Segelboote mussten einen großen Umweg um das Archipel machen, um nicht Bekanntschaft mit jugoslawischen Patrouillenbooten zu schließen – denn die Brijuni waren zu Titos Lebzeiten für die Öffentlichkeit gesperrt. 1983, drei Jahre nach seinem Tod, wurden die Inseln zum Nationalpark erklärt und die Besucher kehrten wieder zurück (▶ S. 24)

▌ Wohin auf Veli Brijun?

Auftakt zur Inseltour

An der Ostküste der Insel geht es lebhaft zu, wenn die Ausflugsschiffe anlegen. In Begleitung von Führern geht es zunächst zur **gotischen Kirche Sv. German** (St. Germanus). Dort sind die Kopien der berühmtesten Fresken aus Istrien und der Kvarner-Bucht zu sehen, etwa der Totentanz von Beram (▶ S. 152). Eine Gedenktafel im alten Steinbruch unweit des Kirchleins erinnert an Robert Koch und sein segensreiches Wirken für die Inseln.

Rund um den Hafen

Titos Hinterlassenschaften

Die ehemalige Wäscherei ist heute ein Museum: Im Erdgeschoss werden präparierte Raubkatzen oder Hirschgeweihe aufbewahrt, die Tito aus aller Welt erhalten hat.

Ganz gleich, wie man zu dem einstigen Präsidenten stehen mag: Die **Fotoausstellung** »Tito auf den Brijuni« im Obergeschoss ist ein Stück Zeitgeschichte. Sie huldigt dem Personenkult um Tito: Dieser liebte weiße Anzüge, hübsche Frauen und umgab sich gerne mit Schauspielern und Stars. Fotografisch festgehalten ist auch der Augenblick, in dem die Blockfreien Staaten Wirklichkeit werden: Tito, der indische Ministerpräsident Jawharlal Nehru und der ägyptische Präsident Gamal Abdel Nasser unterzeichnen gerade die sogenannte Brioni-Deklaration. Vertreter aus mehr als 60 Ländern hatten hier einst vorgesprochen, was die entsprechenden Flaggen im Museum belegen. In dem glänzenden **Cadillac**, Baujahr 1953, vor dem Museum ließ Tito seine Besucher über die Insel kutschieren. Heute kann er für Spritztouren gemietet werden. (▶ S. 24)

Tito-Museum

Golfen mit Rehen

Eine Lilliput-Bahn befördert Besucher über die Insel, vorbei am 1922 angelegten 18-Loch-Golfplatz (PAR71). Für dessen Standort wählte

Golfplatz

Das hätte sich Tito kaum träumen lassen: In seinem einst sozialistischen Privatparadies wird heute gegolft.

Paul Kupelwiesers Sohn Karl die Tiganj-Bucht nördlich des Hafens. Die recht naturbelassene Anlage kommt bis heute weitgehend ohne Rasenmäher aus, da sich Rehe um die Pflege kümmern. Als Hindernisse dienen Bäume und Meer. Golfausrüstung kann geliehen werden, Greenfee-Karten gibt es in der Geschäftsstelle des Nationalparks in Fažana.

Tiere aus aller Welt

Safaripark Im Safaripark am nordwestlichen Ende von Veli Brijun sind die lebenden Staatsgeschenke für Tito – oder deren Nachfahren – zu Hause: somalische Schafe aus Äthiopien, indische Kühe, Strauße, Zebras, Lamas, die legendäre Elefantendame Lanka, ein Geschenk der indischen Staatschefin Indira Gandhi und einige heimische Tiere wie das istrische Ur-Rind Boškarin oder die Pramenka-Schafe.

Hier ließ es sich prächtig leben

Bei der Weiterfahrt rücken in der Ferne alte Herrenhäuser ins Blickfeld, darunter Titos Weiße Villa (Bijela villa) aus den 1950er-Jahren.
Der Name stammt vom weißen, marmorähnlichen Kalkstein, der
schon von den Römern abgebaut wurde. Titos ehemaliges Anwesen
auf dem Nachbarinselchen Vanga wird noch für Staatsempfänge genutzt und kann daher nicht besichtigt werden.

Bijela vila

Spuren der Vergangenheit

Ebenfalls an der Westküste der Insel ist der ausgedehnte **Ruinenkomplex** des byzantinischen Kastrums zu sehen, das vom 6. bis zum
14. Jh. bewohnt war. Nahebei erinnern Steinmauern an die Basilika
Sv. Marija aus dem 5./6. Jh. n. Chr. und an das im 10. Jh. entstandene
Benediktinerkloster daneben. Es gehörte dem Tempelritterorden bis
zu dessen Auflösung 1312.

Byzanti-
nisches
Kastrum

Vielfältige Fauna

Die Sumpfgebiete in der Saline-Bucht, im Süden von Veli Brijun, dienen vielen Vögeln als Brutrevier. Mehr als 250 Vogelarten nisten hier.
Beim Durchstreifen der Hauptinsel begegnen immer wieder freilaufende Damhirsche, Rehe, Mufflons, Pfauen und Feldhasen. Gelegentlich tauchen Delfine vor der Küste auf. Übrigens: Der in Jugoslawien
legendär gewordene Gelbhauben-Kakadu Koki, der Titos Husten imi-
tieren kann, krächzt heute gegenüber dem Café Školja in Hafennähe.

Saline-Bucht

Historische Mauern

Von dem prunkvollen römischen Villenkomplex (1. Jh. n. Chr.) in der
malerischen Verige-Bucht an der Ostküste ist nur noch wenig übrig.
Auf dem weitläufigen Areal waren Wohn- und Wirtschafträume des
alten Landguts angelegt. Da das Wasser jährlich minimal, aber stetig
steigt, liegt die antike Kaimauer heute bereits etwa 1 m unter dem
Meeresspiegel.
Etwa in der Mitte der Insel steht auf ihrer höchsten Erhebung (55 m
ü. d. M.) die **Tegethoff-Festung**, errichtet 1864 – 1868, als Pula der
Hauptmilitärhafen der k. u. k. Monarchie war.

Villa rustica

Dinosaurier lassen grüßen

Schon die Dinosaurier hinterließen ihre Spuren auf Veli Brijun: An
vier Stellen wurden mehr als 200 Fußabdrücke gefunden, deren Alter
auf 100 – 125 Mio. Jahre geschätzt wird. Der Abdruck in einem Kalk-
steinblock, der an der Hafenmole zu sehen ist, stammt möglicherweise von einem Theropoden, einem Fleischfresser.

Dinosaurier-
Spuren

Theaterfestival in einmaliger Kulisse

Ein nur 150 m breiter Kanal trennt die Hauptinsel von der Nachbarinsel Mali Brijun (Kleines Brijun). Im Sommer stellt die alte Verteidi-

Mali Brijun

6x
DURCHATMEN

Entspannen, wohlfühlen, runterkommen

1.
WANDERN ÜBER GRENZEN

Von Slowenien bis Albanien verläuft der **Fernwanderweg Via Dinarica**, immer entlang der Dinarischen Gebirgskette. Im Hinterland der kroatischen Adriaküste quert man das Velebit-Gebirge. (**www.viadinarica. com**.)

2.
RUHE VOR DEM STURM

Blühende Inselwelten, einsame Buchten und ein Glas Wein – wer im Nationalpark **Brijuni** übernachtet, hat die Insel fast für sich. Zumindest am Abend, wenn die Ausflugsboote längst abgelegt haben und die Insel nur den Hotelgästen gehört. (▶ **S. 44**)

3.
MIT DEM BOOT ZUM BADEN

Sightseeing in Poreč macht Spaß. Zur Abkühlung geht es danach mit dem Wassertaxi auf die **Badeinsel Sveti Nikola**: Mit direktem Blick auf die Uferpromenade taucht man in die Adria ein. (▶ **S.171**)

4.
ENTSPANNUNG AM STRAND

Von Anfang bis Mitte August, wenn Kroaten und Italiener rund um Mariä Himmelfahrt (15. August) frei haben, ist Trubel angesagt. **Ab dem 1. September** beginnt in Kroatien wieder die Schule, dann ist die ganz große Sommerhitze meist vorbei – und der größte Rummel am Strand auch.

5.
REIF FÜR DIE INSEL

Das Festland bleibt zurück, die Erholung beginnt auf der Insel: Ursprünglich wie **Cres**, sattgrün wie **Lošinj** oder mit herrlichen Sandstränden wie auf **Rab** – hier findet jeder Ruhe ganz nach seinem Geschmack.

6.
ERNTEHILFE

Schilder mit der Aufschrift **»agroturizam«** weisen den Weg zu Unterkünften, in denen man sich gleich wohlfühlt. Gäste dürfen hier oftmals bei der Weinlese oder bei der Olivenernte im Herbst mithelfen!

gungsbastion Brioni Minor die hübsche Kulisse für Theaterauf-
führungen: Die **Ulysses-Festspiele** werden vom kroatischen
Schauspieler serbischer Abstammung Rade Serbedžija (»Mission
Impossible II«) organisiert. Der Festivalname ist eine Hommage an
den irischen Schriftsteller James Joyce (»Ulysees«), der 1905 einen
Ausflug auf die Insel unternommen hatte.

Wohin auf dem Festland?

Rund um die Sardine

Bunte Fassaden säumen den Hafen von Fažana (3000 Einw.). Im Kanal
zwischen dem Festland und den Brijuni-Inseln fühlen sich Sardinen besonders wohl. Die perfekte Zubereitung wird im Rahmen von besonderen Sommerakademien gezeigt. Der Sardine ist sogar ein eigenes Fest
gewidmet und ein kleiner Skulpturenpark (Park sardela). Der Fisch geriet einige Jahrzehnte fast in Vergessenheit. Heute steht das »Arme-
Leute-Essen« auf vielen Speisekarten der Restaurants in Fažana. Die
Sardine heißt auf Kroatisch übrigens sardela, weshalb es oft zu Ver-
wechslungen mit der Sardelle (Inćun) kommt.
Einen Besuch lohnt die gotische Kirche **Sv. Kuzma i Damjan** (St. Cos-
mas und Damian) mit Renaissancefresken. Wandmalereien birgt auch
die kleine Kirche der Muttergottes vom Berg Karmel (Gospa Karmelska,
9. Jh.). Die Loggia davor stammt aus dem 14. Jh. Gebadet wird an einem
300 m langen Kiesstrand, der in Betonflächen übergeht.

*Fažana
(ital. Fasana)*

BUJE

Höhe: 222 m ü. d. M. | **Einwohner:** 4400 | Kroatien

*Der kaiserliche Hof in Wien soll seinerzeit Kutschen mit leeren
Weinflaschen in die Umgebung von Buje entsandt haben. Diese
wurden mit köstlichem Muskateller befüllt und streng bewacht
auf die Rückreise geschickt. Bis heute kommen Weinliebhaber um
Buje kaum herum: Das Bergstädtchen im hügeligen Hinterland
Nordistriens wird von fruchtbaren Rebhängen eingerahmt. Eine
Weinstraße macht mit den besten Winzern und Restaurants der
Region bekannt - ein kulinarisches Erlebnis.*

*Hochburg
des Weins*

Buje (ital. Buie) inmitten sonniger, fruchtbarer Hügel ist eines der
bedeutendsten Weinanbauzentren in Istrien: Gut zwei Dutzend Winzer haben sich in der näheren Umgebung angesiedelt, darunter die

viel gelobten Weingüter Kozlović oder Kabola. Die ausgeschilderte **Weinstraße** lässt sich auch gut mit dem Fahrrad bewältigen. Gelegentlich bietet die Touristeninformation in Buje geführte Wanderungen als »Istria Wine & Walk« zu Erzeugern an.

Buje erstreckt sich an der Kreuzung alter Handelswege zwischen europäischem Festland und Meer. Der venezianische Markuslöwe erinnert ebenso wie architektonische Spuren daran, dass die Serenissima hier zwischen 1412 und 1797 das Sagen hatte. Als die Reblaus im 19. Jh. praktisch die gesamte Rebfläche in der Region zerstörte, wanderten viele Bewohner aus. Wirtschaftlichen Aufschwung brachte der Anschluss der Stadt an die **Parenzana-Bahn** im frühen 20. Jahrhundert. Nach dem Ersten Weltkrieg gehörte Buje zu Italien, nach dem Zweiten Weltkrieg zum »Freien Territorium Triest«, um das man sich zankte – ehe das Städtchen 1954 Jugoslawien einverleibt wurde.

▎ Wohin in Buje?

Markante Wahrzeichen

Trg Sv. Servola

Wie graue Eulen schmiegen sich die **venezianischen Patrizierhäuser** in der Altstadt von Buje dicht aneinander. Die schönsten Bauwerke gruppieren sich rund um den Hauptplatz, Trg Sv. Servola (St. Servulus): Mächtig erhebt sich hier die spätbarocke **Pfarrkirche**, die ebenfalls dem hl. Servulus geweiht ist, mit ihrer prunkvollen Ausstattung. Als ein Meisterwerk gilt die Orgel des talienischen Orgelbauers Gaetano Callida aus dem 18. Jahrhundert. Die vordere Fassade wirkt, bis auf den barocken Türbogen, allerdings recht schlicht und verwittert. Der freistehende **Kirchturm** von 1519 ist dem Campanile von Aquilea nachempfunden. Mit seiner imposanten Höhe von 50 m gilt er als zweithöchster in Istrien – und ist ein perfekter Aussichtsturm. Das schönste Wohnhaus am Hauptplatz ist ein schmuckes Palais im venezianisch-gotischen Stil aus dem 15. Jahrhundert.

Bummel durch die mittelalterliche Altstadt

Wehrmauer

Wer durch die mittelalterlichen, mit Steinen gepflasterten Altstadtgassen von Buje bummeln möchte, muss zunächst die mächtige Wehrmauer durchqueren. Diese spannt sich seit dem Mittelalter um die flachen Häuserzeilen und ist noch recht gut erhalten. Das gilt auch für die Überreste eines venezianischen Turms und für das Westtor, das in die Stadt führt.

Die Geschichte von Paolo Razizza

Sv. Majka Milosrđa

Vor der Altstadt steht die Kirche zur Barmherzigen Muttergottes von 1498. Das Gotteshaus hat einen eigenen Kirchturm im venezianischen Stil und ist hübsch renoviert, mit schmucker Kassettendecke und acht Wandgemälden aus dem frühen 18. Jahrhundert. Der

Standort geht auf eine Legende zurück: Als der Kaufmann Paolo Ra-
zizza aus Venedig zurückkehrte, wo er eine Skulptur der Muttergottes erworben hatte, war das Stadttor schon geschlossen und er
musste davor nächtigen. Am Morgen ließ sich die Statue nicht mehr
von der Stelle bewegen, man sah dies als Zeichen und errichtete hier
die Marienkirche.

Wein- und Olivenanbau
Ganz in der Nähe der Kirche dreht sich alles um den Wein- und Oli-
venanbau, der das istrische Binnenland seit jeher prägt: Im Ethnogra-
fischen Museum erfährt der Besucher, wie Oliven traditionell verar-
beitet wurden und welche Geräte die Menschen dabei nutzten. Das
Museum wurde über einem Straßendurchgang errichtet, der mit der
Wehrmauer verbunden ist.
Ulica 1. svibnja, 1. Juni bis 15. Sept. Di. – So. 9 – 13 Uhr
Eintritt: 2 €

Etnografski
muzej

Buje hat einen klangvollen Namen unter den Freunden des Muskatellers.

BUJE ERLEBEN

TOURISTINFORMATION

1. svibnja 2, 52460 Buje
Tel. 052 77 33 53
www.coloursofistria.com

Febr./März: Karneval
Mitte Sept.: Weinlese mit Volksfest
11. Nov.: Volksfest: Sankt Martin segnet den jungen Wein, in Momjan

Die Adresse für **Trüffelspezialitä-
ten** in Buje ist das Feinkostgeschäft
Zigante (Ul. J. B. Tita 12, 9 – 20
Uhr). Entlang der **Wein- und Oli-
venölstraße** lohnt sich ein Besuch
bei lokalen Erzeugern, zum Beispiel
bei Familie Smilović im Dörfchen Baredine, die in fünfter Generation
strohgelbes bis zartgrünes Olivenöl
herstellt.
Agro Millo, Baredine 16
Tel. 052 77 42 56
www.agro-millo.hr

CASA ROMANTICA
LA PARENZANA €

Das einladende Bike- und Landhotel
im Dörfchen Volpia logiert in einem
alten Steinhaus. Nur wenige Meter
weiter verläuft die Parenzana-Strecke,
daher steigen hier gerne Radfahrer
und Wanderer in einem der 16 Zimmer ab. Im hoteleigenen Restaurant
mit wunderbarer Terrasse werden
traditionelle istrische Gerichte serviert – natürlich auch mit Trüffeln.
Volpia 3, Buje
Tel. 052 77 74 58
www.laparenzana.com

KONOBA ASTAREA €€€€

In der gemütlichen Gourmet-Konoba
dreht sich alles um die offene Feuerstelle, auf der Fisch, Wild, Fleisch
und sogar Apfelstrudel zubereitet
werden. Die frischen Jakobsmuscheln, die nicht aus Zuchtbestän-
den, sondern der Bucht von Novigrad stammen, bekommen durch
das Feuer ein interessantes Aroma.
Ronkova 9, Brtonigla
Tel. 052 77 43 84
www.konoba-astarea.com
Mi. Ruhetag

KONOBA MORGAN €€€€

Regionale Zutaten werden von Marko Morgan nach alten Rezepten verarbeitet. Saisonale Gerichte wie Pasta mit Maronipüree oder
Wildschwein mit Polenta sind hier
sehr beliebt.
Baracanija 1, Brtonigla
Tel. 052 77 45 20
www.morgan.hr
Mo. Ruhetag

RESTORAN SAN ROCCO €€€€

Das bekannte Gourmetrestaurant
hat sich mit vorzüglichem Fleisch,
Fisch und Gemüse aus eigenem Anbau einen Namen gemacht. Die Küche ist modern, dennoch fest mit
den kulinarischen Traditionen Istriens verbunden.
Srednja ulica 2, Brtonigla
Tel. 052 72 50 00
www.san-rocco.hr
Mo. Ruhetag

PIZZERIA & STEAKHOUSE
SAN SERVOLO €€€

Die Privatbrauerei San Servolo stellt
ihre großen Konkurrenten in den
Schatten: Helles, dunkles oder rotes

Bier wird nach deutschem Reinheits-
gebot von 1516 gebraut. Im stylisch-
rustikalen Brauerei-Pub oder der
Pizzeria nebenan wird der Gersten-
saft ausgeschenkt.
Momjanska ulica 7, Buje, an der
Landstraße nach Momjam
Tel. 052 77 25 05
https://sanservoloresort.com
Pizzeria Mi. Ruhetag

KONOBA MALO SELO €€€
Familie Marušić setzt in ihrer urigen
Konoba auf verfeinerte Regionalkü-
che, die ansprechend serviert wird:
Einfache Schokoladensauce wird auf
dem Dessertteller zu einem Noten
schlüssel gegossen. Die recht üppigen Steaks – am liebsten mit Trüffeln

– sind der Hauptgrund, warum viele
Gäste wiederkommen.
Kaldanija 1, Fratrija
Tel. 052 77 73 32
Mi. Ruhetag

AGROTURIZAM SAN MAURO €€
Familie Sinković verwöhnt ihre Gäste
auf der großen Terrasse ihres Be-
triebs mit vielen eigenen Produkten
wie Olivenöl, Gnocchi, Fuži und
Fleisch vom istrischen Boškarin-Rind.
Und natürlich mit ihrem preisgekrön-
ten Wein, der schon seit Jahrhunderten auf dem Anwesen gekeltert wird.
San Mauro 157, 52462 Momjan
Tel. 052 77 90 33
www.sanmauro.hr

Leckerer Tresterschnaps erinnert auch zu Hause an den Agroturizam San Mauro.

▌ Rund um Buje

Gute Tropfen

Momjan (ital. Momiano) Über dem Dragonja-Tal, 6 km nordöstlich von Buje, erhebt sich Momjan. Einen überregionalen Namen hat sich das Städtchen mit seinem herausragenden **Muskateller-Weißwein** (Momjanski muškat) gemacht. Der Höhepunkt des Jahres ist das Fest des jungen Weins, das um den 11. November, den Martinstag, stattfindet. Wer ihn probieren und einkaufen möchte, kann das Weingut Kabola aufsuchen, das ansprechend in den Weinberg eingebettet wurde. Einige Patrizierhäuser aus venezianischen Zeiten sind in dem Dörfchen noch erhalten. Sehenswert sind einige wertvolle Statuen in der Pfarrkirche Sv. Martin, die einen 22 m hohen Glockenturm hat. Von den einst vier Türmen des Kastells Momjan ist nur noch einer geblieben.
Weingut Kabola: Kanedolo 90 | Tel. 052 77 92 08 | https://kabola.hr/de

Im schwarzen Garten

Brtonigla (ital. Verteneglio) Das beschauliche Hügeldorf Brtonigla, 6 km südwestlich von Buje, eignet sich als Ausgangspunkt für **Wanderungen** durch das Mirna-Tal. Zu römischen Zeiten hieß der Ort aufgrund seiner dunklen Erde Hortus Niger, schwarzer Garten. Die Gegend ist wegen ihres Reichtums an Wild bei Jägern beliebt. Nicht von ungefähr gibt es hier mehrere gute Restaurants und Konobas. In einer nach ihm benannten **Galerie** ist ein Querschnitt des in Zagreb geborenen Bildhauers Aleksandar Rukavina (1934 – 1985) zu sehen. Er gehört zu den Mitbegründern des berühmten istrischen Künstlerdörfchens ▶ Grožnjan.
Ul. Aleksandra Rukavina 9 | Juni – Aug. Mi., Fr. 17 – 20, Do. 9 – 13 Uhr Tel. 052 77 43 07 | Eintritt: frei

Auf Schusters Rappen

Naturpark Škarline Das Flüsschen Škarline bahnt sich seinen Weg durch eine grüne Schlucht mit zwei kleinen Seen, Wasserfällen und einer Brücke. Wanderwege schlängeln sich ab Brtonigla oder Nova Ves durch den Naturpark (Prirodni park Škarline, freier Zugang).

Bizarre Unterwelt

Grotta Mramornica Ein schachtartiger Einstieg führt in die Marmorhöhle 5 km südwestlich von Buje hinein. Mächtige Tropfsteinformationen gliedern den 93 m langen und 5 m hohen Höhlenraum. Interessant ist eine Sintersäule, die bei einem Erdbeben entzweigebrochen ist. Der tiefste Punkt der Schauhöhle befindet sich 20 m unterhalb des Höhleneingangs. Ein Pullover empfiehlt sich, da die Temperatur konstant nur 14 °C beträgt.
Stancija Drušković 20, Brtonigla | April, Okt. tgl. 10 – 16, Mai, Juni, Sept. bis 17, Juli – Aug. bis 18 Uhr | Tel. 52 77 43 13 | Eintritt: 9 € (inkl. 30 Min. Führung) | www.agroturizamsterle.hr

★ BUZET

Höhe: 158 m ü. d. M. | **Einwohner:** 2400 | Kroatien

Auf einem kegelförmigen Hügel hoch über dem Mirna-Tal erhebt sich die mittelalterliche Altstadt von Buzet (ital. Pinguente), kurz vor der slowenischen Grenze. Das Städtchen am Fuße des Čičarija-Gebirges schätzen nicht nur Aktivurlauber, die hier gerne wandern, mountainbiken oder klettern, sondern auch viele Feinschmecker: In der Umgebung gibt es mehrere herausragende Trüffelrestaurants!

Der Beiname »Stadt der Trüffel« kommt nicht von ungefähr: In den umliegenden Wäldern der **Buzeština**, wie die Gegend genannt wird, gedeiht die Edelknolle besonders gut. Insbesondere im Herbst lockt die weiße Trüffel Feinschmecker an. Die Saison läutet am zweiten Samstag im September ein berühmtes Volksfest ein: Bei der Subotina (▶ Abb. S. 309) wird ein rekordverdächtiges Trüffelomelett in einer Pfanne mit stolzen 2,5 m Durchmesser gebacken. 2025 werden 2025 Eier sowie 10 kg schwarze Trüffeln zugegeben, jedes Jahr kommt ein weiteres Ei hinzu. Ganzjährig wird der Edelpilz in einigen vorzüglichen Restaurants in der Umgebung serviert. Etliche gehören dem Tatufo-vero-Club an, in dem sich Trüffelrestaurants aus Istriens Trüffelgebiet zusammengeschlossen haben.

In dieser Gegend siedelten bereits illyrische Stämme, ehe die Römer das Militärlager Pinguentum befestigten. Alte Grabstätten zeugen von der byzantinischen Herrschaft. Ab dem 9. Jh. war Buzet, gemeinsam mit den Städtchen Hum und Roč, ein **Zentrum der glagolitischen Schrift**. Der venezianische Militärkommandant Capitano di Raspo baute hier ab 1511 die Grenze zum Osmanischen Reich aus: Die umliegenden Dörfer wurden verwüstet, Buzet blieb unversehrt.

▌ Wohin in Buzet?

Architektonische Besonderheiten

Beim Bummel durch die Altstadt von Buzet sind es immer wieder Details, die dem Städtchen schmeicheln. Dazu gehören vor allem die vielen Wappen und Reliefs an den Fassaden. Betritt man den historischen Stadtkern durch das **Große Stadttor** (Vela vrata, 1547), lässt sich das Relief des Stadtpatrons Sv. Juraj (St. Georg) erkennen. Rechterhand davon fällt der **Bembo-Palast** (Palača Bembo, 1728) auf: Im unteren Fassadenabschnitt prangt ein schmuckes Wappen des einstigen Hausherrn, Kapitän Vincent Bembo. Rechterhand kann man ein Reliefportal über einer Holztür entdecken (1670).

Altstadt

BUZET ERLEBEN

TOURISTINFORMATION
Trg Vladimira Gortana 9
52420 Buzet
Tel. 052 66 23 43
www.tz-buzet.hr

3. Juli-Wochenende: National Open Championship Paragliding, Raspadalica
Wochenende nach dem 8. Sept.: Subotina-Festival, Buzet
1. Wochenende nach Allerheiligen (1. Nov.): Trüffelfest, Buzet
Herbst: Mit speziell ausgebildeten Hunden geht es zur **Trüffelsuche** in den Wald (auf Anfrage auch auf Deutsch). Einen guten Ruf haben u. a. die Familien Karlić und Prodan.
Karlić Tartufi
Paladini 14, Buzet
Tel. mob. 091 754 46 18
http://karlictartufi.hr

Prodan Tartufi
Sv. Ivan, Praščari 43, Buzet
Tel. mob. 091 551 27 96
http://prodantartufi.hr

Im Aura-Shop kann man die Herstellung feiner **Destillate** beobachten und dazu natürlich auch verkosten (II. Istarske brigade 2, Buzet).
In der Produktionsstätte von **Pietro&Pietro Tartufi** gibt es einen Trüffelladen.
Pietro&Pietro – natura tartufi
Srnegla 21, Mala Huba,
2 km westlich von Buzet
Mo. 9.30 – 17.30, Di. – Sa.
10.30 – 18 Uhr
Tel. 052 66 29 75
www.pietroandpietro.com

HOTEL VELA VRATA €€
Direkt neben dem namensgebenden Großen Stadttor (Vela vrata) versteckt sich dieses schmucke Boutique-Hotel. Die 18 Zimmer sind stilvoll eingerichtet, mit Parkett, goldgerahmten Spiegeln, antiken Möbeln und Liebhaberstücken. Das dazu gehörende Restaurant mit gehobener Küche serviert – wie sollte es in einem Trüffelstädtchen anders sein – Gerichte mit der Edelknolle.
Šetalište Vladimira Gortana 7
Buzet
Tel. 052 49 47 50
www.velavrata.net

KONOBA TOKLARIJA €€€€
Die Anreise in das Dörfchen Sovinjak, 10 km südwestlich von Buzet, ist jeden Kilometer wert. Schon beim Betreten der 600 Jahre alten Ölmühle kommt heimelige Atmosphäre auf. Restaurantchef Nevio Sirotić erzählt gerne die Geschichte seines Anwesens und berät, welcher Wein zu welchem der bis zu sieben Gänge passt. Die Menüs sind saisonal geprägt, die Zutaten kommen von heimischen Erzeugern aus dem Umland.
Sovinjsko Polje 11, Sovinjak
Tel. mob. 091 926 67 69
Di. Ruhetag

KONOBA VRH €€€€
Das Trüffelparadies liegt im Dörfchen Vrh, 12 km südwestlich von Buzet: Großzügig wird die schwarze (in der Saison auch die weiße) Edelknolle über hausgemachte Fuži oder Gnocchi gehobelt. Das kulinarische Erlebnis wird durch weiße (!) Trüffeln auf

köstlichem Schokoladenkuchen
abgerundet.
Vrh 2, Vrh
Tel. mob. 052 66 71 23

RESTORAN STARA OŠTARIJA €€€

Wer Trüffeln mag, ist hier, in der Altstadt von Buzet, richtig: Die schmackhafte Trüffelsuppe, aber auch das Panna Cotta mit Trüffelhonig sind erprobt! Der Salat wird mit einem wunderbaren Olivenöl zubereitet.
Petra Flega 5, Buzet
Tel. mob. 052 69 40 03

AGROTURIZAM MLINI €€

Die erste Gelegenheit, um gute bodenständige istrische Hausmannskost in Kroatien zu probieren ist hier. Zu den Spezialitäten gehören Kaninchensugo, Wildschweinschinken oder mit Brennnesseln gefüllte Ravioli. Zu den hausgemachten Fuži sucht man sich einfach eine Sauce aus: Die Variante mit Rohschinken und Rotwein ist schön würzig.
Mlini 44, Mlini
Tel. mob. 098 900 84 30
www.agroturizam-mlini.hr
(8 km westlich von Buzet, kurz vor dem Grenzübergang Požane)

Ihr barockes Aussehen bekam die **Pfarrkirche Uznesenje Marijino** (Mariä Himmelfahrt) 1784. Eine gotische Monstranz von 1453 gilt als Rarität. Sehenswert sind Wandgemälde aus dem 18. Jh., die Orgel stammt vom berühmten italienische Orgelbauer Gaetano Callida aus dem Jahr 1787.

Wasserversorgung von einst

Ziemlich genau in der Mitte der Altstadt stößt man auf den Trg Vele šterne. Der Platz ist nach der Großen Zisterne benannt, die der Stadt schon zu venezianischen Zeiten als Wasserspeicher diente. 1789 wurde die Zisterne, die Regenwasser auffing, zwar erneuert, geblieben ist jedoch der steinerne venezianische Markuslöwe.

Trg Vele šterne

Istrische Schätze

Südwestlich des Platzes zeigt das **Heimatmuseum** in der Palača Bigatto von 1639 seine Schätze. Auf drei Stockwerken werden eine alte istrische Küche, traditionelles Handwerksgerät, Fresken aus den Ruinen von Petrapiloza und ein Lapidarium mit glagolitischen Abschriften präsentiert. Der »Ohrring von Buzet« (Buzetska naušnica), gefunden aus frühmittelalterlichen Gräbern aus dem 7./8. Jh., wird hier als silberne Replik verkauft.
Trg rašporskih kapetana 5 | Mo. – Fr. 9 – 15 Uhr | am Wochenende nach Vereinbarung (n.V.), Tel. 052 66 27 92 | Eintritt: 2 €

Zavičajni muzej

Die Wunder des hl. Anton von Padua

Am nordöstlichen Rand der Altstadt steht die Kirche Sv. Juraj (St. Georg) von 1611. Die Überreste eines älteren Gotteshauses wurden in eine Wand mit eingebaut. Sehenswert sind die Gemälde mit den Wundertaten des hl. Anton von Padua (benannt nach dem Berg Padua in der Nähe).

Sv. Juraj

▌ Rund um Buzet

Einsam und karg

Ćićarija-
Gebirge

Touristisch noch wenig erschlossen ist das **Karstmassiv** Ćićarija, nordöstlich von Buzet, das Istrien von der Kvarner-Region abgrenzt. Raue Winde, kalte Winter und ein wenig Landwirtschaft prägen den 40 km langen und bis zu 15 km breiten Gebirgszug, der seinen Namen von den Ćiribirci, auf Deutsch Tschiribiren oder Istrorumänen, entlehnt hat. Das Holz des Gebirges, das bis heute nur spärlich bewachsen ist, verwendete man für den Schiffsbau und als Fundament für Venedig. Auf den Kalkböden gedeihen Kastanien, Föhren und Flaumeichen, aber auch seltene Orchideen. In der alten Dorfschule von Račja Vas gibt es ein Besucherzentrum (Sa/So 10 – 18 Uhr). Gewandert wird auf die Gipfel Žbevnica, Orljak, Gomila und Planik.

Sportler gefragt

Raspadalica

Einige Kilometer nordöstlich von Buzet liegt in der Nähe des Dörfchens Slum das **Extremsportzentrum** Raspadalica. Drachen- und Gleitschirmflieger finden ringsum ideale Startplätze. Kletterer begeistern sich für die Steilwände, Mountainbiker finden ausgewiesene Routen. Am Extremsportzentrum beginnen Wanderwege unterschiedlicher Länge mit schönen Aussichtspunkten. Übernachten kann man auf einem wildromantischen Campingplatz ohne Strom, max. 30 Personen.

Robinson Camping Raspadalica: www.raspadalica.com

Sekt vom Feinsten

Vrh

Klima und Bodenbeschaffenheit im Dörfchen Vrh, 12 km südlich von Buzet, sind ideal für die Herstellung eines vorzüglichen Schaumweins. Angeblich hat ein Mädchen aus Vrh einen französischen Soldaten während der napoleonischen Besatzung zu Beginn des 19. Jh.s gepflegt – aus Dankbarkeit soll er sie in die Kunst der Sektherstellung eingewiesen haben. Panoramablick und ein sehr gutes Restaurant lohnen den Weg hinauf.

Das brannte!

Draguć (ital.
Draguccio)

Der Eine oder Andere wird dies noch kennen: Eine offene Wunde wurde mit Jod eingepinselt, was ordentlich brannte! Dieses Verfahren verdanken wir im Wesentlichen dem in Draguć geborenen Chirurg **Antonio Grossich** (1849 – 1926). Als Chefchirurg des Stadthospitals von Fiume (Rijeka) führte er 1908 Jodtinktur als Desinfektionsmittel bei Operationen ein, was so manche Komplikation verhinderte. Als Haupt des Italienischen Nationalrats von Fiume übergab er 1924 den Schlüssel der Stadt an den italienischen König Viktor Emmanuel III. Das pittoreske Aussehen und die malerische Lage (358 m ü. d. M.) lockten seit den 1970er-Jahren schon mehr-

Die Wälder rund um Buzet stecken voller Trüffel – aber nur Spezialisten finden sie auch.

fach Filmproduzenten in das mittelalterlichen Städtchen, 15 km südlich von Buzet. Dies brachte Draguć den Spitznamen » Istriens Hollywood« ein. Das mag zwar ein wenig hochtrabend klingen, doch
immerhin standen hier schon Michael York, Gérard Depardieu und
Nastassja Kinski (»Lady Musketier«, 2004) vor der Kamera.
Heute flanieren vereinzelte Reisende durch die wenigen blumenge-
schmückten Gässchen und eng aneinander gedrängten Häuschen.
Den ruhigen Hauptplatz ziert ein **Bürgermeistertisch**. Die Wände
der einschiffigen Kirche Sv. Rok (St. Rochus) bedeckte der Wandermaler Anton aus Padua 1529 komplett mit Heiligenbildern und Szenen aus dem Leben Jesu. Das romanische Friedhofskirchlein Sv. Elizej
(St. Elisäus) am Ortseingang bewahrt Fresken aus dem 13. Jahrhundert. Das moderne **Haus der Fresken** (Kuća fresaka) informiert
über die schönsten Wandmalereien in ganz Istrien und ist zentraler
Anlaufpunkt für Besucher.
Haus der Fresken: Juli –Sept. Di –So. 10 –13 u. 14 –18 Uhr |
Eintritt frei

CRES

Höhe: 0 – 648 m ü. d. M. | **Einwohner:** 2800 | Kroatien

J–N
4 – 8

Cres, Nordspitze: Die Autofähre legt im winzigen Hafen an, um die Blechkolonne aus ihrem Bauch zu entlassen, die eilig nach Süden rollt. Sobald das letzte Auto am Horizont der langen Inselstraße verschwunden ist, stellt sich ein Gefühl tiefer Entschleunigung ein. Graue Weiten, durchzogen von alten Trockenmauern, zeichnen sich am türkisblauen Sommerhimmel ab. Hier und da tauchen zottige Schafe auf, die Wildkräuter kauen. Auf Cres wirkt alles recht ursprünglich, fast wie aus einer anderen Zeit.

Ursprünglicher Charme

Mit ihren kahlen Hügeln erinnert die Kvarner-Insel Cres im nördlichen Teil stellenweise an eine Mondlandschaft. Schuld daran ist der kühle Bora-Fallwind, der vom Festland her über die Insel peitscht und deren Spitze im Norden geschliffen hat. Silbrig schimmernde Olivenhaine, immergrüne Zypressen und blühender Lavendel verleihen dem südlichen Teil hingegen ein **mediterranes Flair**. Hotels gibt es auf der Insel nur wenige, übernachtet wird in Privatzimmern oder auf Campingplätzen. Die meisten Urlauber, die über die Insel Cres rollen, haben ohnehin ein anderes Ziel: Die südlicher gelegene Schwesterninsel Lošinj – und übersehen dabei oftmals den wildromantischen Charme von Cres.

Traditionelle Erwerbsquelle

Schafzucht

Die **Schafe** auf Cres ernähren sich von wildwachsenden mediterranen Kräutern, etwa Salbei, Lorbeer oder Minze. Entsprechend würzig schmeckt das Lammfleisch, für das die Insel bekannt ist. Früher sicherten Schaffleisch und Wolle den Einwohnern das Auskommen, heute gelten die verbliebenen rund 20 000 Tiere längst als gefährdet. Schuld daran ist der Jagdtourismus, infolge dessen Wildschweine angesiedelt wurden, die große Schäden anrichten und Lämmer anfallen. Auch die Schafswolle fand keine Abnehmer mehr. Dem wollte die **Initiative Ruta** in Cres-Stadt etwas entgegensetzen: Sie bietet seit einigen Jahren regelmäßige Filzkurse an (auch für Urlauber!) und verkauft selbst gestrickte Wollsocken – um alte Traditionen zu bewahren (▶ S. 65).

Neben den Schafen prägen **uralte Trockenmauern** (Gromače) die Landschaft: Mühsam aufeinander aufgeschichtet, halten die Abgrenzungen nicht nur Schafe fern, durch das Baumaterial werden auch die Parzellen von Steinen gesäubert. Die Mauern schützen überdies die spärlichen Waldreste vor stürmischen Winden und Regenfluten.

Die Bora lässt nicht viel wachen auf Cres. Schafe fühlen sich trotzdem wohl.

Wenig Touristen

Geschichte Einst war Cres noch mit der südlichen Nachbarinsel Lošinj verbunden, wurde unter den Römern durch den Bau eines 11 m breiten Kanals bei Osor jedoch getrennt, um die Handelsroute durch die Adria zu verkürzen. Die Kroaten entdeckten die Insel im 7. Jh., später hatten hier die Franken, die Venezianer und Österreicher das Sagen. Während der Tourismus den übrigen drei großen Kvarner-Inseln Krk, Rab und Lošinj zu jugoslawischen Zeiten aufblühte, blieb Cres vom Massentourismus bis heute weitgehend verschont.

❙ Wohin in Cres-Stadt?

Ein Kaffee muss sein

Mandrač Im Hauptort Cres-Stadt, wo mehr als drei Viertel aller Inselbewohner leben (2200 Einw.), dreht sich alles um den **alten Hafen**. Dort schaukeln weiße Boote vor pastellfarbenen Renaissance- und Gotikbauten aus venezianischer Zeit. Die geschützte Bucht öffnet sich nach Westen, was den Venezianern gefiel: Sie verlegten 1459 kurzerhand den Gouverneurssitz von Osor nach Cres. Heute trifft man sich an der **Promenade (Riva)** und dem Hauptplatz (Placa) auf eine Tasse Kaffee. Südlich davon liegt eine moderne Marina.
Zwischen Riva und Placa steht die **Loggia** aus dem 16. Jh. mit schlanken Säulen unter einer Bogenhalle. Hier verkaufen meist ältere Frauen hausgemachtes Olivenöl, Essig, Likör und getrocknete Feigen.

Entdeckungen in der Altstadt

Stari Nebenan führt das **Stadttor** (Gradska vrata) mit einem Uhrturm im
grad Stil der Renaissance (16. Jh) von der Seeseite in die Altstadt hinein. Das Tor gehörte einst zur Stadtmauer, die Cres im Mittelalter in fünfeckiger Form umspannte und zum Teil erhalten ist.
Das Stadttor führt zur dreischiffigen **Pfarrkirche hl. Maria Schnee** (15. Jh.), die eine spätgotische hölzerne Pietà aus demselben Jahrhundert besitzt. Der Campanile kam erst im 18. Jh. hinzu. Der venezianische Stadtturm (Creska kula) aus dem 16. Jh. zeigt eine kleine Ausstellung über die Inseltradition. Von oben öffnet sich ein schöner Blick auf das Dächergewirr von Cres (Turm im Sommer geöffnet, Eintritt 2 €).
Im **Stadtmuseum** in der Palača Arsan werden antike Amphoren aus dem 2. Jh. v. Chr. gezeigt, die auf Meeresgrund geborgen wurden, ein kleines Lapidarium und archäologische Funde. Im Gebäude wurde der Philosoph Franje Petrić (Francesco Patrizi da Cherso, 1521 – 1567) geboren.
Ribarska 7 | Mitte Juni – Mitte Sept. Di. – So. 10 – 13, 20 – 23, Mitte Sept. – Mitte Okt. u. April – Mitte Juni Di. – Sa. 9 – 12 Uhr Eintritt: 2 €

CRES-STADT ERLEBEN

TOURISTINFORMATION
Peškera 1, 51557 Cres
Tel. 051 57 15 35
www.visitcres.hr

Anf. Juni – Ende Sept. (Di. u. Fr.):
Creska budega (Verkauf und Verkostung lokaler Spezialitäten)
Juli: Sommerkarneval
5. August: Hl. Maria Schnee, Volksfest
mit Markttag (»Semenj«)

In der **Fischhalle Trljica** am südlichen Hafenbecken wird jeden Morgen ab 7 Uhr fangfrische Ware angeboten. Guten **Honig** von regionalen Erzeugern gibt es an den Ständen in Hafennähe.
Der Verein Ruta verkauft selbstgemachte Pantoffeln, Socken und anderes aus **Filz und Wolle** von heimischen Schafen (nach Absprache).
Ruta Cres
Zazid 4a, Cres
Tel. mobil 098 313 029
www.ruta-cres.hr

GOSTIONICA BELONA €€€
Hier essen auch die Einheimischen gerne: Fangfrischer Fisch ist die Visitenkarte dieser heimeligen Gaststätte. Der schmackhaft gewürzte Oktopus-Salat kommt ansprechend in einer Muschel serviert auf den Tisch. In der Hauptsaison empfiehlt sich eine Reservierung!
Šetalište 23. travnja 24
Cres-Stadt
Tel. 051 57 12 03

RESTORAN AL BUON GUSTO €€€
Liebevoll zusammengewürfelte Gebrauchsgegenstände im Vintage-Stil prägen dieses Altstadtrestaurant und verleihen ihm seinen Charme. Eine Entdeckung ist auch das Essen, alles frisch, bevorzugt aus dem Meer: Die Scampi auf Buzara-Art mit einer würzigen Sauce sind ein Gedicht. Verzichten Sie lieber auf die Vorspeise als auf den hausgemachten Kuchen! Viel Andrang!
Sveti Sidar 14, Cres-Stadt
Tel. 051 49 87 12

Wie wird das Wetter?
Das Franziskanerkloster (um 1300) südöstlich der Altstadt birgt eine Sammlung alter Bücher und Kunstgegenstände. Der Glockenturm deutet mit Gesichtern die Wetterrichtungen an: Die missmutig dreinblickenden sind dem Südwind Jugo ausgesetzt, der oft Wolken und Gewitter bringt, die freundlicheren an der Nordseite werden von Tramontana und Bora angepustet – die bringen schönes Wetter. — Franjevački samostan
Trg Sv. Frane 6, im Sommer tgl. 8 – 19 Uhr | Eintritt: Kloster frei, Museum: 2 € | https://www.samostansvfrane-cres.hr

Die Kunst der Olivenverarbeitung
Mehr als 150 000 Olivenbäume wachsen auf Cres. Die steinernen Gefäße, in denen das kostbare Olivenöl früher gelagert wurde, dienen — Olivenölgenossenschaft

Doch, ein Stopp für einen Kaffee am alten Hafen von Cres-Stadt
ist wirklich eine gute Idee.

heute vielfach als Blumenkästen vor den Häusern. Das sieht man in
Cres-Stadt besonders schön. Hier steht auch die letzte von einst 20
öffentlichen Ölpressen auf der Insel. Die örtliche Genossenschaft
verkostet das Olivenöl nicht nur mit einem Snack, sondern führt Gäste auch durch Olivenhaine.

Šetalište 20. travnja 62, Cres-Stadt | Mo. – Fr. 7 – 15 Uhr
Führung mit Verkostung 34 € | Tel. 051 57 12 38 | www.pz-cres.hr

▍ Inseltour

In exponierter Lage

Beli Das Dörfchen Beli (80 Einw.) thront auf einem Hügel im Norden der
Insel, der zur Meerseite mit einem schönen Strand steil abfällt. Die
Wehrmauer ist teilweise erhalten. In der Kirche Sv. Marija sind meh-
rere Prozessionskreuze zu bewundern, in der Pension Tramuntana
(Restaurant, B&B, Tauchschule) können Sie Energie tanken.

Kulturwandern

Unterhalb der Ortschaft überspannt ein **Viadukt** aus römischer Zeit (Rimski most) ein ausgetrocknetes Flussbett. Der Rundwanderweg Tramontana führt daran vorbei (drei Varianten, Wanderschild in Beli). Rund 20 Steinskulpturen des kroatischen Bildhauers Ljubo de Karina (geb. 1948) schmücken einen der Wanderpfade.

Eko staza
Tramuntana

Wo sind die Geier?

An der Steilküste von Cres, auf der Südseite der Nachbarinsel Krk und auf dem unbewohnten Inselchen Prvić leben noch etwa 100 Gänsegeier-Paare in freier Wildbahn, die von Biologen beobachtet werden. Zum Erhalt dieser selten gewordenen Vögel hat die Schafzucht auf Cres beigetragen: Die Geier ernähren sich nämlich von deren Aas. Der gewaltige Vogel wird gut 1 m groß, wiegt bis zu 15 kg und hat eine Flügelspannweite von bis zu 2,80 m! Seine Fluggeschwindigkeit beträgt 40 km/h, sogar auf 10 km Entfernung soll er noch potenzielle Nahrung erkennen können. Das **Besucherzentrum in Beli** kümmert sich um verletzte Tiere und informiert in einer Ausstellung.
Juni – Aug. tgl. außer Mo. 10 – 18, April – Mai u. Sept. – Mitte Okt. bis 16, Jan. – März u. Mitte Okt. – Dez. bis 14 Uhr | Eintritt: 4 € (Winter) bzw. 6,50 € (Sommer) | https://belivisitorcentre.eu

Gänsegeier-
Reservat

Glagolithisch und Latein

15 km südwestlich der Inselhauptstadt liegt das malerische, autofreie Fischerdörfchen Valun (64 Einw.). Kulturgeschichtlich interessant ist die **Tafel von Valun** (Valunska ploča) in der örtlichen Pfarrkirche. Die Grabinschrift aus dem 11. Jh. gilt als bedeutendes Schriftdenkmal, denn es weist die parallele Verwendung von slawischer und romanischer Sprache auf der Insel nach: Die erste Zeile ist in glagolitischer Schrift, die zweite und dritte Zeile sind in mittelalterlichem Latein gehalten.
Der wunderschöne **flache Kieselstrand** am Ende der Bucht lädt mit glasklarem Wasser zum Baden ein.

Valun

Beliebtes Ausflugsziel

Im winzigen Lubenice fühlt man sich fast wie in eine altertümliche Puppenstube hineinversetzt: Hoch oben, 7 km südwestlich von Valun, thronen **alte Steinhäuser** auf der Spitze eines Felsplateaus. Auf 378 m ü. d. M. hat man eine wundervolle Aussicht! Über Kopfsteinpflaster führt der Weg an Hauseingängen vorbei, vor denen selbstgekochte Marmelade und Likör verkauft werden. Aus Lubenice sollen zudem die **besten Inselweine** stammen! Der kreisförmige Rundweg mündet in der winzigen gotischen Kirche (15. Jh.) am Ortseingang, die dem Einsiedler Sv. Antun Pustinjak (St. Anton der Einsiedler) geweiht ist. Die dreischiffige Kirche Sv. Marija besitzt einige ältere Holzskulpturen aus dem 15. Jahrhundert.

Lubenice

Unterhalb der steilen Felswand von Lubenice öffnet sich der wunderschöne **Strand Sv. Ivan** mit feinstem Kies. Der Abstieg dauert zwar eine Stunde – Getränke nicht vergessen –, lohnt sich aber!

Weiter südlich gelangt man zur Bucht Žanja mit ebenso schönem Strand und der **Blauen Grotte** (Plava grota) auf Meereshöhe. Die Sonne schimmert hier durch ein Loch, wodurch das Wasser in unwirklichem Blau glitzert. Eine Alternative sind Schiffsausflüge ab Cres-Stadt, meist in Kombination mit einem »Fisch-Picknick« und einem Badestopp am Strand Sv. Ivan.

Rätselhaft

Vransko jezero

Der **Süßwassersee** von Vrana ist ein interessantes Phänomen: Seine Oberfläche liegt über dem Meeresspiegel, der Seegrund hingegen 74 m darunter. Vermutlich wird der 5 km lange und 1,5 km breite See durch unterirdische Flüsse gespeist. Da er Cres und Lošinj mit Trinkwasser versorgt, ist der Zutritt verboten. Von einer Stichstraße östlich des Sees lässt sich ein Blick erhaschen.

Hier spielt die Musik

Osor

Das Museumsstädtchen Osor ist zum Synonym klassischer Musikkonzerte im Sommer geworden: Schon seit 1976 wird hier im Juli und August in der örtlichen Kathedrale beim **»Musiksommer von Osor«** musiziert. Das Städtchen, direkt am Übergang auf die Insel Lošinj gelegen, war in der Antike eine Metropole mit 20 000 Einwohnern. Heute leben gerade einmal 30 Menschen hier. Eine Drehbrücke am Ortsausgang verbindet Osor mit der Nachbarinsel. Zwei Mal pro Tag (9 und 17 Uhr) öffnet sie sich für durchfahrende Boote. Patrizierwappen zeugen an vielen Hauseingängen von vergangenen Zeiten. Die barockisierte **Kathedrale Sv. Marija** von 1497 erhielt erst über 150 Jahre später ihren frei stehenden Kirchturm. Ein Altarbild im Inneren zeigt Sv. Gaudencij (St. Gaudentius) mit einer Schlange: Der Schutzheilige des Orts soll nämlich einer Legende zufolge einst sämtliche Giftschlangen von der Insel verbannt haben, um die Bewohner zu schützen. Auf dem Hauptplatz fällt eine alte Zisterne auf. Das Rathaus gegenüber mit überdachter Loggia beherbergt die **Archäologische Sammlung** (Arheološka zbirka). Gezeigt werden römische Silbermünzen, Ausgrabungen und ein Lapidarium.

Übrigens hat die bis Ende 2022 gültige **kroatische Währung** ihren Ursprung in Osor: Die Kroaten bezahlten in Kuna, was »Marder« bedeutet. Osor kaufte sich 1018 von Venedig frei, musste im Gegenzug jedoch jährlich 40 Marderfelle liefern, die in der Lagunenstadt sehr beliebt waren. Heute erinnert eine Skulptur in Osor an das Tierchen.

Stadtmuseum: Juli/Aug. Di, Do, Sa 9 – 15 u. 19 – 22, Mi., Fr., So. 10 – 13 u. 16 – 22, Mitte – Ende Juni u. Anf. – Mitte Sept. Di., Do., Sa. 9 – 15, Mi., Fr., So. 16 – 22, April, Mai u. Okt. verkürzt, mind. Di. – So. 9 – 13 Uhr | Eintritt: 5 € | www.muzej.losinj.hr

CRES (INSEL) ERLEBEN

Eine **Autofähre** verkehrt zwischen Brestova (Istrien) und Porozina (Insel Cres) in 20 Min sowie zwischen Valbiska (Insel Krk) und Merag (Insel Cres, 25 Min).
Der **Katamaran** Rijeka – Mali Lošinj stoppt in Cres-Stadt, in der Hauptsaison auch in Martinšćica (80 Min.).
Fahrpläne: www.jadrolinija.hr

Guten **Salbei-Honig** (Med) gibt es bei Erzeugern im Dörfchen Belej (Aufschrift am Haus).

Ende Mai: Festival der traditionellen Dudelsäcke (meh), Nerezine
Mitte Juli – Mitte Aug.: Musikabende, Lubenice
Juli – Aug.: Musikabende, Osor
www.osorfestival.eu

GOSTIONICA BUKALETA €€€

Ob gegrillt, gebraten oder paniert: In dieser rustikalen Konoba dreht sich alles um Lammgerichte. Dazu passen selbstgebackenes Brot und ein Glas Hauswein. Wenn es im grünen Gastgarten zu kühl wird, findet sich ein gemütlicher Platz an der offenen Feuerstelle im Inneren.
Loznati 9a, Loznati
Tel. 051 57 16 06

KONOBA TOŠ JUNA €€€

Ein Mühlstein im Gastraum der rustikalen Konoba in der Bucht von Valun erinnert daran, dass hier früher Olivenöl gepresst wurde. Heute spielt das Öl noch immer eine Rolle, etwa für die gegrillten Doraden. Glagolitische Steintafeln schmücken die rebenumrankte Terrasse, die nur wenige Schritte vom kleinen Fischerhafen entfernt ist.
Valun 43a, Valun
Tel. 051 52 50 84
März – Oktober

BISTRO LEUT €€

Die meisten Autofahrer rauschen einfach durch das Dörfchen Belej hindurch. Was für ein Fehler! Denn sie ahnen nicht, dass ihnen hier das vermutlich beste Spanferkel der Insel entgeht! Dieses dreht sich am Spieß im Freien, um dann knusprig serviert zu werden – am liebsten auf der schattigen Terrasse.
Belej 49, Belej
Tel. 051 52 41 42

BUFFET LUBENIČKA LOŽA €€

Auf dem Hauptplatz des pittoresken Dörfchens bietet sich die kleine Naturstein-Konoba für ein kühles Getränk und einen kleinen Snack an, etwa lokalen Käse und Schinken, dazu frisches Brot. Köstlich!
Lubenice bb, Lubenice
Tel. 051 84 04 27

Lust auf ein Bad?
Eine Nebenstraße führt zum 11 km entfernten, buchtenreichen Südostzipfel von Cres, nach Punta Križa, 65 m über dem Meer. Schöne Bademöglichkeiten gibt es am Südende der Buchten Baldarin und Bokinić sowie in der nördlichen Bucht Uvala Ulica, ebenso einen Campingplatz mit FKK-Abschnitt (www.camp-baldarin.com).

Punta Križa

Lubenice auf Cres sitzt verwegen auf einem Felsplateau.

CRIKVENICA

Höhe: 0 – 150 m ü. d. M. | **Einwohner:** 6300 | Kroatien

Ein Familienzwist machte aus dem Fischerdörfchen Crikvenica ein k. u. k. Seebad: Erzherzog Joseph Karl Ludwig, Cousin des österreichischen Kaisers Franz Joseph I., wollte sich diesem widersetzen und gründete – nach dem Vorbild des 40 km westlich gelegenen Opatija – kurzerhand seinen eigenen Kurort. Wo einst der Adel kurte, spielen heute Einheimische und Gäste Beachvolleyball am Sandstrand und genießen den Sommer an der Adria. Die kilometerlange Strandpromenade Lungomare lädt zu Spaziergängen und gemütlichen Kaffeepausen ein.

Crikvenica ist stolz auf seine Bäder- und Kurtradition: Ab den 1890er-Jahren ließ sich vor allem der ungarische Adel hier mit Thalasso-Anwendungen behandeln. An diese Tradition wird heute im stilvollen Hotel Kvarner Palace, unter österreichischer Leitung, wieder angeknüpft. Ansonsten ist der alte k. u. k. Charme nicht wirklich präsent: Crikvenica ist mit modernen Ferien- und Wohnhäusern im Heute angekommen, im Mittelpunkt steht der Badeurlaub.

Wo schon der Adel kurte

Alles konzentriert sich auf den lebhaften **feinsandigen Stadtstrand** Crni mol. Dieser fällt flach ab, was vor allem Familien mit Kindern sehr schätzen. Der Strand soll durch Sandanschwemmungen auf natürliche Weise entstanden sein. Ein eigener Abschnitt ist für Hundebesitzer reserviert (Monty's Dog Beach and Bar). Die kilometerlange Strandpromenade Lungomare lockt alle; Liebespaare folgen gerne der **»Kissing map«** (www.rivieracrikvenica.com/en/kissing-map).

Einst befand sich hier die römische Siedlung Ad Turres mit einer der größten Keramikmanufakturen der Region, in der Weinamphoren gefertigt wurden. Der Grundstein für das moderne Städtchen wurde im 15. Jh. mit dem Bau eines Kirchleins gelegt, das im Dialekt »crikva« (statt crkva) genannt wird und dem Ort zu seinem Namen verhalf.

Wohin in Crikvenica?

Ort der Kirche

Den alten Kern von Crikvenica bildet die namensgebende **Kirche Uznesenja Blažene Djevice Marije** (Mariä Himmelfahrt), an der Mündung der Dubračina in die Adria. Im ehemaligen Paulinerkloster (1412) nebenan ist heute das Hotel Kaštel untergebracht. Ein Wappen erinnert an alte Zeiten.

Kirche Mariä Himmelfahrt

Interessante Einblicke

Im renovierten Stadtmuseum dreht sich alles um **lokale Traditionen** der Fischer, altkroatische Grabmalkultur und andere Themen.

Muzej grada Crikvenice

Ul. Petra Preradovića 1 | Juli/Aug. 9 – 13 u. 18 – 22, Juni, Sept. Mo – Sa 10 – 14 Uhr | Eintritt: 2 € | www.mgc.hr

Das Werk von Zvonko Car

An die große Bedeutung, die der Fischerei einst zukam, erinnert eine **bronzene Fischerskulptur von Zvonko Car** (1913 – 1982) im Hafen. Im ehemaligen Atelier des aus Crikvenica stammenden Bildhauers sind weitere sehenswerte Skulpturen ausgestellt. Car war ein Schüler des bekanntesten kroatischen Bildhauers Ivan Meštrović und schuf auch das bronzene »Mädchen mit der Möwe«, ein Wahrzeichen von ▶ Opatija.

Memorijalni atelje Zvonka Cara

Ulica bana Jelačića bb | Mitte Juni – Ende Sept. Mo. – Sa. 10 – 13 Uhr

CRIKVENICA ERLEBEN

TOURISTINFORMATION
Trg Stjepana Radića 1c
51260 Crikvenica
Tel. 051 24 10 51
www.rivieracrikvenica.com

Feb./März: Karneval in Crikvenica, Selce
Juli – Aug.: Fischer- und Musikfeste in Crikvenica, Dramalj, Selce, Jadranovo

HOTEL KVARNER PALACE €€€€
In Schönbrunner Gelb erstrahlt das stilvoll renovierte Nobelhotel aus k. u. k. Zeit mit seinen 114 Zimmern. Etwas Besonderes ist die geräumige 75 m² große Erzherzog-Joseph-Suite! Zum Meer sind es nur wenige Meter, gebadet wird am Privatstrand.
Ul. braće dr. Sobol 1, Crikvenica
Tel. 051 38 00 00
www.kvarnerpalace.info

HOTEL BALATURA €€
Das deutsch-kroatische Ehepaar Godec hat in einem restaurierten, 300 Jahre alten Anwesen eine charmante Oase für Literaturfans geschaffen: Bekannte Autoren lesen in unregelmäßigen Abständen, es finden Konzerte und Yoga-Workshops statt. Die 10 Zimmer sind mediterran gestaltet, das Lavendel-Zimmer hat eine kleine Dachterrasse. Zum Frühstück gibt es hausgemachte Marmelade, am Abend werden drei Gänge serviert – komplett vegetarisch.
Mali Sušik 2, Tribalj
Tel. 051 45 53 40
www.hotel-balatura.hr

RESTORAN BURIN €€€
Man kann Risotto einfach mit einem Schöpflöffel aufhäufen. Oder sich etwas einfallen lassen: Im Burin erhebt sich das köstliche schwarze Sepia-Risotto wie ein feines Törtchen auf dem Teller, mit orangefarbener Physalis als Deko.
Dr. Ivana Kostrenčića 10a
Crikvenica
Tel. mob. 098 326 625

GOSTIONICA ZRINSKI €€€
Oktopus, Tintenfisch, Calamari und Co. – das ist die Visitenkarte dieses Traditionsrestaurants. Gründe zum Wiederkommen gibt es genug: nicht nur wegen der Meerestiere und dem frischen Fisch, die ansprechend serviert werden, sondern auch wegen dem freundlichen Ambiente.
Kralja Tomislava 43
Crikvenica
Tel. mob. 098 59 95 83

RESTORAN KLOŠTAR €€€
Auf der Terrasse streift der Blick über die Adria auf die gegenüberliegende Insel Krk. Dazu passt der tagesfrische Fisch. Essen, Portionen und Service stimmen hier.
Ivana Ričića 8
Jadranovo
Tel. 051 24 63 18

KONOBA PANDORA €€
Ein Tag am Strand macht hungrig. Das scheint auch der Koch zu wissen, der in diesem Lokal gerne üppige Portionen auftischt: Frittierten Tintenfisch, gegrillte Baby-Calamari oder einfach ein Stück Fleisch mit Pommes Frites gibt es hier.
Vinodolska 11, Crikvenica
Tel. 051 61 59 79

Rund um Crikvenica

Nur zu zweit

Das »Liebessträßchen« ist ein schöner Rundwander- und Radweg, der nach den vielen Liebespaaren benannt ist, die man hier antreffen kann. Der Pfad beginnt im Zentrum von Crikvenica und verläuft 8 km durch das Hinterland, vorbei an der antiken Ruine Badanj, am Flüsschen Dubračina und mit Panoramablick auf den Stausee Tribaljsko jezero durch das Vinodol-Tal.

Ljubavna cestica

Freizeit angesagt!

Vor allem **Angler** zieht es an den Stausee 6 km nordwestlich von Crikvenica: Die Karpfen im Tribaljsko jezero werden gar 25 kg schwer! Malerische **Wander- und Spazierwege** erstrecken sich rund um den Stausee und das Flüsschen Dubračina.

Tribaljsko jezero

Ferien mit Einheimischen

Im kleinen Fischerdörfchen Jadranovo, 9 km nordwestlich von Crikvenica, haben viele Einheimische ihre Ferienhäuser. In der Lokvišće-Bucht finden sich Reste römischer Bauten. Am Hauptstrand im Ort kann man Liegen mieten An der kleinen Uferpromenade haben sich mehrere Restaurants niedergelassen.

Jadranovo

Wer im Kvarner Palace partout nicht ins Meer will, hat eine Alternative.

Wer hat die besten Kirschen?

Grižane Bekannt ist das Dörfchen Grižane im Vinodol-Tal, rund 5 km nördlich von Crikvenica, für seine saftigen Kirschen (Griške črišnje) und als Geburtsort des **Miniaturenmalers Julije Klović** (1498 – 1578, ▶ S. 277). Von der mittelalterlichen Festung Grižane sind heute nur noch Reste vorhanden.

Mit dem Tourismus ging es bergauf

Selce Den kleinen Badeort Selce erreicht man 3 km südöstlich von Crikvenica über eine malerische Uferpromenade. An die lange Besiedelung erinnert eine römische Zisterne. Unter den Fürsten Zrinski entwickelte sich Selce zu einem Hafen mit Zollstelle. Mit der Eröffnung des ersten Hotels 1894 begann der Tourismus, der Selce einen enormen Aufschwung bescherte. Mehrere flach abfallende Kiesel- und Betonstrände sind sehr beliebt.

★ GORSKI KOTAR

Höhe: bis 1528 m ü. d. M. | Kroatien

Unwegsames Gelände, dichte Wälder, tosende Bäche und tiefe Schluchten brachten der Bergregion den Beinamen »Teufelsgarten« ein. Das Hinterland der Kvarner-Bucht sorgt an heißen Sommertagen für Abkühlung. Ohnehin dünn besiedelt, kämpfte die Region nach dem Zweiten Weltkrieg mit massiver Abwanderung. Inzwischen bemüht man sich mit Wander- und Mountainbike-Routen um Urlauber, die wildromantische Natur schätzen.

Der Gorski kotar eignet sich für leichte **Wanderungen** ebenso wie für Alpinisten, die hohe Gipfel wie den Risnjak und Snježnik erklimmen möchten. **Mountainbiker** lieben die Gegend um Fužine und Lokve. Sportangeln und Fliegenfischen ist am Fluss Kupa bis Severin möglich, ebenso Rafting und Kanufahren. Skifahrer nutzen Kroatiens größtes Skigebiet Platak (wochenends mit Busanbindung an Rijeka).

▌ Wohin im Gorski kotar?

Aussichtsreich ans Meer

Lujzinska Nicht nur Motorradfahrer lieben die serpentinenreiche alte Bergstra-
cesta ße Lujzinska cesta (»Lujzijana«). Ab Karlovac heißt es: Runter von der Autobahn, hinauf auf die teils steile Straße, die durch schmucke

GORSKI KOTAR ERLEBEN

TOURISTINFORMATION
Školska 24
51300 Delnice
Tel. 051 50 81 91
www.visitdelnice.hr

REGION GORSKI KOTAR
www.gorskikotar.hr

NACIONALNI PARK RISNJAK
www.np-risnjak.hr

Juni – Sept.: Kultur- und Sportsommer »Ljeto u Fužinama«, Fužine
Mai: Nacht der Frösche (Žabarska noć), Lokve

Rafting
www.rafting.com.hr
www.gorski-tok.hr

Skifahren, Mountainbike
www.platak.hr

RESTORAN BITORAJ €€€
Das Hotelrestaurant mit offener Feuerstelle zieht Wanderer oder Autofahrer an. Legendär ist der Blaubeeren-Strudel! Ansonsten stehen regionale, bodenständige Gerichte auf der Speisekarte, etwa Wildgulasch oder Pilzgerichte.
Sveti križ 1, Fužine
Tel. 051 83 50 19
www.bitoraj.hr

RESTORAN TRON €€
Natursteinwände im Inneren verleihen dem Restaurant einen gemütlichen Charme. Wer hier einkehrt, kann traditionelle Wild- und Fleischgerichte aus dem Gorski kotar bestellen – aber auch Pizza. Die Einheimischen schätzen die Marenda, ein kleines Mittagessen, das recht erschwinglich ist.
Supilova ulica 45, Delnice
Tel. 051 50 82 84
https://mbmusluge.hr/

Ortschaften wie Lokve, Delnice und Severin na Kupi führt. Die gerade mal 6 m breite Straße ließ der Adelige Joseph Philipp Vukasović mit Privileg von Kaiser Franz I. ab 1803 bauen und benannte sie nach der Kaisertochter Marie-Luise »Luisenstraße« (Lujzijana). Die alte Route ans Meer hat eine Länge von 18 österreichischen Postmeilen, was ungefähr 135 km entspricht. Nach dem Bau der Autobahn fiel die »Lujzijana« in einen Dornröschenschlaf.

Alles über Kräuter
Eine kleine Ausstellung über die gut 200 Jahre alte Lujzijana-Trasse hat Vid Arbanas im **Haus der Natur** in Kotač zusammengetragen. In dem für die Region typischen Haus werden zudem Bergkräuter getrocknet und als Kräuterlikör (»San Hubert«) mit 57 Zutaten (!) verkostet und verkauft.

Kotač

Kuća Prirode (Haus der Natur): Ul. Rudolfa Strohala 127
Lokve-Kotač | Tel. mob. 098 965 91 56 | www.kucaprirode.com

Nationalpark Risnjak

Auf den Spuren des Luchses

Der Luchs, auf Kroatisch »**Ris**«, gab dem 1953 eingerichteten Nationalpark Risnjak seinen Namen. Bis heute streift die Wildkatze durch den dichten Wald, auch Wildschweine, Hirsche, Wölfe, Braunbären, Füchse und Marder sind hier zu Hause. Zu den mehr als 1000 Pflanzenarten gehören Edelweiß und Bergulme. Der höchste Gipfel des Risnjak-Gebirges, der **Veliki Risnjak**, ist 1528 m hoch. Ab Rijeka dauert die Fahrt ca. eine Stunde.

Der Nationalpark lässt sich prima erwandern: Der etwa 4,2 km lange **Lehrpfad Leska** mit 23 Infotafeln beginnt beim Haupteingang, den man über Delnice und Crni Lug oder alternativ über Gornje Jelenje und Mrzla Vodica erreicht. Der einfache und gut ausgeschilderte Weg führt durch dichte Tannen- und Buchenwälder, über malerische Bergwiesen, an Quellen und trichterförmigen Karstsenken vorbei (ca. 2 Std.).

Am Westhang des Risnjak ist die 50 m breite **Quelle des Grenzflusses Kupa** (321 m ü. d. M.) sehenswert, den die benachbarten Slowenen Kolpa nennen. Ein Ausstellungszentrum (Rodna kuća rijeke Kupe) informiert über die Artenvielfalt im Kupa-Tal, wo bis zu 500 Schmetterlingsarten beheimatet sind (Öffnungszeiten s. Wegseite des Nationalparks). Die leichte Wanderung beginnt ab dem Parkplatz oberhalb des Dörfchens Razloge: Weiß-rote Punkte markieren den Weg zur Quelle der Kupa, ein Stück weit verläuft der Weg am Fluss entlang, bis zu einer kleinen Brücke. Dort wechselt man die Uferseite, um zurück nach Razloge zu gelangen.

Der **Snježnik** (1506 m ü. d. M.) eröffnet herrliche Ausblicke in alle Richtungen. Der kürzeste Kletterpfad beginnt bei Gornje Jelenje.

Abwechslungsreiche **Mountainbike**-Routen führen in sieben Etappen durch den Gorski kotar. Infos unter www.gorskikotarbike.com/de.

Natonalpark: Haus der Parkverwaltung, Bijela Vodica 48 | Eintritt 7 (10) € (2 Tage gültig) | www.np-risnjak.hr
Übernachtung: Berghütte Schlosserov dom (Sommer, über Nationalparkverwaltung anfragen) oder Hostel Crni Lug | Tel. 051 32 48 99

Fužine

Badestopp oder Höhlenbesuch?

Mehrere Seen locken Besucher nach Fužine an der Südspitze des **Bajer-Stausees** (Jezero Bajer) mit seiner malerischen Promenade. Der 6,3 km lange Uferweg führt von dort zum größeren **Lepenica-See**, am Wochenende verkehren ein Touristenzug und ein Ausflugsboot. Die **Tropfsteinhöhle Vrelo**, 3 km von Fužine und etwa 3,5 Mio. Jahre alt, ist leicht zugänglich: Sie kann, da ohne Treppen, auch von Rollstuhlfahrern besichtigt werden. Entdeckt wurde sie in den frühen 1950er-Jahren beim Bau des Bajer-Stausees. Selbst im Sommer herrschen hier konstant etwa 8 Grad Celsius.

i.d.R. Sa., So. 11 – 15 Uhr | Eintritt: 6 € | www.tz-fuzine.hr

6x
UNTERSCHÄTZT

Genau hinsehen, nicht daran vorbeigehen, einfach probieren!

1.
EIN RIESEN-OMELETTE

Beim **Subotina-Festival** in Buzet wird ein Riesen-Omelette zubereitet. Ganze 10 kg Trüffeln werden entsprechend der Jahreszahl mit ebenso vielen Eiern vermengt: So kommen z. B. 2025 stolze 2025 Eier hinzu. (▶ **S. 58, 309**)

2.
BRIONI-ANZÜGE

Auf Italienisch heißen die Brijuni-Inseln **Brioni**. Die danach benannte exklusive Marke für feine Herrenanzüge mag nicht nur James Bond, sondern auch Altkanzler Gerhard Schröder gerne.

3.
HAUPTORT DER FRÖSCHE

In **Lokve**, einem Dörfchen im Gorski kotar, ist eine ganze Nacht den Fröschen gewidmet. Bei dem dabei abgehaltenen Weitsprungwettbewerb im Juni hält ein Tier mit 140 cm seit 2001 den Rekord. (▶ **S. 78**)

4.
SCHLUCKLOCH

Das Flüsschen **Pazinčica** verschwindet in einem Schluckloch und fließt unterirdisch 30 km weiter, um beim Limski kanal wieder ans Tageslicht zu kommen! Das Naturschauspiel inspirierte schon Dante und Jules Vernes, die es in ihren Werken als Schauplatz aufgriffen. (▶ **S. 150**)

5.
SAMANJ

Der größte traditionelle Markt, der jeden ersten Dienstag im Monat in **Pazin** stattfindet, ist kein gewöhnlicher: Hier gibt es nichts, was es nicht gibt – von billiger Kleidung bis zu traditioneller Handwerkskunst. (▶ **S. 152**)

6.
SCAMPI???

Die Kvarner-Bucht ist für ihre Scampi berühmt. Je nach Übersetzung kommen diese – laut Speisekarte – mal als Langusten, mal als Garnelen auf den Tisch. Aber eigentlich geht es immer um den **Kaisergranat**.

Rund um den See

Lokve Der Frosch ist Wahrzeichen des Städtchens Lokve (16 km nördlich von Fužine). Ende Mai findet die »Nacht der Frösche« (Žabarska noć) mit Weitsprungwettbewerb statt.

Rund um den **Stausee Lokvarsko jezero** führen malerische Rad- und Wanderwege. Ein 4 km langer Uferweg, der entlang von Bade- und Angelplätzen verläuft, spendet Schatten. Ausgangspunkt für den Weg ist das alte Motel – Stari Motel – am See.

Im 51 ha großen **Parkwald Golubinjak** steht die mit 40 m höchste Tanne der Gegend; sie ist 250 Jahre alt. Ein moderater und sehr kurzer Wanderweg (1,25 km) führt zur Riesentanne, an der Einhöhle (Ledenja špilja), einem Spielplatz und einem Gasthaus vorbei (www.gorskikotar.hr).

Parkwald: Uferweg unter gorskikotar.hr/de/turisticka-staza

★ GROŽNJAN

Höhe: 288 m ü. d. M. | **Einwohner:** 140 | Kroatien

● D 5

Das mittelalterliche Dörfchen Grožnjan im istrischen Hinterland wäre fast in Vergessenheit geraten: Als die italienische Bevölkerung nach dem Zweiten Weltkrieg fortzog, war das Dorf weitgehend entvölkert. Um es vor dem Verfall zu bewahren, verkaufte der Staat die Häuser in den 1960er-Jahren zu symbolischen Preisen an Künstler. Diese verwandelten Grožnjan in eine lebendige Freiluftgalerie. In zahlreichen Galerien sind Maler, Bildhauer, Töpfer und andere Künstler kreativ.

Künstler-
dorf

Alte Gemäuer und enge, steingepflasterte Gassen prägen die Ortsmitte von Grožnjan (ital. Grisignana): Selbstgemachte Türschilder aus Emaille, bunte Blumentöpfe und dazwischen immer wieder offene Türen, hinter denen Schmuck, Töpferware oder Hügellandschaften auf Leinwand hervorblitzen – das macht den Reiz des Dörfchens aus. Nur manchmal, wenn sich zu viele Besucher in den engen Gassen drängen, öffnen nicht alle Künstler ihre Galerien – sondern warten bis zum frühen Abend, wenn die Stille wieder einkehrt.

Beim **Kunstwettbewerb Ex Tempore** sind aber alle aktiv: Bis zu 400 Künstler lassen ihrer Kreativität zu einem vorgegebenen Thema freien Lauf. An den Hauswänden lehnen Staffeleien, die den Ort in eine große Open-Air-Galerie verwandeln. An Sommerabenden durchdringt wunderschöne klassische Musik die Gassen von Grožnjan. Das hat Tradition: Seit 1969 hat sich Grožnjan auch als **Zentrum für**

GROŽNJAN ERLEBEN

TOURISTINFORMATION
Ul. Umberta Gorjana 3
52429 Grožnjan, Tel. 052 77 61 31
https://coloursofistria.com/
destinacije/groznjan

Juli/Aug.: Musiksommer von Grožnjan
mit Festival Jazz is back!
3. Sept.-Woche (Do. – So.): Künstler-
wettbewerb »Ex Tempore«.
www.hgm.hr

Trüffelprodukte gibt es bei Giancarlo Zigante, Ul. Umberta Gorjana 5,
feinsten istrischen **Rohschinken** im
Dorf Šterna bei Edi Duniš, Tel. 052
64 40 78, Besuch n. V., im Sommer
auch in Grožnjan i.d. Galerie Fonticus.
www.zigantetartufi.com

KONOBA PINTUR €€€
Man sitzt auf der erhöht liegenden
Terrasse in der Nähe des Stadttors
unter Bäumen und freut sich auf
bodenständig-istrisch-italienische Kü-
che, von der einfachen Bohnensuppe
mit Mais bis zu Gnocchi al ragú.
Mate Gorjana 9
Grožnjan
Tel. 052 77 63 97

RESTORAN AMODOMIO €€
Durch die Bar durchgehen, und
schon ist man auf der Aussichtsterras-
se und kann die gute Pizza oder einen
Salat mit wundervollem Blick auf die
Natur genießen.
Trg Corner 1, Grožnjan
Tel. 052 77 60 26

Nachwuchsmusiker etabliert (Jeunesses Musicales Croatia; https://
jmi.net), die hier Kurse absolvieren und vor Ort Konzerte geben.
Unterhalb von Grožnjan verläuft der **Radweg** auf der alten Trasse
der Parenzana-Schmalspurbahn nach Livade über sechs Tunnel und
durch vier Viadukte (S. ▶ 36).

Fast entvölkert
Graf Ulrich II. von Istrien (und Weimar!) bestimmte, dass Castrum   Geschichte
Grisinana an die Kirche übergeben werde: So taucht der Name des
Dörfchens 1102 erstmals in der Schenkungsurkunde auf. Lange Zeit
waren die Patriarchen von Aquileia die Herren, bis ein Vasall das Le-
hen 1358 – unerlaubterweise – an Venedig verkaufte: Vermutlich war
ihm der Unterhalt zu teuer geworden. Unter venezianischer Herrschaft wurde Grožnjan zum Militärstützpunkt ausgebaut. Im 17. Jh.
entvölkerte die Pest das Städtchen, dann wurden Italiener und Slawen angesiedelt. Nach 1945 lebten nur noch vier Familien in
Grožnjan. Der Wohlstand von Grožnjan beruhte früher auf dem Olivenanbau: Daran erinnert die alte Olivenpresse außerhalb der Stadtmauer, die mit einer Aufforderung versehen wurde:

>»Wenn Du an einem Olivenbaum vorübergehst,
dann verneige Dich vor ihm.«

▌Wohin in Grožnjan?

Altstadt

Stimmungsvoller Bummel

Zu den auffälligsten Bauwerken in der Altstadt gehören sicherlich die zum Teil noch erhaltenen Wehrmauern mit dem **Stadttor** (Gradska vrata, 15. Jh.). Ganz in der Nähe befindet sich die **Loggia** im Renaissancestil (1587), die einst als öffentlicher Gerichtssaal diente. Der **Barockpalast Spinotti-Morteani** aus dem Jahr 1861 in der Ul. Umberta Gorjana 5 wurde vor wenigen Jahren mit Mitteln der Europäischen Union saniert. Trüffelliebhaber schätzen dort insbesondere den Laden des **Trüffelkönigs Giancarlo Zigante** oder den Destillerie-Shop Aura. Im Kastell rechter Hand, das aus dem 12. Jh. stammt, finden Sommerkonzerte statt.

Päpstliches Geschenk

Sv. Vid, Modest i Kresencija

Dankbarkeit zeigte Papst Pius VII.: Nachdem er in der nahegelegenen Bucht von Tar Schutz vor einem Unwetter gefunden hatte, schenkte er der örtlichen Pfarrkirche auf dem Hauptplatz im Jahr 1800 einen

Idyll und Kunst treffen sich in Grožnjan – wenn wenig los ist.

Altar. Das Gotteshaus ist den hl. Blasius, Modest und Crescentia geweiht. Es stammt noch aus dem 14. Jh., erhielt jedoch im Jahr 1770 barocke Elemente. Der gelbe Glockenturm nebenan wurde im 17. Jh. errichtet.

Moderne Kunst

Die städtische Galerie Fonticus, nahe dem Stadttor, präsentiert in Wechselausstellungen zeitgenössische kroatische und internationaler Künstler sowie eine Heraldiksammlung mit 150 Wappenreliefs. Das historische Gebäude stammt aus dem Jahr 1597 und diente einst als Kornspeicher.

Trg Lože 3 | Juni – Sept. 9 – 13, 17 – 20 Uhr | Eintritt: frei | Tel. mob. 099 252 33 72

Gradska galerija Fonticus

★ HUM

Höhe: 349 m ü. d. M. | **Einwohner:** 50 | Kroatien

Wahlzettel gibt es in Hum keine. Stattdessen ritzen die Wähler eine Kerbe für ihren Favoriten in ein Stück Holz. Der Gewinner regiert das istrische Dörfchen im kommenden Jahr: So unkompliziert verläuft die Bürgermeisterwahl dort! Allzu viele Stimmen müssen die Wahlhelfer dabei allerdings nicht auszählen, denn der winzige Ort mit gerade mal 50 Einwohnern gilt als die »kleinste Stadt der Welt«. Darauf ist man stolz und feiert das alte Bürgermeisterritual aus dem 16. Jh. alljährlich im Juni mit einem fröhlichen Volksfest.

Das Hügelstädtchen Hum (ital. Colmo) in Zentralistrien hat alles, was eine Stadt so braucht: zwei Gotteshäuser, eine Konoba (mit weithin bekanntem Mistelschnaps!), zwei winzige Gassen – und einen gebührenpflichtigen Parkplatz, mit dem die Restaurierung der Stadtmauern finanziert wird. Vor allem hat das Örtchen, das **gerade mal 100 m lang** ist, schon seit dem Mittelalter die Stadtrechte. Diese sicherten Hum den Eintrag als »kleinste Stadt der Welt« ins Guiness-Buch der Rekorde.

»Kleinste Stadt der Welt«

Urkundlich erwähnt wird Hum erstmals als Castrum Cholm im Jahr 1102. Unter venezianischer Herrschaft blühte Hum auf und entwickelte sich zu einem Zentrum der Kultur, Wirtschaft und Verwaltung. Das kann man sich heute nur schwer vorstellen, doch vor dem Zweiten Weltkrieg lebten noch über 900 Einwohner hier, die meisten hatten italienische Wurzeln.

▌ Wohin in Hum und Umgebung?

Willkommen ja oder nein?

Stadttor Das kunstvoll verzierte Stadttor (1562) von Hum heißt Besucher zwar willkommen, zugleich werden sie jedoch vor den Folgen gewarnt, falls sie schlechte Absichten haben sollten! Diese Warnung unterstreichen – zumindest optisch – die ungewöhnlichen Griffe des Tors in Form von Ochsenhörnern. Auf beiden Torflügeln sind geschmiedete Kupferplatten mit zwölf Medaillons angebracht, die den Jahreslauf darstellen.

Wehrturm oder Kirchturm?

Uznesenje
Blažene Dje-
vice Marije
Ungewöhnlich trutzig wirkt der freistehende **Kirchturm**, 22 m hoch, mit zinnenbekröntem Abschluss. Er mutet wie ein Wehrturm an, und genau das war er bei seinem Bau 1552 auch. Der Turm gehört zur einschiffigen **Pfarrkirche Mariä Himmelfahrt** von 1802, die kostbares goldenes und silbernes Liturgiegefäß hütet.

Wer genug auf dem Kerbholz hat

Loggia In der Loggia mit Gemeindetisch (1545), gegenüber der Pfarrkirche, wurde früher das Stadtoberhaupt gewählt – nur Männer wurden zur Wahl zugelassen. Die Direktwahl per Kerbholz geriet mit der Zeit in Vergessenheit, wurde jedoch wiederbelebt. In der Loggia befindet sich eine Weinbar.

Kirchenschätze

Sv. Jeronim Die einschiffige romanische Friedhofskapelle Sv. Jeronim (St. Hieronymus) nördlich außerhalb der Mauern besitzt einige **Fresken aus dem 12. Jh.** im byzantinischen Stil und **glagolitische Inschriften**, darunter eine Wandtafel aus dem 12. Jh., die als eines der ältesten Zeugnisse dieser Schrift gilt. An der Nordwand wird das Leiden Christi dargestellt. Den Schlüssel zum Kirchlein holt man sich in der Humska konoba ab.

★ Zentrum der altkroatischen Schrift

Aleja
Glagoljaša
Ein 6 km langer Skulpturenweg, **»Allee der Glagoliter«**, verbindet Hum mit Roč. Beide Städtchen waren im 9./10. Jh. bedeutende Zentren der altkroatischen glagolitischen Schrift. Entsprechend gedenkt man hier mit elf Stationen bedeutender Persönlichkeiten oder Ereignissen, die wichtig für die Entwicklung der slawischen Schriftsprache waren: Dazu gehört etwa der Tisch der Slawenapostel Kyrill und Method, die 963 mit der Verschriftlichung der slawischen Sprache begannen. Die siebte Station ist dem Istrischen Gesetzbuch von 1275 gewidmet. Die meisten Kunstwerke schuf der kroatische Bildhauer Želimir Janeš (1916 – 1996) in den späten 1970er-Jahren. Der Weg endet beim massiven Stadttor von Hum.

HUM ERLEBEN

HUMSKA KONOBA €€
Die urige Traditionskonoba mit schöner Aussichtsterrasse serviert schon seit über 40 Jahren die wichtigsten regionalen Spezialitäten wie die Istrische Suppe, die mit Teran gekocht und nach altem Brauch im Bukaleta-Krug serviert wird. Unbedingt probieren sollten Sie den legendären Biska-Schnaps, der aus der Weißen Mistel gewonnen wird.
Hum 2, Hum
Tel. 052 66 00 05

https://humskakonoba.hum.hr
Mo. Ruhetag, im Winter nur Sa., So. geöffnet

KONOBA KOTLIĆ €€€
Der Weiler Kotli ist ein grünes Idyll: Oberhalb der alten Wassermühle an der Mirna werden hausgemachte Fuži und Gnocchi (mit Trüffeln!) in einem alten istrischen Steinhaus serviert.
Kotli 3, Kotli
(Buzet in Richtung Hum,
Abzweigung kurz vor Hum)
Tel. mob. 99 351 7077
Juni – Okt. – Fr. So. 12 – 20 Uhr

ABC in Glagolitisch

Roč

In die befestigte, pittoreske Altstadt des Dörfchens Roč, 6 km nördlich von Hum, führt das Große Stadttor (Vela vrata). Es durchbricht die gut erhaltene **mittelalterliche Befestigungsanlage,** die von den einstigen strategischen Bedeutung des Dörfchens zeugt. Eine Kanone aus venezianischer Zeit (»bombarda«) sowie ein kleines Lapidarium finden sich in den Mauern des Stadttors. Gleich gegenüber sind die mittelalterlichen Fresken (12. – 15. Jh.) in der Kirche **Sv. Rok** (St. Rochus) überaus sehenswert. In der romanischen Kirche **Sv. Antun** (St. Antonius, 12. Jh.) wird das sogenannte Abecedarium von Roč aufbewahrt, ein wertvolles Zeugnis der glagolitischen Schriftkultur. Es wurde um 1200 auf drei Votivkreuzen eingeritzt.
Der Nachbau der Gutenberg-Druckerpresse gegenüber der Touristinformation in Roč erinnert daran, dass hier die Vorlage für das erste **gedruckte glagolitische Buch** (1483), das Novak-Missale, erstellt wurde.

An der Mirna

Kotli

Kotli ist ein malerischer kleiner Weiler und liegt 5 km westlich von Hum: Eine alte **Wassermühle** wacht dort über die Mirna. Der wichtigste Fluss Istriens fällt hier über kleine Kaskaden hinab, was die Felsen kesselförmig aushöhlte und der winzigen Siedlung ihren Namen gab, denn »kotli« bedeutet Kessel. Oberhalb des Flusses sitzt man hübsch auf der Terrasse der Konoba Kotlić. Noch vor wenigen Jahren war das Dörfchen übrigens fast entvölkert, zwischenzeitlich wurden mehrere alte Natursteinhäuser restauriert, die jetzt an Urlauber vermietet werden.

IZOLA

Höhe: 0 – 80 m. ü. d. M. | **Einwohner:** 11 200 | Slowenien

Wo genau sich die Altstadthäuser von Izola früher nebeneinander drängten, verrät schon der Name: »Insel im Küstenländchen« nannten die Habsburger das einstige Fischerdorf, »Isola« sagen die Italiener. Wer die »Insel« heute sucht, muss schon genau hinschauen, denn diese wurde längst aufgeschüttet – mit den Steinen der alten Stadtmauer. Daher ragt die kleine Altstadt heute nur noch als Halbinsel in die Bucht von Koper, jedoch überaus malerisch.

Liebe auf den zwei-ten Blick

Zugegeben, es ist eher eine Liebe auf den zweiten Blick: Von der slowenischen Küstenstraße führt der Weg an einigen tristen Wohnblöcken vorbei. Erst wenn der **alte Fischerhafen** mit seinen venezianisch geprägten Fassaden auftaucht, wirkt Izola – vor allem mit Blick auf die vielen Boote, die auf dem Wasser schaukeln. Skipper schätzen Izola vor allem für die **moderne Marina**.

Die Grundmauern des römischen Hafens Haliaetum aus dem 1. Jh. n. Chr. beschäftigen Archäologen in der Bucht Simonov zaliv. Dort, auf dem Festland, stand das Städtchen ursprünglich, ehe es von den Slawen zerstört und auf jener später aufgeschütteten Insel neu errichtet wurde. Architektonische Spuren zeugen bis heute von der 500-jährigen Herrschaft der Venezianer ab dem Jahr 1280. Darauf folgten die Habsburger, dazwischen Napoleon, Italien, »Freie Zone B« und ab 1954 Jugoslawien. In jenem Jahr erreichte die Abwanderung der italienischen Bevölkerung aus dem jugoslawischen Istrien ihren Höhepunkt: 90 Prozent wanderten aus. Im Gegenzug zogen die Bewohner der umliegenden Dörfer und aus anderen Landesteilen Jugoslawiens nach Izola.

Zwischen Kies und Fels

Badeurlaub

Im Strandbad **Simonov zaliv**, westlich von Izola, kann man sein Handtuch am flach abfallenden Kieselstrand ausbreiten, ein Tretboot mieten oder den Nachwuchs auf die Wasserrutsche setzen. Weiter in Richtung Strunjan (▶ S. 174), das für seine dramatischen Felsklippen berühmt ist, gibt es einen lohnenswerten Felsstrand (Badeschuhe einpacken!).

▌ Wohin in Izola und Umgebung?

Venedig lässt grüßen

Sv. Mavro

Mächtig überblickt sie den alten Stadthafen und lässt keine Zweifel daran, wer hier einmal herrschte: Die **barocke Pfarrkirche**, die dem

IZOLA ERLEBEN

TOURISTINFORMATION IZOLA
Sončno nabrežje 4
SI-6310 Izola/Isola
www.visitizola.com/de

Juni: Filmfestival Kino otok
https://kinootok.org

GOSTILNA KORTE €€€
In dem traditionellen Gasthaus, 13 km südlich von Izola, vermengen sich mediterrane Adriaküche und deftige Gerichte aus dem Hinterland, z. B. Calamari mit Steinpilzen. Als Klassiker gelten die hausgemachten Gnocchi oder Fuži mit Wildgulasch. Das Brot wird täglich frisch gebacken.
Korte 44, Korte
Tel. 05 6 42 02 00
www.gostilnakorte.si
Di. Ruhetag

GOSTILNA BUJOL €€
Fisch lockt die Gäste in diese gemütliche kleine Trattoria. Als Spezialität des Hauses gelten Fuži (Pasta) mit Stockfisch (Bakalar). Erschwinglich ist der tagesfrische Blaufisch, der auf Fischplatten oder als Einzelportion serviert wird – etwa die gegrillten Sardinen oder die winzigen, frittierten Ährenfische. Das einstige Arme-Leute-Essen wird mit den Fingern gegessen.
Verdijeva 10, Izola
Tel. 041 79 94 90

Schutzpatron des Städtchens, Sv. Mavro (St. Maurus, 1547) geweiht ist. Ihr 39 m hoher freistehender Campanile ist dem der Markuskirche in Venedig nachempfunden; vier Glocken hängen darin. Das venezianische Erbe setzt sich im Inneren des Gotteshauses fort, in Form einiger wertvoller Gemälde.

Der schönste Platz
Der Manziolijev trg östlich des Hafens, gilt als schönster Platz der Altstadt. Er ist nach Izolas erstem Bürgermeister, Tommaso Manzioli, benannt. Dieser war auch Namenspate für den **Manzioli-Palazzo** (1470), in dem heute Konzerte und Ausstellungen stattfinden. Auch die nette **Weinbar** am Platz, die den Naturwein »Orange wine« ausschenkt, trägt Manziolis Namen. An kleinen Tischchen lässt sich das Leben bei einem Glas regionalem Refošk oder Malvazija gut beobachten. Auf dem Platz fällt auch der **Lovisato-Palast** (16. Jh.) mit schönen Renaissancefenstern auf, der nach dem darin geborenen Mineralogen Domenico Lovisato (1842 – 1916) benannt wurde. Die älteste Kirche von Izola, Sv. Marija Alietska (Maria von Haeliaetum), stammt aus dem 11. Jahrhundert. Sie birgt drei sehenswerte Altäre und eine Orgel des berühmten venezianischen Orgelbauers Nakić.

Manziolijev trg

Hat man die Vororte erst einmal hinter sich, zeigt sich, wie hübsch Izola doch ist.

Barocke Architektur

Palazzo
Besenghi
degli Ughi

Das dreistöckige spätbarocke Palais in der Gregorčičeva ul. 76 zieren großzügige Fenster- und Balkongitter mit reichlich Stuck. Erbauer war **Filippo Dongetti** aus Mailand, einer der bedeutendsten Architekten seiner Zeit. Heute ist in dem Gebäude, das zwischen 1775 und 1781 entstand, eine Musikschule untergebracht.

Ein Muss für Fans der Schifffahrt

Muzej
Izolana

Ganz modern präsentiert sich die Izolana, das **Haus des Meeres** (Hišo morja). Zu sehen gibt es hier 35 Schiffsmodelle und ein echtes Fischerboot, darüber hinaus kann die Entwicklung von Izola interaktiv erlebt werden – etwa bei einem Angelspiel oder einer Museumschatzsuche für Kinder.
Ulica Alme Vivode 3 | Sommer tgl. 9 – 12, 18 – 21, Winter Fr. – So. 14 – 18 Uhr | Eintritt: 5 €, Gruppenführungen nach Vereinbarung
www.visitizola.com/izolana

Radeln und wandern

Nach der Einstimmung im Parenzana-Museum gehört ein Besuch in einem stillgelegten Bahntunnel unbedingt dazu: Wo einst die Schmalspurbahn durch einen Tunnel von Triest Richtung Poreč rauchte, wird heute geradelt und gewandert – denn der 244 m lange Tunnel ist Teil des Parenzana-Wanderwegs (▶ S. 36). Nach Stilllegung der Bahn 1935 diente er als Lager sowie zur Pilzzucht.

Parenzana-Tunnel

Lage: 2 km oberhalb der Altstadt; Radwegschild »D 8«

Blick in römische Geschichte

Zwischen dem Jachthafen und dem Badestrand Simonov zaliv wurde bei Ausgrabungen ein 3000 m² großer römischer Komplex mit Villa und Hafen gefunden. Er wurde vermutlich zwischen 25 v. Chr. und 70 n. Chr. errichtet. Heute sind nur noch die Grundmauern von Villa, Wirtschaftsgebäude, der Hallengang zum Hafen, Wellenbrecher und Hafenmauer erkennbar. Das Hauptgebäude besaß eindrucksvolle schwarz-weiße Bodenmosaiken, die rekonstruiert wurden. Freigelegt wurde auch ein antikes Wasserleitungssystem.

Archäologischer Park Simonov zaliv

Juni – Sept. | Eintritt: frei

KOPER

- -
Höhe: 0 – 100 m ü. d. M. | **Einwohner:** 26 000 | Slowenien
- -

Koper, einst Venedigs treuer Partner im Salzhandel, bezaubert heute als malerisches Hafen- und Universitätsstädtchen. Genießen Sie bei einem Cappuccino unter den Arkaden des historischen Salzdepots den Charme, den Koper vielerorts versprüht.

Koper (ital. Capodistria) ist eine richtige Hafenstadt: Früher wurde hier Salz aus den umliegenden Salinen in großen Mengen verschifft, heute sind es Frachtcontainer. Auch Kreuzfahrtschiffe ankern hier. Die Bedeutung Kopers als Hafenstadt schrumpfte zu k. u. k. Zeiten, als der Hafen von Triest ausgebaut wurde. Dennoch spielt das Wasser eine zentrale Rolle: etwa an der neu gestalteten Uferpromenade in Richtung Izola, mit Einstiegsleitern und Badeplätzen, aber auch Sportanlagen und einem weitläufigen Park.

In der Altstadt hat Koper seine Vergangenheit bewahrt, die ziemlich weit zurückreicht: Die Griechen gründeten hier die Kolonie Aegida, die alten Römer nannten das Städtchen Capris, die Ziegeninsel – denn Koper erstreckte sich ursprünglich auf einer Insel, die erst im 19. Jh. aufgeschüttet und mit dem Festland verbunden wurde. Unter byzantinischer Herrschaft hieß Koper Justinopolis, während ihm die

Koperski zaliv

Jachthafen

Handelskai

Ukmarjev trg

Belveder

Vergerijev trg

Ribiški trg

Muzejski trg

Loggia

Baptisterium

Destradijev trg

Sv. Ana

Carpacciov trg

Kidričeva ulica

Titov trg

Kathedrale

Cankarjeva ulica

Hafen **Taverna**

Regional- museum

Trg Brolo

Fontico

Carpaccio- Haus

Prätoren- palast

Sv. Jakov

Kreljeva

Tomažičev trg

Almerigogna- Palast

Agrame

Gramšijev trg

Markt- halle

Staničev trg

Fontana da Ponte

Kosovelov trg

400 m

©BAEDEKER

Uferpromenade

Prešernov trg

Vojkovo nabrežje

Stadttor Muda

KOPER

Centralni mestni park

Cesta Zore Perello-Godina

Pula, Izola

Bus

Ferrarska ulica

Busbahnhof, Bahnhof, Pula, Triest, Rijeka

1. Grad Sočerb
2. Gostilna Švab
3. Istrska klet Slavček
4. Pizzeria Atrij
5. Sladoledarna Parlor

1. Villa Andor
2. Hotel Villa Majda

KOPER ERLEBEN

TOURISTINFORMATION
Die Touristinformation hat ihren Sitz im Prätorenpalast.
Titov trg 3, 6000 Koper
Tel. 05 6 64 64 03
https://visitkoper.si/de

Nahe dem Hotel Koper werden ab 6.30 Uhr Obst, Gemüse und Fisch verkauft. Der größte Weinhersteller Sloweniens, **Vinakoper**, ist bekannt für seinen Refošk-Rotwein, der im firmeneigenen Weinladen verkauft

wird. Es lohnt sich, eine Führung mit Verkostung (nach Anmeldung) zu buchen.
Šmarska cesta 1
Tel. 05 663 01 00
www.vinakoper.si/de
Mo. – Fr. 8.30 – 19 Uhr
Sa. 8.30 – 12 Uhr

Febr./März: Karneval, Koper
April: Spargeltage (Šparga fest), Koper
25. Juni: Winzer und Olivenölerzeuger in der Region öffnen ihre Türen für Besucher.

Beliebt zum Baden ist die neu angelegte Promenade in Richtung Izola.
Am Strand Žušterna werden auch
Windsurfing-Kurse angeboten.
www.windsurfpoint.si

❶ VILLA ANDOR €€€
Die stilvolle, restaurierte Villa besticht mit ihrem üppigen Garten und
der Terrasse mit Meeresblick. Die romantische Lage entschädigt für die
nicht übermäßig großen Zimmer.
Vinogradniška pot 9, Ankaran
Tel. 05 615 50 00
www.andor.si

❷ VILLA MAJDA €€€
Was einst Landgasthof war, hat sich
zum luxuriösen Boutique-Hotel mit
sechs Zimmern gewandelt. In dem
gepflegten Steinhaus inmitten idylli-
scher Natur genießt man die Ruhe,
auch am Pool. Und abends geht es
ins Restaurant, wo mit viel von den
eigenen Feldern und eigenem Olivenöl gekocht wird.
Osp 88, Črni Kal
Tel. mob. 031 00 03 50
www.majda.si

❶ RESTAVRACIJA GRAD SOČERB €€€€
Das Burgrestaurant ist für raffinierte
istrische Küche bekannt. Für das feine
Fischmenü und die Trüffelgerichte
reisen auch viele italienische Gäste an.
Der Ausblick auf die Bucht von Triest,
an klaren Tagen sogar bis zum Schloss
Miramare, ist einfach fantastisch!
Sočerb 7 (Burg)
Tel. mob. 041 57 15 44
Mo. Ruhetag, Di – Do 18 – 22,
Fr – So 12 – 22 Uhr

❷ GOSTILNA ŠVAB €€
In den Kochtopf kommt, was im Garten oder in der Umgebung gerade
wächst. Der hausgemachte Pršut
wird am Tisch dünn aufgeschnitten,
köstlich ist auch der Schafs- oder
Ziegenkäse in Olivenöl eingelegt. Die
slowenische Mineštra wird mit Bohnen gekocht. Das i-Tüpfelchen ist der
saisonale Kuchen.
Hrastovlje 53, Hrastovlje
Tel. 05 659 05 10
www.gostilnasvab.com
Mo. – Mi. Ruhetage

❸ ISTRSKA KLET SLAVČEK €€
In der kleinen, einfachen Gaststätte
in guter Altstadtlage kommt Hausgemachtes ohne Schnickschnack auf
den Tisch. Tipp: Vorzüglicher roter
Stockfisch-Eintopf als Löffelgericht
und dazu sehr guter Hauswein. Auch
Kutteln, gegrillte Leber, Sauerkraut
und Polenta werden hier serviert.
Župančičeva ulica 39, Koper
Tel. 05 6 27 67 29

❹ PIZZERIA ATRIJ €€
Diese Pizzeria in der Altstadt ist auch
bei Studenten sehr beliebt. Nehmen
Sie Platz auf einer Holzbank auf der
Terrasse, bestellen Sie eine Pizza –
schön würzig mit Tartufata (Trüffel-
paste) – und lassen Sie so den
Abend ausklingen.
Čevljarska 8, Koper
Tel. 05 627 22 55
https://pizzeria-atrij.si
So. Ruhetag

❺ SLADOLEDARNA PARLOR €
Das vielleicht beste Eis entlang der
slowenischen Küste gibt es hinter
der Markthalle, hausgemacht und
mit raffinierten Geschmacksrichtun-
gen: Feige mit Lavendel oder Apfel-
Basilikum. Viele Sorten sind vegan.
Pristaniška ulica 2, Koper
Tel. mob. 031 33 28 08
Tgl. 11 – 22 Uhr
https://www.sladoledarna.si

Venezianer den Namen Caput Histrie, wörtlich »Kopf Istriens«, verpassten: Koper war schließlich fünf Jahrhunderte venezianischer Verwaltungssitz für ganz Istrien. Der Serenissima folgten die k. u. k. Monarchie, Italien und das Freie Territorium Triest. Als die Stadt ab 1954 zu Jugoslawien gehörte, wanderten die meisten italienischstämmigen Einwohner aus. Geblieben ist die offizielle Zweisprachigkeit der Stadt, was man auch an der Beschilderung sehen kann.

▌ Wohin in Koper?

Altstadtbummel

Vrata Muda
Koper konnte sein mittelalterliches Stadtbild mit verwinkelten engen Gassen und schmucken Palazzi weitgehend bewahren. Am besten lässt sich der alte Stadtkern bei einem Bummel entdecken, der beim südlichen **Stadttor Muda** beginnt. Es ist das letzte von einst zwölf Stadttoren der doppelten Wehrmauer. Das Tor ist aus dem berühmten weißen, marmorartigen Kalkstein aus Istrien gehauen. Die Verzierung – mit Löwenköpfen, Sonnengesichtern, Wappen von Venedig und Koper – erinnert ein wenig an einen Tempel. Hinter dem Stadttor öffnet sich der Prešernov trg mit dem **Da-Ponte-Brunnen,** dessen Aufsatz venezianischen Kanalbrücken ähnelt.

Verwinkelt

Venezianisches Kaufherrenviertel
Von hier aus führt linker Hand die leicht ansteigende Župančičeva ulica vorbei an barocken Häuserzeilen in die Altstadt südwestlich vom Titov trg. Hier waren während der Herrschaft Venedigs die venezianischen Kaufleute und Handwerker ansässig. Ein Blick in die verwinkelten Gässchen rechts und links lohnt sich. Über die rechts abzweigende Garibaldijeva ulica kommt man zum Titov trg.

Erbe der Venezianer

Titov trg
Am zentralen Hauptplatz hat die lange Herrschaft der Venezianer sichtbare Spuren hinterlassen. An dessen Südseite dominiert der zinnengekrönte, weiß getünchte **Prätorenpalast** (Pretorska palača) aus dem 13. Jh., geschmückt mit Wappen und dem venezianischen Markuslöwen. Er besteht eigentlich aus zwei miteinander verbundenen Gebäuden, von denen eines über die Čevljarska-Gasse führt. Gegenüber dem Prätorenpalast steht die ebenfalls weiße, in venezianisch-gotischem Stil gehaltene **Loggia** (1462). Wo sich einst die Patrizier versammelten, ist heute eine Galerie untergebracht.
Die **Kathedrale Marija vnebozeta** (Mariä Himmelfahrt) an der östlichen Seite des Hauptplatzes vereinigt Stilelemente von Gotik und Renaissance. Sehenswert sind einige Gemälde des Malers Vittore Carpaccio (▶ S. 283) sowie der Sarkophag des Stadtpatrons von Koper, der hl. Nazarius (Sv. Nazarij), ein Meisterwerk venezianischer

Von der venezianischen Loggia schaut man über den Titov trg auf den noch etwas älteren Prätorenpalast.

Steinmetzkunst. Der **Campanile**, ursprünglich als Wehrturm geplant, kam im Jahr 1660 dazu. Er bietet einen schönen Rundblick über die Stadt und den Hafen – doch erst gilt es, die 204 Stufen hinauf zu erklimmen!

Campanile: Juni – Sept. tgl. 9 – 13 u. 15 – 18.30, übrige Monate 9 – 13 u. 14 – 16.30 Uhr | Eintritt: 5 €

2500 Jahre Geschichte

Nordwestlich vom Hauptplatz geht die Kidričeva ulica ab. Nr. 19 ist der pastellgelbe, venezianische Belgramoni-Tacco-Palast aus dem 17. Jh. Heute ist hier das **Regionalmuseum** zu finden.

Pokrajinski muzej Koper

Die Kidričeva ulica endet am Carpaccio trg, der zum Hafen hin von den Bögen der Taverna begrenzt wird, dem Salzlagerhaus aus dem 17. Jh. In dem ochsenblutroten gotischen Haus gegenüber sollen der venezianische Maler Vittore Carpaccio (1465 – 1525) und sein Sohn Benedetto gelebt haben. Die Statue auf dem Platz zeigt die **heilige Justina** und erinnert daran, dass zum Sieg Venedigs über die Türken bei Lepanto 1571 eine Galeere aus Koper beigetragen hat.

Regionalmuseum: Di. - Sa. 9 – 17, Sa 9 – 12.30 u. 13 – 17 Uhr
Eintritt: 8 € | www.pokrajinskimuzejkoper.si

Rund um Koper

Baden und Kuren

Ankaran

Knorrige Rebstöcke und silbrige Olivenhaine finden sich rund um den nördlichsten Badeort der slowenischen Adria. Das schon zu römischen Zeiten besiedelte Ankaran wurde Ende des 19. Jh.s als Kurort für Knochen- und Lungenleiden entdeckt. Familien schätzen den fast 1 km langen, flachen Strand im Schatten von Strandkiefern.
Ein Unicum ist der Muschelfriedhof (Pokopališče Školjk), der bei der Erweiterung des Hafens Koper entstanden ist: Beim Aushub wurden unzählige Muscheln vom Meeresgrund aufgeschwemmt. Um dorthin zu gelangen, fährt man von der B406 kommend in Richtung Mole Sveta Katarina.

Herrlicher Ausblick

Burg Sočerb

In der sanierten Burg aus dem 13. Jahrhundert, ca. 15 km nordöstlich von Koper an der slowenisch-italienischen Grenze gelegen, ist ein beliebtes Ausflugslokal untergebracht. Von hier oben schweift der Blick bei klarem Wetter vom Hafen Koper über die Landzunge von Ankaran bis zur Bucht von Triest.

Klettern im Karst

Osp

Das Dorf Osp wird von Kletterern meist im gleichen Atemzug wie das 4 km südlicher gelegene Črni Kal genannt – denn nur in der schroff abfallenden Karstlandschaft Kraški rob (dt. »Karstrand«) um diese beiden Orte ist das Klettern erlaubt. Ansonsten dient die geschützte Landschaft, die sich vom kroatischen Učka-Gebirgsmassiv bis nach Triest zieht, vielen Vogelarten wie Uhu oder Blaumerle als Rückzugsgebiet.

Memento mori

Sv. Trojice in Hrastovlje

Rebstöcke umranken das winzige Hrastovlje im malerischen **Rižana-Tal**, das 14 km südöstlich von Koper liegt. Schon von Weitem fällt die kleine Kirche Sv. Trojice (Hl. Dreifaltigkeit, erbaut im 12./13. Jh.) auf, die von trutzigen Natursteinmauern umgeben ist. Als Arbeiter das Kirchlein im Jahr 1961 restaurierten, staunten sie nicht schlecht: Schicht für Schicht kamen dabei wundervolle **mittelalterliche Fresken** zum Vorschein! Sie bedeckten von der Decke bis zum Boden die Innenwände. Zentrales Motiv in den Darstellungen ist der **Totentanz**, den der istrische Maler Ivan (Johannes) aus Kastav 1490 mit seinen Schülern geschaffen hat. Dessen Vater Vincent hinterließ der Nachwelt übrigens den nicht minder imposanten Totentanz-Freskenzyklus im kroatischen Beram (▶ S. 152).
Kirche: im Sommer tgl. außer Di. 9 – 12, 13 – 17 Uhr; falls geschlossen, bei Rozana Rihter melden, Tel. mob. 031 43 22 31 | Eintritt: 5 €
https://visitkoper.si/en/sight/hrastovlje-2

Auch der Totentanz von Hrastovlje ist als Mahnung an die Vergänglichkeit der irdischen Existenz zu verstehen.

★ KRK

Höhe: 0 – 568 m ü. d. M. | **Einwohner:** 20 000 | **Fläche:** 405,78 km²
Kroatien

Die Insel Krk ist eine der beliebtesten Badewannen in der Kvar-ner-Bucht: Strände gibt es hier in allen Variationen – mit Heil-schlamm, mit Blick auf eine Mondlandschaft, mit Kies, Beton oder feinem Sand. Wunderbar entrückt ist eine Wanderung auf das Mondplateau bei Baška, das durch eine karge Steinwüste führt – über der Gänsegeier kreisen.

Dass Krk über eine 1,43 km lange **Bogenbrücke** mit dem Festland verbunden ist, macht die Insel vor allem für Autourlauber aus Österreich und Süddeutschland so begehrlich. An Sommertagen werden auf der Brücke bis zu 30 000 Autos pro Tag gezählt! Die beiden Betonbögen werden durch das winzige Felseninselchen Sveti Marko in der Mitte gestützt. Bei Inbetriebnahme 1980 galt der längere der bei-

Strände en masse

Krk bedeutet Strandurlaub. Bei Stara Baška geht es noch ruhig zu.

den Stützbögen mit 390 m Spannweite als weltgrößte Konstruktion dieser Art. Seit einigen Jahren ist die Brücke mautfrei.

Wer von einem richtigen **Strandurlaub** träumt, sollte sich in **Baška** einquartieren: Der 1,8 km lange, schöne Kiesel- und Sandstrand Vela Plaža mit Blick auf eine Mondlandschaft fällt ganz flach ins Meer ab – im Hochsommer geht es hier allerdings wie im Taubenschlag zu. Ruhigere Strände gibt es bei Stara Baška, Klimno, Glavotok oder in der Badebucht von Punat (▶ S. 100). Außergewöhnlich ist die Soline-Bucht bei Dobrinj: Extrem flaches Wasser und Heilschlamm – gut für die Haut und lustige Schlammschlachten – sind ein Highlight, allerdings ohne Schatten. FKK-Fans treffen sich an der Plaža Bunculuka bei Baška oder der Plaža Konobe bei Punat. Trotz der Raffinerie von Omišalj in Norden der Insel weht dort am familienfreundlichen Pesja-Strand die Blaue Flagge. Am Strand Ježevac im Stadtzentrum von Krk gibt es auch einen Spielplatz, ebenso am zentral gelegenen Plaža Dražice, wo ein Teil auch für Hundebesitzer zugänglich ist.

Die Insel Krk eignet sich gut zum **Wandern** und **Radfahren**. Parallel zur Hauptstraße zieht sich ein zweispuriger Radweg von Krk-Stadt nach Norden bis zur Abzweigung nach Valbiska. Wakeboarden kann man in der Bucht von Punat, wo es einen Lift gibt (Ende April – Ende Sept., www.wakeboarder.hr).

Der illyrische Stamm der Japoden nannte die Insel Kurik, wovon sich vermutlich Krk ableitet. Die Römer entschieden sich hingegen für die Bezeichnung Insula aurea, die »Goldene Insel«, wohl aufgrund der üppigen Natur. Krk ist seit dem 4. Jh. Bischofssitz und war ein Zentrum der Glagoliza-Schrift: Am bekanntesten ist die um 1100 entstandene **Tafel von Baška**. Die Reblaus und später die Konkurrenz italienischer Weine zerstörte die Existenz vieler Weinbauern im vorigen Jahrhundert. Seit Jahrzehnten schon leben viele Ortschaften vom Tourismus.

Krk-Stadt

Sehen und gesehen werden

Ufer-
promenade An der Riva geht es insbesondere im Sommer recht quirlig zu: Ideal, um Platz in einem Café zu nehmen und das Treiben zu beobachten. Hier legen auch Ausflugsboote auf die Inseln Prvić, Rab oder Goli otok ab.

Stadtbummel

Altstadt Eine hohe Steinmauer spannt sich um die Altstadt von Krk mit ihren engen, verwinkelten Gassen. Die Befestigung mit Türmen und Bastionen stammt größtenteils aus der Herrschaftszeit des kroatischen Adelsgeschlechts der Frankopanen (1115 – 1480), das von der Insel Krk stammt; nur einige Mauerabschnitte entlang des Ufers und unweit des Kastells wurden bereits in römischer Zeit errichtet. Der zylinderförmige Turm am Hafen zeigt einen sechszackigen Stern, das alte Wappen (bis 1430) der Frankopanen. Seit der Antike verbindet der Decumanus den Ost- und Westteil der Stadt, die Nord-Süd-Achse Cardo verläuft bis zur Bischofsresidenz am Ufer.

Wahrzeichen der Stadt

Krčka
katedrala Die wuchtige **Kathedrale Mariä Himmelfahrt** (Marijino Uznesenje) wurde auf den Fundamenten einer frühchristlichen Basilika bzw. römischer Thermen errichtet. Die spätgotische Seitenkapelle links ist eine Votivkapelle der Frankopanen, die im Schlussstein des Netzgewölbes deren neues, vom Papst verliehenes Wappen zeigt: Brot zerreißende Löwen (frangere = brechen; pane = Brot). Die Schatzkammer beherbergt historische Messgewänder, Heiligenskulpturen und kirchliche Gegenstände.

Die Kathedrale bildet mit der im 12. Jh. gegenüber erbauten, zweigeschossigen Doppelkirche einen Komplex. Derartige Doppelkirchen sind selten in der Region: Das obere Geschoss ist Sv. Kvirin (St. Qui-

KRK ERLEBEN

TOURISTINFORMATION KRK (INSEL)
Trg sv. Kvirina 1, 51500 Krk
Tel. 051 22 13 59, www.krk.hr/de

TOURISTINFORMATION KRK (STADT)
Vela placa 1/1, 51500 Krk
Tel. 051 22 14 14, www.tz-krk.hr/de

Krk ist über eine Brücke mit dem Festland verbunden (Maut entfällt seit 2020). Der Flughafen Rijeka/Krk liegt bei Omišalj im Norden.

Im kleinen Weinladen der **Konoba Nada** in Vrbnik (▶ S. 102) gibt es vorzüglichen hausgemachten Wein in Geschenkverpackungen. Filialen in Krk-Stadt (J.J. Strossmayera 10) und Baška (Zvonimirova 15a).

Febr./März: Karneval
Juni: Folklore-Festival, Dobrinj
Juli – Aug.: Klassische Konzerte in der Festung (Ljetne priredbe)
Anfang Aug.: Mittelaltermarkt
Ende Aug.: Feigentage (Dani smokava)

VALAMAR KORALJ SUNNY HOTEL €€€
Das außerhalb von Krk-Stadt in einer ruhigen Umgebung an einer kleinen Bucht gelegene, von Pinien umgebene Hotel ist ideal für den Urlaub zu zweit.
Vlade Tomašića 38, Krk
Tel. 052 46 50 00 (Reservierung)
www.valamar.com

RESTORAN RIVICA €€€€
Das gepflegte Fischrestaurant ist schon seit über 80 Jahren in Familienhand. Der Fisch ist makellos frisch, auf traditionelle Art, aber mit modernen Komponenten zubereitet. Das Gemüse stammt von der Insel, Trüffeln gibt's auch hier und in der Saison Wildspargel.
Ribarska obala 13, Njivice
Tel. 051 84 61 01
www.rivica.hr

KONOBA/RESTORAN NADA €€€
Die Traditionskonoba in einer engen Gasse in Vrbnik ist ein Muss: Von der kleinen Terrasse – auf der köstliche Lammgerichte serviert werden –, fällt der Blick aufs Meer. Im urigen Weinkeller lagern Eichenfässer und von der Decke baumelt Pršut. Im Mittelpunkt steht der selbstgekelterte Weißwein Žlahtina. Eine Reservierung empfiehlt sich!
Glavača 22, Vrbnik
Tel. 051 85 70 65
www.nada-vrbnik.hr

KONOBA BRACERA MALINSKA €€€
Schmackhaft und überaus gesund ist der blaue Adriafisch: Kleine Fische wie Sardinen kommen auf einer großen Platte daher – köstlich!
Kvarnerska 1, Malinska
Tel. 051 85 87 00
https://bracera-malinska.com

KONOBA/PIZZERIA GALIJA €€-€€€
Ein rustikales Lokal, in dem auch die Einheimischen gerne essen – bevorzugt große, knusprige Steinofenpizza oder frische Doraden, schmackhaft

gewürzt und gegrillt. Dazu passt
selbstgebackenes Brot!
Frankopanska 38, Krk-Stadt
Tel. 051 22 12 50
www.galijakrk.com

GOSTIONICA BAG €€-€€€

Am begehrtesten sind die Plätze in
der ersten Reihe der Terrasse mit
Blick auf die Bucht von Baška. Die bodenständige Gaststätte bietet konstant gute Qualität zu moderaten Preisen, mitten im Zentrum von Baška.
Erprobt ist die gemischte Fischplatte
mit frittierten Calamari und gegrilltem Fisch aus dem Tagesfang.
Kralja Zvonimira 74, Baška
Tel. 098 75 51 40

**CAFFÈ-BAR CASA DEL
PADRONE €**

Tagsüber hausgemachte Limo und
guter Kaffee, abends ein Cocktail zu
DJ-Musik. Beim Stadtbummel in Krk
führt kein Weg an der schönen Som-
merterrasse direkt am Wasser vorbei.
Absolute Lieblings-Süßspeise ist die
nach der »Fürstin von Krk« (Krčka
kneginja) benannte Torte, mit Feigen,
Mandeln und Schokolade.
Šetalište Sv. Bernardina bb,
Krk-Stadt
Tgl. 7 – 2 Uhr
Tel. mob. 099 702 27 20
http://krcki-dvori.hr

---

rin) geweiht, dem Schutzpatron der Stadt, das untere Sv. Margareta
(Hl. Margarethe). Den Kirchturm mit dem Trompete blasenden Engel auf der Spitze teilen sich die beiden Kirchen mit der Kathedrale.
Kathedrale: Ostern – Sept. tgl. 9 – 13, 17.30 – 19.30, Okt. – Ostern
tgl. 8.30 – 12.30, 17 – 18.30 Uhr
Schatzkammer: Ostern – Sept. Mo. - Sa. 9 – 13 Uhr | Eintritt: 2 €
https://www.katedralakrk.com

Aus der Römerzeit

Rimske
terme

Gleich um die Ecke führt eine Gasse zu den Überresten der **römischen Therme** aus dem 1. Jh. am Südende des Cardo. Erhalten sind
ein Bassin und Fragmente mehrerer Räume.

Ungewöhnlicher Konzertplatz

Trg Kamplin

Die viereckige Festung (Kaštel) am Trg Kamplin ließen die Frankopanen ab 1191 errichten. Bis zu 9 m hohe Mauern sollten Angreifer von
der Seeseite abwehren. Der viereckige Turm diente als Gericht. Zu
römischen Zeiten war der Trg Kamplin ein Exerzierplatz, heute finden
hier Konzerte statt, mit dem Kastell als malerischer Kulisse.
Zwischen Kathedrale und Festung befindet sich der **Bischofssitz**
aus dem 17. Jahrhundert. Das gelbe Palais birgt wertvolle Gemälde.

Fauna der Tropen

Tropski
akvarij

In der Ul. Maije Gupca 1 befindet sich ein kleines, modernes **Aquarium** mit seltenen Tropenfischen sowie einigen Muscheln – ideal für
einen Regentag mit Kindern!
Mai – Sept. 10 – 17, April, Okt. 10 – 15 Uhr | Eintritt: 6 €
www.akvarij-krk.com.hr

Täglich 24 Stunden

Den **Großen Platz** zieren ein Renaissancebrunnen mit dem venezianischen Markuslöwen und ein Fahnenmast mit der Flagge von Krk. Die Uhr des einstigen venezianischen Rathauses (15. Jh.) überrascht mit einem ungewöhnlichen Ziffernblatt: Statt der üblichen 12 sind hier 24 römische Zahlen aufgeführt.

Vela Placa

Krk (Insel)

Erhabene Lage

Das alte Städtchen Omišalj folgt kurz nach der Überquerung der Brücke vom Festland. Es thront oberhalb eines gut 80 m hohen Felsens, auf dem die Fürsten Frankopan im 15. Jh. ein **Kastell** errichten ließen. Von den Stadtmauern bis zum Meer hinunter zieht sich ein parkähnlicher grüner Gürtel um die Altstadt.

Omišalj

Die dreischiffige **Pfarrkirche Mariä Himmelfahrt** (Uznesenja Marijino) besitzt eine Fensterrosette von 1405 mit glagolitischer Inschrift. In ihrem Innern sind ein Renaissancealtar und ein hölzernes Triptychon eines venezianischen Meisters (15. Jh.) beachtenswert. Unterhalb des frei stehenden Kirchturms (1536) befindet sich ein Lapidarium.

Römische Ruinen

Über den Lungomare am Meer entlang erreicht man die Ruinen der einstigen römischen **Militärsiedlung** Fulfinum (2 km südwestlich von Omišalj, in der Sepen-Bucht nahe der Raffinerie). Kernstück der einstigen Siedlung für verdiente Kriegsveteranen ist die frühchristliche **Basilika Mirine**, eine der größten im Mittelmeerraum. Forum, Kanalisation, Tempel, Villen und Hafen prägen den Ort. Die Überbleibsel der Thermen liegen direkt am Ufer, Teile der Stadt unter Wasser, da der Meeresspiegel zwischenzeitlich gestiegen ist.

Mirine-Fulfinum

Anfahrt: vor der Raffinerie links abbiegen, Parkplätze ca. 150 m von den Ruinen entfernt

Beliebte Urlaubsorte

Das einstige Fischerdörfchen Njivice, das 7 km südlich von Omišalj liegt, ist heute ein quirliges Touristenzentrum mit Restaurants, Privatzimmern, Hotels und einem Campingplatz. Malinska, 6 km südlich von Njivice, gehört ebenfalls zu den größten Touristenzentren von Krk – mit Ferienwohnungen, Cafés und Restaurants, die sich an der Promenade reihen.

Njivice, Malinska, Porat

Gegenüber von Malinska erstreckt sich 3 km westlich das Dörfchen Porat, das die Bucht abschließt. Sehenswert ist das Franziskanerkloster, das vor mehr als 500 Jahren gegründet wurde, mit der Kirche Sv. Marija Magdalena. Der Kreuzgang ist eine Oase der Ruhe!

Geschützte Bucht

Punat   Einen der größten Häfen Kroatien hat Punat, 8 km östlich von Krk-Stadt. Er bietet das ganze Jahr über eine gute **Infrastruktur für 1250 Jachten**. In der ruhigen Bucht ist Wakeboarden der neueste Wassersporttrend. Ein Wanderweg führt zur höchsten Erhebung der Insel, dem Berg **Obzova** (568 m ü. d. M.), mit herrlichem Ausblick. An der südlich von Punat wegführenden Hauptstraße zeigt ein Schild den **45. Breitengrad** an, die Mitte zwischen Nordpol und Äquator.

Romantisches Postkartenmotiv

Košljun   Auf der mit Steineichen dicht bewachsenen, kreisrunden Klosterinsel Košljun östlich von Krk-Stadt erhebt sich seit 1447 ein **Franziskaner-kloster** (Franjevački samostan) mit der Kirche des Sv. Bernardin, gestiftet vom letzten Frankopan-Fürsten, der hier auch begraben liegt. Die Bibliothek birgt glagolitische Schriften. Das Museum zeigt in vier Abteilungen eine Sammlung von Korallen, Fossilien und Schwämmen, Trachten von der Insel, antike Amphoren und Kruzifixe. Im Sommer finden Konzerte vor malerischer Kulisse statt. Anreise: mit dem Taxiboot ab Punat.

Museum: April – Okt. Mo. – Sa. 9.30 – 17, So. 10.30 – 12.30, Nov. – März 9.30 – 15, So. 10.30 – 12.30 Uhr | Eintritt: 4 €, Taxiboot: 7 € www.kosljun.hr

Bekannter Strand

Baška   Viele Hotels, Restaurants und Souvenirbuden teilen sich die Uferpromenade von Baška, 20 km südöstlich von Krk-Stadt. Der fast 2 km lange, flache Kiesel- und Sandstrand gilt als einer der bekanntesten Strände Kroatiens und wird von einer unwirklich anmutenden Mondlandschaft flankiert. Auf der anderen Seite leuchten die kleine frühromanische Kirche Sv. Ivan (St. Johannes) und eine Burgruine in der Abendsonne besonders schön. Von hier führt ein Wanderweg aufs Mondplateau (Plato mjeseca) hinauf, eine karge Steinwüste mit Meerblick. Das örtliche Aquarium umfasst 21 Becken, in denen rund 100 Fisch- sowie 400 Muschel- und Schneckenarten leben.

Eine Stichstraße führt ins ruhigere **Stara Baška**, das »Alte Baška«, das für seine schönen Strände bekannt ist. Am Campingplatz Sunny Škrila gibt es mehrere Kiesabschnitte, auch einen FKK-Teil.

Aquarium: Na Vodici 2 | April, Okt. tgl. 10 – 15; Mai, Juli/Aug. tgl. 9 – 21, Anf. – Mitte Juni, Mitte – Ende Sept. 10 – 17 Uhr | Eintritt: 6 € http://akvarij-baska.com.hr

»Wiege der kroatischen Kultur«

Tafel von Baška   Krk wird oft so bezeichnet, da hier das älteste kroatische Schriftdenkmal in glagolitischer Schrift gefunden wurde: die Tafel von Baška (▶ Baedeker Wissen, S. 278). Sie wurde in der kleinen, frühromanischen Kirche Sv. Lucija (Hl. Lucia) in Jurandvor, 1 km von Baška entfernt, entdeckt. Die Inschrift entstand um 1100 und ist eine Schenkungsurkunde, die besagt, dass der kroatische König Dmitar Zvonimir I. die Kirche stiftete. In ihr taucht zum ersten Mal der Begriff »Kroatien« auf: »DA Z'V'NIM(I)R KRAL' HR'VAT'SKI V'« (»Zvonimir, König Kroatiens«). Heute ist in der Kirche eine Replik der Tafel als Altarschranke (linke Seite zu sehen, das Original wird in Zagreb aufbewahrt. Der interessante Film vor der Besichtigung wird auch auf Deutsch gezeigt.

April – Juni, Sept. tgl. 10 – 16, Juli/Aug. tgl. 9 – 20 Uhr | Eintritt: 5 € http://azjurandvor.com

Abkühlung unter der Erde

Die Tropfsteinhöhle Biserujka bei Rudine an der Ostküste der Insel besitzt schöne Tropfsteinsäulen, Stalaktiten und Stalagmiten auf immerhin 110 m Länge – und ist im Sommer ideal für eine Abkühlung.

Špilja Biserujka

April, Okt. tgl. 10 – 15, Mai, Juni tgl. 9 – 17, Juli/Aug. tgl. 9 – 18, April, Sept. tgl. 10 – 17 Uhr | Eintritt: 6 € | www.spilja-biserujka.com.hr

Heilender Schlamm

In der Soline-Bucht, um die sich die Ortschaften Klimno, Čižići und Soline gruppieren, kommt natürlicher Heilschlamm (Fango) vor. Der extrem flach ins Meer abfallende Strand eignet sich zwar gut für Familien, bietet aber kaum Schatten, dafür kostenlose Fango-Packungen. Schon zu römischen Zeiten wurde hier Salz abgebaut.

Soline-Bucht

Auf der Tafel von Baška taucht zum ersten Mal der Begriff »Kroatien« auf.

Vrbnik

Fast wie im Freilichtmuseum

Das mittelalterliche Museumsstädtchen Vrbnik thront auf einem 48 m hohen Felsen über dem Meer – und besticht durch malerisches Ambiente mit alter Stadtmauer und gepflasterten Straßen. Die engen Gassen führen zur **Pfarrkirche Marija Uznesenija** (Mariä Himmelfahrt, 15. Jh.) hinauf. Der frei stehende Kirchturm im Renaissancestil kam 1527 hinzu. Die Gemälde »Madonna auf der Mondsichel« und das »Letzte Abendmahl« stammen von einem montenegrinischen Maler.

Sehenswert ist die **Bibliothek** der Familie Vitezić (Knjižnica obitelji Vitezić), die den in 1718 Nürnberg gedruckten »Atlas scolasticus et itinerarius« von Johann D. Köhler hütet. Es handelt sich um eine von nur zwei erhaltenen Druckausgaben, die andere wird im englischen Cambridge aufbewahrt. Neben historischen Büchern gibt es glagolitische Schriften zu sehen, denn Vrbnik galt als eines der Zentren der glagolitischen Schrift auf Krk.

Bekannt ist Vrbnik vor allem für die **autochthone Weißweinsorte** Vrbnička Žlahtina, die vonn 125 Winzern der Landwitschaftlichen Genossenschaft angebaut wird. Vier Wanderwege wurden rund um Vrbnik angelegt, einer davon führt an einem ornithologischen Reservat vorbei. Rund um Vrbnik gibt es traumhafte Fels- und Kieselbuchten, die zum Baden einladen. Beliebt ist vor allem der Stadtstrand Nululuk.

Bibliothek: Placa Vrbničkog statuta 4 | Juni – Aug. Mo. – Fr. 13 – 15, Sa. – So. 11 – 13, übrige Zeit Mo – Fr. 13 – 15 Uhr | Eintritt: 2 €
Wein: Landwirtschaftliche Genossenschaft Vrbnik, Namori 2 | Verkostung nach Anmeldung Tel. 051 85 71 01 | Ausschank auch im Restaurant Buffet Namori, Tel. 051 85 74 25 | https://pz-vrbnik.hr/de

ENGER GEHT KAUM

Trauen Sie sich einfach rein, denn einen solchen Ort finden Sie kaum ein zweites Mal: Gerade 43 cm breit ist der Klančić in Vrbnik auf Krk und damit eine der kleinsten Gassen der Welt. Das Gässchen, eher ein Durchgang und nicht leicht zu entdecken (die Leute fragen!), ist ein herrlicher Spaß für ein Selfie, vielleicht auch mal zu zweit. Bloß nicht stecken bleiben …

LABIN

Höhe: 322 m ü. d. M. | **Einwohner:** 6000 | Kroatien

Gegen die Willkür der Minenbesitzer und ihrer faschistischen Helfer gingen die Steinkohlekumpel aus Labin auf die Barrikaden: Sie riefen 1921, als Istrien italienisch war, kurzerhand die Labinska Republika (Republik Labin) aus. Diese wurde jedoch nach 36 Tagen blutig niedergeschlagen. Heute ist das Kunstfestival »Labin Art Republika« eine Hommage an den Aufstand. Dabei öffnen im Juli und August viele Galerien und Ateliers ihre Türen, während sich die mittelalterlichen Gassen in eine schöne Kulisse für Konzerte und Theaterstücke verwandeln.

Das bunte Häusermeer der reizenden mittelalterlichen Altstadt von Labin (ital. Albona) ist längst schon über die 322 m hohe Hügelkuppe und Stadtmauer hinausgewachsen – und zieht sich den steilen Hang bis in die Unterstadt Podlabin hinab, die sich Wohnhäuser, Restaurants und Geschäfte teilen. Der alte, klangvolle Name Albona ist vermutlich illyrisch-keltischen Ursprungs. Wie anderswo in Istrien folgten viele Herrscher, die sichtbarsten architektonischen Spuren hat die Serenissima hinterlassen. Ab 1785 wurde hier Steinkohle unter Tage gefördert. Nach knapp 200 Jahren war allerdings Schluss mit dem fossilen Brennstoff, das Bergwerk wurde 1984 geschlossen. Beinahe wäre die Kohleförderung Labin zum Verhängnis geworden, da durch die damit verbundenen Bodensenkungen viele Gebäude in der Altstadt Risse bekommen hatten. Künstler rückten in die leerstehenden Häuser der italienischen Bevölkerung in Titos Jugoslawien nach, mehrere Fabriken bewahrten als Arbeitgeber die Stadt vor Entvölkerung. Ein Stahlturm erinnert an die Bergbaugeschichte der Stadt.

Alte Bergbaustadt

Wohin in Labin?

Schmucker Stadteingang

Gepflasterte Gassen ziehen sich durch den mittelalterlichen Stadtkern von Labin. In die Altstadt hinein führt das schmucke Renaissancetor Sv. Flor (St. Florus), über dem der venezianische Markuslöwe wacht. Das kleinere Uskoken-Tor (Uskočka vrata) hat seinen Namen von den gefürchteten Freischärlern, die 1599 nachts in die Stadt eingedrungen waren. Im Schatten des Tors, als Zugang zur Altstadt, erstreckt sich der lebhafte kleine **Titov trg**, um den sich Rathaus, Geschäfte, Wohnhäuser und wenige Parkplätze gruppieren. Die Loggia (16. Jh.), in der einst Gerichtsurteile verkündet wurden, gehört zum Hotel La Loggia.

Titov trg

Gotik und Barock

Sv. Marija,
Sv. Stjepan

Unweit des Stadttors zeigt der venezianische Markuslöwe (1604) an der Fassade der gotischen Marien-Pfarrkirche (1336), wem die Bewohner von Labin lange Zeit gehorchen mussten. Schön anzusehen sind die **Decken- und Bogenbemalungen** im Inneren (Sommer: Mo. – Sa. am Vormittag). Oberhalb des Gotteshauses erhebt sich die kleine Stephanuskirche (Sv. Stjepan) in kräftigem Braunorange mit barocker Fassade, was in Istrien eher selten ist.

Wechselvolle Geschichte

Narodni
muzej

Daneben fällt der rotbraun leuchtende Battiala-Lazzarini-Palazzo (18. Jh.) auf, in dem das **Volkskundemuseum** untergebracht ist. Dessen Glanzstück ist ein rekonstruierter, begehbarer Bergwerkstollen mit Arbeitsgerät, der sich im Kellergeschoss erstreckt – und Besuchern das Leben der einstigen Kumpel von Labin unter Tage näherbringt. Im ersten Stock dreht sich alles um die Republik Labin, die unter italienischer Herrschaft ausgerufen wurde. Das Lapidarium im Atrium hütet eine Steintafel aus dem 3. Jh., auf der Labin als Res Publica Albonessium unter römischer Herrschaft erstmals erwähnt wird.
Prvog svibnja 6 | Juni – Aug. Mo. – Sa. 10 – 13, 17 – 20, So. 11 – 15, April Mo. – Sa. 11 – 17, Sept. Mo. – Sa. 10 – 13, 17 – 20, Okt. Mo. – Sa. 10 – 13 Uhr Uhr | Eintritt: 3,50 €

Reformation in Istrien

Palača
Franković-
Vlačić

Einer der schönsten Palazzi der Stadt gehörte einst der Familie Franković-Vlačić (18. Jh.). Im Inneren zeigt eine Sammlung von Schriften das Wirken des Reformators und Theologieprofessors **Matthias Flacius Illyricus,** der in diesem Haus geboren wurde – und ein Weggefährte von Martin Luther war (▶ S. 285).
Ul. Giuseppina Martinuzzi 7 | Juni – Sept. Mo. – Sa. 10 – 13, 17 – 20 Uhr, sonst n. V., Tel. 052 85 24 77 | Eintritt: frei

Schöne Aussichten

Turm
Sv. Just

Die Aussichtsplattform Fortica, mit venezianischer Kanone, erreicht man am westlichen Ende der kleinen Altstadt. Auf dem höchsten Punkt eröffnet der Turm des Sv. Just (St. Justus) von 1623 einen weiten Blick auf Hügellandschaft und Küste. 63 Stufen führen hinauf.
Turmbesteigung: im Sommer, tagsüber, ca. 2 €

▎ Rund um Labin

Tradition live

Barban

Die Grafen von Görz bauten das mittelalterliche Städtchen Barban, 14 km südwestlich von Labin. Eine stellenweise noch erhaltene Wehrmauer mit Großem sowie Kleinem Stadttor (Vela vrata/Mala

LABIN ERLEBEN

TOURISTINFORMATION
Aldo Negri 20, 52220 Labin
Tel. 052 85 55 60
www.rabac-labin.com

Sehr gutes Olivenöl wird, umgeben von Kunstwerken, in der **Art Gastro Gallery Negri** verkostet. Der schmucke Palazzo gehört seit 500 Jahren der Familie Negri, die viel zu erzählen weiß über Olivenanbau und Öl (Dolinska 3, Labin, Tel. 052 85 25 01).

Ende Mai: Scampi-Festival, Rabac
Juli – Aug.: Kunstfestival Labin Art Republika, Labin
Kostenlose Stadtführung jeden Di. (Mitte Juni – Mitte Sept.) mit Olivenöl-Verkostung in der Art Gastro Gallery Negri

BOUTIQUE-HOTEL VILLA ANNETTE €€€
Das modern eingerichtete Hotel thront hoch über der Bucht von Rabac und verspricht wundervolle Panoramablicke. Die geräumigen Suiten für bis zu 6 Personen sind komfortabel eingerichtet. Der kleine Pool auf der Sonnenterrasse ist eine gute Alternative, um sich den steilen Aufstieg vom Strand zurück zu ersparen. In dem angenehmen Slow-Food-Restaurant verschmelzen kreative Küche und traditionelle Rezepte miteinander.
Raška 24, Rabac
Tel. 052 88 42 22
www.villa-annette.com

RESTORAN-HOTEL KVARNER €€€
Die typische Spezialität in Labin ist süß und wird hier serviert: Krafi heißen die hausgemachten Ravioli, mit Frischkäse gefüllt und Nüssen abgeschmeckt – einfach lecker! Regional sind auch viele andere Gerichte in diesem Hotelrestaurant, etwa das hauchdünne Carpaccio vom istrischen Ur-Rind Boškarin.
Šetalište San Marco 3
Labin
Tel. 052 86 23 36
www.kvarnerlabin.com

RESTORAN-HOTEL NOŠTROMO €€€
Das traditionsreiche Restaurant ist für seine regionalen Spezialitäten bekannt, vor allem die Fuži mit Sardellen sind ein Genuss. Eine Empfehlung des Hauses ist das Schokoladeneis, mit köstlichem regionalem Olivenöl serviert.
Obala Maršala Tita 7
Rabac
Tel. 052 87 26 01
www.nostromo.hr

VELO KAFE €€-€€€
Im »Großen Café« am Stadttor treffen sich die Einheimischen schon zum exzellenten Cappuccino am Morgen. Das Café im Erdgeschoss ist auch die Top-Adresse für gutes Eis in Labin! Das Restaurant im Obergeschoss serviert solide Gerichte – auch vegan und glutenfrei! Hier gibt es die Labiner Krafi (hausgemachte Ravioli). Es empfiehlt sich eine Reservierung!
Ul. Paola Sfecija 1, Labin
Tel. 052 85 27 45
https://velokafe.com

Völlig entspannt in Rabac – ein hübsches Fleckchen findet man sicher.

vrata) umspannt die Stadt. Die einschiffige Kirche Sv. Nikola (St. Ni-kolaus) von 1700 wurde in die Nordwand eines Kastells eingearbei-tet. Unter mehreren hölzernen Skulpturen in Barban symbolisiert eine das überregional bekannte Fest des Dörfchens – das **Ringste-chen** (Trka na prstenac). Bei dem traditionellen Wettkampf am letz-ten Augustwochenende müssen in Tracht gekleidete Reiter im Ga-lopp mit ihrer Lanze einen Ring vom Pfahl angeln und werden dabei vom begeisterten Publikum angefeuert.

Hoch zu Pferd

Ranch
Barba Tone

Die noch etwa 5 km weiter in Richtung Pula gelegene Pferdefarm Ranch Barba Tone bietet ganzjährige Reitkurse und Ausritte mit Pick-nick an. Kinder können Ponyreiten.

Manjadvorci 60 | Tel. mobil 098 982 90 73 | Reitstunde 35 € | www.istra-riding.com

Adrenalin pur

Glavani Park

Der nahe **Hochseilgarten** Glavani Park wartet mit Seilrutsche, 3G-Schaukel, Zipline und mehreren Routen auf, die Geschicklichkeit und Schwindelfreiheit erfordern. Einfachere Trails eignen sich auch für jüngere Kinder.

Bei der Ortschaft Glavani, 6 km von Barban in Richtung Vodnjan-ganzjährig, tgl. 9 – 17 Uhr | Eintritt: ab 9 € je Trail bzw. 63 € für die Wochenkarte | www.glavanipark.com/de

Urlaub garantiert

Eine 5 km lange Stichstraße führt von Labin hinab in den beliebten Badeort Rabac, der sich an eine windgeschützte Bucht schmiegt und mit langen Fels- und Kiesstränden sowie schattigen Pinienwäldern punktet. Immer etwas los ist am 500 m langen **Maslinica-Kieselstrand** mit Wasserrutsche. Im Sportpark Prohaska, nahe der Feriensiedlung Girandella (mit flachem Kiesstrand!), kann man Tennis und Minigolf spielen. Trotz der teils ziemlich gesichtslosen Hotels und Apartmenthäuser, die sich den Hang hinaufziehen, sowie der vielen Souvenirstände im Hafen konnte Rabac mit seinen bunten Fischerhäusern ein wenig von seinem alten Charme bewahren. Badeort ist Rabac bereits seit Mitte des 19. Jh.s, das erste Hotel öffnete 1889 seine Pforten.

Rabac

Kunst im Freien

Kroatische und internationale Bildhauer treffen sich alljährlich im August zum **Bildhauersymposium** in Dubrova, 2 km nordwestlich von Labin. Das Ergebnis sind in freier Natur aufgestellte Skulpturen aus istrischem Stein.

Skulpturenpark Dubrova

Besonderer Fund

Rund 13 km nördlich von Labin an der Straße nach Pazin liegt das winzige Festungsstädtchen Kršan – ein gut erhaltenes Stadttor führt hinein. Das 1274 erstmals erwähnte Kastell wartet allerdings auf seine Sanierung. Ebenfalls erhalten sind ein viereckiger Wehrturm, ein Brunnen, das gotische Portal und Mauern. 1815 wurde hier das 1325 entstandene glagolitische Schriftdenkmal Istarski razvod (**»Istrischer Landschied«**) gefunden, in dem der Grenzverlauf zwischn den Herrschaften und Gemeinden in Istrien wohl erstmals schriftlich festgehalten wurden. Dazu schritten der Graf von Pazin und der Markgraf von Cividale mitsamt Gefolge in 21 Tagen 150 km Wege ab.

Kršan

★★ LIMSKI KANAL

Höhe: Meereshöhe | Kroatien

Schwertkämpfe vor traumhafter Fjordkulisse: Das lieferten sich Kirk Douglas und Tony Curtis 1958 in dem Abenteuerfilm »Die Wikinger«. Was die Zuschauer nicht ahnten: Ein Teil der See- und Fjordszenen wurde nicht im hohen Norden gedreht, sondern am Limski kanal – einem imposanten Meeresarm, der sich tief ins Landesinnere Istriens zieht.

Karst, nicht Fjord

Die fjordartige Bucht an der Westküste von Istrien ist eine ideale **Wikingerkulisse**: Schmal, gut 10 km lang und bis zu 600 m breit zweigt der Meeresarm namens Limski kanal (Limski zaljev) von der Adria ab. Steil steigen grüne Felswände empor, die die schmale Bucht flankieren. Um einen Fjord handelt es sich allerdings nicht – obwohl der Name »Lim-Fjord« (Limski fjord) umgangssprachlich oft verwendet wird, sondern um ein **Karsttal** (Ria), das nach der letzten Eiszeit geflutet wurde. Landeinwärts setzt es sich im Schluchttal des Flüsschens Lim (Limska draga) fort und zieht sich bis ins 25 km östlich gelegene Städtchen Pazin. Dort verschwindet das Flüsschen Pazinčica übrigens in einem Schluckloch. Seinen Namen hat der Limski kanal von der lateinischen Bezeichnung »Limes« für Grenze, denn hier verlief in der Antike die Grenze zwischen den römischen Provinzen Italia und Dalmatia.

Austern, Muscheln und Delfine

Aquakulturen

Von den Wikingern aus Hollywood fehlt heute jede Spur. Nur die beiden beliebten Ausflugslokale, direkt am Wasser, erinnern mit ihren Namen noch an die Nordmänner: Viking und Fjord. Beide sind für ihre Miesmuscheln und Austern berühmt, die im Limski kanal gezüchtet werden. Die Mischung aus Meer- und Süßwasser aus unterirdischen Quellen ist gut für die **Zucht von Schalentieren** geeignet. Vor allem die europäische Auster (Ostrea edulis) verlangt gute Wasserqualität, ein sauberes Umfeld und reichlich Plankton. Die Austernsaison dauert von Mai bis September. Mit ein wenig Glück lässt sich an der Mündung ins Meer sogar ein Delfin entdecken.

▌ Wohin am Limski kanal?

Ausflug zu Seeräubern

Piratska špilja

Von den meisten Ferienorten an der Westküste, etwa ab Poreč, werden **Bootstouren** mit einem »Fish picknick« angeboten. Ein Badestopp und der Besuch der Piratenhöhle gehören in der Regel hinzu. Die meisten Boote stoppen unterhalb der Piratenhöhle: Steinstufen führen zu Seeräuber-Attrappen hinauf und zur **Piratenbar**, die vor dem Höhleneingang einen tollen Ausblick auf den Limski kanal bietet. Landseitig kann man auf einem steilen Schotterpfad hinabsteigen.
Sommer tgl. 10 – 22 Uhr | Eintritt: 1 €

Ab in die Höhle

Romualdova pećina

Eine weitere Höhle, die sich am grünen Steilhang nahe der Ortschaft Kloštar erstreckt, ist nach dem Einsiedler Romuald benannt. Dieser gründete das örtliche Kloster. Vom Parkplatz führt ein steiler Pfad zur 105 m langen Romuald-Höhle, die mehrere Hallen mit Höhlenmalerei umfasst. Tierknochen lassen auf eine Besiedelung während der

LIMSKI KANAL ERLEBEN

Ein Schiffsausflug, z. B. ab Vrsar, kostet ab 35 €, in der Regel mit Fisch-Picknick und Badepause. Am frühen Abend gint es auch Delfin-Beobachtungstouren, z. B. von Excursions Mikela
Tel. mob. 091 5 76 93 82
www.vitontours.hu

Minimalistische weiße Designerstühle, eine Theke in Käseform und feine Käsevariationen lohnen einen Abstecher in die **Käserei Mljekara Latus**: Probieren Sie den Trüffelkäse oder den Molkekäse Skuta.
Mo. – Fr. 7 – 20, Sa. 8 – 16 Uhr,
Gornji Orbanići 12d, Žminj
Tel. 052 84 62 15
www.mljekaralatus.hr

25. Juli: Volksfest zu Ehren des hl. Jakob (Jakovljevo) mit Schau der Ur-Rinderrasse Boškarin, Kanfanar. Um den 24. Aug.: Bartholomäusfest mit Viehmarkt, altem Gewerbe und regionalen Spezialitäten, Žminj.

Mountainbiker brauchen etwas Ausdauer: Der »Vrsar bike eco ride« führt über 35 km von Vrsar am Limski kanal nach Poreč (ca. 3 Std.). Die Steilwände am Ende der Bucht sind bei **Kletterern** beliebt.

RESTORAN FJORD €€€€
Die Visitenkarte des wunderschön gelegenen Lokals, direkt am Limski kanal, sind Austern und Jakobsmuscheln. Einziges Manko: Die gute Qualität hat sich herumgesprochen und daher stoppen auch viele Reisebusse hier.
Limski kanal 1
Sv. Lovreč
Tel. 052 44 82 22

RESTORAN VIKING €€€€
Gäste haben die Qual der Wahl: Das Restaurant Viking, ebenfalls direkt am Limski kanal gelegen, bietet mindestens genauso gute frische Austern und Jakobsmuscheln. Köstlich sind auch Scampi auf Buzara-Art. Im Sommer stoppen hier auch gerne Reisegruppen.
Limski kanal 1
Sv. Lovreč
Tel. 052 44 81 23

KONOBA DANIJELI €€
In der bodenständigen Konoba, 1 km westlich von Kringa, kommen istrische Gerichte, darunter auch das Ur-Rind Boškarin, gegrillte Polenta oder Rindergulasch auf den Tisch. Die Istrische Brotsuppe, traditionell in einem Bukaleta-Krug serviert, ist eher nichts für Autofahrer: (Erhitzter) Rotwein, Zucker und gegrilltes Weißbrot sind die Hauptzutaten!
Danijeli 76, Tinjan-Danijeli
Tel. mob. 091 686 65 88

RESTORAN POD LADONJON €€
Arbeiter kommen gerne zur Marenda, dem günstigen Mittagessen, bei dem etwa Istrische Bohnensuppe serviert wird. Auch sonst sind die Gerichte solide: Fuži, Risotto, Ravioli mit Gulasch oder Grillgerichte wie Ćevapčići werden auf der netten Sommerterrasse serviert. Die Pfannkuchen sind ebenso üppig wie lecker! Und nicht abschrecken lassen vom ersten Anblick.
9. rujna 20, Žminj
Tel. 052 84 66 75

Steinzeit schließen. 40 Tierarten leben heute hier, u. a. Fledermäuse. In der Höhle herrschen konstant 15 °C.

wg. Erhaltungsmaßnahmen bis auf Weiteres geschlossen
http://www.natura-histrica.hr/en/visits

Weitblick

Aussichts-plattform Oberhalb des Limski kanal, von Vrsar kommend, kann man von einer hölzernen Plattform (»Panorama«) die Aussicht auf die Bucht genießen. Daneben bieten Händler hausgemachte Produkte wie Käse, Honig, Schnäpse und Souvenirs feil.

Guten Appetit!

Flengi Die alte Straße von Vrsar nach Rovinj entlang des Limski kanal führt durch die Ortschaft Flengi. Hier werben mehrere Restaurants mit der Aufschrift **»Spanferkel«** – oder gleich mit dem Anblick der Tiere am Drehgrill neben der Straße. Auch in Gradina und Kloštar wird diese rustikale Mahlzeit angeboten.

| Rund um den Limski kanal

Hier spürt man Geschichte

Sv. Lovreč Namensgeber des Städtchens nördlich des Limski kanal war der heilige Laurentius. Den Hauptplatz dominiert die romanische Kirche Sv. Martin aus dem 11. Jh. mit Resten alter Fresken und einem frei stehenden Campanile. Die Loggia mit Lapidarium stammt aus dem 15. Jahrhundert. Die Kirche Sv. Blaž (St. Blasius) aus dem Jahr 1462, neben dem Stadttor, ist mit Fresken und glagolitischen Inschriften versehen.

Wo ist der Schatz?

Dvigrad Die **Ruinenstadt** Dvigrad (»zwei Burgen«, ital. Duecastelli) liegt nordöstlich des Limski kanal. Sie wurde im 14. Jh. von den Genuesen, im 16. Jh. von den Uskoken zerstört, später fiel ein Großteil der Bevölkerung der Pest zum Opfer. Die wenigen Überlebenden gaben den Ort auf und gründeten 1630 das 3 km entfernte Kanfanar. Dvigrad umfasst rund 200 verfallene Gebäude, die frei zugänglich sind. Vor Ort gibt es ein Kiosk-Café. Einer Legende zufolge soll der englische Pirat Sir Henry Morgan (1635 – 1688) in den Ruinen einen Schatz versteckt haben –der allerdings bis heute nicht gefunden wurde.

Welches ist das schönste Rindvieh?

Kanfanar Die Überlebenden von Dvigrad brachten nicht nur Steine ihrer alten Häuser nach Kanfanar mit, sondern auch liturgisches Gefäß, Kirchenmobiliar und eine frühgotische Steinkanzel (13. Jh.), zu sehen in der 1696 errichteten Kirche Sv. Silvestar (St. Silvester). Auch der Fahnenmast aus dem 15. Jh. auf dem Hauptplatz stammt aus Dvigrad. Kanfanar ist v. a. für das istrische **Boškarin-Rind** bekannt: Alljährlich am Namenstag des hl. Jakob (25. Juli) werden die schönsten Tiere dieser Grauviehrasse durch den Ort getrieben und ausgezeichnet. In der Umgebung des Ortes wird istrischer »Marmor« gebrochen.

Es lebe der Vampir!

Das Dörfchen Kringa, 12 km nördlich von Dvigrad, ist eigentlich ziemlich unspektakulär – wäre da nicht **Jure Grando**, der erste schriftlich erwähnte Vampir Europas. Freiherr Johann Weichard von Valvasor berichtete in seinem 1689 erschienenen Werk »Die Ehre des Hertzogthums Crain« von einem Untoten, in Istrien auch Štrigon genannt, der 16 Jahre nach seinem Tod 1656 die Bauersfrauen seines Dorfs tyrannisierte. An allen Türen, an denen er klopfte, erschien kurz darauf auch Gevatter Tod. Schließlich wollten neun Männer aus Kringa dem Spuk ein Ende setzen: Sie öffneten eines Nachts Grandos Sarg und pfählten ihn. Drei Steinkreuze, die aufgestellt wurden, sorgen seither zusätzlich für Ruhe im Dorf. Es gibt aber auch eine profanere Erklärung für das Phänomen: Untreuen Ehefrauen oder Witwen, die zu jener Zeit enthaltsam zu bleiben hatten, kam der Untote als Ausrede für ihre Gelüste ganz recht.

Heute leben noch etwas mehr als 300 furchtlose Menschen im Dorf, dessen Mittelpunkt die Kirche Sv. Petar u Šumi (St. Peter und Paul) von 1787 ist. Der abgesehen von Grando berühmteste Sohn des Dorfs ist der Priester Božo Milanović (1890 – 1980), vehementer Befürworter des Anschlusses von Istrien an Jugoslawien.

Kringa

Antiker Schmuck

Das Städtchen Žminj, 9 km westlich von Dvigrad, besitzt noch ein Kastell mit Wehrmauer und Rundturm. Die Pfarrkirche Sv. Mihovil (St. Michael, 12. Jh.) schmückt eine venezianische Kanzel. Nordwestlich der Kirche lohnt die Kapelle Sv. Trojstvo (Hl. Dreifaltigkeit, 1311) mit prächtigen gotischen Fresken im Krainer Stil einen Abstecher.

Bei der Freilegung von 227 altkroatischen Gräbern stießen Archäologen u. a. auf antike Ohrringe. Die mit einer Hohltraube verzierten Kreolen aus Kupfer und Silber gehörten vermutlich zu einer bäuerlichen Tracht. Nachbildungen des **Ohrrings von Zminj** (Žminjski rićin) werden heute als typisches Souvenir der Stadt verkauft. Ein Original ist im Archäologischen Museum Istriens in Pula zu bewundern.

Žminj

Ins Reich der Tropfsteine

In Feštini, 6 km südöstlich von Žminj, reicht die Tropfsteinhöhle »Königreich von Feštini« mit Stalaktiten und Stalagmiten 80 m tief ins Erdreich. Oberhalb gibt es einen Streichelzoo mit Hoftieren.

Feštinsko kraljevstvo

Feštini bb, Žminj | April, Mai, Okt. Sa./So. 10 – 18, Juni – Sept. tgl. 10 – 18 Uhr | Eintritt: 5 € | www.sige.hr

★★ LIPICA

Höhe: 403 m ü. d. M. | Slowenien

Heimat der Lipizzaner

Eine leidenschaftlich geführte Debatte verbindet Slowenien und Österreich: Es geht um die Dauerfrage, wer die weltberühmten weißen Lipizzaner eigentlich für sich beanspruchen darf: Die Spanische Hofreitschule in Wien sorgte dafür, dass die edlen Rassepferde zu Weltruhm gelangten; das weitläufige, parkähnliche Pferdegestüt in Lipica hingegen gilt als die Wiege der Lipizzaner. Die schneeweißen Pferde lässt das kalt: Sie müssen hart trainieren, um kunstvolle Kapriolen und Levaden präsentieren zu können.

Das milde Klima im Hinterland der Adriaküste und die guten Bodenverhältnisse waren ausschlaggebend dafür, dass Erzherzog Karl II. von Habsburg 1580 hier ein Gestüt gründete. Die Lipizzaner entstanden aus einer Kreuzung andalusischer Hengste mit einheimischen

Die stolzen Lipizzaner sind als Fohlen noch dunkel und werden erst mit zunehmendem Alter weiß

Stuten. Die als geduldig und lernwillig geltenden Tiere wurden gezüchtet, um in Wien in der Spanischen Hofreitschule Kunststücke zu zeigen. Dort wurden sie im spanisch-barocken Stil zugeritten, lernten Levaden, Kapriolen, Piaffen und Kurbetten – eine Tradition, die heute in Wien und Lipica gleichermaßen gepflegt wird. Als Slowenien nach dem Ersten Weltkrieg die österreichische Herrschaft los war, eröffnte Wien ein eigenes Lipizzaner-Gestüt im steirischen Piber. Im Zweiten Weltkrieg wurden die Lipizzaner aus Lipica von deutschen Truppen nach Tschechien entführt, nach dem Krieg kehrten lediglich elf Tiere zurück, das slowenische Gut wurde verstaatlicht. Heute leben gut 300 Pferde in Lipica, weltweit soll es rund 3000 Tiere geben.

Als sich Slowenien mit der Einführung des Euro 2007 erlaubte, zwei Lipizzaner-Pferde auf die Rückseite seiner 20-Cent-Münzen zu prägen, wurden in Österreich vereinzelt kritische Stimmen in den Medien laut – schließlich gelten die Lipizzaner in der Alpenrepublik auch als nationales Symbol und waren in Vor-Euro-Zeiten auf der 5-Schilling-Münze abgebildet.

ATHLET IN WEISS

2020 konnte das Gestüt der berühmten Lipizzaner-Pferde sein 440-jähriges Bestehen feiern. Hier wird eines der Grundzuchtbücher der Rasse geführt. Die Auswahlkriterien sind streng: 16 Stutenlinien und 6 Hengstlinien, die im 18. Jh. beginnen, bilden die Basis für eine erfolgreiche Zucht der edlen Tiere.

Gut angesetzter Kopf

Gebogener
Nasenrücken

Ausgeprägter
Widerrist

Abfallende
Kruppe

Runder,
kräftiger Hals

Gerade
Knie

Kurze
Gliedmaßen

Runde, harte
Hufe

▶ **Weiß geboren?**
Die Basis der Lipizzaner Zucht war das robuste Karstpferd. Es wurde mit andalusischen Pferden gekreuzt. Ihr typisch weißes Fell haben die Lipizzaner jedoch nicht von Geburt an. Sie werden vielmehr als dunkle Fohlen geboren und bekommen ihre schneeweiße Fellfarbe erst mit ca. 4 bis 10 Jahren.

▶ **Geschichte, Programm, Aktivitäten:**

www.lipica.org

»Schulen über der Erde«

Diese Übungen beherrschen nur wenige talentierte Hengste. Sie werden bei den Vorführungen der Reitschule gezeigt.

Levade   Courbette

Capriole

Am langen Zügel

Das Pferd führt alle klassischen Dressurlektionen aus, wird aber im Wesentlichen nur mit Zügel, Stimme und Position des Führenden dirigiert.

● Lipica

ISTRIEN

▶ **Die Wiege der Lipizzaner**
Lipica ist das Ursprungsgestüt der Lipizzaner. Die edle Rasse wird hier seit Gründung des Gestüts ohne Unterbrechung gezüchtet.

▶ **Tradition und Moderne**
1996 hat das slowenische Parlament die ausgedehnte Anlage des Gestüts zum »Kulturdenkmal mit besonderer Bedeutung für Slowenien« erklärt. Zur streng nach traditionellen Richtlinien erfolgenden Zuchtarbeit kommt heute ein modernes Tourismus-angebot.

▶ **Zuchtbestand**
Begonnen hat alles mit 6 Hengsten und 24 Stuten. Heute umfasst die Herde über 300 Tiere.

Zuchtprogramm

```
                              ┌─────────────────────────────────┐
                              │  Junge Hengste (im 4. Jahr)     │
                              │  Bewertung Erscheinungsbild     │
┌──────────────┐             └─────────────────────────────────┘
│ Zuchthengste │ ◀─────────────────────
└──────────────┘

┌──────────────┐   ┌──────────────┐   ┌─────────────────────────┐   ┌──────────────┐
│  Ausmustern  │   │    Fohlen    │   │ Dressur- und Sportpferde│   │  Sport- und  │
│  der Eltern  │ ──│  Bewertung   │── │  Registrierte Fohlen    │ ─▶│ Gebrauchspferde│
└──────────────┘   │ Erscheinungsbild│ └─────────────────────────┘   └──────────────┘
                   └──────────────┘

┌──────────────┐             ┌─────────────────────────────────┐
│ Zuchtstuten  │ ◀───────────│  Junge Stuten (im 4. Jahr)      │
└──────────────┘             │  Bewertung Erscheinungsbild     │
                              └─────────────────────────────────┘
```

LIPICA ERLEBEN

Aug.: Alpe Adria Weltcup im Dressurreiten

MAIESTOSO €€€
Modernes Hotel mit 139 Zimmern auf dem Gestütsgelände mit Schiebe-

türen, die an Ställe erinnern, Heubetten und weißen Zaun-Elementen. Das Hotelrestaurant Gratia bietet einen Querschnitt durch die slowenisch-italienisch-mediterrane Küche.
Lipica 5, 6210 Sežana
Tel. 05 739 15 80
www.lipica.org

⭐⭐ Gestüt

Führungen: April–Okt. tg. 10, 12, 14 16 Uhr | Eintritt: 18 € | **Vorführungen:** April–Juni, Okt. So. 15; Juli, Aug. Di., Fr., So. 15; Sept. Fr., So. 15 Uhr | Eintritt: 25 € | **Training:** April–Juni, Sept. u. Okt. Sa. 11; Juli, Aug. Mi., Do., Sa. 11 Uhr | Eintritt: 22 € | **Kutschfahrten** (nur bei gutem Wetter): 15 Min. ab 30 € für 4 Pers. | www.lipica.org

Gestüt Stolz galoppieren prächtige weiße Lipizzaner-Stuten über die gepflegte Koppel. Begleitet werden sie von ihren noch dunklen Fohlen, die erst später ihre Farbe wechseln. In den Boxen warten Hengste auf ihren großen Publikumsauftritt in der Manege (▶ Baedeker Wissen, S. 114). Baulicher Kern des Gestüts ist das Anwesen des Bischofs von Triest um Schloss Graščina.

Jenseits aller Aktivitäten und Besichtigungen rund um die edlen Pferde kann man auf alten Eichenalleen im weitläufigen Park spazieren und sieht dabei u. a.die Ställe von Borjača und die Antonius von Padua geweihte Schlosskirche. Dazu kommen einige **Museen**: Das Museum Lipikum erzählt multimedial die Geschichte des Gestüts und seiner Pferde, im Museum der Kulinarik geht es um die Küche des Karsts (inkl. Restaurant), im Kutschenmuseum sind Gefährte ausgestellt. Schließlich die Galerie mit 400 Werken (v. a. Grafiken) des lokalen Künstlers **Avgust Černigoj** (1898–1985), der als erster Slowene das Weimarer Bauhaus besuchte und die letzten Jahre seines Lebens hier im Hotel Maestoso verbrachte. Hat man all das angeschaut, kann man sich im **Schlosscafé** erholen.

Rund um Lipica

Botanische Stippvisite

Sežana Sežana, unmittelbar an der italienischen Grenze, besitzt einen hübschen **Botanischen Garten** (Botanički vrt), den die Triester Han-

ZIELE
LOŠINJ

delsfamilie Scaramanga 1890 angelegen ließ. Dazu gehören rund um die Villa Mirasasso ca. 100 verschiedene Holzarten wie der Kaffeebaum, ein Palmengarten und ein Herbarium.

Partizanska cesta 2, Sežana | April – Sept. tgl. 8 – 19, März, Okt. tgl. 8 – 18, Nov. – Feb. tgl. 8 – 16 Uhr | Eintritt: 6 € | www.vrtsezana.si

Zauberhafte Unterwelt

Die Jama Vilenica, die **»Feengrotte«**, erstreckt sich etwa 4 km östlich von Lipica, an der Straße von Lokev nach Sežana. Sie steht leider ein wenig im Schatten der bekannteren slowenischen Karsthöhlen, ist jedoch nicht minder schön: Auf 542 m reihen sich Tropfsteinsäulen und fantastische Sintervorhänge aneinander. Die Höhle ist seit 1633 für Besucher geöffnet und gilt damit als eine der ältesten touristischen Höhlen in Europa. Alljährlich im September findet hier drei Tage lang ein **Literaturfestival** mit gesellschaftskritischem Schwerpunkt statt, mit Preisverleihung im »Tanzsaal« der Höhle (www. vilenica.si). Zu den Preisträgern gehört u. a. der österreichische Schriftsteller Peter Handke.

Jama Vilenica

Höhlenbesichtigung: 1. April – 31. Okt. So./Fei. 15. Uhr | Eintritt: 15 € www.vilenica.com

★★ LOŠINJ

Höhe: 0 – 588 m ü. d. M. | **Einwohner:** 7600 | **Fläche:** 74,36 km² Kroatien

Man muss schon eine feine Nase haben, um die einzelnen Komponenten genau zuordnen zu können: Aromatischer Rosmarin, würziger Lorbeer und exotischer Eukalyptus vermengen sich mit der salzigen Meeresbrise zu einem wunderbar mediterranen Duft. Die mehr als 1000 Pflanzenarten, die auf der Kvarner-Insel Lošinj traditionell gedeihen, werden unter dem Konzept »Düfte und Aromen von Lošinj« beworben: Jeden Monat stehen bis zu drei Pflanzen im Mittelpunkt, die Besuchern nicht nur im Aromagarten begegnen, sondern auch als Tischdekoration im Restaurant, als Peeling im Schönheitssalon oder als Zutat in mediterranen Gerichten.

L–P 8

Das Grün fällt sofort auf! Wer mit dem Auto über die karge Kvarner-Insel ▶ Cres anreist und die winzige Drehbrücke bei Osor passiert, die auf die Insel Lošinj führt, dürfte es bemerken: Nach Süden hin wird die Landschaft immer grüner. Mehr als 200 Sonnentage im Jahr

Düfte und Aromen

117

und ein milderes Klima als auf Cres lassen mediterrane Macchia und duftende Aleppokiefern gedeihen. Viele Nadelbäume, etwa im beliebten Waldpark Čikat (236 ha) im Süden der Insel, stammen übrigens noch aus k. u. k. Zeiten: Damals sollte Lošinj mit dem Anpflanzen von 300 000 Bäumen ein grüneres Aussehen bekommen.

Beim Blick auf die Landkarte fällt auf, wie eng Lošinj und die nördlichere Insel Cres eigentlich beisammen liegen: Ganz im Süden von Cres trennen nur wenige Meter die Inseln. Dort verbindet eine Drehbrücke die einstige Doppelinsel: Der künstliche Kanal wurde bereits zu römischen Zeiten ausgehoben, um den Seeweg durch die Adria zu verkürzen!

Viele Inseln und deren Hauptorte tragen in Kroatien den gleichen Namen. Auf Lošinj gibt es einen feinen Unterschied: Die beiden bedeutendsten Inselorte heißen Mali Lošinj (Klein-Lošinj) und Veli Lošinj (Groß-Lošinj). Der Name täuscht jedoch, denn der Hauptort Mali Lošinj hat mehr Einwohner, Restaurants und Hotels als Veli Lošinj.

Die klimatisch-günstigen Verhältnisse von Lošinj entdeckte der k. u. k. Adel im ausgehenden 19. Jh. für sich. Die ersten Kurgäste trafen 1885 ein, um den milden Winter hier zu verbringen, Hotels, Villen und Sanatorien entstanden, in denen die Hautevolee ihre Allergien und Atemwege heilte. 1892 wurde Lošinj offizieller Luftkurort der österreichisch-ungarischen Monarchie.

Baden und Wandern

 Was tun? Lošinj ist vor allem für seine vielen schattigen Felsbuchten bekannt. Beliebt sind die Badeplätze auf der Hotel- und Villen-Halbinsel Čikat bei Mali Lošinj, aber auch in der Sunčana uvala (Sonnenbucht). In Veli Lošinj wird auf Felsplatten und Beton am Strand Punta gebadet. In Rovenska schätzen vor allem Familien mit Kindern den flachen Strand. Lošinj ist auch bei Tauchern beliebt, im kristallklaren Wasser warten Fischschwärme, Korallen und anderes.

Die Insel eignet sich auch gut zum **Wandern**: Für weniger Geübte bietet sich ein Spazierweg am Meer entlang an, der Mali Lošinj mit Veli Lošinj verbindet. Ein wenig herausfordernder ist der Aufstieg auf die höchste Inselerhebung, den Televrina (588 m ü. d. M.) im Norden.

★ Mali Lošinj

Hier ist viel los

Uferpromenade Riva

Die belebte Hafenbucht von Mali Lošinj säumen Cafés und spätklassizistisch-barocke Villen mit farbenfrohen Fassaden und Palmen dazwischen. Viele Häuser gehörten Kapitänen und Reedern – immerhin war Mali Lošinj im frühen 19. Jh. **zweitwichtigster Adriahafen**. Von der Riva legen Ausflugsboote zu den Nachbarinseln ab. In der im Jugendstil erbauten **Fischhalle** am Ende des Hafenbeckens geht es

INSEL LOŠINJ ERLEBEN

TOURISTINFORMATION
Priko 42
51550 Mali Lošinj
Tel. 051 23 18 84
www.visitlosinj.hr

Für den Besuch des Museums im Wehrturm (Veli Lošinj), des Kunstmuseums im Fritzy-Palais (Mali Lošinj) und der Archäologischen Sammlung Osor (Cres, ▶ S. 68), gibt es ein Kombiticket: Man zahlt nur 9,30 € (Eintrittspreis für 2 statt 3 Museen).

Mit dem **Pkw** von Osor auf Cres über die Drehbrücke (Öffnung für Boote tgl. 9 u. 17 Uhr).
Vom Festland gibt es zwei Verbindungen **mit Katamaranen**: von Rijeka nach Mali Lošinj mit Jadrolinja und mit Kapetan Luka auf der Linie Pula– Zadar mit Stopp in Mali Lošinj.
www.jadrolinija.hr
https://krilo.hr

HOTEL TELEVRIN €€
Wo heute Gäste in einem der 15 Zimmer logieren, waren früher Rathaus und Hafenamt des Fischerdörfchens Nerzine untergebracht. In farbenfrohem Gelb, mit grünen Fensterläden, erinnert der Baustil an österreichisch-ungarische Zeiten. Die Lage ist ideal für Wanderungen auf den Televrina-Gipfel hinauf, aber auch, um die Inseln Cres und Lošinj zu erkunden.
Obala Nerezinskih pomoraca 21
Nerezine
Tel. 051 23 71 21
www.televrin.com/de

TRATTORIA & TARTUFERIA BORA BAR €€€
In der Rovenska-Bucht gelegenes Lokal unter italienischer Leitung, das gute Pastagerichte serviert, etwa Ravioli mit Trüffeln. Der Cremoncello-Likör, ein leichter, cremiger Limoncello, ist aus Zitronen aus Veli Lošinj hergestellt – und einfach köstlich.
Rovenska 3, Veli Lošinj
Tel. 051 86 75 44
www.borabar.net

KONOBA CORRADO €€€
Die Konoba in Hafennähe ist für gute regionale Küche bekannt, vor allem für Lamm und Tintenfisch unter der Schmorglocke und für den Hummer mit Spaghetti nach der Art von Marica, der Mutter des Wirts.
Sv. Martin 1, Mali Lošinj
Tel. 051 23 24 87
tgl. 11 – 14, 17– 23 Uhr

LOŠINJSKO JIDRO €€€
Vom Hafen sind es nur wenige Meter bergauf in dieses versteckte Lokal, das mit wechselnden Tagesangeboten anzieht – etwa mit Lamm am Spieß oder Spanferkel. Die Miesmuscheln als Vorspeise sind gut gewürzt.
Ul. braće Ivana i Stjepana Vidulića 79, Mali Lošinj
Tel. 051 23 34 24
https://restoran-losinjsko-jidro.business.site/

RIBARSKA KOLIBA €€€
An der Mole des schmalen Hafens von Veli Lošinj werden Fisch, Meeresfrüchte (gefüllte Calamari!) und Fleisch serviert.
Obala Maršala Tita 1, Veli Lošinj
Tel. 051 23 62 35

morgens lebhaft zu, wenn fangfrische Ware feilgeboten wird. Wenig davor sprudelt der Delfin-Brunnen, ein beliebtes Postkartenmotiv.

Sportler von einst

Muzej Apoksiomena

Ein stattlicher Athlet mit 300 kg Körpergewicht und einer Größe von 1,92 m wurde im April 1999 auf dem Meeresgrund vor Mali Lošinj geborgen: Die **Bronzestatue des Apoxyomenos** (Apoksiomen) stellt einen Sportler dar, der sich nach dem Wettkampf säubert. Vermutlich wurde sie im 1. Jh. v. Chr. bei einem heftigen Unwetter von Bord geworfen, um das Schiff vor dem Sinken zu bewahren, oder als Opfer gebracht, in der Hoffnung auf eine sichere Fahrt durch die Adria. Die Restauration der wertvollen Skulptur dauerte mehrere Jahre. Nun wird das Original in einem Museum im ehemaligen Kvarner-Palast an der Uferpromenade ansprechend in Szene gesetzt: Auf unterhaltsame Weise taucht der Besucher in die Geschichte, Bergung und Restaurierung der Statue ein – bis er sie schließlich als Höhepunkt des Museumsbesuchs zu Gesicht bekommt.

Muzej Apoksiomena: Riva lošinjskih kapetana 13 | Ostern – Mitte Juni u. Mitte Sept. – Mitte Okt. Di. – So. 10 – 18, Mitte Juni – Mitte Sept. 9 – 22, Mitte Okt. – Ostern 9 – 17 Uhr | Eintritt: 15 € www.muzejapoksiomena.hr

Querschnitt durch die Malerei

Palais Fritzy

Auf der leichten Anhöhe hinter der Riva fällt der sanierte Fritzy-Palais (Palača Fritzy) aus dem 19. Jh. auf. Einst befand sich hier der Sitz der Stadtverwaltung, heute logiert die **Galerie Fritzy** im Erdgeschoss. Die Piperata-Sammlung im ersten Stock zeigt überwiegend barocke Gemälde italienischer Meister, die Mihičić-Sammlung im Obergeschoss konzentriert sich auf Bilder und Skulpturen kroatischer Künstler aus der ersten Hälfte des 20. Jahrhunderts.

Ul. Vladimira Gortana 35 | Mitte Juni – Mitte Sept. tgl. Di. – So. 10 – 13, 19 – 22 Uhr, sonst kürzer, Jan. – März geschl. | Eintritt: 4,70 € | www.muzej.losinj.hr

Kirchenschatz

Pfarrkirche

Der weiße Turm der dreischiffigen Pfarrkirche Rođenje Blažene Djevice Marije (Mariä Geburt, 1696 – 1775) überragt das rote Dächergewirr der Altstadt. Eine doppelte Säulenreihe leitet über in den Chorraum. Sehenswert sind der Hauptaltar mit einem Bild der Muttergottes und den **Reliquien des Sv. Romula** (St. Romulus) sowie ein Marmorkreuz (19. Jh.). Auf dem Kirchplatz (Pjacal) finden gelegentlich Konzerte statt.

Langjähriges Urlaubsziel

Halbinsel Čikat

Die Čikat-Halbinsel, 1,5 km westlich von Mali Lošinj, gilt als bekanntestes und ältestes Urlaubsrevier der Insel. Hier fand sich bereits der

OBEN: Apoxyomenos
scheint vor allem
weibliche Fans zu haben.
UNTEN: Aber auch der
Hafen von Veli Lošinj
hat seinen Reiz.

Habsburger Adel ein. Dichte Aleppokiefernwälder spenden den Hotelanlagen und den alten österreichischen Villen reichlich Schatten. Gebadet wird in kleinen Felsbuchten. Der Uferweg zum Kap Annunziata führt zu einer kleinen Votivkirche mit klassizistischer Fassade, die Mariä Verkündigung (Annunziata, 16. Jh.) geweiht ist. Die Segelschiffbilder wurden als Dank für die Errettung aus Seenot gestiftet.

Kräuter und Co.

Aromagarten

Die Pflanzenkennerin Sandra Nikolić hat sich mit dem Aromagarten (Miomirisni otočki vrt) einen Traum erfüllt, gerne führt sie – auch auf Deutsch – hindurch, veranstaltet Workshops und stellt Feigenmarmelade oder Duftpotpourris her. Eine Führung krönt ein Gläschen hausgemachter Limončello mit Zitronen von der Insel oder ein Kräuterlikör mit Myrthe. Von Mali Lošinj 10 Minuten zu Fuß.

Mioririsni otočki vrt, Bukovica 6 | März – Juni, Sept. – Dez. tgl. 9 – 18, Juli/Aug. tgl. 8.30 – 12.30, 18 – 21 Uhr | Tel. 098 32 65 19 | Eintritt frei www.miomirisni-vrt.hr

▌ Veli Lošinj

Abwechslungsreicher Auftakt

Hafenbucht

Abends, wenn die Lichter angehen, verbreitet sich eine zauberhafte Stimmung in der schlanken, tief ins Land einschneidenden Hafenbucht. Die Häuser stehen eng beieinander, in manchen Restaurants sitzt man dicht am Hafenbecken. Die barocke **Pfarrkirche Sv. Antun** (St. Antonius) erhebt sich seit 1774 hoch über dem Hafenbecken von Veli Lošin. Die Kunstwerke in ihrem Inneren wurden von reichen Kapitänen gestiftet.

DUFTENDES PARADIES

Am besten einfach nur schnuppern, schauen, schmecken, genießen: Betörende Düfte nach Lavendel, Rosmarin und mediterranen Wildkräutern durchziehen den Aromagarten von Sandra Nikolić bei Mali Lošinj. Und vor dem Abschied noch im kleinen Laden nach einem duftenden Mitbringsel stöbern – natürlich aus eigenem Anbau.

Der runde venezianische, mit einer Mauerkrone versehene **Wehr-turm** Kula (16. Jh.) am Ende des Hafens gilt als Wahrzeichen des Städtchens. Im hübsch restaurierten Turm ist ein **Museum mit Ga-lerie** untergebracht, das die Seefahrertradition auch für Landratten anschaulich darstellt. Im Erdgeschoss begrüßt eine Kopie der Apoxyomenos-Statue die Besucher.

April – Mitte Okt. ab 10 Uhr, unterschiedl. Schließzeiten
Eintritt: 4,70 € | www.muzej.losinj.hr

Es lebe der Delfin!

Gut 200 Delfine tummeln sich im Archipel von Lošinj. Das Umwelt-schutzzentrum **Plavi svijet** (Blaue Welt) kümmert sich um die Säu-getiere. Ein Ausstellungszentrum im Hafen von Veli Lošinj informiert mit Film und Fotos über das Schutzprojekt Lošinj, zudem werden möglichst tierfreundliche Delfin-Beobachtungstouren vermittelt.

Delfin-Schutz-zentrum

Mai Mo. – Sa. 10 – 18; Jun., Sept. Mo. – Sa. 10 – 20; Juli, Aug. tgl. 10 – 21
Okt. – April Mo. – Fr. 10 – 15 Uhr | Eintritt frei | www.blue-world.org

Grüne Oase

Der mit Aleppokiefern und Macchia bewachsene Waldpark (39 ha) gehört heute zu einer Kurklinik. Im Lustgarten von Erzherzog Karl Stephan wachsen **200 Pflanzenarten**, die Kapitäne von ihren Reisen mitgebracht haben.

Waldpark Podjavori

▍ Weitere Orte auf Lošinj

Bei den Fischern

Bei der Anreise von der Insel Cres liegt 5 km südlich von Osor zu-nächst das ruhige Fischerdörfchen Nerezine: Im Hafen schaukeln ei-nige Boote, die Einheimischen treffen sich im Café. Gelb leuchtet das restaurierte Hotel Televrin, in alter k. u. k. Tradition, das früher Ha-fenamt und Rathaus war. Von der Terrasse fällt der Blick auf den klei-nen Hafen und die Fischer, die mit ihrem Fang zurückkehren.

Nerezine

Der Berg ruft!

Der österreichische Thronfolger Rudolf machte es 1887 vor: Zwei Jahre bevor er sich mit seiner Geliebten Mary Vetsera in Mayerling umbrachte, stieg er in das Osoršica-Massiv hinauf, das sich im Norden der Insel erstreckt. Der gut markierte Wanderweg durch das Gebirge war ursprünglich für den adeligen Gast – der übrigens auf Geierjagd war – angelegt worden. Er führt ab Nerezine auf den Televrin hinauf (588 m ü. d. M.). Ein wenig niedriger ist der Gipfel Sv. Mikul (St. Niko-laus) mit Blick auf das Velebit-Gebirge, die Kvarner-Inseln und Istrien. Eine Berghütte ist im Sommer täglich geöffnet, sonst nur am Wo-chenende. Eine alternative Route führt ab Osor ins Gebirge hinauf.

Osoršćica-Massiv

Inseln im Archipel von Lošinj

Ruhiges Eiland

Unije Der Glockenturm der Kirche Sv. Andrija (St. Andreas) von Unije von 1857 weist Schiffen schon von Weitem den Weg. An der Nordseite der Insel (16,7 km², westlich von Lošinj) laden **schöne Buchten** ein.

Baden am Sandstrand

Susak Sanddünen in der Adria? Das autofreie, hügelige Inselchen Sušak (3,7 km²) besteht aus Sandböden und Lehm, die vom Wurzelwerk des Schilfs zusammengehalten werden. Vermutlich wurde der Sand durch starke Windböen aus Flussablagerungen hergetragen. Die Böden eigenen sich gut für den Anbau der Rotweinsorte **Sušćan crni**. Die abgeschiedene Lage trug dazu bei, dass sich unter den 150 Einwohnern ein altertümlicher Dialekt erhalten konnte. Ebenso ungewohnt mutet die **Tracht der Frauen** an mit einer Art Minirock und dicken pinkfarbenen Wollstrümpfen. Der Benediktinerkirche Sv. Nikola (St. Nikolaus) aus dem 11. Jh. wird folgende Legende zugeschrieben: Ein ans Ufer geschwemmtes Holzkreuz wurde in die Kirche getragen und hat im Inneren so an Größe zugelegt, dass es nicht mehr durch die Tür passte. Offenbar muss es dort bleiben. Etwa 1 km südlich der Ortschaft wird an einem traumhaften Sandstrand in der Bucht Bok gebadet. Anreise: Ausflugsboote oder Linienschiffe (ein bis zwei Mal pro Tag) ab Mali Lošinj.

Auf zur Blumeninsel

Ilovik Herrlich blühender Oleander und üppige Rosensträucher brachten der südlichsten Insel (5,5 km²) Ilovik den Beinamen »Blumeninsel« ein, hier wachsen sogar Eukalyptusbäume. Schöne Strände locken viele Segelboote an. Die 110 Bewohner sind auch nach ihrem Tod auf ein Schiff angewiesen, denn der örtliche Friedhof liegt auf dem Nachbarinselchen Sveti Petar.

MOŠĆENIČKA DRAGA

Höhe: 15 m ü. d. M. | **Einwohner:** 450 | Kroatien

Natürlich könnte man auch die serpentinenartige Landstraße nehmen, um ins mittelalterliche Felsendörfchen Mošćenice zu gelangen. Aufregender ist jedoch der alte Treppenweg, der sich den Waldhang hinaufzieht: Auf 760 Stufen bleibt reichlich Gelegenheit, um den Blick auf türkisfarbene Felsbuchten und einen langen Kiesstrand zu werfen, der den Badeort Mošćenička Draga so beliebt macht.

Diese Herren sehen das Treiben unten am Strand gelassen. Denn in der Oberstadt von Mošćenice ist davon kaum etwas zu spüren.

Wo das Učka-Gebirge fast bis in die Adria abfällt, erstreckt sich einer der beliebtesten Ferienorte an der raueren Ostküste Istriens: Mošćenička Draga (ital. Draga di Moschiena), tief in einer Bucht eingebettet. Die Meerenge Vela vrata (Großes Tor) trennt das Festland an dieser Stelle von der Insel Cres – die sich als Silhouette am Horizont abzeichnet.

Sipar heißt die Traumdestination, besser gesagt, der wahre Trumpf des einstigen Fischerdörfchens Mošćenička Draga: Der mehrere hundert Meter **lange Kieselstrand** fällt flach ins Meer ab. Er entstand aus dem Geröll eines Bachs, der im Učka-Massiv entspringt – das Meer splittete das grobe Geröll in Kiesel. Südlich davon erstreckt sich der zweite Strand, Sv. Ivan, der auf Höhe der Villa Zagreb mit Felsformationen lockt. Vereinzelte Felsbuchten laden zum Schnorcheln ein. Taucher schätzen die Unterwasserwelt vor der Küste südlich von Mošćenička Draga.

▌ Wohin in und um Mošćenička Draga?

Fisch satt

Moderne Ferienwohnungen ziehen sich den grünen Hang hinauf, während sich einige hübsche Häuser rund um den Hafen gruppieren. Hier hat sich der beliebte Ferienort noch ein wenig ursprünglichen Charme bewahrt, als die Einwohner noch überwiegend vom Fisch-

Hafen

125

MOŠĆENIĆKA DRAGA ERLEBEN

TOURISTINFORMATION
Aleja Slatina bb
51417 Mošćenička Draga
Tel. 052 73 91 66
www.tz-moscenicka.hr

Febr./März: Karneval, Mošćenička
Draga

VILLA KLEINER €€
Nur der Fußweg trennt das Ufer von
dem ruhigen Haus mit geräumigen
Apartments. Sauna, beheiztem Meer-
wasserpool und Fitnessraum.
Šetalište 25. travnja 28
Mošćenička Draga
Tel. 051 73 75 44
www.villa-kleiner.com

RESTORAN JOHNSON €€€€
Das Johnson zählt zu den besten
Fisch-Adressen in der Kvarner-Bucht.
Auf den Tisch kommt hier nur das
Beste, das einheimische Fischer – am
selben Tag – gefangen haben, z. B. die
berühmten Kvarner Scampi (Kaisergranat). Der ungewöhnliche Restau-
rantname stammt übrigens vom

früheren Besitzer, der den amerikani-
schen Ex-Präsidenten Lyndon B.
Johnson so verehrte, dass er sein
Lokal nach ihm benannte.
Majćevo 29b, Mošćenička Draga
(nach der Kreuzung in Richtung
Mošćenice)
Tel. 051 73 75 78
www.johnson.hr
im Winter Di. Ruhetag

KONOBA ZIJAVICA €€€€
Ein perfekter Ort, um Fisch zu genießen: In Strandnähe, mit schönem
Ausblick, werden hier Meeresspeziali-
täten raffiniert zubereitet – etwa frit-
tierte Kabeljaubällchen als Vorspeise.
Der luftgetrocknete Pršut wird auf einer Mini-Leine über dem Teller aufgehängt serviert.
Šetalište 25. travnja 2
Mošćenička Draga
Tel. 051 73 72 43
www.konoba-zijavica.com

KONOBA BATELAN €€
In dem bodenständigen Restaurant
mit Holzbänken auf der Terrasse essen auch die Einheimischen gerne:
Regionale Gerichte stehen auf der
kompakten Speisekarte, die mit
Fisch, Fleisch, Gemüse oder hausgemachten Gnocchi jeden Geschmack
bedienen dürfte.
Brseč 4, Brseč
Tel. 051 29 00 21

fang lebten. Entlang der **Uferpromenade** finden sich vereinzelt
schmucke Villen – und natürlich viele Restaurants. Die besseren werden direkt von Fischern beliefert, die ihren Tagesfang in Plastikkisten
von Bord tragen. Dazu gehört das renommierte Feinschmecker-
Fischrestaurant Johnson, das ein wenig außerhalb liegt. Dafür ist es
mindestens genauso bekannt, zumindest unter Gourmets, wie der
Kieselstrand von Mošćenička Draga. Sehenswert ist auch die Kapelle
Sv. Petar (St. Petrus) von 1575, mit glagolitischen Inschriften.

Rund ums Olivenöl

Auf steilen Klippen wacht das winzige mittelalterliche Städtchen
Mošćenice (ital. Moschienizze) hoch über dem Meer. Vor dem Stadttor (1634) mit Habsburger Wappen, dem einzigen Zugang in die winzige Altstadt, begrüßt eine Loggia die Besucher. Zwei gepflasterte
Gassen durchziehn das Städtchen. Von der Plattform vor der barocken Kirche Sv. Andrija (St. Andreas) genießt man einen schönen
Blick auf die Kvarner-Inseln.

Mošćenice

Dass der Ort jahrhundertelang vom Olivenanbau lebte, erfährt man
im **Ethnografischen Museum** (Etnografska zbirka). Hier werden
Schäfertrachten, eine Feuerstelle mit Kochgefäßen und traditoneller
Schmuck gezeigt. Im zweiten Stock lagern Olivenölkrüge, Sicheln und
Fischerausrüstung. Glanzstück des kleinen Museums ist aber eine
500 Jahre alte Ölmühle (Toš) im Nebengebäude, die erst 1970 in den
Ruhestand ging. Der massive Mühlstein wurde von mehreren Pferden
angetrieben, die wegen Erschöpfung alle drei Stunden ausgewech-
selt werden mussten. Für einen Liter Öl wurden 9 kg Oliven benötigt.
Auch für die alten Steintröge für die Erstpressung (Extra Vergine)
hat man eine neue Verwendung gefunden: Sie stehen als Blumenkästen vor den Häusern.
Museum: tgl. 10 – 17 Uhr | Eintritt: 2 €

Kunst von einst und jetzt

Das mittelalterliche Städtchen Brseč, 9 km südlich von Mošćenička
Draga, erhebt sich auf einem 157 m hohen Felsen über der Küste.
Hier endet die so genannte **Liburnische Riviera**, die bei Opatija im
Norden beginnt. Enge Gassen und Durchgänge führen am Kastell,
Glockenturm und der Stadtmauer vorbei. Von der Aussichtsplattform vor der alten Stadtmauer bietet sich ein schöner Blick auf die
Inseln Cres, Sušak und Unije. Die Pfarrkirche Sv. Juraj (St. Georg)
aus dem 14. Jh. birgt Fresken, die Meister Albert aus Konstanz später schuf. In Brseč wurde **Eugen Kumičić** (1850 – 1904) geboren,
ein kroatischer Politiker und Schriftsteller des Naturalismus. Viele
kroatische Schulen sind nach ihm benannt. In seinem Geburtshaus
befindet sich die Galerie »Eugen K«. Brsec hat ebenfalls eine alte
Ölmühle, die noch aus dem 17. Jh. stammt.

Brseč (ital.
Bersezio)

Ein Wanderweg führt von Brseč zum Berg **Sisol** (835 m ü. d. M.) im
südlichen Učka-Gebirge. Der Pfad ist rot-weiß markiert und beginnt etwa 50 m hinter der Bushaltestelle. Der Aufstieg dauert ca.
2,5 Std.
Der bekannte kroatische Bildhauer Ljubo de Karina lebt im Dörfchen Zagorje, 2 km von Bršec entfernt – und empfängt Gäste in
seiner **Open-Air-Galerie**.
Bei Brseč führt eine 3 km lange Stichstraße von der aussichtsrei-
chen Küstenstraße D66 nach **Brestova** hinab, den Hafen der Autofähre nach Porozina auf ► Cres.

MOTOVUN

Höhe: 277 m ü. d. M. | **Einwohner:** 950 | Kroatien

Eines Morgens brach Giancarlo Zigante wie gewohnt mit seiner Hündin Diana auf, um in den Eichenwäldern um Motovun auf Trüffeljagd zu gehen. Was die Hundedame jedoch im Unterholz erschnüffelte, konnte Zigante kaum glauben: einen 1,3 kg schweren weißen Trüffelpilz! Dieser sicherte ihm 1999 den Eintrag ins Guiness-Buch der Rekorde und den seither ungebrochenen offiziellen Weltrekord. Die Gegend um Motovun bietet die Gelegenheit, die kostspielige Delikatesse kennenzulernen!

FÜR
Trüffelfans

Wie ein Sahnehäubchen thront die Altstadt von Motovun (ital. Montona) auf einem Hügel, hoch über dem Mirna-Tal. Vielen gilt das Panorama, mit zinnengekrönten Wehrtürmen, als das **schönste Bergstädtchen** im Hinterland Istriens. **Feinschmecker** pilgern vor allem zwischen Oktober und Dezember wegen der weißen Trüffeln hierher, die in den Wäldern um Motovun prächtig gedeihen. Der Sommer gehört hingegen dem Dokumentarfilm: Fünf Tage im Juli ist der Hauptplatz von Motovun für das überregional bekannte Filmfestival reserviert!

Die Gegend war bereits von Kelten und Römern besiedelt. 983 schenkte der deutsche Kaiser Otto II. das Städtchen dem Bischof von Poreč. Unter der venezianischen Herrschaft (1278 – 1797) erlebte Motovun seine Blütezeit und erhielt mächtige Wehrmauern. Nach dem Zweiten Weltkrieg wanderte die italienische Bevölkerung weitgehend aus, das Städtchen drohte zu veröden – der Tourismus brachte die Wende.

▌ Wohin in Motovun?

Doppelt hält besser

Festungssystem

Steil zieht sich die Straße in die Altstadt von Motovun hinauf, Autos und Reisebusse bleiben am Fuße des Hügels zurück: Kleine Geschäfte locken mit Trüffelöl oder getrüffeltem Käse. Entlang der Wehrmauer wird das doppelte Befestigungssystem gut sichtbar, das die Altstadt vor Angreifern schützen sollte: Es umfasst eine innere, begehbare **Stadtmauer** (14. Jh.) und einen äußeren Mauerring, der die später entstandene Unterstadt umschließen sollte. Oben angelangt, bietet der äußere Hauptplatz – zwischen äußerem und innerem Stadttor – den schönsten Blick von der Altstadtmauer auf das Mirna-Tal. Der Platz ist nach dem bei der k. u. k. Marine zuständigen Forstintendanten **Josef Ressel** benannt (Trg Josefa Ressela), der ab 1835 hier stationiert war – und als Miterfinder der Schiffsschraube zu Lebzeiten keine Anerkennung fand. Eine Steintafel erinnert an ihn (Gradiziol 50). Durch das innere Stadttor, einem wappengeschmückten gotischenWehrturm (14. Jh.), geht es zum Hauptplatz in der Altstadt. Die Loggia stammt aus dem 17. Jahrhundert.

Renaissance

Der innere Hauptplatz (Trg Andrea Antico) ist nach dem in Motovun geborenen Renaissancekomponisten **Andrea Antico** (um 1480 bis 1538/40) benannt. Der Kommunalpalast (16. Jh.) gilt als einer der größten Renaissancepaläste Istriens. Von 1330 stammt die alte Zisterne unterhalb des Platzes. Der Polesini-Palast, heute ein Hotel, war einst ein romanisches Kastell.

Trg Andrea Antico

Kirchenkunst

Über dem Hauptplatz wacht der 27 m hohe **Campanile** (13. Jh.) mit Schießscharten und Zinnen, ursprünglich ein Wehrturm. Die dreischiffige Kirche hl. Stephanus (Sv. Stjepan) von 1614 vereinigt Elemente von Barock und Renaissance und besitzt drei sehenswerte Marmoraltäre sowie schöne liturgische Gefäße.

Sv. Stjepan

▌ Rund um Motovun

Trüffelwald

Am Ufer der Mirna wächst der dichte Motovuner Wald, dessen Stieleichen die Venezianer für den Bau ihrer Schiffe nutzten. Heute ist die Gegend mit ihren feuchten Böden vor allem als herausragen-

Motovuner Wald

TRÜFFELN VOM HL. MARTIN

Im Herbst, wenn es anderswo schon ungemütlich stürmt, ist die Luft in Istrien oft noch angenehm mild. Und es lohnt sich, hinzufahren. Denn es ist der ideale Zeitpunkt, um weiße Trüffeln und jungen Wein in Motovun zu probieren! Und vielleicht treffen Sie dann auch Sankt Martin, der rund um den 11. November in den Dörfern den frisch gekelterten Wein segnet ...

MOTOVUN ERLEBEN

TOURISTINFORMATION
Trg Andrea Antico 1
52424 Motovun
Tel. 052 68 17 26
www.tz-motovun.hr

Ende Juli: Filmfestival Motovun,
Okt. Tuberfest: Trüffelsuche mit
Hunden, Trüffelauktion, Livade
www.motovunfilmfestival.com

Es gibt mehrere Geschäfte mit **Trüf-
felspezialitäten**, u. a. Natura Tartufi. Trüffelspezialist Giancarlo Zigante
betreibt Läden in Motovun und
Livade.
In Livade empfiehlt sich der Weg zu
Svetoslav Janković, der feinsten **Honig** mit unterschiedlichsten Aromen
offeriert (n. V., Tel. 052 66 41 43).
Hervorragende **Weine** keltert z. B.
Klaudio Tomaz, Kanal 36, Tel. 052
68 17 17, www.vina-tomaz.hr,
Besuch und Weinprobe n. V.).

HOTEL KAŠTEL €€€
Im Polesini-Palazzo aus dem 17. Jh.,
am Hauptplatz des Hügelstädtchens
Motovun, ist dieses Boutique-Hotel
mit seinen 33 Zimmern untergebracht. Hinter dem historischen Gemäuer erwarten ein Pool und eine
Dachterrasse mit Blick auf das Mirna-
Tal die Gäste. Im hoteleigenen Restaurant werden Trüffelgerichte serviert.
Trg Andrea Antico 7
Motovun
Tel. 052 68 16 07
www.hotel-kastel-motovun.hr

STANCIJA 1904 €€€
Hausbesitzerin Draženka Moll ver-
mietet im Dörfchen Smoljanci res-
taurierte istrische Steinhäuser mit
luxuriöser Ausstattung. Sie bietet
ihren Gästen auch Kochkurse an:
Die Zutaten stammen von kleinen
Erzeugern aus der Umgebung oder
dem üppigen eigenen Garten, in dem
127 Pflanzenarten wachsen – etwa
Feigen, Pfefferminze oder wilder
Rucola.
Smoljanci 2 – 3
Svetvinčenat-Smoljanci
Tel. mob. 098 738 974
https://stancija.com/home-de

RESTORAN ZIGANTE €€€€
Das bekannteste kroatische Trüffel-
Gourmetrestaurant betreibt Trüffel-
könig und Großhändler Giancarlo
Zigante im Dörfchen Livade. Da wird
so ziemlich alles getrüffelt, was auf
den Tisch kommt: von den köstli-
chen hausgemachten Nudeln bis zur
Nachspeise. Mehr als 200 internatio-
nale Weine lagern in Zigantes Keller.
Auch Zimmervermietung.
Livade 7, Livade
Tel. 052 66 43 02
www.restaurantzigante.com

KONOBA MONDO €€€
In der nostalgisch eingerichteten Ko-
noba stimmt alles: hausgemachtes
Brot, Pasta mit reichlich gehobelten
Trüffeln (in Scheiben!) und guter
Service. Ein Genuss ist das Aubergi-
nen-Risotto!
Barbacan 1, Motovun
Tel. 052 68 17 91
https://konoba-mondo.com

AGROTURIZAM STEFANIĆ €€
Im Dörfchen Stefanići kocht Familie

Stefanić saisonal, mit Wildspargel, Fenchel oder Feigen. Truthahn wird mit Äpfeln aus dem eigenen Obstgarten verfeinert. An der Straße Motovun – Karojba Richtung Süden links in Richtung Kaldir abbiegen.
Stefanići 55
Motovun
Tel. mob. 098 25 15 04
www.agroturizam-stefanic.hr

SELJAČKI TURIZAM JADRUHI
€€
Auf dem Agrotourismus-Anwesen wird frisches Brot gebacken, das zu hausgemachtem Pršut, Würstchen, Speck und gutem Wein serviert wird, 4 km südlich von Vižinada.
Jadruhi 11, Vižinada-Jadruhi
Tel. 052 44 61 84
https://jadruhi.com, Fr. – So.

der Fundort für Trüffeln bekannt, was sich auch in einer erklecklichen Anzahl hervorragender Restaurants niederschlägt, die ihre Gäste mit vorzüglichen Trüffelgerichten verwöhnen.

Restaurant- oder Museumsbesuch?
Wer das Dörfchen Livade, 4 km nördlich von Motovun, ansteuert, hat dafür meist nur einen Grund: Trüffelpapst Zigante betreibt vor Ort sein erstklassiges, elegantes Restaurant für seine Kreationen mit der Edelknolle. Am Kreisverkehr grüßt eine Trüffel-Skulptur.
Eisenbahn-Fans besuchen besuchen gerne das Museum im alten Bahnhof, das der alten Parenzana-Bahntrasse gewidmet ist, die über Livade verlief.
Museum: Mo. – Sa. 7 – 15 Uhr, besser anrufen: Tel. 052 64 41 50
Eintritt: frei | www.parenzana.net

Livade

Malerischer Bergort
Das Panorama lohnt den Weg hinauf: Vom Aussichtsplateau des Dörfchens Oprtalj (378 m ü. d. M., ital. Portole), 11 km nördlich von Motovun, schweift der Blick über eine fruchtbare Hügellandschaft, die an die Toskana erinnert. Auf der Plattform lädt die Konoba Oprtalj mit ihren rustikalen Bänken im Sommer ein. Hübsch ist die barocke, fuchsiafarbene Loggia (1765) mit Lapidarium und venezianischem Markuslöwen nebenan.
Das frühere Stadttor schmiegt sich in die charmanten Fassaden. In der Altstadt mit ihren Holpergassen lohnt die Pfarrkirche Sv. Juraj (St. Georg) mit ihrem 30 Meter hohen Glockenturm, der einen quadratischen Abschluss hat – ungewöhnlich für Istrien.

Oprtalj

Heilsame Quellen
Die warmen, schwefelhaltigen und radioaktiven Quellen von Istarske Toplice, 10 km nördlich von Motovun, schätzten bereits die alten Römer. Bis heute lassen sich vor allem Rheuma-Patienten im einzigen **Thermalbad** in Kroatisch-Istrien behandeln – das allerdings einen recht postsozialistischen Charme verströmt. Eine zur Mirna hin abfal-

Istarske Toplice

Schon der Anblick von Motovun ist etwas für Feinschmecker.

lende Schlucht mit einer bis zu 85 m hohen Felswand hat ihren Namen »Željezna vrata« (Eisentor) nicht von ungefähr – dadurch wurde der Ort vor Angreifern geschützt. Kletterer lieben diesen Felsen! Ein Wanderweg führt in Serpentinen zur Kirche Sv. Stjepan (St. Stephanus, 19. Jh.) hinauf.

Versteckte Ruine

Pietrapilosa · Abseits der Hauptstraße von Livade nach Buzet erhebt sich die von Gestrüpp überwachsene Burgruine Pietrapilosa (Kosmati kaštel) hoch über dem Bračana-Tal. Ein Pfad leitet Wanderer zu der im

10. Jh. erstmals erwähnten Festung hinauf, wo auch das Kirchlein Sv. Magdalena aus dem 13. Jh. steht.

Idyllische Natur

Einen Panoramablick auf den Stausee (Jezero Butoniga) kann man östlich von Motovun erhaschen – das war es dann aber auch schon, denn ein Zaun schützt den **Trinkwasserspeicher**. Die Umgebung ist ein Idyll: Malerische Hügellandschaft, die sich bis zu 400 m hoch erhebt, umgibt den See, der über die Mirna nach Novigrad in die Adria abfließt. Gespeist wird er durch unterirdische Quellen.

Butoniga-Stausee

Es lebe die Bahn!

Vižinada

Das beschauliche Örtchen Vižinada (ital. Visinada) über dem Mirna-Tal, 17 km westlich von Motovun, wurde im 12. Jh. erstmals erwähnt. Von hier stammt die Ballerina **Carlotta Grisi** (Interessante Menschen ▶ S. 285). Am Hauptplatz dominieren eine Loggia (17. Jh.) und die Pfarrkirche Sv. Jeronim (St. Hieronymus) von 1837, die dem aus Istrien stammenden Bibelübersetzer geweiht ist (Interessante Menschen ▶ S. 285). Die barocke Zisterne mit zwei Brunnen (1722) ziert der venezianische Markuslöwe. In der Kirche Sv. Barnaba (St. Barnabas) sind mittelalterliche Fresken zu sehen.

Zur wirtschaftlichen Entwicklung von Vižinada trug die **Parenzana-Schmalspurbahn** bei, die zwischen 1902 und 1935 auf 123 km Strecke 33 Orte zwischen Triest und Poreč verband. Mit ihr wurden Wein, Olivenöl, Salz aus Piran und Sečovlje, Baumaterial, Kalk, Kohle und Holz transportiert. Die historische Bahnstrecke ist als als **Radweg** wiederbelebt worden (▶ S. 36).

Weitere Informationen: www.parenzana.net

NOVIGRAD

Höhe: 2 m ü. d. M. | **Einwohner:** 2300 | Kroatien

D 6

In Novigrad gab es früher kein Haus ohne Seemann, niemanden, der nicht von der Seefahrt gelebt hätte. Die Fischer- und Segelboote im Hafen dienen heute eher der Muße oder um die eine oder andere Jakobsmuschel oder Seezungen aus dem Meer zu fischen. Die begehrten Delikatessen gedeihen im Zusammenfluss des Süßwassers aus der Mündung der Mirna in die salzige Adria prächtig und haben längst ihren festen Platz in den Gastrotempeln von Novigrad, die viele Feinschmecker anziehen.

Meeres Früchte!

Das schmucke Fischerstädtchen Novigrad (ital. Cittanova), die »neue Stadt«, liegt auf einer in die Adria ragenden Landzunge. In der Altstadt verschmelzen venezianische Architektur, Barock und Renaissance miteinander. Bunte Regenschirme zieren die Gassen rund um den Hauptplatz. Gebadet wird im Stadtzentrum direkt an der Mole, unterhalb der Stadtmauer, und nahe der Marina gibt es weitere Badeplätze, ebenso außerhalb der Stadt. Taucher lockt u. a. das Wrack der »HMS Coriolanus«, eines britischen Anti-U-Boot-Trawlers, der im Mai 1945 auf eine Mine lief (▶ Baedeker Wissen, S. 294).

Möglicherweise haben bereits im 6. Jh. Flüchtlinge aus Emona, heute Ljubljana, die antike Stadt Aemonia hier errichtet. Jedenfalls gab es

NOVIGRAD ERLEBEN

TOURISMUSVERBAND
Mandrač 29a
52466 Novigrad
Tel. 052 75 70 75
https://coloursofistria.com/de/
destinationen/novigrad

Ende April: Šparugada (Spargelfest)
Juni: Jakobsmuschelfest (Večer novigradske kapešante)
28. Aug.: Stadtfest des hl. Pelagius mit Musik und kulinarischen Spezialitäten.
Kulinarische (»Njam-Njam«-)Feste
Sept.: Fischerfest (More na tanjuru)

Den Sonnenuntergang von Novigrad können Sie von der **Amore Bar** an der Uferpromenade genießen. Am Hauptplatz lockt das **Vitriol** mit Smoothies und Frozen Joghurt.
Am 3 km entfernten Strand Mareda trifft man sich am Abend im **Beach Club Macumba** auf einen Cocktail.

RESTORAN DAMIR & ORNELLA €€€€
Sushi war gestern! Vorzügliches Adria-Sashimi aus rohem Fisch servieren Damir Beletić, seine Frau Ornella und Tochter Matea in der Edel-Konoba, deshalb werden sie oft als »Sashimi-Pioniere Kroatiens« bezeichnet. Der tagesfrische Fisch wird vor den Augen der Gäste mit scharfen Klingen filetiert und mit einer feinen Olivenöl-Marinade zubereitet. Reservierung erforderlich.
Zidine 5, Novigrad
Tel. 052 75 81 34
https://damir-ornela.com/

Mo. Ruhetag, 12.30 – 15.30 und 19.30 – 23.30 (Sommer) bzw. 18.30 – 22.30 Uhr (Winter)

KONOBA ČOK €€€€
In der Edelkonoba werden fangfrischer Fisch, Austern, Scampi und Jakobsmuscheln serviert. Sergio Jugovac, genannt Čok und manchmal etwas muffelig, empfiehlt gute Weine und bietet als Krönung den lokalen Frischkäse Skuta mit Honig aus eigener Produktion an, den er mit ein wenig Blütenpollen dekoriert.
Sv. Antuna 2
Novigrad
Tel. 052 75 76 43
Mi. Ruhetag (außer Mitte Juli bis Mitte Sept.)
Mittagsruhe: 15 – 18 Uhr

GATTO NERO €€€
In der kleinen, gemütlich eingerichteten Konoba, die ein wenig abseits vom Trubel liegt, kommt unter anderem Pasta mit großzügig gehobelten Trüffeln auf den Tisch. Terrasse im Hof. Am besten reservieren!
Zidine 10
Novigrad
Tel. 052 25 55 55w
www.gattonero.eu
tgl. 12 – 23, Mo. ab 18 Uhr

RIGO WINE BAR & BUFFET €€€
In dem kleinen, gemütlichen Weinlokal werden ausgewählte Spitzen-Weine aus der Region verkostet. Dazu kommen istrischer Pršut, Käse, Olivenöl und frisches Brot als kleiner Snack auf den Tisch!
Velika ul. 5
Novigrad
Tel. mobil 091 577 28 74
tgl. ab 18 Uhr

hier eine griechische Kolonie, später eine römische Siedlung. Die Venezianer nutzten den Hafen vor allem für die Verschiffung von Holz, das aus dem Wald von Motovun die Mirna hinab geflößt wurde. Novigrad wurde zunächst von der Pest bedroht, schließlich wüteten die Uskoken, bei Überfällen der Türken wurden 1687 viele Kunstwerke zerstört. Im 18. Jh. verband man das Inselchen mit dem Festland.

▎ Wohin in und um Novigrad?

Alte Mauern

Stadtmauer und Loggia
Überreste der Stadtmauer finden sich an einigen Stellen bis heute. Die **Befestigung aus der Spätantike** wurde unter venezianischer Herrschaft im 13. Jh. ausgebaut. Südlich der Altstadt führt das Seetor (Porta marina) durch zinnenbesetzte Mauerreste hindurch. Neben der Stadtmauer thront die Loggia (16. Jh.), oder Belvedere genannt, direkt am Wasser – ein wunderbarer Fotospot! Zwei Rundtürme erheben sich südlich des Hafens, ein Teil der Stadtmauer wurde in das Hotel Cittar integriert.

Moderne Kunst

Galerie Rigo
Das barocke Stadtpalais der einstigen Patrizier und Großgrundbesitzer Rigo (Palača Rigo) ist heute eine Galerie für Moderne Kunst mit

wechselnden Ausstellungen. Insbesondere werden Arbeiten junger Künstler gezeigt. Die wohlhabende Patrizierfamilie Rigo trug erheblich zum Aufschwung von Novigrad bei.

Velika ulica 5, Juni – Sept. 10 – 13, 18 – 22 Uhr | sonst kürzer
Eintritt: 2 € | www.muzej-lapidarium.hr/galleryrigo

Der Schutzheilige der Stadt

Die dreischiffige Pfarrkirche Sv. Pelagij i Maksim (St. Pelagius und Maxim) steht am Hauptplatz Veliki trg (Großer Platz / Piazza Grande). Mehrfach umgebaut, hat sie ihre romanischen Grundzüge doch weitgehend bewahrt. In einem Sarkophag aus dem 12. Jh. ruhen die sterblichen Überreste des hl. Pelagius. hl. Der Schutzheilige der Stadt ist auch am freistehenden Campanile (1883) zu sehen, der nach dem Vorbild der Markuskirche in Venedig errichtet wurde.

Das Lapidarium nebenan beherbergt etwa 100 Steindenkmäler, Altarplatten und Inschriften. Herausragend ist zum Beispiel das Ziborium (der Altaraufbau) des Bischofs Mauritius (Mauricije) aus dem 8. Jahrhundert.

St. Pelagius und Maximus, Lapidarium

Lapidarium: Veliki trg 8a | Juli/Aug. Mo. – Sa. 10 – 13, 19 – 22, sonst kürzer, jedoch mind. 10 – 13 Uhr | Eintritt: 2 €
www.muzej-lapidarium.hr

Der Abend kehrt ein in Novigrad, die Lichter gehen an …

Eigentumsprobleme

Dajla Das Örtchen Dajla, 5 km nördlich von Novigrad, lohnt einen Badestopp: Der 200 m lange **Fels- und Kiesstrand** ist herrlich unaufgeregt: fernab von Wassersportlern, Cafés und allzu viel Trubel. Das örtliche **Benediktinerkloster** erstreckt sich direkt am Meer. Vor einigen Jahren geriet es aufgrund eines Eigentumsstreits zwischen dem Vatikan und Kroatien in die Schlagzeilen: Die Mönche aus Dalja waren nach dem Zweiten Weltkrieg ins italienische Kloster Praglia geflohen, die Kommunisten nutzten das Anwesen für die Landwirtschaft, später als Altersheim. Vor wenigen Jahren forderte das Kloster Praglia eine Entschädigung, da man in Kroatien mit dem Verkauf von Ländereien des Klosters Dajla begonnen hatte – um darauf ein Hotel zu errichten. Die italienischen Ordensbrüder wurden von Papst Benedikt XVI. bestärkt, der ihnen eine Entschädigung zusicherte. Das kam beim kroatischen Klerus überhaupt nicht gut an, das zuständige Gericht in Pula lehnte die Klage schließlich ab.

Ein Papstbesuch mit Folgen

Tar-Vabriga Mit dem Papst hatte es auch die Gemeinde Tar-Vabriga, 5 km südöstlich von Novigrad, zu tun: Eine Inschrift an der Pfarrkirche Sv. Martin erinnert an den Besuch von Papst Pius VII. im Juni 1800. Das katholische Kirchenoberhaupt war während einer Schifffahrt in ein Unwetter geraten und suchte Schutz in Tar. Zur Erinnerung daran ließ er eine Medaille prägen, die heute im British Museum in London aufbewahrt wird. Tar-Vabriga ist für guten **Wein** und köstliche **Oliven** bekannt. Trotz der benachbarten, lebhaften Ferienanlage Lanterna wirkt der Ort, der einst aus zwei Dörfern bestand, noch recht ursprünglich.

NOVI VINODOLSKI

Höhe: 0 – 33 m ü. d. M. | **Einwohner:** 3400 | Kroatien

L 3

Nicht nur jung und schön, sondern auch geschickt sollte es sein. Wer das »Röschen von Vinodol« (Vinodolska Ružica) werden möchte, muss die Trauben nicht nur pflücken, sondern sie auch barfuß in einem Holzzuber stampfen können. Schließlich führt die alljährlich gewählte Weinkönigin eine lange Tradition fort: Rebstöcke waren in der Umgebung von Novi Vinodol schon für den Ortsnamen, Neues Weintal, verantwortlich. 140 Jahre war der Brauch in Vergessenheit geraten, nun wird die »Ružica« mit einem Volksfest alljährlich wiedergewählt – und alle feiern mit!

Das hügelige Weintal im Hinterland schützt die Küste vor kühlen Winden – und lädt zu **Wanderungen** ein. Novi Vinodolski ist heute ein beliebter Bade- und Ferienort mit Cafés, Liegen, Banana-Boot und Wasserskiverleih – am Stadtstrand geht es lebhaft zu. Für **Radfahrer** wurden mehrere schöne Routen durch das Hinterland ausgearbeitet: Die Landkarte »Bike Trails« gibt's beim Tourismusbüro.

Als wichtiges, mittelalterliches Rechtsdokument Kroatiens gilt das **Gesetzbuch von Vinodol** (Vinodolski zakonik), verfasst 1288 in glagolitischer Schrift und dem čakavischen Dialekt. Darin wurde Novi Vinodol erstmals erwähnt, zudem sind dort alte Rechtsgewohnheiten verankert, die für das Fürstentum von Vinodol galten, das damals aus neun Gemeinden bestand. Das 28-seitige Dokument ist in der National- und Universitätsbibliothek Zagreb aufbewahrt. An das 700-jährige Jubiläum des Gesetzbuchs im Jahr 1988 erinnert ein Brunnen auf dem Hauptplatz, der die Namen der neun Gemeinden trägt, die im Buch erwähnt wurden. Die Fürsten Frankopan ließen in ihrem Fürstentum neun Kastelle errichten, auf dem Gebiet der Gemeinde Vinodol finden sich drei – in Bribir, Grižane und Drivenik und noch ein antikes in Badanj.

Wohin in Novi Vinodolski?

Heldenehrung

Vom einstigen Kastell der Frankopanen (Frankopanski kaštel) im Zentrum ist heute nur noch der Kvadrac übrig – ein mittelalterlicher, restaurierter Wehrturm. Dort zeigt das **Volkskundemuseum** (Narodni muzej) archäologische Funde, Waffen, Alltagsgegenstände und eine Kopie des Gesetzes von Vinodol, in dem übrigens das Kastell erwähnt wird. Außerdem beschäftigt sich das Museum mit dem Politiker, Schriftsteller und Statthalter Ivan Mažuranić aus Novi Vinodolski (1814–1890), einem bedeutenden Vertreter der kroatischen Nationalbewegung im 19. Jahrhundert. Der bis zur Einführung des Euro auf dem 100-Kuna-Schein abgebildete Mažuranić verfasste u. a. 1846 das Heldengedicht »Tod des Smail-Aga Čengić« sowie ein deutsch-kroatisches Wörterbuch. An seinem Geburtshaus in der nach ihm benannten Straße hängt eine Gedenktafel. `Kvadrac`

Kvadrac: Trg Vinodolskog zakona 1 | Juli – Aug. tgl. 9 – 12, 19 – 21, übrige Zeit Mo. – Fr. 9 – 12 Uhr | Eintritt: 2 €

Bischöfliche List

Das genaue Baujahr der dreischiffigen Basilika Sv. Filip i Jakov (St. Philip und Jakob), mit spätgotischen und barocken Elementen, ist unbekannt. Der freistehende Glockenturm nebenan wurde erst 1911 errichtet, nachdem der Turm auf dem Kirchendach abgetragen worden war. In der Kirche befindet sich das Grab von Bischof Kristof von `Sv. Filip i Jakov`

NOVI VINDOLSKI ERLEBEN

TOURISTINFORMATION
Kralja Tomislava 6
Tel. 051 79 11 71
www.tz-novi-vinodolski.hr

KONOBA STUDEC €€€
In diesem Ausflugslokal im Weinberg genießt man auf rustikalen Holzbänken hausgemachten Žlahtina-Weißwein aus dem Vinodol-Tal oder probiert leckeren Oktopus mit Kartoffeln, auf Peka-Art in der Schmorglocke (am Vortag bestellen!). Wer Grillteller (Fleisch und Fisch) mag, wird hier zufrieden sein. Vegetarier

sollten die hausgemachten Gnocchi probieren!
Vinska cesta 2
Novi Vinodolski-Pavlomir, 3 km vom Zentrum in Richtung Bribir
Tel. 051 24 88 88
Mo. Ruhetag

RESTORAN VINODOL €€€
Frischer Fisch schmeckt mit Blick auf die Adria gleich noch viel besser. In dem bodenständigen, familiengeführten Restaurant kommt er fangfrisch auf den Grill. Viele Gäste kommen auch wegen der Pizza.
Obala Petra Krešimira IV 1b
Novi Vinodolski
Tel. 051 24 45 15
www.restaurant-vinodol.hr

Modruš, der durch eine Kriegslist bekannt wurde: Auf der Flucht vor den Türken 1493 soll er dafür gesorgt haben, dass bei den Pferden die Hufeisen verkehrt herum angebracht wurden, sodass die Verfolger in die falsche Richtung ritten und der Bischof die Stadt unbeschadet erreichte.

★★ OPATIJA

Höhe: 0 – 50 m ü. d. M. | **Einwohner:** 5800 | Kroatien

G 3

Zu einem guten Preis erwarb der Holzhändler Ignino Scarpa aus Rijeka ein Grundstück in Opatija. Darauf ließ er ein Herrenhaus mit Park errichten, das er nach seiner früh verstorbenen Frau benannte: Villa Angiolina. Schon bald verkehrte der k. u. k. Adel auf dem Anwesen. Das milde Klima von Opatija sprach sich in der gesamten Donaumonarchie herum: Mit prunkvollen Hotels und Villen verwandelte sich der Ort bald in ein mondänes Seebad, und täglich wurde für die Sommerfrischler Sachertorte direkt aus Wien angeliefert. Heute pflegt Opatija seine leicht verstaubte, jedoch überaus charmante k. u. k. Tradition erneut.

Opatija (ital. Abbazia) gilt als die »Grande Dame« des kroatischen Tourismus: **Prächtige Gründerzeitvillen** in majestätischem Schönbrunner Gelb und Palmen in den Vorgärten empfangen Hotelgäste, **Kaffeehäuser** mit Stuckdecken und Seeterrassen sorgen für nostalgisches Flair. Das **milde Klima** verdankt die Riviera von Opatija dem Učka-Massiv: Der Gebirgszug erhebt sich unmittelbar hinter der Küste und schützt die Orte vor kalten Winden aus dem Hinterland.

k. u. k. Charme

Eigentlich ist Opatija, ebenso wie der italienische Name Abbazia, die Bezeichnung für »Abtei«. Die winzige Siedlung um das namensgebende Kloster erhielt 1873 richtig Aufschwung. Damals baute die Wiener Südbahngesellschaft eine Abzweigung von Rijeka ins slowenische Pivka, die oberhalb von Opatija verlief. Schon bald entstanden mondäne Badeanstalten, Parks, Hotels, Villen und Kurpromenaden. 1889 wurde Opatija erster offizieller heilklimatischer Kurort an der k. u. k. Adria. Mit dem Untergang der Donaumonarchie fiel der Ort an Italien. Zu sozialistischen Zeiten verblassten die Villen, heute setzt man wieder auf **gehobenen Tourismus** und nostalgische Konzepte wie Walzernächte.

Slatina, der zentrale Stadtstrand von Opatija, hat zwar praktische Einstiege, ist jedoch in wenig anheimelnden Beton gegossen. Schöner badet man außerhalb: In Richtung Lovran öffnen sich kleine Buchten, Schatten gibt es am Peharovo-Strand (Richtung Medveja). In Medveja selbst lockt ein großer Kiesstrand.

▌ Wohin in Opatija?

Am Puls der Stadt

An der belebten **Hauptstraße**, etwas zurückgesetzt von der parallel verlaufenden Uferlinie, reihen sich schöne Villen, Hotels, Geschäfte, Souvenirläden, Cafés und Restaurants aneinander. Hier trifft man sich, will sehen und gesehen werden.

Ulica Maršala Tita

So fing alles an

Die prächtig restaurierte Villa Angiolina (1848) beherbergt heute das **Kroatische Museum für Tourismus** (Hrvatski muzej turizma). Mit nostalgischen Postkarten, Fotos und Kostümen erinnert die Ausstellung an die aristokratischen Feriengäste. Ein wunderbarer großer Park mit 150 teils subtropischen Pflanzenarten aus aller Welt umgibt die Villa. Angelegt wurde er vom Wiener Gartenarchitekt Carl Schubert. Die weiße Kamelie (Camelia Japonica), die Lieblingsblume von Scarpas Gattin Angiolina, importierte er in Gedenken an sie aus Japan, inzwischen ist sie im milden Opatija heimisch geworden und ein Wahrzeichen der Stadt. Den Park prägen zudem duftende Magnolien, amerikanische Mammutbäume, afrikanische Bananenstauden und asiatische Zedern. Inmitten dieses Parks hat man Friedrich Julius

Villa Angiolina

OPATIJA ERLEBEN

TOURISTINFORMATION
Obala maršala Tita 128
51410 Opatija
Tel. 051 27 13 10
www.visitopatija.com

PARK PRIRODE (NATURPARK) UČKA
Liganj 42, 51415 Lovran
Tel. 051 29 37 53
www.pp-ucka.hr

Febr./März: Karneval in Opatija, Lovran
Erstes Juli-Wochenende: Liburnia-Jazzfestival, Opatija
www.liburniajazz.hr
Juli – Aug.: Open-Air-Festival im Park Angiolina, Opatija
www.festivalopatija.hr
Mitte Okt.: Maronenfest »Marunada«, Lovran

Kulinarisches und **Naturprodukte** von kleinen kroatischen Erzeugern, etwa hochwertige Peelings und Seifen, gibt es in der Manufaktura (Maršala Tita 112)
Die **Kamelienblüte** von Opatija wird in den Hotel-Konditoreien (Milenij, Bristol, Imperial) als süßes Souvenir angeboten. Bestandteile sind Marzipan, Schokolade, Orangeat, Rosinen, Mandeln und Feigen.

HOTEL NAVIS €€€€
Auf einer Steilklippe thront dieses stylische Design-Hotel. Auch das Interieur der 44 Zimmer ist maritim, mit Einrichtung »Made in Croatia«.

Der gläserne Balkon öffnet einen unverstellten Meerblick, der hier Standard ist, auf die Kvarner-Bucht. Im Gourmet-Restaurant dominiert ebenfalls das Meer, mit fangfrischem Fisch.
Ivana Matetića Ronjgova 10
Opatija-Volosko
Tel. 051 44 46 00
www.hotel-navis.hr

HOTEL KVARNER LIBURNIA €€€€
Das elegante, 1884 eingeweihte Luxushotel am Lungomare von Opatija muss man einfach gesehen haben, wenn man altösterreichische Nostalgie mag. Es war das erste Hotel an der Adria und ist heute komplett renoviert. Im legendären Kristallsaal wurde schon zu Kaisers Zeiten Walzer getanzt, gelegentlich knüpft man heute daran an. Auch die Seeterrasse ist zauberhaft.
Ul. Pava Tomašića 2
Opatija
Tel. 051 71 04 44
www.liburnia.hr/de/hotel-kvarner

HOTEL MOZART €€€€
In diesem stilvollen und romantischen Jugendstilhotel aus dem Jahr 1894 lebt der nostalgische Charme der Habsburger Monarchie bis heute fort: Die insgesamt 26 Zimmer – unbedingt eines mit Meerblick buchen! – wurden vereinzelt mit Antiquitäten eingerichtet. Das Personal trägt ganz stilvoll Uniform, und Mozarts Büste setzt dem altösterreichische Ambiente noch das i-Tüpfelchen auf (▶ Abb. S. 12 / 13)
Ulica Maršala Tita 138
Opatija
Tel. 051 71 82 60
www.hotel-mozart.hr

VILLA ASTRA €€€€

Die Villa im venezianischen Stil, 1903 errichtet, verschönern Spitzfenster und historische Terrazzo-Böden. Sechs geräumige Zimmer stehen zur Auswahl, entsprechend familiär ist das Ambiente. Mit wenigen Schritten ist der kleine Privatstrand zu erreichen, herrlich ist auch der Meerwasserpool in einem kleinen Park.
Ulica Viktora Cara Emina 11
Lovran
Tel. 051 29 44 00
www.hotelvillaastra.com

In der angesagten **Hemingway-Bar Opatija** im Hafen (Zert 2) trifft sich die jugendliche Boheme. Ein Ableger der Bar-Kette, **Hemingway Medveja**, gilt als schönste Strandbar an der Riviera von Opatija, mit Baldachin-Lounge (Medveja Strand; beide Bars: www.hemingway.hr).

DRAGA DI LOVRANA €€€€

Das Draga di Lovrana (auch Hotel) ist ein ganz besonderer Ort, hoch oben auf dem Berg. Beim spektakulären Ausblick von der Terrasse vergisst man die steile Anfahrt: Die raffinierten Gerichte werden hier mit viel Passion zubereitet und serviert. Tipp: Das Überraschungsmenü, mit Fisch oder Fleisch, ist ein kulinarisches Erlebnis – das natürlich seinen Preis hat. Reservierung empfohlen!
Cesta za Lovransku Dragu 1
Lovran
Tel. 051 29 41 66
www.dragadilovrana.hr
Di. – So. 13 – 23, Mo. erst ab 18 Uhr

RESTORAN PLAVI PODRUM €€€€

Das traditionsreiche Feinschmecker-Fischlokal mit überdachter Terrasse im Fischerhafen von Volosko zählt zu den besten Restaurants in der Region. Dazu tragen exzellente Fischgerichte und eine gute Weinkarte bei. Der Besitzer war schon mehrfach kroatischer »Sommelier des Jahres«.
Obala Frane Supila 6
Opatija-Volosko
Tel. 051 70 12 23
www.plavipodrum.com

STANCIJA KOVAČIĆI €€€€

Einen Ableger des beliebten Slow-Food-Restaurants Kukuriku in Kastav (▶ S. 206) gibt es seit wenigen Jahren in Matulji, 5 km nördlich von Opatija. Der Koch verarbeitet bevorzugt lokale und saisonale Produkte auf hohem Niveau. Einziges Manko: Das elegante Landgut liegt ein wenig versteckt, am besten Navi einschalten!
Rukavac 51, Matulji
Tel. 051 27 21 06
www.stancija-kovacici.hr
Mo. u. Di. Ruhetage (So. nur bis 19 Uhr)

BISTRO YACHT CLUB €€€€

Das gläserne Schiffsrestaurant in der Marina von Opatija schätzen viele Nautiker, die nebenan ankern. Die Küche konzentriert sich auf gut zubereiteten frischen Fisch, Austern und Muscheln – bietet jedoch auch bodenständige hausgemachte Pasta.
Zert 1, Opatija
Tel. 051 27 23 45
www.yacht-club-opatija.com

RUŽMARIN €€€

Der Andrang ist groß – und das hat seinen Grund: Bodenständige kroatische Küche – von Pizza über gegrillte Calamari oder erprobte Šurlice mit Trüffel-Rahmsauce und Garnelen – werden auf raffinierte Art angerichtet. Wer keine Reservierung hat, sollte reichlich Wartezeit mitbringen.
Veprinački put 2, Opatija
Tel. 051 71 26 73
www.restaurant-ruzmarin.com

GOSTIONICA ISTRANKA €€

Die einfache, gemütliche Gaststätte hinter der Hauptstraße ist auch bei Einheimischen sehr beliebt, was für Qualität spricht. Zu fairen Preisen kommt hier Gulasch, Gegrilltes oder istrische Maneštra mit Bohnen und Würstchen auf den Tisch. Im Sommer sollten Sie reservieren!
Bože Milanovića 2
Opatija
Tel. 051 27 18 35

KAOKAKAO €

Die winzige, moderne Patisserie führt feine Törtchen und Kuchen: Kleine, auch aufgetürmte Kunstwerke mit Schokolade, Früchten oder Sahne liegen ebenso vegan (mit Kokosnussöl) oder zuckerfrei zubereitet in der Schauvitrine aus. Als leichter Mittagssnack empfiehlt sich die Quiche.
Ul. A. Štangera 44
Opatija-Volosko
Tel. 051 70 12 17
Di. – So. 8 – 20 Uhr

Schüler (1832 – 1894) ein Denkmal gesetzt. Er war Direktor der Wiener Südbahn und eine der treibenden Kräfte bei der Entwicklung der touristischen Infrastruktur in Opatija.

Tourismusmuseum: Park Angiolina 1 | z. Zt. wegen Restaurierung geschlossen, Wiedereröffnung s. Webseite | www.hrmt.hr

k. u. k. Charme vom Feinsten

Hotel Kvarner
Nach wie vor eine führende Rolle in der Beherbergungsszene von Opatija nimmt das stolze Hotel Kvarner ein, und das immerhin seit 1884. Das einstige »Hotel Quarnero« ist immer noch der Inbegriff des gehobenen Tourismus an der Riviera von Opatija (▶ S. 142).
Ein weiteres Flaggschiff, ebenfalls mit reichlich k. u. k. Charme ist das **Miramare**, unter österreichischer Leitung. Es wurde dem berühmten Märchenschloss Miramare bei Triest baulich nachempfunden. Den Hotelgarten prägt ein Brunnen in Form einer Kamelie, den der österreichische Bildhauer Hans Muhr vor einem Jahrzehnt in Wien entworfen hat – zum Teil aus österreichischem Marmor, um die enge Bindung der beiden Länder zu unterstreichen.

Alte und neue Architektur

Sv. Jakov
Im kleinen Park südlich des Hotels Kvarner steht das **älteste Gebäude** von Opatija: Eine Kirche von 1420, die dem Schutzpatron der Stadt, Sv. Jakov (St. Jakob) geweiht ist. Modern allerdings sind die Kreuzwegstationen des slowenischen Künstlers Tone Kralj (1900 bis 1975). Die Kirche gehört zur namensgebenden Benediktinerabtei Sv. Jakov.
Neben der Kirche erhebt sich der säulengestützte **Kunstpavillon** Juraj Matija Šporer / Umjetnički paviljon von 1899, der heute für Kulturveranstaltungen genutzt wird. Šporer (1795 – 1884) war Schriftsteller, Arzt und der Begründer der »Gesellschaft zum Ausbau Opatijas als Bade- und Kurort«. Mit der Gründung einer Zeitung in illyrischer Sprache scheiterte er allerdings.

Beliebte Postkartenmotive

In der Nähe des Pavillons blickt das in Bronze gegossene »Mädchen mit der Möwe« (Djevojka s galebom) des Bildhauers Zvonko Car (▶ S. 71) von 1956 auf das Meer – auch ein Wahrzeichen von Opatija. Ein Stück weiter, im alten Fischerhafen Portić, erinnert die **Skulptur eines Barkajoli** an die frühere Tradition der Bootstaxis, die von so genannten Barkajoli gesteuert wurden.

Mädchen mit Möwe

Für wen ist der nächste Stern?

Die begehrten Sterne auf dem Bürgersteig oberhalb des Strandbads Slatina werden seit 2005 an kroatische Stars vergeben: Sänger wie Ivo Robić (»Mister Morgen«), Sportkker wie Goran Ivanišević, aber auch der Wissenschaftler und Elektroingenieur Nikola Tesla, nach dem die Tesla-Spule zur Erzeugung von hochfrequentem Wechselstrom benannt ist, haben hier einen Stern. 32 sind es inzwischen geworden.

Walk of Fame

▌ Rund um Opatija

Alte Pracht

Wie Perlen reihen sich vornehme Villen und Badebuchten an der etwa 30 km langen Riviera von Opatija (Opatijaska rivijera) aneinander. Diese erstreckt sich im äußersten Nordosten Istriens – von Mošćenička Draga im Süden bis Matulji im Norden. Den Küstenabschnitt prägen elegante Jugendstilhotels. In besonderem Maß gilt das für den Bereich des **Lungomare** zwischen Opatija-Volosko und Lovran. Unbedingt lohnend ist ein Spaziergang entlang dieser insgesamt ca. 12 km langen Promenade am Meer, die noch ein Gefühl dafür vermittelt, wie es hier zu k. u. k. Zeiten gewesen sein mag. Übrigens: Der erste Abschnitt dieser Promenade wurde bereits im Jahr 1889 fertiggestellt. Auch der Habsburger-Kaiser Franz Joseph I. war hier des Öfteren und gerne zu Gast.

Riviera Lungomare

Adresse für Gourmets

Eine Zeitreise entlang der Riviera beginnt in Volosko, nördlich von Opatija: Der vornehme Vorort ist für mehrere Feinschmecker-Restaurants bekannt, zum Teil mit zauberhaftem Blick auf den kleinen Stadthafen.

Volosko

Schwäbische Wurzeln

Die beiden ehemaligen Fischerdörfchen Ičići und Ika sind längst schon zusammengewachsen. Die hübsche Jugendstilvilla des Steinbruchbesitzers Jakob Ludwig Münz erhebt sich seit 1903 oberhalb des Jachthafens von Ičići und hat leider schon bessere Zeiten gesehen. Der wuchtige Turm auf dem Dach der Villa Münz soll dem Ulmer Münster nachempfunden sein, da der Besitzer aus der schwäbischen Stadt stammte.

Ičići, Ika

OBEN: An der Seepromena-
de versteht man, weshalb
Opatija schon zu k. u. k
Zeiten begehrt war.
UNTEN: Auf wen wartet
wohl das Mädchen mit
Möwe?

Lorbeerstadt

Südlich von Ika setzen sich die herrschaftlichen Villen im unmittelbar   Lovran
anschließenden Städtchen Lovran fort. Die vielen Lorbeerbüsche an
den Hängen standen Pate für den Ortsnamen (kroat. Lovor = Lorbeer). Lovran machte dieselbe Entwicklung durch wie Opatija, stand
jedoch immer etwas in dessen Schatten.
Die Kapelle Sv. Trojstva (Hl. Dreifaltigkeit) am malerischen Hafen
zieren spätgotische Fresken. Das Stadttor gegenüber führt in den
mittelalterlichen Stadtkern mit engen Gassen, die auf den barocken Hauptplatz münden. Dort steht die Kirche Sv. Juraj (St. Georg)
neben einem romanischen Glockenturm (12. Jh.), innen ist sie mit
mehr als 500 Jahre alten Fresken eines unbekannten Malers geschmückt. Der Drachentöter selbst ist als Holzrelief am gegenüberliegenden ehemaligen Rathaus (bis 1870) zu sehen. Ein weiteres Portal zeigt das Holzrelief eines Gesichts mit unglaublichem Schnurrbart,
weshalb das dazugehörige Gebäude Muselmanenhaus genannt wird.
Wer moderne Malerei mag, sollte in der **Galerija Fortezza** vorbei-
schauen. Bekannt ist Lovran außerdem für seine saftigen Kirschen,
die im Frühsommer Leckermäuler anziehen; im Herbst feiert man die
Esskastanie mit einem großen Fest – und in den meisten Cafés
kommt vorzügliches Maronipüree auf den Tisch.

Strand oder Berg?

Der beliebte Badeort Medveja schließt sich mit flacher Bucht und   Medveja
2 km langem Kiesstrand südlich an Lovran an, ebenfalls in geschütz-
ter Lage zu Füßen des Učka-Gebirges. Er eignet sich nicht nur als
Standort für Wassersportaktivitäten, sondern auch gut als Ausgangspunkt für Wanderungen im Učka-Gebirge.

Abstecher ins Hinterland

Oberhalb der Riviera von Opatija säumen je nach Jahreszeit blühende   Lovranska
Kirschbäume, saftige Wiesen oder pralle Weintrauben die Serpenti-   Draga
nenstraße nach Lovranska Draga hinauf, 8 km südwestlich von Lovran. Das Hotelrestaurant Draga Di Lovrana (▶ S. 143) bietet einen
eindrucksvollen Panoramablick. Ein **Spazierweg** mit dem Namen
Slap (Wasserfall) führt nach 45 Min. an einem ebensolchen vorbei.

Beliebte Outdoor-Region

Der Učka-Gebirgszug steigt gleich hinter der Riviera von Opatija em-   Naturpark
por. Der 160 km² große Naturpark, der diesen Status seit 1999 hat,   Učka
schützt die Küste nicht nur vor heftigen Winden, sondern ist auch ein
altes Wandergebiet. Mutmaßlich wurde es von einem gekrönten
Haupt zum ersten Mal bestiegen: Der vom Bergwandern begeisterte
sächsische König Friedrich August II. soll 1838 das Bergmassiv erobert haben. Heute treffen sich hier nicht nur Wanderer, sondern
auch Mountainbiker, Gleitschirmflieger und Kletterer (auf 60 Rou-

UND IN DER FERNE VENEDIG

Der Rundblick vom Vojak über die ganze Istrische Halb-insel und die Kvarner-Bucht ist eigentlich schon einmalig genug. Aber wenn man etwas Glück hat, wenn alles passt, die Wetterlage schön, klar und nicht diesig ist – da! Sind das jenseits des Meeres nicht die Türme von Venedig?

ten!). Geeignete Startpunkte für Ausflüge in die raue Bergwelt sind Opatija, Lovran, Medveja und ▶ Mošćenička Draga. Die Radfahrer-Karte »Učka-Bike« halten die Touristinformationen bereit. Die Nähe des Meeres und das spezifische Bergklima sorgen für etliche endemische Pflanzenarten wie die nach ihrem Standort benannte Učka-Glockenblume (Campanula tommasiniana), die nur hier wächst. Dazu breiten sich Nadel- und Laubwälder, letztere vor allem mit Buchen, weitläufig zwischen den Felsen aus.

Auf die **höchste Erhebung**, den 1401 m hohen **Vojak**, westlich von Medveja, errichtete 1911 der Österreichische Touristclub einen 7 m hohen Rundturm mit Außentreppe. Teleskope ermöglichen die Fernsicht, die bei klarer Sicht sogar bis zu den Julischen Alpen reicht. Ein kleiner Souvenirstand bietet Postkarten und Getränke an. Die Autostraße, die hinaufführt, wurde nach Kaiser Franz Joseph benannt, der sie anlegen ließ – ebenso wie den Brunnen unterwegs.

Schöner ist die Strecke hinauf **zum Vojak zu Fuß**: Die mittelschwere Wanderung beginnt bei der bewirteten Schutzhütte Učka (922 m ü. d. M.). Diese erreicht man entlang der A 8 von Opatija in Richtung Pula, über die Ausfahrt Savroni/Veprinac, bis zur Beschilderung »Poklon-Pass«. Dort bleibt das Auto auf dem großen Parkplatz beim modernen Besucherzentrum zurück. Durch den Wald hinauf geht es nun eine Stunde, teilweise wird der Weg, an Kalkfelsen entlang, recht schmal, dann öffnet sich der Blick auf die Kvarner-Bucht: Noch 15 Min. sind es von dort bis zum Gipfel, wobei das letzte Stück entlang der Autostraße hinaufführt.

Der Rückweg hinab lässt sich mit einem **Lehrpfad** verbinden, wo Informationstafeln, auch auf Deutsch, über Flora und Fauna informieren. Stellenweise wird es hier ein wenig steiler. Den Pfad erreicht man nach 10 Min. vom Vojak-Gipfel.

Unter Geiern

Vela Draga Durch das canyonartige Tal Vela Draga an den Westhängen der Učka, mit 100 m hohen Felsen und Kalksäulen, führt ein 2 km langer Lehrpfad. Faszinierend sind die spitzen Felstürme, die vereinzelt aus dem grünen Tal ragen – und fast ein wenig Wildwest-Flair verströmen. Da liegt es nahe, dass im Vela Draga-Tal eine Szene der Winnetou-Film »Unter Geiern« gedreht wurde. Oberhalb der Schlucht führt ein recht einfacher Weg, etwa 1,2 km lang, zu einem **Aussichtspunkt** mit Blick auf die Schlucht. Wer hinabsteigt, sollte sportlich sein!

Anreise: Ab Opatija in Richtung Pula die Ausfahrt Vranja nehmen, links leitet ein Schild zum Parkplatz Vela Draga.

★ PAZIN

Höhe: 291 m ü. d. M. | **Einwohner:** 4000 | Kroatien

Das Hügelstädtchen Pazin bietet die perfekte Kulisse für einen kühnen Abenteuerroman: Ein Widerstandskämpfer wird in einem historischen Kastell eingekerkert, das über einer dramatischen Schlucht thront. Durch den steilwandigen Taleinschnitt hindurch gelingt ihm die Flucht in eine Karsthöhle, in der ein Fluss verschwindet und unterirdisch weiterläuft. Man muss aber keine Abenteuerromane lesen, um von dem eindrucksvollen Panorama, das den französischen Schriftsteller Jules Verne inspirierte, ebenfalls begeistert zu sein.

Die Mitte Istriens

Die geografische Lage, im Herzen der istrischen Halbinsel, brachte Pazin einst seinen deutschen Namen »Mitterburg« ein. Südlich der Stadt führt eine Schotterpiste zur geografischen Mitte, markiert durch eine winzige Steinpyramide: Drei imaginäre Linien, die mit moderner Technologie vermessen wurden, laufen hier zusammen. Man fährt Richtung Žminj und biegt nach Žbirlini links zum Dorf Trošti ab, von dort folgt man der Beschilderung über die Feldwege.

Das Kastell von Pazin, das erstmals 983 als Castrum Pisinum erwähnt wurde, hatte einst strategische Bedeutung. Im Verlauf der Geschichte wechselte die Festung allerdings den Eigentümer so oft wie keine andere in Istrien: Nach den Bischöfen von Poreč (10. Jh.) reichten sich Adelsfamilien wie Andechs, Eppenstein, Wittelsbach und schließlich die Grafen von Görz das Zepter weiter. Ab dem 12. Jh. war hier der Sitz der gleichnamigen Markgrafschaft, die 1374 an die Habsburger fiel, im 18. Jh. an das Geschlecht der Montecuccoli. Ab 1822 war es k. u. k. Verwaltungszentrum Istriens und blieb dies auch nach dem Umzug des Landtags nach Poreč 1861. Obwohl Pazin deutlich kleiner als die größte istrische Stadt Pula ist, werden die Verwaltungsfäden der Halbinsel bis heute von dort gezogen.

Wohin in Pazin?

Eindrucksvolles Panorama

Kastell Die trutzige Festung (Kaštel) thront dramatisch 120 m hoch über der Fojba-Schlucht. Ihr jetziges Aussehen, mit ungleichmäßigem, fünfeckigem Grundriss, geht auf das 15./16. Jh. zurück, restauriert wurde sie im 19. Jahrhundert. Heute residieren hier zwei Museen: Das **Ethnografische Museum** (Etnografski muzej) zeigt alte Handwerkskunst, Trachten, Möbel und frühere Alltagsgegenstände. Interessant ist ein istrischer Dudelsack aus Ziegenhaut, Mih genannt, der heute nur noch selten gespielt wird. Das **Stadtmuseum** (Gradski muzej) bewahrt eine interessante Glockensammlung. Ein Teil der Ausstellung konzentriert sich auf das Werk von Bischof **Juraj Dobrila** (1812 – 1882), der im Nachbardörfchen Ježenj geboren wurde. Er setzte sich für die Einführung der slowenischen und kroatischen Sprache im Alltag ein (Interessante Menschen ▶ S. 284)

Trg Istarskog razvoda 1275 br. 1 | Di. – So. 10 – 18 Uhr
Eintritt: 3,50 € | www.emi.hr

In oder über die Schlucht

Schlucht Das Flüsschen Pazinčica bahnt sich über 500 m seinen Weg durch die
von Pazin grüne, canyonartige Schlucht von Pazin (ital. Pisino) – um an deren Ende in einem Ponor (Schluckloch) zu versickern. An der Vršić-Brücke unterhalb des Kastells führt der Nordeingang zu einem 1,3 km langen, teils recht steilen **Lehrpfad** durch die Schlucht. Am Ufer der Pazinčica geht es hoch bis zur Piramida (Pyramide), einem Aussichtspunkt und anschließend zur Panoramaterrasse des Hotel Lovac. Unterwegs werden auf Holztafeln mehrsprachig Karstphänomene sowie Flora und Fauna erklärt.
Gute Nerven braucht man auf der **Zipline Pazinska jama**, die auf zwei Strecken unterhalb der Terrasse des Hotels Lovac 220 bzw. 280 m weit über die Schlucht führt. Mutige werden wie Bergsteiger dreifach abgesichert, damit sie den Nervenkitzel gefahrlos überstehen, kleinere Kinder sausen im Tandem über die Paziner Schlucht.
Am **Schluckloch** des Flüsschens soll Dante Alighieri in seiner »Göttlichen Komödie« den Eingang in die Hölle angesiedelt haben: Die Pazinčica versickert dort in eine Höhle, um erst 25 km westlich beim ▶ Limski kanal wieder ans Tageslicht zu kommen! Eine Höhlenführung in Leihausrüstung dauert 2,5 Std.

Höhle: 30 €, Online-Anmeldung erforderlich: https://pazin-cave.com
Zipline: Mai – Sept. tgl. 10 – 18 Uhr | Kosten: 22 €

Romanvorlage

Jules Verne Von Kastell und Schluckloch, die er allerdings nur vom Foto her kannte, ließ sich Jules Verne (1828 – 1905) inspirieren: Er sperrte den zum Tode verurteilten Protagonisten seines Romans »Mathias San-

Starke Nerven braucht es, wenn man per Zipline die Schlucht überquert.
Aber man ist schnell drüben.

dorf«, einen Widerstandskämpfer gegen Österreich, 1867 in das Kastell von Pazin. Auf abenteuerlichem Weg entkommt Sandorf jedoch
über die Festungsmauern durch das Schluckloch und die Karsthöhle,
um, ähnlich wie der Graf von Monte Cristo, Rache zu nehmen.

Für den Stadtpatron
Die romanische Pfarrkirche im Süden der Altstadt ist dem Paziner   Sv. Nikola
Schutzpatron Nikolaus geweiht. Sehenswert in der 1266 erstmals erwähnten Kirche sind die Fresken aus dem 15. Jh., die die Schöpfungs-
geschichte abbilden. Der freistehende, 45 m hohe Campanile kam
1705 hinzu, die Orgel 1780.
Sommer jeweils am Vor- und Nachmittag | Eintritt: frei

PAZIN ERLEBEN

TOURISMUSVERBAND ZENTRALISTRIEN

Ulica Veli Jože 1
52000 Pazin
Tel. 052 62 24 60
www.istra.hr

Jeden 1. Di. im Monat: **Samanj** (Größter traditioneller Markt Istriens, viel Kleidung, regionale Erzeugnisse), Pazin
Ende Juli: Sagen und Theater, Pićan
www.legendfest.hr

AGROTURIZAM OGRADE €€€

In dem Landgasthof 10 km südlich von Pazin fühlt man sich wie bei Verwandten zu Besuch: hausgemachte Nudeln, Huhn vom eigenen Hof, Gemüse aus dem Garten, selbst gekelterter Malvazija und Teran sowie ein Schnaps mit Wildkräutern vom Anwesen. Alle Gerichte werden auf traditionelle Art zubereitet, auch unter der Peka-Schmorglocke.
Katun Lindarski 60, Pazin
www.agroturizam-ograde.hr
Tel. 052 69 30 35
Voranmeldung erbeten

KONOBA VELA VRATA €€€

Die Autos mit italienischen Kennzeichen vor dem Landgasthof sind, wie überall, ein Indikator für die gute Küche: Hausgemachte Pasta und zartes Steak, natürlich mit reichlich (!) gehobelten Trüffelscheiben sind nur ein Highlight.
Beram 41, Pazin-Beram
Tel. 052 62 68 01

▌ Rund um Pazin

Sv. Marija na
Škriljinah in
Beram
▶ »Das ist...«
S. 8/9

Hohe Kunst der Wandmalerei

Ein unscheinbarer Feldweg führt vom Dörfchen Beram (5 km nordwestlich von Pazin) zum **bedeutendsten Freskenzyklus** in Istrien: Eine Vorhalle mit Säulen stützt das winzige Friedhofskirchlein Sv. Marija na Škriljinah (Hl. Maria im Fels, auch: Hl. Maria auf Steintafeln) aus dem 13. Jh. 8 m lang ist die berühmte Wandmalerei »Der Totentanz« mit 46 gotischen Fresken von Meister Vincent aus Kastav (1474), ein einzigartiges Memento mori. Totentänze wurden insbesondere vor dem Hintergrund der im 14. Jh. in Europa wütenden Pest geschaffen. Weitere Fresken stellen die Heiligen Drei Könige, Szenen aus dem Leben Jesu und Marias, verschiedene Heilige und Kirchenväter dar. Interessant ist die Gestaltung von Jesus Christus über der Eingangstür: Er scheint die Betrachter immer anzusehen, unabhängig davon, von welcher Seite man ihn betrachtet. In der Kirche gibt es kein Licht, um die Fresken zu schonen.
Schlüssel erhältlich bei: Sonja Šestan, Beram 38, Tel. 052 62 29 03 | Eintritt: 3 € | kleine Infoschrift auf Deutsch

Schöne Atmosphäre

Lindar, 4 km östlich von Pazin auf einem Hügel (461 m. ü. d. M.), war
einst vollständig von einer Wehrmauer umgeben. Aus der Renaissance sind noch einige Bürgerhäuser sowie die Loggia erhalten. Sehenswert sind die bunten Fresken in der Kirche Sv. Katarina.

Lindar (ital.
Lindaro)

Kirchen, alte Gemäuer und ein Wasserfall

An seine wehrhafte Funktion erinnern im verschlafenen Örtchen
Gračišće (457 m ü. d. M.), 8 km südöstlich von Pazin, noch ein Rundturm, das Haupttor und eine Loggia (16. Jh). In der spätgotischen
Kirche Sv. Marija na Placu (Hl. Maria auf der Piazza, 1425) gibt es einige Fresken zu bewundern. Der markierte Rundwanderweg Sv.
Šimun (St. Simeon) führt in drei Stunden über 11 km an Kapellen,
den Ruinen einer alten Mühle und am Wasserfall Sopot vorbei – unterwegs wird es zuweilen recht steil.

Gračišće
(ital.
Gallignana)

Goldene Fäden

Das malerische Bergdorf Pićan (360 m ü. d. M.), 12 km südöstlich
von Pazin, ist stolz auf einen **Bischofsumhang**, der aus Goldfäden
gewebt wurde. Das Geschenk von Kaiserin Maria Theresia ist in der
dreischiffigen, barocken Pfarrkirche Mariä Verkündigung ausgestellt.
Nebenan ragt der mit 48 m dritthöchste Kirchturm Istriens empor.

Pićan (ital.
Pedena)

Bedeutendes Kloster

Das Hügelstädtchen **Sankt Peter im Walde,** 11 km südwestlich von
Pazin, ist für sein mittelalterliches Kloster bekannt, das zunächst den
Benediktinern, später dem Paulinerorden gehörte. Die Kirche Sv. Petar i Pavao (St. Peter und Paul) von 1134 ist das Herz der Anlage. Das
darin aufbewahrte Gemälde der Muttergottes von Tschenstochau
(Gospa Čestohovska) soll der Überlieferung zufolge Blutstränen ver-
gossen haben. Eine Seitennische ist mit einer vergoldeten Ledertape-
te ausgekleidet. Den Renaissancekreuzgang, eine Oase der Ruhe,
prägen romanische Pfeiler und eine Zisterne.

Sv. Petar u
Šumi (ital.
San Pietro in
Selve)

Schinken über Schinken

Gleich ein halbes Dutzend Schinkenmanufakturen brachten dem
Bergdörfchen Tinjan 12 km südöstlich von Pazin seinen Beinamen
ein: **Stadt des Istrischen Rohschinkens** (Grad pršuta). Die Delikatesse wird hier alljährlich am Patronatstag des Sv. Šimun (St. Simeon) Ende Oktober gefeiert. Der 28 m hohe, freistehende Campanile
gehört zur spätbarocken Pfarrkirche Sv. Šimun i Juda Tadej (St. Simeon und Judas Tadeus aus dem 18. Jahrhundert). Ganz in der Nähe
erhebt sich eine sogenannte Richterbank, ein Steintisch mit Stühlen,
an dem früher wichtige öffentliche Belange entschieden wurden. In
der Umgebung finden sich einige Kažuni, **traditionelle Feldhäuschen** in Trockenbauweise.

Tinjan

★ PIRAN

Höhe: 0 – 90 m ü. d. M. | **Einwohner:** 3900 | Slowenien

Ein hübscher Palazzo mit Spitzfenstern sorgte im schönsten slowenischen Küstenstädtchen für reichlich Gerede – denn das Gebäude ließ ein reicher venezianischer Kaufmann für seine junge Geliebte errichten. Diese sollte ihn immer, wenn er sein Kommen ankündigte, auf dem Eckbalkon erwarten. Die Liaison blieb freilich nicht verborgen, und das schöne Haus schürte Neid. Der Kaufmann trotzte dem Gerede mit einer Steintafel in venezianischem Dialekt: »Lassa pur dir« (Lass die Leute nur reden). Die von Löwenpranken umklammerte Inschrift prägt bis heute das schmucke »Venezianische Haus«.

Malerisch ragt die Altstadt auf einer spitz zulaufenden Landzunge ins Meer hinein. Das **mittelalterliche Gassengewirr**, über dem sich ein Campanile erhebt, mündet in romantische kleine Plätze mit herausgeputzten Fassaden. Eine Uferpromenade mit vielen Cafés und Restaurants – schöner Meerblick garantiert! – umrundet die **Landspitze**. An deren Ende lotst ein kleiner Leuchtturm die örtlichen Fischer schon seit 1872 sicher zurück in den Hafen. Massive Wehrmauern mit Türmen schützen die Stadt – ein Teil ist noch erhalten.

An der Punta, der spitzen Altstadtzunge, baden die Einheimischen gerne an Beton- und Kiesstränden. Wer es grüner mag, sollte zur malerischen Fiesa-Bucht 1 km ostwärts spazieren, wo es auch zwei unter Naturschutz stehende Süßwasserseen gibt.

Piran (ital. Pirano) wurde vermutlich als griechische Kolonie gegründet, da sich der Ortsname vom griechischen »pyros« (Feuer) ableiten lässt. Damit war möglicherweise das Leuchtfeuer bei der griechischen Kolonie Aegida, dem heutigen ▶ Koper, gemeint. Im Mittelalter spielte die Hafenstadt als Umschlagplatz für Salz, Wein, Öl, Getreide, Holz und Eisen eine bedeutende Rolle. Ihre Bewohner kämpften an der Seite der Venezianer gegen Genua, im Gegenzug erhielt Piran 1192 seine Selbstständigkeit. Hundert Jahre später war das schon wieder vergessen: Die Venezianer besetzten die Stadt erneut und blieben nun bis Ende des 18. Jahrhunderts.

❙ Wohin in Piran?

★ Am schönsten Platz Sloweniens

Tartinijev trg

Wo früher Fischer ihre Boote festmachten, trifft man sich heute auf einen Kaffee oder bestaunt die schönen Fassaden: Der ovale Tartini-Platz ist das Herz der Altstadt und erstreckt sich an der Stelle eines

Rt Madona

Sv. Klement
Leuchtturm   PUNTA

200 m
©BAEDEKER

PIRAN

Sv. Jurij
Glocken-
turm

Barock-
brunnen

Piranski
zaliv

Sv. Marije
Tolaznica

Baptisterium

Prvomajski
trg

Delphin-
Tor

Franziskaner-
kloster

Tartinijev
trg

Stadt-
mauer

Marčana-
Tor

Trg
bratstva

Gorianova

Marxova ulica

Parkhaus Fornače, Portorož

1 Tartini-Denkmal
2 Sv. Peter
3 Tartinis Geburtshaus
4 Venezianisches Haus
5 Rathaus
6 Stadtgalerie
7 Justizpalast
8 Stadttor des hl. Georg
9 Tartini-Theater
10 Seefahrtsmuseum
11 Aquarium
12 Sv. Marije Snežne
13 Mediadom Pyrhani
14 Museum für
    Unterwasseraktivitäten
15 Muschelmuseum

❶ Stara Gostilna
❷ Neptun
❸ Pavel

❹ Gostišče Pirat
❺ Čevabdžinica
    Sarajevo 84

❶ Art Hotel Tartini
❷ Hotel Piran
❸ B&B Miracolo di Mare

aufgeschütteten Hafenbeckens. Prachtvoll erhebt sich dort das **Venezianische Haus** (Benečanka), das jener Kaufmann aus Venedig
für seine Geliebte errichten ließ, mit cremefarbener Fassade, Eckbalkon und Blick auf den kleinen Stadthafen. Im Erdgeschoss ist heute
ein kleines Geschäft untergebracht, in dem feine Salzprodukte aus
den Salinen von Sečovlje (▶ S. 175) verkauft werden. Im Haus nebenan zeigt die namhafte **Stadtgalerie** in sehenswerten Ausstellungen Werke zeitgenössischer Künstler.
Das Geschehen auf dem Platz überblickt dessen Namensgeber, der
als Bronze-Standbild in der Mitte thront: Der Komponist und Geiger
Giuseppe Tartini (▶ Interessante Menschen). Dessen **Geburtshaus** (Tarinijeva hiša) an der Ostseite des Platzes hütet eine kostbare Amati-Geige.
Wer sich für Alte Meister interessiert, sollte einen Blick in die **Pe-
trus-Kirche** (Sv. Petar) neben dem Venezianischen Haus werfen:
Das Altarbild malte im 16. Jh. ein Schüler von Tizian, Polidoro da Lan-
ciano, der auch in der Dresdener Gemäldegalerie vertreten ist. In

PIRAN ERLEBEN

TOURISTINFORMATION
Tartinijev trg 2, 6330 Piran
Tel. 05 6 73 44 40
www.portoroz.si

Für Autofahrer ist vor der Altstadt Schluss. Es gibt mehrere Parkhäuser rumdum; vom großen **Parkhaus Fornače** (2,60 €/St.) südlich der Altstadt verkehrt ein kostenloser Shuttle-Bus ins Zentrum. Hotelgäste dürfen zum Entladen ihrer Koffer in die Altstadt fahren, müssen das Auto aber umgehend wieder wegbringen.

Ende Mai: Artischockenfest in Strunjan
Mitte Aug. – Mitte Sept.: Tartini-Festival, Treffen von Spitzenmusikern
www.tartinifestival.org

Salzprodukte aus den Salinen von Sečovlje, darunter auch Exotisches wie Schokolade mit Fleur de Sel, werden im Salzgeschäft Benečanka im Venezianischen Haus am Tartinijev trg angeboten. Nebenan in der Čokoladnica Olimje gibt es Tartini-Violinen aus **Schokolade** und köstliche **Pralinen** (Tartinijev trg 5).

❶ ART HOTEL TARTINI €€€
Zentraler geht es nicht: In dem modernen kleinen Stadthotel direkt am Hauptplatz ist man mitten im Geschehen. Drei Terrassen und Kunst in allen Räumen des Slowenen Jaša.
Tartinijev trg 15, Piran
Tel. 05 671 10 00
www.arthoteltartini.com

❷ HOTEL PIRAN €€€
Renoviertes Stadthotel direkt am Betonstrand mit Panorama-Frühstücksraum, netter Empfang. Abholservice vom Parkhaus vor der Altstadt.
Stjenkova ul. 1
Piran
Tel. 08 201 04 20
https://hotel-piran.si

❸ B&B MIRACOLO DI MARE €€
Die Betreiber bemühen sich mit liebevoll zubereitetem Fr, üstück in schönem Garten um die Gäste ihrer zwölf schlichten Zimmer. Abholservice vom Flughafen und Bahnhof.
Tomšičeva 23
Piran
Tel. 051 44 55 22
https://miracolodimare.si

❶ STARA GOSTILNA €€€
Mit der Fischplatte für Zwei liegt man in dem kleinen, familiären Bistro richtig. Eine Reservierung ist unbedingt erforderlich.
Savudrijska ul. 2, Piran
Tel. 041 43 90 08
https://stara-gostilna.com
So. Ruhetag

❷ RESTAVRACIJA NEPTUN €€€
In dem kleinen, etwas versteckt liegenden Fischlokal soll Meeresgott Neptun persönlich kochen. Das verspricht zumindest ein Schild im Restaurant. Gegen die Frische und Zubereitung – als Ganzes im Ofen – hätte Neptun sicher nichts einzuwenden, so gut schmeckt es hier!
Župančičeva ul. 7, Piran
Tel. mob. 041 71 58 90

❸ RESTAVRACIJA PAVEL €€€

Direkt an der Uferpromenade lockt dieses gepflegte Traditionsrestaurant immer viele Gäste an. Dazu tragen sicher die Fischplatte und die Muscheln in Zitronensud bei. Der Höhepunkt ist die Prekmurska gibanica, die Königin der slowenischen Strudel: Mit Mohn, Quark, Nuss und Apfel gefüllt, kommt die Mehlspeise in bester k. u. k. Tradition vierlagig daher!
Prešernovo nabrežje, Piran
Tel. 05 674 71 01
https://pavelpiran.com

❹ GOSTIŠČE PIRAT €€

Die Gaststätte überzeugt nicht nur mit angenehm schattiger Terrasse am Hafen (Sonnenuntergang!), sondern auch mit ihrem Angebot: Serviert werden erschwingliche Ta-gesmenüs, der Schwerpunkt liegt auf Fisch und Meeresgetier. Muscheln werden mit Prosecco und getrockneten Tomaten verfeinert!
Župančičeva ul. 26
Piran
Tel. 05 673 14 81

❺ ČEVABDŽINICA SARAJEVO 84 €€

Auch wenn Piran und Sarajevo heute zu zwei Staaten gehören, so bleibt die bosnische Metropole unbestritten (Welt-)Hauptstadt der Čevapčići. Und da Bosnien und Herzegowina nun mal so weit entfernt sind, wurden die würzigen Hackfleischröllchen nach Piran importiert – mit Erfolg!
Tomšičeva ul. 43
Piran
Tel. 05 9 23 50 44

---

dem weißen, neoklassizistischen Palais am Platz (1878) hat das **Rathaus** eine standesgemäße Bleibe gefunden. Die südwestliche Seite des Platzes begrenzt der repräsentative **Justizpalast** im Neorenaissancestil, der auch schon als Getreidespeicher und Pfandhaus genutzt wurde.
Stadtgalerie: Juli – Aug. tgl. außer Mo. 9 – 14 u. 20 – 23, übrige Monate 10 – 17 Uhr | www.obalne-galerije.si
Tartini-Geburtshaus: Di – So. 9 – 14, Sa. auch 15 – 18 Uhr
Eintritt: 4 €

Ein Ausblick schöner als der andere

Wo die Landzunge Punta in Klippen übergeht, thront die barocke **Georgskirche** obenauf – ihr Campanile prägt die Silhouette von Piran.
Altstadt
Die Aussichtsplattform vor dem Gotteshaus gibt einen prächtigen Blick auf die Bucht von Triest frei! Zu entdecken gibt es einige Details: Auf der Spitze des Campanile, den man schon von weitem sieht, zeigt Erzengel Gabriel die Windrichtung an. Im Inneren schmückt ein auf einem Delfin reitender Cupido ein Taufbecken. Sehenswert sind Fresken, sieben Altäre aus Marmor und Gemälde von alten italienischen und niederländischen Meistern.
Eine schöne Aussicht auf das rote Dächergewirr und das Meer öffnet sich auch von der mächtigen **Stadtmauer** aus: Sieben von acht Wehrtürmen, die einst die Altstadt abschirmten, sind noch erhalten.

Ja, der Tartini-Platz könnte wirklich der schönste Platz in Istrien sein.

Im südöstlichen **Stadtteil Marčana**, zu dem die Rozmanova ulica hinaufführt, löst man einfach eine Karte am Kassenautomaten, passiert ein Drehkreuz – und schon findet man sich auf einem etwa 200 m langen, restaurierten Mauerstück mit herrlichem Ausblick wieder.

Kirchenschätze

Minoriten-
kloster

Wer Kirchen entdecken möchte, dem sei ein Bummel durch die leicht erhöht liegende Altstadt empfohlen: Östlich des Tartini-Platzes steigt die Bolniška-Gasse hinauf – und führt direkt zum Minoritenkloster (Minoritski samostan, 14. Jh.) des Franziskanerordens. Der quadratische Renaissancekreuzgang im Innenhof ist die perfekte Kulisse für

Sommerkonzerte. Die **Pinakothek** im Erdgeschoss besitzt etliche wertvolle Gemälde venezianischer Künstler, u. a. vom großen Jacopo Tintoretto.
In der Kirche **Sv. Frančišek Asiški** (Hl. Franz von Assisi, 14. Jh.), direkt nebenan, befindet sich die Grabstätte der Familie Tartini.
Pinakothek: Sommer tgl. 10 - 12, 17 - 20 Uhr | Spende erbeten

Klein, aber fein
Gegenüber lohnt der Blick in die kleine Kirche Sv. Marija Snežne (Maria Schnee, 1404), die einen schmucken Barockaltar beherbergt. Das Tafelbild der Verkündigung wurde um 1450 von einem Maler aus Piran geschaffen.

Sv. Marije Snežne

Bummel zur Landspitze
Der älteste Stadtteil Pirans erstreckt sich westlich des Tartinijev trg, zum Ende der Landspitze Punta hin: Malerische Gässchen führen zum nicht gerade großen **Prvomajski trg** (Platz des 1. Mai), auf dem ein hübscher Bunnen über einer Zisterne (18. Jh.) thront. An seiner Treppe stehen zwei überlebensgroße, weiße Frauenskulpturen als Symbol für die Gerechtigkeit und das Gesetz. Die umliegenden Restaurants laden zum Essengehen ein.
Ein schöner Bummel entlang der Uferpromenade, die die Punta umrundet, führt zur **Kirche Sv. Klement** mit Rundturm, die seit ihrem Bau im 13. Jh. schon mehrfach umgebaut wurde. Auf dem Platz davor treffen sich die Einheimischen gerne.

Punta

Für Freizeitkapitäne
Östlich des Tartinijev trg, stadtauswärts am Ufer entlang, ist ein kleines **Seefahrtsmuseum** im schmucken Gabrielli-Palais untergebracht. Es ist nach dem slowenischen Kapitän und Volkshelden Sergej Mašer benannt, dem ein Teil der Ausstellung gewidmet ist. Faszinierend sind vor allem die Schiffsmodelle, die in liebevoller Feinarbeit entstanden sind. Durch ein Fernrohr kann man aus einem Fenster des zweiten Stockwerks auf den Hafen blicken.
Cankarjevo nabrežje 3 | Juli - Aug. Di. - So. 9 - 12, 17 - 21, sonst Di. - So. 9 - 17 Uhr | Eintritt: 4 € | www.pomorskimuzej.si

Pomorski muzej Sergeja Mašera

Im Tiefenrausch
In einer Seitengasse der Uferstraße werden im **Museum für Unterwasseraktivitäten** neben alten Tauchausrüstungen und Geräten für die Untwasserforschung auch Unterwasserfunde und Fotos gezeigt. Es ist beeindruckend, mit welch schwerem Gerät man sich früher in die Tiefen des Meeres wagte – verglichen mit der heutigen High-Tech-Ausrüstung.
Župančičeva ulica 24 | Juni - Sept. tgl. 9 - 20/22, sonst Fr. - So. 10 - 17 Uhr | Eintritt: 4,50 € | www.muzejpodvodnihdejavnosti.si

Muzej podvodnih dejavnosti

Unterwasserfauna

Aquarium Am modernisierten, aber recht kleinen Aquarium in der Villa Pira-
nesi beim alten Hafen dürften vor allem Kinder ihre Freude haben:
Etliche Meeresbewohner wie bunte Lippfische, Sägebarsche,
Dornhaie, aber auch verschiedene Schwammarten sind hier zu be-
obachten.
Kidričevo nabrežje 4, Mitte Juni – Ende Aug. tgl. 9 – 22, übrige Zeit
Di. bis So. 9 – 17 bzw. 19 Uhr | Eintritt: 7 € | https://aquariumpiran.si

Stilvolles Kulturzentrum

Tartini- Einen stilvollen Rahmen für kulturelle Veranstaltungen wie Filme,
Theater Konzerte oder Theateraufführungen bildet das Tartini-Theater. Das
um 1910 von Triester Architekten erbaute ockerfarbene Haus hat bis
heute seinen Fin-de-sciècle-Charakter bewahrt, im Theatercafe kann
man ein wenig die Atmosphäre genießen.
Stjenkova 1 | www.avditorij.si

★★ PLITVIČKA JEZERA (PLITWITZER SEEN)

Fläche: 266 km² | **Höhe:** 503 – 639 m ü. d. M. | Kroatien

ÖSTL. O 4

*Wer schon einmal Winnetou-Filme gesehen hat, kennt die Plitwit-
zer Seen zumindest als grandiose Hintergrundkulisse für den
Apachenhäuptling und seine Begleiter: Die Plitvička jezera sind
eines der schönsten Naturschauspiele im Südosten Europas, mit
rauschenden Wasserfällen, die über Kalksteinfelsen stürzen und
sich in Schluchten und smaragdgrüne Seen ergießen, in denen sogar ein Schatz versunken sein soll – zumindest auf der Leinwand.
Wahre Fans und Naturliebhaber sollten also einen etwas länge-
ren Ausflug in Betracht ziehen, eventuell mit Übernachtung.*

Auf der Landkarte reihen sich **16 verschieden große Seen** auf einer
Länge von insgesamt 8 km im Nationalpark Plitwitzer Seen aneinander. Sie bilden den Oberlauf des Flüsschens Korana, das bei einem
Gesamtgefälle von rund 120 m an über drei Dutzend Stellen durch
natürliche Barrieren und Terrassen aufgestaut ist. Das Wasser stürzt
an diesen Wehren in bis zu 78 m hohen **Kaskaden** zu Tal. Die Seen im
bekanntesten und ältesten Nationalpark des Landes, der diesen Status schon seit 1949 hat, sind stellenweise glasklar. Diese fasziniere-
de Landschaft kürte die UNESCO 1979 zum **Weltnaturerbe**.

PLITVIČKA JEZERA ERLEBEN

**NATIONALPARK
PLITWITZER SEEN**
53231 Plitvička jezera
Tel. 053 75 10 14
www.np-plitvicka-jezera.hr

tgl. 9 – 19 Uhr
Eintritt: je nach Jahreszeit zwischen 20 und 40 € (inkl. Elektroboot und Panoramazug)
Online-Buchung 2 Tage im Voraus ist dringend zu empfehlen!

ANREISE & TICKETS
Von Rijeka ca. 170 km über E 65, E 71 und D 42 bis zum gebührenpflichtigen Parkplatz am Eingang 1.

BESICHTIGUNGSSTRECKEN
Ab Eingang 1 bzw. 2 sind je vier Wegstrecken unterschiedlicher Länge und Dauer (3,5–18 km / 2–8 Std.) gekennzeichnet; teils werden Elektroboote od. die Panoramabahn benutzt

In der Nähe einer Grenze – der nächste Grenzübergang zu Bosnien ist nur knapp 20 km entfernt – liegen die Plitwitzer Seen nicht erst heute. Über Jahrhunderte hinweg verlief hier die unruhige Militärgrenze Vojna Krajina zwischen dem habsburgischen und dem Osmanischen Reich. Im 16. und 17. Jh. siedelten die Habsburger hier vor allem serbische Wehrbauern an. An Ostern 1991 war die Region Schauplatz blutiger Gefechte zwischen Kroaten und Serben. Die Krajina-Serben, unterstützt von der damaligen Jugoslawischen Volksarmee, siegten und besetzten das Gebiet, der Park wurde geschlossen. Im Sommer 1995 eroberten kroatische Truppen die Region zurück.
Heute gilt der Park als eines der beliebtesten Ausflugsziele in Kroatien, mit mehr als 1 Mio. Besuchern pro Jahr – da kann es an warmen Sommertagen schon mal wie im Taubenschlag zugehen. Tipp: Möglichst früh anreisen oder außerhalb der Hauptsaison kommen!

 Seen und Wasserfälle

Wo anfangen?

Der Nationalpark ist durch **zwei Eingänge** zu erreichen: Wer von Istrien via Rijeka kommt, erreicht zunächst den nördlichen Eingang 1 (Ulaz 1) nahe dem Veliki slap (Großer Wasserfall); etwa 3 km weiter folgt der südliche Eingang (Ulaz 2) im Bereich der Oberen Seen und Wasserfälle.   Eingänge

Einzigartiges Seengebiet

Die oberen zwölf Seen breiten sich in Höhen zwischen 639 m und 534 m aus. Der größte ist der 2 km lange und 46 m tiefe **Kozjak-See**   16 Seen

Auf den Spuren von Winnetou
und Old Shatterhand durch
das samaragdgrüne Paradies
der Plitwitzer Seen

(Kozjak jezero), dessen Ufer von dichten Buchenwäldern umgeben
ist. Die vier kleinen unteren Seen liegen in einem 70–80 m tiefen,
felsigen Canyon, den das Flusswasser in den stark verkarsteten Kalkstein eingeschnitten hat.
Die Verbindung zwischen den Seen bilden nicht nur herrliche Wasserfälle, sondern auch unterirdische Wasserläufe und Hohlräume,

von denen etwa ein Dutzend begehbar sind. Am eindrucksvollsten ist
der **Veliki slap** nahe dem Eingang 1, wo das Wasser des kleinen Ne-
benflüsschens aus einem Seitental 78 m tief in die wilde Korana-
Schlucht stürzt. Hier, am **Sastavci** genannten Punkt, treffen nahezu
alle über- und unterirdischen Wasserläufe des gesamten Seengebiets
zusammen.

Naturschutz ist wichtig

Wälder

Von großer Bedeutung für den Erhalt dieser einzigartigen Naturse-henswürdigkeit sind die Wälder, die etwa drei Viertel der Fläche des Nationalparks bedecken. Sie sind wichtige Wasserspeicher und sor-gen für eine ausgeglichene Wasserzufuhr. Ohne Wald wären die Kalk-sinterbarrieren durch Hochwässer und Sturzfluten längst abgetra-gen worden.

Viel Platz für bedrohte Tiere

Tierwelt

Der Nationalpark Plitwitzer Seen bietet mit seinen fischreichen Ge-wässern – hier leben vorwiegend karpfenähnliche Döbel und Rot-federn, aber auch Bachforellen – bedrohten Tierarten Lebensraum, unter anderem Fischottern, Wölfen, Luchsen, Wildkatzen und Braun-bären. Außerdem streifen Hirsche, Rehe, Wildschweine, Füchse, Dachse durch die Wälder um die Seen. Die meisten Tiere sind jedoch scheu, und Besucher bekommen sie kaum zu Gesicht.

★ POREČ

Höhe: 29 m ü.d.M. | **Einwohner:** 9000 | Kroatien

D 7

Bischof Euphrasius scheute weder Aufwand noch Kosten: Um ein neues Gotteshaus nach östlichem Vorbild zu errichten, ließ er um das Jahr 550 herum massive Marmorblöcke aus dem Marmara-Meer nach Poreč verschiffen. Künstler aus Konstantinopel verar-beiteten dabei kostspielige Materialien wie Gold, Edelsteine, Glas, Marmor und Perlmutt. Das Ergebnis: glänzende Mosaiken, ein-drucksvolle Ziersäulen und ein später ausgeweiteter byzantini-scher Kirchenkomplex, die Euphrasius-Basilika, die inzwischen zum UNESCO-Weltkulturerbe gehört – und ein Besuchermagnet im beliebten Ferienort Poreč ist.

Baden mit viel Kultur

Die aus weißem Kalkstein errichete Altstadt von Poreč (ital. Paren-zo) mit antiken Straßenzügen und schmucken Palazzi erstreckt sich auf einer flachen, kleinen Landzunge. Das **reiche Kulturerbe** ver-schmilzt mit einer **sehr guten touristischen Infrastruktur**, was den besonderen Reiz des Städtchens ausmacht: Ab den 1960er-Jah-ren entstanden entlang der 20 km langen Riviera von Poreč (Porečka rivijera) viele Hotel- und Campinganlagen mit stolzen 100 000 Bet-ten. Die Massenunterkünfte wurden in den vergangenen Jahren um schicke kleine Boutique-Hotels ergänzt, die auf ein zahlungkräftiges Publikum setzen.

In der Umgebung von Poreč gibt es mehrere Badestrände mit vielen Freizeitmöglichkeiten – etwa Wasserski fahren, Windsurfing oder Tauchen. Der Stadtstrand (Gradsko kupalište) erstreckt sich südlich des Jachthafens mit Felsen, Kies und Beton bis zur Siedlung Brulo. Die großen Ferienanlagen wie Plava Laguna oder Zelena Laguna verfügen über eigene Strände.

Poreč war bereits in der Jungsteinzeit besiedelt. Unter Julius Cäsar erhielt es den Status eines Municipiums, einer privilegierten römischen Stadt, und wurde als militärischer Stützpunkt befestigt. 1267 suchte Poreč Schutz bei Venedig, das die Zügel für mehr als ein halbes Jahrtausend übernahm. Aus dieser Zeit stammen die zahlreichen Palazzi, die bis heute das Stadtbild prägen. Unter österreichischer Herrschaft avancierte Poreč zum Verwaltungszentrum Istriens, hier befand sich zeitweilig der Landtag der gesamten Halbinsel. Im Zweiten Weltkrieg wurde die Stadt stark zerstört, ab den 1960er-Jahren sorgte der Tourismus für Aufschwung.

▌ Wohin in Poreč?

Aufwendig und kunstvoll

Die Euphrasius-Basilika in der Altstadt von Poreč gilt als eines der bedeutendsten frühchristlichen Kulturdenkmäler Istriens. In diesem Gotteshaus verschmelzen bauliche Einflüsse aus Byzanz, Rom und Venedig. In der Apsis schimmern goldbesetzte aufwendige Mosaiken und kunstvoll verzierte Ornamente. Bischof Euphrasius, der als Stifter und Erbauer gilt, ließ die Basilika um das Jahr 550 n. Chr. an der Stelle einer älteren Kirche errichten. Über die Jahrhunderte konnte sich das Bauwerk sein ursprüngliches Aussehen nahezu bewahren.

Euphrasius-Basilika

**EUPHRASIUS-
BASILIKA**

1 Altar mit Ziborium
2 Kapellen
3 Narthex
4 Atrium
5 Baptisterium
6 Glockenturm
7 Mosaiken; 3. Jh.
8 Mosaiken; 4. Jh.
9 Sakristei
10 Gedächtniskapelle

Der Gebäudekomplex umfasst Bischofspalast, Atrium, Narthex (Vorhalle), Kapelle und Baptisterium mit Taufbecken. Künstlerischer Höhepunkt sind jedoch die **Mosaiken**: Das Abbild eines Fischs stammt vermutlich noch aus dem 3. Jh. und wurde beim Bau dieser Kirche integriert. In der Apsiswölbung gruppieren sich Engel, Märtyrer und Bischof Euphrasius um Maria mit dem Jesuskind. Vor der Apsis thront hoch oben Christus Pantokrator (Weltherrscher), flankiert von den Aposteln. Neun Säulenpaare mit byzantinischen Kapitellen, von denen sich die gegenüberstehenden jeweils gleichen, trennen das Mittelschiff von den beiden kleineren Seitenschiffen.

Das **Ziborium**, ein kunstvoller Überbau über dem Altar, ließ Bischof Oton 1277 errichten; es thront auf den vier Marmorsäulen eines älteren Altaraufbaus aus dem 6. Jahrhundert. Das Ziborium besitzt ein Sternengewölbe mit der Darstellung des Lamms, außen ist es ebenfalls mit Mosaiken geschmückt, die u. a. den Schutzpatron von Poreč, den Märtyrer Maurus (Sv. Mauro) zeigen.

Das **Atrium** stützt sich auf mächtige Marmorsäulen mit byzantinischen Kapitellen. Hier erzählen Grabsteine und alte Steintafeln im Lapidarium von der reichen Vergangenheit der Region.

Vom Atrium kommt man zur achteckigen **Taufkapelle**. Das sechseckige Taufbecken darin wirkt überraschend groß – früher wurde der ganze Mensch hineingetaucht.

Die Rückseite der Taufkapelle führt zum 35 m hohen **Campanile**, der 1522 auf älterem Fundament errichtet wurde. Er bietet einen schönen Blick auf den Stadtkern von Poreč.

Sakrale Kunst

Bischofs-
palais

Das Bischofspalais im Euphrasius-Komplex stammt zum Teil ebenfalls noch aus dem 6. Jh., wie sich an den Mauern im Erdgeschoss erkennen lässt. Die sakrale Sammlung umfasst einen Bischofsthron aus der Karolingerzeit, Chorbänke, Kirchengewänder und liturgische Geräte. Zu den kostbarsten Ausstellungsgegenständen gehören Fragmente von Mosaiken, die zum Teil noch aus dem 3. Jh. stammen.

Juli – Aug. Mo. – Sa. 9 – 21, übrige Zeit bis 16/18 Uhr | Eintritt: 10 €

Bummeln angesagt

Hauptstraßen

Entlang der palmengesäumten Flaniermeile **Riva** lässt sich das Treiben auf dem Meer schön beobachten. Von hier hat man auch das vorgelagerte Bade- und Hotelinselchen Sv. Nikola direkt im Blick.

Das Straßensystem basiert nach wie vor auf der römischen Anlage: Die belebte Shopping- und Einkehrmeile **Decumanus** zieht sich von Ost nach West, während die Nord-Süd-Achse, der alte **Cardo Maximus** (Ulica Ivana Gundulića), in rechtem Winkel dazu verläuft.

Die Mosaikenpracht der Euphrasius-Basilika rechtfertigt
den Titel UNESCO-Weltkulturerbe allemal.

Ehem.
Franziskanerkirche

Euphrasius-
Basilika

Uvala
Peškera

Obala maršala Tita

Neptun-
tempel
Trg
Marafor

Romanisches
Haus

Eufrazijeva

Kanoniker-
haus

Decumanus

Heimat-
museum

Trg
M. Gupca

Gotisches
Haus

Peterokutna
kula

Nikole Tesle

Haus der
Zwei Heiligen

Svetog Maura

Aquarium

Trg
slobode

Torre
Rotondo

Obala maršala Tita (Riva)

Narodni
trg

Zagrebačka

POREČ

Trg J.
Rakovca

Schiffs-
anlegestelle

Obala maršala Tita (Riva)

Pietra Kandlera

Božė

Vladimira Gortana

Milanovića

❶ Restoran Hrast
❷ Konoba Aba
❸ Restoran-Pizzeria
   l'Insolito

❶ Hotel Valamar
   Island Resort

Schiffs-
anlegestelle

Karla Huguesa

100 m

©BAEDEKER

Marina

❶
Sveti Nikola

POREČ ERLEBEN

TOURISMUSVERBAND
Zagrebačka 9, 54440 Poreč
Tel. 052 45 12 93,
www.myporec.com

Letzter Sonntag im Mai: Am Tag der
offenen Weinkeller laden in Istrien
traditionell die Winzer zur Verkostung ein.

21. Juni: Astrofest mit Lagerfeuer bis
zum Sonnenaufgang, Višnjan.
Juli – Aug.: Klassische Musik in der
Euphrasius-Basilika, jeden Fr. 21 Uhr.
Jazzkonzerte im Lapidarium des Hei-
matmuseums jeden Mi.
Ende Aug.: Street Art Festival mit
Musik, Akrobatik, Kunst- und Kultur-
programm.

In der Altstadtgasse Ul. Bože
Milanovića laden viele kleine Ge-

schäfte zum Stöbern nach Souvenirs und hübschen Dingen ein.

Im **Adrenalinpark** im Osten von Poreč kann man auf drei Strecken den Hochseilparcours bewältigen (an der Haupstraße Poreč-Tar, Sommer 10 – 17 Uhr).
https://skyfox-porec.com
Und beim Nachbarn im Motodrom ist **Go-Kart-Fahren** auf Asphalt oder Offroad angesagt. Man kann auch Segways mieten (tgl. 10 – 18 Uhr).
www.istra-kart.com.

Die angesagte Strandbar **Saint & Sinner** mit ihren weißen Lederpolstern ist bis spät in die Nacht ein beliebter Treffpunkt an der Hafenpromenade.

❶ VALAMAR ISABELLA ISLAND RESORT €€€€
Die Bootsfahrt von Poreč aus dauert nur 5 Minuten. Dann findet jeder seinen Lieblingsschlafplatz auf der Badeinsel Sveti Nikola: sei es im Hotel, im Studio, einer Villa oder einer traumhaften Suite in einem kleinen Schlösschen. Die Hotelinsel ist ideal zum Entschleunigen, mit Orangen- und Olivenbäumen, privatem Strand und herrlichem Ausblick auf die Uferpromenade von Poreč. Autos bleiben auf einem bewachten Parkplatz auf dem Festland zurück.

Otok (Insel) Sveti Nikola
Poreč
Tel. 052 46 50 00
www.valamar.com

❶ RESTORAN HRAST €€€
Ansprechend gedeckte Tische und gute istrische Spezialitäten – hausgemachte Nudeln und schwarze Sepia-Gnocchi. – machen das Restaurant zu einem Wohlfühl-Ort. Von der Terrasse hat man einen wunderschönen Blick auf die gegenüberliegende Altstadt und den Sonnenuntergang!
Nikole Tesle 13, Poreč
Tel. 052 43 37 97
http://restoranhrast.eu

❷ KONOBA ABA €€€
Vater und Sohn Breca verwöhnen in dieser gemütlichen Altstadt-Konoba ihre Gäste mit gegrilltem Fleisch, das gerne auch getrüffelt wird. Unbedingt reservieren!
Ulica Matije Vlačića 2, Poreč
Tel. 052 43 86 69

❸ RESTORAN-PIZZERIA L'INSOLITO €€
So muss Pizza sein: dünner, knuspriger Boden, hochwertige Zutaten – aber nicht überladen. Wer Burger mag, sollte unbedingt die istrische Variante probieren mit selbstgebackenem Hamburgerbrötchen und reichlich Trüffeln!
Narodni trg 3, Poreč
Tel. mob. 099 853 31 05

Von elf Türmen blieben drei
Von den einst elf Türmen der Stadtmauer, die zwischen dem 12. und 16. Jh. errichtet wurde, sind heute nur noch drei erhalten. Reste der Befestigungsanlage ziehen sich teils an der Uferpromenade entlang durch die Altstadt. Der Peterokutna kula (Fünfeckiger Turm, heute mit Restaurant) von 1447 steht am östlichen Ende des Decumanus, geschmückt mit dem unvermeidlichen Relief des venezianischen Lö-

Stadtmauer

wen. An der Nordseite der Halbinsel, neben der Stadtmauer, ragt ein Turm von 1473 empor. Einen schönen **Ausblick** hat man von der Dachterrasse des Rundturms Torre Rotonda (15. Jh.) am Narodni trg, von der man den Hafen, die Insel Sv. Nikola und die Altstadt überblickt (www.torrerotonda.com).

Barockes Gemäuer

Zavičajni muzej Poreštine

Am Decumanus steht linker Hand das barocke Palais der Familie Sinčić, in dem heute das **Heimatmuseum** der Region Poreč (Zavičajni muzej Poreštine) untergebracht ist. Im Erdgeschoss befindet sich ein Lapidarium, in den barocken Sälen werden Gemälde, prähistorische Keramik, Bodenmosaike, alte Stadtwappen und eine glagolitische Grabplatte von 1589 ausgestellt.

Decumanus 9 | bis auf Weiteres wegen Restaurierung geschl.

Prächtige Palais

Im Zentrum

Das **Gotische Haus** (Gotička kuća, Decumanus 5) ist ein 1473 errichtetes Palais im Stil venezianischer Gotik mit großzügigen dreibogigen Fenstern (Triforien) das **Kanonikerhaus** (Kanonička kuća) in der Eufrazijeva ulica 22 ein eindrucksvoller spätromanischer Bau von 1251. Ein Abstecher links in die Ulica Sv. Eleuterija führt zur Ulica Sv. Maura. Das **Haus der zwei Heiligen** stammt aus dem 15. Jahrhundert. Die beiden namengebenden Heiligenfiguren sind in die Fassade eingearbeitet. Kurz vor dem Trg Marafor fällt das **Romanische Haus** aus dem 13. Jahrhundert auf. Steintreppen außen führen in die einstigen Wohnräume im ersten Stock, der zweiten trägt einen hölzernen Eckbalkon.

Am ältesten Platz der Stadt

Trg Marafor (Forum)

Der Decumanus mündet in das frühere Forum. Das antike, quadratische Forum Romanum, heute Trg Marafor, ist der älteste Platz der Stadt. Die gemütlichen Terrassencafés hier sind fast zu jeder Tageszeit bevölkert. Ursprünglich war der Platz ein wenig größer, musste jedoch dem Bau einiger Häuser weichen. Das Originalpflaster aus römischer Zeit ist zum Teil noch vorhanden.

Aus alten Zeiten

Tempel

Nordwestlich hinter dem Trg Marafor ragen die Grundmauern des Großen Tempels (Veliki hram) aus dem 1. Jh. v. Chr. empor. Westlich des Platzes finden sich Reste des Neptuntempels (Neptunov hram) in einer kleinen Grünanlage, mehrere Säulen und Fundamente wurden freigelegt.

Ehemalige Franziskanerkirche

Kultur in der Kirche

Die ehemalige gotische Franziskanerkirche (13. Jh.) war zwischen 1861 und 1899 **Sitz des Istrischen Landtags** (Istarska saborica). Den Ab-

STERNENGUCKER

Mal selbst einen Asteroiden entdecken? Rein statistisch stehen die Chancen dazu in der Sternwarte von Višnjan nicht schlecht, denn sie gehört zu den zwölf erfolgreichsten Observatorien weltweit gemessen an der Zahl entdeckter Kleinhimmelskörper. Jeden Mi. und Fr. (Sommer) können Sie bei der Astro Night Ihr Glück versuchen. Und hübsch ist es hier oben auch noch (www.astro.hr).

geordnetensaal im Obergeschoss zieren barocker Stuck und Fresken, im unteren Teil des Gebäudes finden Ausstellungen und Konzerte statt.

Meerestiere zum Anschauen
Im Gebäude einer ehemaligen Markthalle sind Langusten, Krebse und allerlei Fische – aber auch Leguane oder Kaimane – zu sehen.
Ul. Franje Glavinića 4 | Juli/Aug. 10 – 22, Juni bis 20, Mai, Sept. bis 17, April, Okt. bis 15 Uhr | Eintritt: 7 € | www.akvarij-porec.com.hr

Aquarium

▌ Rund um Poreč

Grünes Refugium
Das Bade- und Hotelinselchen Sv. Nikola fungiert quasi als natürlicher Schutz für den Hafen von Poreč und wird dabei von zwei Wellenbrechern unterstützt. Von hier hat man einen herrlichen Ausblick auf die Altstadt von Poreč.

Insel Sv. Nikola

Besuch beim Grottenolm
In der Tropfsteinhöhle Baredine, 7 km nördlich von Poreč, führen fünf Säle zu einem kleinen See hinab. Hier lebt der Grottenolm, ein pigmentloses, lurchartiges Tier ohne Augen. Er wird bis zu 25 cm lang und gehört zum Eigenartigsten, was die Tierwelt in der unterirdischen Karstwelt hervorgebracht hat (▶ Das ist ..., S. 20).
Nova Vas | April – Okt. 10 - mind. 16 Uhr, Winter nur 11 Uhr n. V. Eintritt: 11 € | www.baredine.com

Tropfsteinhöhle Baredine

Zu den Sternen
Višnjan (ital. Visignano), 10 km nordöstlich von Poreč, ist vor allem wegen seiner Sternwarte bekannt. Hier wurden in den vergangenen

Višnjan

Jahren zahlreiche Himmelskörper entdeckt und zwei Kometen nach dem Leiter der **Sternwarte**, Korado Korlević, benannt. Zur Sommersonnwende am 21. Juni findet ein großes Fest statt mit Musik, Lagerfeuer und Sonnenaufgang-Beobachten frühmorgens – dabei dreht sich alles rund um Astronomie und Sternwelten.

Die wichtigsten Sehenswürdigkeiten der Altstadt, in die ein venezianisches Tor mit Markuslöwen hineinführt, gruppieren sich rund um den **Hauptplatz**: eine Stadtloggia, die den Blick auf die Küstenlandschaft freigibt, eine große Zisterne, der Sinčić-Palast und die neoklassizistische Pfarrkirche Sv. Kirik i Julita (St. Quiricus und Julitta).

Sternwarte: Istarska 5 | Führungen auch auf Englisch | Anmeldung: www.astro.hr

PORTOROŽ

Höhe: 0 – 149 m ü. d. M. | Einwohner: 3000 | Slowenien

Das nostalgische slowenische Seebad Portoroz, der »Rosenhafen«, entpuppt sich als kleine Wellnessoase. Ein herrliches Freiluftspa und Hotels sorgen mit den verschiedensten Anwendungen für Entspannung. Kuren war schon vor rund 100 Jahren angesagt, aus dieser Zeit stammen noch einige luxuriöse Unterkünfte.

Die alten Römer bauten hier bereits einen kleinen Hafen aus. Unter venezianischer Herrschaft errichteten die Benediktiner die Kirche Sv. Marija od Rozarije (1251), nach der die Siedlung ihre lateinische Bezeichnung Portus sanctae Mariae de Rosae – kurz »Portorose« – erhielt. Bis ins 19. Jh. hinein lebte die Bevölkerung im Wesentlichen vom Fischfang und den Salinen in der Umgebung. Ende des 19. Jh.s entdeckten die Habsburger Adelsfamilien das milde Klima von Portorož: **Heilbäder**, Pensionen und **luxuriöse Kurhotels** entstanden. Hinzu kamen private Villen auf der grünen Anhöhe, die den Ort vor kalten Winden schützt. Mit der Eröffnung des Grand Hotels Palace 1910 begann der Aufschwung zum mondänen »k. u. k. Cur- und Seebad«, von dessen Flair heute nur noch ein Hauch zu spüren ist.

❙ Wohin in und um Portorož?

Für Abwechslung ist gesorgt

Obala   Das Leben in dem gut ausgebauten Touristenort pulsiert entlang der langen Uferstraße (Obala). Hier wechseln sich Hotels, Cafés, Eisdie-

PORTOROŽ ERLEBEN

TOURISTINFORMATION
Obala 16
6320 Portorož
Tel. 05 6 74 82 60
www.portoroz.si

Ende April: Salinenfest, Piran und Sečovlje
Juli – Aug.: Piraner Musikabende, Piran

Im Souvenirladen am Eingang zu den Salinen gibt es **Salz** und Souvenirs in vielen Varianten zu kaufen.

HOTEL KEMPINSKI PALACE €€€€
Das prunkvolle Grandhotel von 1910 war beim Habsburger Adel sehr beliebt. An die alte Tradition wurde wieder angeknüpft und der palastartige Bau an der Uferstraße kernsaniert wiedereröffnet. Einige Zimmer haben einen extragroßen Balkon, ideal zum Beobachten des Sonnenuntergangs.
Obala 45
Portorož
Tel. 05 692 70 00
www.kempinski.com

GOSTILNA VEDUTA BERNARDIN €€€
Eine Aussicht von der Terrasse, die es nicht überall gibt: nichts aufs Meer, sondern auf den Turm und die übrigen Reste der Kirche des hl. Bernhard. Beste Voraussetzungen, um in aller Ruhe und abseits vom Trubel die von den Gästen hochgelobte istrisch-italienische Küche mit viel Fisch zu genießen.
Bernardinska reber 5a
Portorož
Tel. 05 674 64 09
www.veduta-bernardin.si

GOSTILNA RIBIČ €€€
In das Traditionsrestaurant auf der Seča-Halbinsel pilgern die Einheimischen schon seit Generationen, wenn sie frischen Fisch essen möchten. Oder die besten Palatschinken der Gegend: Hauchdünn, mit Schokolade und ein wenig Malvazija-Weißwein im Teig, der den unvergleichlichen Unterschied ausmacht!
Seča 143, Portorož
Tel. 05 6 77 07 90
Di. Ruhetag

RIBJA KANTINA FRITOLIN €€
In der herrlich unprätentiösen »Fischkantine Fritolin« schmeckt die Fischplatte mit frittiertem Tintenfisch, gegrillten Sardinen (mit frischem Knoblauch-Petersilien-Pesto!) und Garnelen einfach köstlich. Dazu gibt's frisches Oliven-, Mais- und Zwiebelbrot und ein Glas Malvazija-Hauswein zu fairen Preisen.
Obala 53, Portorož
Tel. 05 674 02 10

SLASTIČARNA-BAR OPERA €
Vermutlich lassen sich auch Nicht-Naschkatzen in dieser kleinen Konditorei verführen: Macarons, Schokoladen-Cookies (mit Salznote!) und kunstvoll aufgetürmte kleine Törtchen machen Gästen die Auswahl nicht gerade leicht.
Obala 63, Portorož
Tel. 082 05 80 95
Di. – So. 9 – 22 Uhr

len, Souvenirstände, Parkanlagen und Badeplätze ab, deshalb kann es im Sommer mitunter lauter und lebhafter zugehen, was aber niemanden wirklich stört. Ein Prachtbau entlang der Obala (Nr. 33) ist das stuckverzierte **Grand Hotel Palace,** heute im Besitz der Kempinski-Kette, mit blühendem Vorgarten.

Baden oder Segeln?

Strand Der Zutritt zum 25 000 m² großen, künstlich aufgeschütteten **Sandstrand** (8 – 20 Uhr) ist kostenlos, eine Gebühr wird für eine der 1000 Liegen mit Sonnenschirm fällig. Der Privatstrand **Meduza** bietet Sonnenpavillons auf der Pier (www.lifeclass.net)

Die gut ausgestattete **Marina** von Portorož mit 1000 Liegeplätzen befindet sich im südlichen Stadtteil Lucija.

Privatstrand: www.lifeclass.net
Marina: www.marinap.si

Wilde Küste

Strunjan Die Bucht von Strunjan breitet sich auf halber Strecke zwischen Izola und Portorož aus. Dramatisch stürzen die weißen Klippen im Norden der Halbinsel Strunjan 80 m tief steil ins Meer ab. Der 4 km lange, recht ursprüngliche Küstenabschnitt steht heute unter Naturschutz, oberhalb der Steilküste lässt es sich prima wandern. Unterwegs hinauf kommt man an der Wallfahrtskirche Mariä Himmelfahrt vorbei, die 1512 gebaut wurde.

Unterhalb führt der Weg an den alten Salzbecken vorbei, die eine wichtige Brutstätte für Vogelarten sind. Nicht weit davon entfernt befindet sich das Strandbad in Strunjan, wo es auch einen Imbiss gibt. An den sonnigen Hängen in der Umgebung gedeiht die istrische, violett-grün leuchtende Artischocke prima, ihr ist Ende Mai ein eigenes Gastro-Fest in Strunjan gewidmet.

www.parkstrunjan.si

Kunst aus Stein

Skulpturen- Der Skulpturenpark Forma Viva erstreckt sich auf der Seča-
park Forma Landzunge, nicht weit entfernt vom Jachthafen und den Salinenfel-
Viva dern von Sečovlje: Seine bislang etwa 130 Steinskulpturen wurden seit 1961 erschaffen. Die Bildhauer logieren dafür auf Kosten des Staats zwei Monate in der Stadt. Verarbeitet wird Kalkstein aus einem benachbarten Steinbruch. Von der Anhöhe öffnet sich ein schöner Ausblick auf die Bucht von Portorož. Der Skulpturenpark ist frei zugänglich.

Rund ums Salz

Salinen von In den Salzfeldern von Sečovlje (Krajinski park Sečovljske soline), an
Sečovlje der Grenze zu Kroatien, wird Meersalz nach uralten Verfahren gewonnen. Der nördliche Teil des Landschaftsparks ist durch einen Ka-

nal von den südlichen Salinenbecken getrennt. In den flachen Pfannen verdunstet das Meerwasser. Anschließend wird der Salzschlick auf einer großen Halde getrocknet, dann mehrmals gefiltert. Im **Museum** in vier alten Salinenhäusern wird die traditionelle, heute stark zurückgefahrene Salzgewinnung erklärt.

In den Salzfeldern nisten in der Hochsaison **bis zu 300 Vogelarten**, darunter auch Silberreiher, Mittelmeermöwen und Stelzenläufer. Naturkundliche Exkursionen zur Vogelbeobachtung werden ebenso organisiert wie Ausflüge per Boot.

Und der Salzschlamm kann noch etwas: Er zaubert eine unglaublich weiche Haut! Davon kann man sich im **Freiluft-Spa Lepa Vida** überzeugen, das einen Teil der Salinen von Sečovlje belegt – mit Meerwasserpool und Massagepavillons. Entspannung pur (Mai – September)! (▶ S. 16/17)

Salinen: April – Okt. tgl. 8 – 20, Nov. – März tgl. 8 – 17 Uhr | Eintritt: 7 € (Sommer) bzw. 6 € (Winter) | www.kpss.si

Spa Lepa Vida: Seča 115, Portorož, Tel. 05 672 13 60 | Reservierung erforderlich | www.thalasso-lepavida.si

★★ POSTOJNSKA JAMA

Höhe: 555 m ü. d. M | Slowenien

NÖRDL. D 1

Flohkrebse sind ein Festschmaus – zumindest, wenn man ein Grottenolm ist. Das skurrile Höhlentier, das in der weltberühmten Karsthöhle Postojnska jama zu Hause ist, kann dort im Vivarium beobachtet werden. Die scheuen Tiere sind fast so beliebt wie die eindrucksvollen Tropfsteinformationen, die das gigantische Höhlensystem prägen. Das lohnt den Ausflug.

Als der slowenische Universalgelehrte Valvasor die Tropfsteinhöhle von Postojna (dt. Adelsberger Grotten, ▶ Abb. S. 20/21) vor fast 350 Jahren das erste Mal besuchte, war er von deren Tiefe beeindruckt: »Bevor du hörst, dass der Stein auf den Boden fällt, kannst du ein Vater Unser beten …«, schrieb er im Hinblick auf den unterirdischen Fluss Pivka, der sich hier hindurchschlängelt. Heute gehört die Postojnska jama (dt. Adelsberger Grotte) zu den größten und am besten erforschten Tropfsteinhöhlen weltweit. Als eine einzige gigantische Grotte darf man sich das Ganze nicht vorstellen: Es handelt sich vielmehr um ein **21 km langes, zusammenhängendes Höhlensystem**, das sich durch den slowenischen Karst zieht – die Postojnska jama ist nur ein Abschnitt.

Phantastische Höhlenwelt

Auch ihr Alter ist beeindruckend: Auf gut eine Million Jahre wird die Postojnska jama geschätzt. Schon im Jahr 1213 ist ein erster Besuch verbürgt, und im 16. Jh. wird von größerem Andrang berichtet. Richtig los ging es allerdings erst von 1819 an, nachdem vor dem Besuch des österreichischen Thronfolgers Ferdinand I. neue, imposante Höhlenabschnitte entdeckt wurden. Schon ein Jahr zuvor hatte man eine Beleuchtung installiert. Der Anschluss an die Bahnlinie Wien – Triest brachte ab 1857 noch mehr Höhlenbesucher. Seit 1872 verkehrt eine **Kleinbahn im Untergrund**, die knapp ein Jahrhundert später zu einer zweigleisigen Rundbahn ausgebaut wurde – und heute bis zu 12 000 Höhlenbesucher pro Tag problemlos befördern kann. 1884 kam elektrisches Licht und bald darauf wurde sogar ein Höhlen-Postamt eröffnet.

▌ Höhlentouren

Führungen: tgl. 10, 12, 15, Juli/Aug. stdl. 9 – 18 Uhr, sonst kürzer | **Eintritt**: 29,90 € (nur Höhle) | Kombikarten mit Burg Predjama, Vivarium, Expo Cave Karst, Urzeit- und Schmetterlingsausstellung
www.postojnska-jama.eu

Hinab in den Untergrund

Besichtigungstour

Unweit der namensgebenden Kleinstadt Postojna befindet sich der Höhleneingang. Bevor die Reise in die Tiefe startet, lohnt ein Besuch des **Expo-Museums**: Es führt in die Geheimnisse der Karstphänomene und des Höhlenlabyrinths ein. Anschließend geht es mit einer elektrischen Bahn ins Erdinnere hinab, wo ein großartiger Spazierweg startet. Der **Besichtigungsweg** hat eine Länge von 5,2 km, davon 3,5 km mit einer Höhlenbahn und 1,7 km zu Fuß auf rutschfestem Beton (1,5 Std.; Temperatur 8 °C). Allgegenwärtig ist das Geräusch herabfallender Tropfen. Lampen werfen ein flackerndes Licht auf die weißen, grauen und braunen Gebilde, die von einer glänzenden Wasserhaut überzogen sind. Mal wachsen Stalagmiten aus dem Boden empor, mal hängen Stalaktiten von der Decke herab. Oft verbinden sie sich zu fantastischen, vielgestaltigen Säulen. Zuweilen sind die Felswände so fein gefaltet, dass man einen Vorhang zu sehen glaubt. Andere Tropfsteine formieren sich zu mächtigen, bunt melierten Stufen, die wie ein versteinerter Wasserfall anmuten. Auf dem Weg passiert man den eindrucksvollen »Giganten-Stein«, kurz darauf »Brillanten«, die aus strahlend weißen Tropfsteinen bestehen, einen »Weihnachtsmann«, eine mehrstöckige »Hochzeitstorte« und den »Spaghettiraum«. Hinter dem **»Konzertsaal«**, in dem wegen seiner guten Akustik viele Musikveranstaltungen stattfanden, gelangt man zu einem dampfenden See, der von dem unterirdischen Pivka-Fluss gespeist wird. Im unterirdischen Postamt können Sie Ihre Ansichtskarten mit einem Extra-Stempel schmücken lassen.

Das Menschenfischlein

Vor Verlassen der Höhle können Sie das Vivarium Proteus besuchen: Dort schwimmt der **Grottenolm** (Proteus anguinus), ein lebendes Fossil, das es nur im Postojna-Becken gibt (in der Hermannshöhle im Harz leben einige Tiere, Nachkommen von 1932 dort ausgesetzten istrischen Grottenolmen). Der graurosa Körper des ausgewachen um die 25 cm langen Schwanzlurchs ist schlangenähnlich geformt, seine Augen sind verkümmert und von Haut überwachsen – in der dunklen Höhlenwelt hatte er sie nicht gebraucht. Der Grottenolm ist noch kaum erforscht. Was man über ihn weiß, basiert v. a. auf Beobachtungen von in Aquarien gehaltenen Tieren. Obwohl er Kiemen hat, atmet er durch die Lunge, sodass er für längere Zeit auch das Wasser verlassen kann. Er liebt die Seitenarme der Pivka, wo er Flohkrebse, Süßwassergarnelen, Wasserasseln und Würmern und erreicht oft das für ein solches Tier biblische Alter von 70 bis 100 Jahren und vermehrt sich durch Eiablage.

Lange Zeit wurde geargwöhnt, es handele sich bei ihm um einen Miniaturdrachen. Schuld daran ist eine **Legende**: In der Unterwelt von Postojna lebten einst furchterregende Drachen, die durch das Anschwellen des Pivka weggeschwemmt wurden. Zurück blieb nur der kleine Drache Jami. Er freundete sich mit dem Schlankhalskäfer an und half ihm beim Bewachen der Höhlenperlen, auf die es der Waldschrat Hops abgesehen hatte. Als Jami Hops beim Perlendiebstahl ertappte, versprach ihm der Waldschrat die Erfüllung eines Wunschs. Jami zögerte nicht lange: Er wollte gerne einmal ein Mensch sein, um mit Kindern spielen zu können. Der Waldschrat gab sein Bestes: Es tat einen Knall, und vor ihm saß ein kleiner Drache mit rosiger Menschenhaut, nämlich der Grottenolm, den die Slowenen **Cloveška riba** (Menschenfischlein) nennen.

Vivarium: Eintritt: 11,50 €

Vivarium
Proteus

POSTOJNSKA JAMA ERLEBEN

ⓘ

HÖHLENVERWALTUNG
Jamska cesta 30
6230 Postojna
Tel. 05 7 00 01 00
www.postojnska-jama.eu

ANFAHRT
Von Opatija auf der E 61 (Kroatien)
und R 6 (Slowenien) ca. 60 km

🍴🍽

PIZZERIA MINUTKA €€
Nicht nur eine gute Pizzeria: Hier legt man Wert auf ansprechend servierte Speisen. Selbst Kartoffelpüree wird in Häubchen aufgespritzt; optisch sieht das zu hauchdünnen Zucchini-Röllchen sehr gut aus. Und einen schönen Garten hat es auch noch.
Ljubljanska cesta 14, Postojna
Tel. mob. 031 67 02 91

PHÄNOMEN KARST

Der Begriff »Karst« leitet sich von der Landschaft »Kras« (südslawisch »krs« = »Fels«) im Hinterland der Triester Bucht ab und steht für eine von durchlässigem und wasserlöslichem Kalkstein geprägte Landschaft, die sich durch Oberflächenwasser- armut und Trockentäler, Dolinen, Poljen und vor allem zahlreiche Höhlen im Untergrund auszeichnet.

Polje
Wasser sickert durch Klüfte und Fugen
Schluckloch (Ponor)
Sinterkalk
Doline
Höhle
Kalkstein
Höhlensee
Wasser- höhle
wasserundurchlässiges Gestein

▶ **Verkarstung**
Seit der Römerzeit und besonders im Mittelalter, als die Seemacht Venedig für Schiffe und Städtebau viel Holz benötigte, betrieb man auf der Halbinsel Istrien Waldraubbau großen Stils. Die Folge: Heftige Regenfälle spülten wertvollen Boden fort, und die Verkarstung des Kalksteins konnte sich ungehindert vollziehen. Zudem verhinderte Ziegen- und Schafweide- wirtschaft den Aufwuchs von neuem Wald.

▶ **Höhlen in Istrien**
Die bekanntesten Höhlen im kroatischen Teil Istriens.

Postojnska jama

Mramornica
Radota Peć
Baredine
Pazinska
Romuald
Kraljevstvo

▶ **Tropfsteinbildung**

1. Gesättigte Kalklö- sungen treten an der Höhlendecke aus.

2. Durch Temperaturanstieg wird Kalk ausgefällt.

3. An der Höhlendecke wachsen Kalkröhrchen als Stalaktiten abwärts zum Höhlenboden.

4. Beim Aufprall von Wassertropfen auf den Höhlenboden wird ebenfalls Kalk ausgefällt, Stalagmiten wachsen in die Höhe.

5. Die Tropfsteine wachsen zu Säulen zusammen.

Kalk
1 2 3 4

Stalaktiten (Decken- tropfsteine)

Stalagmiten (Bodentropfsteine)

Höhlenboden

▶ **Entstehung**
Kohlensäurehaltiges Regenwasser dringt durch Risse und Klüfte in den Kalkstein ein und löst diesen allmählich auf. Mit der Zeit werden Risse, Fugen und Klüfte zu trichterförmigen Dolinen, talartigen Poljen und Höhlen erweitert.

Höhlenbach

Karstquelle

Kalktuffterrasse

Kalk vergeht – Kalk entsteht

CO_2 aus der Luft

$CO_2 \longleftrightarrow H_2CO_3$

HCO_3^{1-}

H^{1+}

$CO_3^{2-} \longleftrightarrow HCO_3^{1-}$

Ca^{2+}

$CaCO_3$

Wenn kohlensaures Regenwasser und Wurzelsäure der Pflanzen auf Kalkstein trifft, löst er sich im Wasser auf.

Wenn aus kalkhaltigem Wasser wieder Kohlendioxid entweicht, setzt sich Kalk wieder ab und wird fest.

▶ **Kalkstein als Exportgut**
In Istrien werden jährlich 25 000 m³ Karststein (»Karstmarmor«) abgebaut. Über 70 % sind für den Export bestimmt. Dieser Stein wurde u.a. beim Bau der Grazer Oper verwendet.

▌ Rund um die Postojnska jama

Nebenhöhle

Otoška jama

Die Otoker Tropfsteinhöhle ist seit dem Einsturz eines Schachts vom Besucherabschnitt der Postojnska jama getrennt. Besichtigungen beginnen daher im Dörfchen Veliki Otok, das 2 km nordwestlich der Postojnska jama liegt.

Führungen (mind. 3 Teilnehmer): Mai – Okt. n.V., Tel. 05 700 01 00 oder info@postojnska-jama.eu | www.postojnska-jama.eu

Von einer Höhle zur nächsten

Pivka jama, Črna jama

Durch die Höhle von Pivka und die Schwarze Höhle (Črna jama) fließt der Fluss Pivka hindurch, ehe er verschwindet und in der 2 km entfernten Höhle von Planina wieder an die Oberfläche kommt. Über 317 Stufen geht es 65 m tief in einen Einsturztrichter hinab und dann in die Höhle hinein. Der Besichtigungsweg ist 1,9 km lang und geht am Südende in die Črna jama über.

Führungen: Juli tgl. 9 Uhr, sonst Mai – Sept. n. V., Tel. 05 700 01 00 oder info@postojnska-jama.eu | www.postojnska-jama.eu

Festung in imposanter Lage

Predjamski grad

Die Predjamski grad, wörtlich Burg vor der Höhle, duckt sich 10 km nordwestlich der Adelsberger Grotten dicht unter einer imposanten, 123 m hohen Felswand. Die Festung hütet einen reichen Fundus an Waffen, Gemälden und Jagdtrophäen. Archäologische Ausgrabungen belegen, dass die Gegend bereits in der Jungsteinzeit bewohnt war. Heute erinnert man alljährlich im Juli mit einem großen **Ritterfest** an alte Zeiten. Die Höhlen unterhalb der Burg können auf einer Länge von 900 m besichtigt werden, die Führung dauert 1 Std.

Führungen: ganzjährig tgl. 10, 12 u. 15 Uhr, weitere Besichtigungen zw. 9 u. 18 Uhr | Eintritt: 18,80 € | www.postojnska-jama.eu.

★★ Škocjanske jame und Umgebung

Führungen ab Besucherzentrum: ganzjährig 10 u. 13, April – Okt. auch 15 Uhr, je nach Saison stündlich weitere Führungen zwischen 10 und 16 Uhr | **Eintritt:** saisonabhängig ab 16€ www.park-skocjanske-jame.si

Der tiefste unterirdische Canyon der Welt

Die von der UNESCO zum Weltnaturerbe erklärten Škocjanske jame (Höhlen von Škocjan, dt. St. Kanzian), 35 km südwestlich der Postojnska jama beim Dorf Matavun, stehen ein wenig in deren Schatten. Was die Besucher erwartet, ist jedoch nicht minder spektakulär: Der

Schwindelfreiheit ist von Vorteil, wenn man in den Höhlen von Škocjan von der Cervenik-Brücke 45 m in die Tiefe schaut.

Fluss Reka hat hier einen unterirdischen **Höhlencanyon** ausgewaschen, dessen Wände fast 100 m steil abfallen. Schwindelfreiheit ist von Vorteil, da die Cervenik-Brücke 45 m hoch über diese einzigartige Schlucht im Erdinnern führt. Markierungen in Brückennähe zeigen, dass hier durchaus Hochwasser herrschen kann, denn die Wassermassen der Schlucht gehen in einen schmalen Siphon über – da kann sich der Fluss schon mal stauen. Die Schlucht hält einen Rekord: Es handelt sich um den tiefsten bislang bekannten unterirdischen Canyon der Welt!

Auch sonst ist das Höhlensystem überaus sehenswert: Prächtige Säle, etwa die Halle mit orgelförmigen Tropfsteinformationen und andere wunderschöne Sinterterrassen begleiten die Besucher auf der 2,5 km langen Besichtigung, ehe es mit der Zahnradbahn wieder an die Erdoberfläche geht.

Der Karst und seine Besonderheiten

Park
Skočjanske
jame

Im umliegenden Park Skočjanske jame beginnt ein 2 km langer Lehrpfad beim Besucherzentrum. Er führt rund um die Einsturzdolinen Velika dolina und Mala dolina, vorbei an weiteren typischen Karsterscheinungen wie Steilwänden oder dem Schluckloch (Ponor) des Flusses Reka. Tafeln informieren über das Karstrelief, die Höhlenwelt, Fauna und Flora. Von den Aussichtspunkten sieht man auf die Eingänge von Höhlen, in denen Fledermäuse leben. Verwunderlich ist, dass in der Doline ein solches Mikroklima vorherrscht, dass hier alpine wie mediterrane Pflanzen gedeihen: So findet man die bunte Alpenprimel Aurikel neben der Farnart Venushaar, die es sonst recht warm mag.

Štanjel

Ein besonderes Dorf

Im malerischen Dorf Štanjel, 29 km nördlich der Skočjanske jame, winden sich eine Befestigung und Steinhäuser den Hügel hinauf. Eine Treppe führt zum Hauptplatz mit der Kirche **Sv. Danijel** und dem **Grad Štanjel** (Schloss). Hier ist eine Ausstellung des slowenischen Avantgarde-Künstlers Lojze Spacal (1907 – 2000) zu sehen. Ein schlichtes Natursteinhaus in typischer Karst-Bauweise (Kraška hiša) zeigt, wie die Menschen hier früher gelebt haben. Sehenswert ist auch der **Ferrari-Garten** (Ferrarijev vrt): In dieser Parkanlage, angelegt wohl ab Ende der 1920er-Jahre für den Triester Arzt Enrico Ferrari, versuchte der Architekt Max Fabiani (1865 – 1962) eine für den Karst typische Landschaft mit Terrassen, Trockenmauern u.ä., zu schaffen, fügte aber auch andere Elemente wie einen Pavillon, eine künstliche Grotte, Wasserfontänen und eine venezianische Brücke ein.

Galerija Lojzeta Spacala: Sommer Mo. – Fr. 10 – 12 u. 12.30 – 16, Sa. u. So. 10 – 12 u.12.30 – 18; Winter tgl. 10 – 12 u.12.30 – 16 Uhr Eintritt: 2 €

Kraška hiša: tgl. außer Do. 9 – 18 Uhr | Eintritt: 1,50 €

PULA

Höhe: 0 – 32 m ü. d. M. | **Einwohner:** 53 000 | Kroatien

H8

Vielleicht wäre die Arena von Pula nicht ganz so mächtig ausgefallen, wenn es nur nach den römischen Herrschern gegangen wäre. Unter Kaiser Augustus war mit dem Bau des ovalen Amphitheaters begonnen worden. Fertig gestellt wurde es jedoch erst einige Jahrzehnte später, unter Kaiser Vespasian. Es heißt, dieser habe seiner Konkubine damit einen Herzenswunsch erfüllen wollen: Antonia Caenis, eine freigelassene Sklavin, stammte nämlich aus Pula. Die bis heute eindrucksvolle Arena, die einst für »Brot und Spiele« diente, bietet eine traumhafte Kulisse – die auch gerne Musikstars nutzen.

Pula (ital. Pola), das antike Herz Istriens, besitzt einen ganz eigenen Charme. Für die Römer war sie der wichtigste Ort der Halbinsel, was sich an den noch erhaltenen Bauwerken – etwa dem mächtigen Amphitheater – ablesen lässt. Ihren alten Stadtkern mit dem römischen Forum konnte sich die Stadt bewahren, allerdings auch triste Hochhäuser und die große Uljanik-Werft im Hafen aus jüngeren Zeiten.

Istriens antikes Herz

BAEDEKER MAGISCHE MOMENTE

ZURÜCK IN DIE ANTIKE

Der Schweiß strömt, (künstliches) Blut fließt, und auf dem Ehrenplatz hebt oder senkt der Senator den Daumen, wenn die Gladiatoren aufeinanderprallen. Willkommen im antiken Pula! Aber keine Sorge, auf dieser abendlichen Zeitreise holen sich die Akteure im Staub der Arena höchstens blaue Flecken. Wer sich auf **Spectacula Gladiatoria** einlässt, bekommt ein Gefühl dafür, wie es im alten Rom zugegangen sein mag. Zumal zum Programm auch Workshops über die römische Zivilisation gehören (einmal wöchentlich von Juni bis September, im Aug. öfter, Eintritt 20 €, www.spectaculaantiqua.com).

1 Restoran Milan
2 Konoba Batelina
3 Restoran Bodulka
4 Restoran Farabuto
5 Pizzeria Jupiter
6 Safari Bar
7 Fresh Sandwiches & Salads
8 Restoran Kantina

1 Svetionik
Marlera
2 Oasi
Boutique
Hotel

Das Strandleben von Pula spielt sich auf den Halbinseln Stoja im Westen (mit den Möwenfelsen – Galebove stijene) und Verudela im Süden ab. Im Nordwesten wird bei Stinjan gebadet, im Südosten in der Pješčana uvala, was wörtlich »Sandbucht« bedeutet, jedoch mit Kiesstrand.

Pula blickt auf eine lange Geschichte zurück: Schon in der Jungsteinzeit besiedelt, blühte es als **Pietas Iulia Pola Pollentia Herculanea** unter Kaiser Augustus auf. Die Stadt mit ihren 30 000 Einwohnern war ein wichtiger Handelshafen, hier machten römische Patrizierfamilien Urlaub. 1379 wurde der Hafen bei der Seeschlacht vor Pula durch die Genuesen zerstört. Pest und Malaria forderten ihren Tribut: Im Mittelalter lebten nur noch wenige hundert Einwohner in Pula. Nach dem Fall Venedigs 1797 blühte die Stadt unter österreichischer Herrschaft erneut auf und wurde zum

k. u. k. Kriegshafen ausgebaut, in dem im Ersten Weltkrieg eine deutsche U-Boot-Flottille stationiert war. Wie andere istrische Städte wurde Pula zunächst italienisch und kam nach dem Zweiten Weltkrieg zu Jugoslawien. An der 2006 gegründeten Universtät sind heute rund 4500 Studenten eingeschrieben.

Wohin in Pula?

Römische Baukunst

★★
Arena

Das Amphitheater, das erstaunlich gut erhalten ist, fasste bei seiner Fertigstellung im 1. Jh. n. Chr. bis zu 25 000 Zuschauer, heute sind es hingegen nur noch gut 6000. Als natürliches Fundament diente ein Hang: Aus diesem Grund hat die Landseite zwei, die Wasserseite drei Stockwerke. Auch wenn immer wieder Steine für den Bau von Häusern abgetragen wurden, ist von der Arena viel übrig geblieben. Das hat sie vor allem dem venezianischen Senator Gabriele Emo zu verdanken. Dieser verhinderte 1583, dass die Arena völlig abgerissen und in Venedig neu wiederaufgebaut wurde, woran heute eine Gedenktafel erinnert.

In der Arena findet alljährlich im Juli ein beliebtes **Filmfestival** statt. Auch Konzerte aller Musikrichtungen locken viel Publikum an. Hier traten schon Superstars wie Sting, Joe Cocker und Placido Domingo auf. Auch ins Guiness-Buch der Rekorde ist die Arena schon eingegangen, als 2003 die **längste Krawatte der Welt** um das gesamte Bauwerk gespannt wurde. Die 808 m lange Halsbinde mit einem 25 m langen Knoten hatte ein stolzes Gewicht von 800 kg! Die Aktion war eine Hommage an das »Heimatland« der Krawatte.

Flavijevska ul. | Jan. – März, Nov. Dez. tgl. 9 – 17; April, Okt. 8 – 20; Mai, Sept. 8 – 21; Juni – Aug. tgl. 8 – 22 Uhr | Eintritt: 10 €

Das Herz Pulas

★
Forum

Der römische Puls der Stadt schlägt auch heute noch am Hauptplatz, dem Forum: Dort erhebt sich der **Augustustempel**, den Kaiser Augustus (zwischen 2. v. Chr. und 14. n. Chr. errichten ließ. Als Baumaterial wählte er istrischen, marmorähnlichen Kalkstein. Der Tempel war der Göttin Roma als Personifizierung des römischen Staats geweiht. Nach Einführung des Christentums diente das 17 m hohe und 6 m breite Bauwerk als Kirche, später als Getreidespeicher. Die offene Vorhalle, zu der eine Treppe hinaufführt, wird von sechs korinthischen Säulen getragen. Antike Stein- und Bronzeskulpturen schmücken das Innere. In das 1296 daneben errichtete und in verschiedenen Baustilen erneuerte **Rathaus** (Vijećnica) wurde die Rückwand des Dianatempels integriert, der einst an dieser Stelle stand.

Augustustempel: Forum | Ostern – Sept. tgl. 9 – 20 Uhr
Eintritt: 2 €

PULA ERLEBEN

TOURISMUSVERBAND PULA
Forum 3, 52000 Pula
Tel. 052 21 91 97
www.pulainfo.hr

Juni – Sept.: Spectacvla Antiqva,
abendliche Gladiatorenkämpfe in der
Arena (▶ S. 183)
Mitte Juli: Pula Filmfestival (europ.
Filme)
www.pulafilmfestival.hr

Der Platz in Pula für Sonnenunter-
gänge ist die **E&D Day and Night
Lounge** auf der Halbinsel Verudela
in schöner Lage auf einem Hügel, mit
Schwimmbad und üppigem Garten
(Verudela 22). Abends trifft sich die
städtische Boheme gern im alternativen **Kulturni centar Karlo Rojc**,
mit vielen Konzerten und reichlich
Graffiti – eine echte Institution
(Gajeva 3).

❶ SVETIONIK MARLERA €€€€
Ruhige Tage am Meer, an denen
man nur das Kreischen der Möwen
und die Brandung hört – das erwartet Gäste, die sich in dem charmanten Leuchtturm von 1882 auf der
Halbinsel Marlera einquartieren. Die
Ausstattung ist geschmackvoll, im
modernen Landhaus-Stil. Solar-
strom und Aggregator ermöglichen
WLAN inmitten der Einsamkeit, das
Wasser stammt aus der Zisterne.
Die letzten 2 km ab Ližnjan verwandelt sich der Zufahrtsweg in eine
Schotterpiste.

Kap Marlera, Pula
6 km östlich von Ližnjan
Tel. mob. 098 18 20 719
www.lighthouse-croatia.com

**❷ OASI BOUTIQUE HOTEL
€€€**
Genuss und Ruhe findet man in dem
modernen Boutique-Hotel, etwa
4 km südlich von Pula: Die stilvolle In-
neneinrichtung der neun Zimmer
wurde bis ins Detail geplant. Gebadet
wird im kleinen Pool oder am 10 Min.
entfernten Strand. Zum Hotel gehört
ein Restaurant mit gehobener Küche,
das einen guten Ruf genießt.
Pješčana uvala X/12a, Pula
Tel. 052 39 79 10
www.oasi.hr

❶ RESTORAN MILAN €€€€
Als Milan Matić sein Restaurant 1967
eröffnete, gab er ihm einfach seinen
Vornamen, wie es damals üblich war.
Seither wird im Stadtteil Stoja, gegenüber dem k. u. k. Marinefriedhof,
in Familientradition gekocht. Hinzu-
gekommen sind 12 Zimmer und ein
verfeinertes Konzept, das auf gehobene Fischküche abzielt. Dazu werden passende Weine serviert.
Stoja 4, Pula
Tel. 052 30 02 00
www.milanpula.com

❷ KONOBA BATELINA €€€€
Ansprechend arrangiert kommen
Fischgerichte hier auf den Tisch,
etwa die »Fisch-Antipasti«. Für den
Fang des Meeresgetiers ist Senior-
Chef Danilo Skoko zuständig, wäh-
rend sein Sohn David die raffinierte
Zubereitung übernimmt.

Čimulje 25, Banjole
Tel. 052 57 37 67
So. Ruhetag
Mo. – Sa. ab 17 Uhr

❸ RESTORAN BODULKA €€€€
Als Gastronom hat sich Dušan
Černjul längst in ganz Istrien einen
Namen gemacht: Er lebt Slow Food
in dem minimalistischen Restaurant,
das zu dem kleinen Hotel Velanera
gehört. Der Schwerpunkt liegt auf
Fischgerichten, aber auch auf vor-
züglicher frischer Pasta.
Ul. Franje Mošnja 3b,
Šišan, 9 km östlich von Pula
Tel. 052 30 06 20
https://velanera.hr/en/restaurant

❹ RESTORAN
   FARABUTO €€€€
Das Bistro mit der grün-weißen
Retrotapete versteckt sich in einem
Wohnviertel. Die Karte ist, zugunsten der Qualität, recht überschau-
bar: Auf den Tisch kommt nur, was
die Fischer oder der Markt gerade
anbieten – so bleibt es eine Überra-
schung, von welchem Fisch das
hauchdünne Carpaccio auf dem
köstlichen Vorspeisenteller stammt.
Sisplac ul. 15, Pula
Tel. 052 38 60 74
www.farabuto.hr
So. Ruhetag

❺ PIZZERIA JUPITER €€
In der populären Pizzeria nördlich
des Kastellhügels sitzt man auf einer
schattigen Terrasse. Die knusprigen

und sehr leckeren Pizzen sind riesig!
Schön würzig ist die Variante mit
Tartufata, getrüffelter Pilzcreme.
Castropola 42, Pula
Tel. 052 2 143 33

❻ SAFARI BAR €€
Die Bar ist Kult: Ein kleines Bambus-
und Schilfwäldchen sorgt für Schatten mitten auf dem Kap Kamenjak.
Auch der Nachwuchs ist hier bestens
aufgehoben, während die Erwachse-
nen gute Ćevapčići, Kalamari oder
Oliven-Fingerfood und Sangria genießen. Nur die Dixie-Klohäuschen
sollten die Betreiber öfters warten …
Kap Kamenjak, Premantura
Tel. 091 627 84 65

❼ FRESH SANDWICHES
   & SALADS €
In dem kleinen Imbiss werden knacki-
ge Salate, Falafel, Wraps, Smoothies
und gute Sandwiches – mit Grillge-
müse! – angeboten. Ideal für ein
leichtes Mittagessen. Tipp: Mitneh-
men und am Strand genießen.
Anticova ulica 5, Pula
Tel. 052 41 88 88

❼ RESTORAN KANTINA €€
Die lokale Pasta mit Trüffeln
(Pljukanci) gehört zu den Favoriten
in diesem Terrassen-Restaurant in ei-
ner Seitengasse der Innenstadt von
Pula. Hier gibt es gute Fleisch- und
Fischgerichte.
Flanatička ul. 16, Pula
Tel. 052 21 40 54

Grausame Bestrafung
Vom Forum nach Südosten verläuft die **Flaniermeile** der Stadt, **Ulica Sergijevaca,** mit vielen Geschäften und Cafés. In Nr .16 wurden
bei Aufräumarbeiten nach dem Zweiten Weltkrieg Reste eines römischen Hauses freigelegt, wobei ein 65 m² großes Mosaik aus dem
2./3. Jh. zum Vorschein kam (frei zugänglich). Es stellt die Bestrafung
der Dirke dar, die, an einen Stier gefesselt, zu Tode geschleift wurde,
weil sie ihre Nichte Antiope aufs Grausamste behandelt hatte.

Dirkemosaik

ARENA VON PULA

BAEDEKER WISSEN

Wenn Ernährung und Unterhaltung gesichert waren, so dachten die Römer – nicht zu Unrecht –, war die Gefahr von Aufständen sehr gering. Ergebnis dieser nüchternen Denkweise ist unter anderem die Arena in Pula, das sechstgrößte Bauwerk dieser Art weltweit.

Etwa ab 100 v. Chr. wurden die ersten Gladiatorenkämpfe zur Belustigung der Massen durchgeführt. Dazu brauchte man einen geeigneten baulichen Rahmen. Das Volk sollte sich einerseits amüsieren, andererseits sich beeindrucken lassen von der Kunstfertigkeit der Anlage. So entstanden im gesamten römischen Reich entsprechende Arenen. Mit ihrer schieren Größe unterstrichen sie auch die Bedeutung der römischen Herrschaft.

❶ Beeindruckende Maße
Beim Bau zeigte sich Rom durchaus großzügig: 132 m Länge und 105 m Breite sind die Außenmaße des Bauwerks, die trotz ihrer Mächtigkeit filigran wirkenden Mauern ragen bis zu 33 m hoch in den Himmel.

❷ Bögen und Fenster
Im obersten Ring sind eckige Fenster eingelassen, während darunter in zwei Reihen jeweils 72 Bögen das Oval schließen.

❸ Ausstellung
Wo sich einst Gladiatoren zu einem Kampf auf Leben und Tod rüsteten, geht es heute um eine kulinarische Seite der Vergangenheit: um Wein und Olivenöl.

Wo einst Gladiatoren gegeneinander antraten, spielen heute die Großen der internationalen Musikszene auf: die Arena von Pula.

Romanisch–gotisch

Franjevački samostan

Das **Franziskanerkloster** (Sv. Franjo) am westlichen Hang des Kastellhügels, erreichbar über die steile Sv. Franje Asiškog, entstand ab dem späten 13. Jh. im romanisch-gotischen Stil. Sehenswert sind die gotische Fensterrosette der Kirche sowie ein hölzernes Polyptychon aus dem 15. Jahrhundert. Der Innenhof birgt ein Lapidarium mit Steintafeln aus der Ruinenstadt Dvigrad (▶ S. 110).

Uspon B. Lupetine | Mitte Juni – Mitte Sept. tgl. 10 – 18 Uhr
Eintritt: 1,50 € |

Frühchristlich

Kapela Marije Formoze

Die byzantinische Kapelle, südlich der Ulica Sergijevaca in Richtung Hafen gelegen, ist der einzige Rest einer größeren Basilika, die der hl. Maria Formosa (Sv. Marija Formoza) geweiht war. Sehenswert sind inbesondere Fragmente von Mosaiken aus dem 6. Jahrhundert.

Kunstvolle Steinmetzarbeiten

Am Ende der Ulica Sergijevaca folgt der 30 v. Chr. errichtete Sergier-   Slavoluk
bogen (Slavoluk Sergijevaca), geschmückt mit korinthischen Kapitel-   Sergijevaca
len und Reliefs mit Abbildungen von Kriegshandlungen, Pflanzen und
Tieren. Er wurde aus privaten Mitteln von Salvia Postuma Sergia zu
Ehren ihrer drei Brüder errichtet, die sich in der Schlacht bei Acitum
verdient gemacht hatten. Ursprünglich war er an das Stadttor Porta
Aurea (Goldenes Tor) angebaut, sodass er manchmal ebenfalls so
genannt wird. Die Stadtmauer selbst wurde im 19. Jh. abgerissen.

Sibirien am Meer

In Bronze gegossen sitzt er bei einer Tasse Kaffee auf der Terrasse des   James Joyce
Cafés Uliks (Ulysses), nur wenige Meter vom Sergierbogen entfernt,
und »beobachtet« die Passanten: der irische Schriftsteller James Joyce. 1904 ließ er sich mehrere Monate von der Atmosphäre der Hafenstadt inspirieren und schrieb an seinen Romanen »Dubliner« und »The
Holy Office«. Warm wurde er mit Pula, das er als »Sibirien am Meer«
bezeichnete, jedoch nie so ganz – und ging nach Triest. Das moderne
Denkmal des Labiner Bildhauers Mate Čvrljak steht direkt vor der einstigen Arbeits- und Wohnstätte des Geehrten.

Einkaufen mit Stil

Ein Abstecher vom Sergierbogen über die Flanatička ulica führt zur   Tržnica
Markthalle aus österreichisch-ungarischer Zeit. Bauherr war Jakob
Münz, der auch für das Grand Hotel in Pula verantwortlich zeichnete.
Zur Zeit ihrer Errichtung – 1903 – war die Jugendstilkonstruktion aus
Glas und Stahl ein recht modernes Bauwerk (Narodni trg 9).

Hier ging es in die Stadt

Einst war Pula von einer Stadtmauer mit zwölf Toren umgeben. Der   Herkulova
älteste erhaltene Durchgang ist das **Herkulestor** aus dem 1. Jh.   vrata, Dvojna
v. Chr. an der Carrarina ulica. An der Spitze des Bogens ist Herkules   vrata
mit Keule eingemeißelt. Das Doppeltor **Porta Gemina** (Dvojna vrata), nördlich davon gelegen, stammt hingegen aus dem 2./3. Jh. und
zeigt zwei friesverzierte Bögen. In der Nähe finden sich noch Reste
der Stadtmauer.

Kaiserlicher Torso

Das **Archäologische Museum Istriens** neben der Porta Gemina ist   Arheološki
in der ehemaligen Deutschen Schule, einem neoklassizistischen Ge-   muzej Istre
bäude (19. Jh.), untergebracht. Es zeigt Exponate von der römischen
bis zur byzantinischen Zeit, darunter befinden sich Statuen, Architek-
tur- und Mosaikfragmente und eine byzantinische Elfenbeintruhe.
Der Torso d'Imperatore ist eventuell eine Darstellung des Kaisers Augustus, ein Bodenmosaik aus der einstigen Basilika Sv. Marija Formoza zeigt Jesus und Petrus. Dazu kommen prähistorische Gegenstände

aus Nesactium (▶ Rund um Pula) und verschiedene Grabbeigaben. Das Lapidarium im Erdgeschoss präsentiert alte Inschriften und Grabsteine.

Carranina 3 | wegen Restaurierung bis auf Weiteres geschlossen | www.ami-pula.hr

Unterirdisches Wegenetz

Podzemni
hodnici

Seit einigen Jahren kann man einen kleinen Teil der unterirdischen Gänge **(Zerostrasse)** besichtigen, die während der österreichischen Herrschaft am Vorabend des Ersten Weltkriegs gegraben wurden. Die Italiener bauten das System aus, in jugoslawischen Zeiten dienten die Gänge als Atomschutzbunker. Das insgesamt 10 km lange Netz führt von vier strategisch wichtigen Punkten in der Stadt zur Festung (s. u.). Gang Nr. 12 ist 400 m lang und bis zu 6 m breit.

Carrarina 3a | Sommer 9 – 21, Winter 9 – 17 Uhr | Eintritt: 5,50 € | www.pulafortcenter.com

Am höchsten Punkt der Stadt

Kaštel

Auf der höchsten Erhebung Pulas – immerhin 32 m ü. d. M. – thront die venezianische Festung aus dem 17. Jahrhundert. In der Anlage mit ihren Bastionen ist eine zeitgenössische Installation untergebracht. Ein recht neuer Lift führt vom Archäologischen Museum hinauf. Nebenan, unterhalb des Kastells, erstreckt sich das kleine römische **Amphitheater,** das unlängst restauriert wurde (Malo rimsko kazalište).

Gradinski uspon 6 | Sommer 9 – 21 Uhr, im Winter kürzer | Eintritt: 5,50 € | www.pulafortcenter.com

Moderne Kunst in altem Rahmen

Muzej
suvremene
umjetnosti
Istre

Kroatische Kunst ab 1950 bis heute ist im **Museum für Moderne Kunst Istriens,** westlich der Arena, zu sehen. Das Museum ist in der Alten Druckerei aus k. u. k. Zeiten (1862) direkt an der Riva untergebracht, das Gebäude selbst gilt als Industriedenkmal.

Sv. Ivana 1 | Sommer Di. – So. 10 – 21, Winter 10 – 19 Uhr | Eintritt: 2,65 € | www.msu-istre.hr

Gotteshaus der Orthodoxen

Sv. Nikola

Die **Nikolauskirche** aus dem 6. Jahrhundert mit einigen sehenswerten Ikonen wurde seit 1583 der griechisch-orthodoxen Kirche überlassen und heute von der serbisch- orthodoxen Gemeinde genutzt.

Castropola 39 | geöffnet für kurze Zeit nach jeder Messe

Ehrwürdige Mauern

Uznesenje
Blažene Dje-
vice Marije

Richtung Hafenpromenade Riva gelangt man am Domplatz zur **Kathedrale Mariä Himmelfahrt,** die im 15. Jh. auf den Fundamenten eines römischen Jupitertempels erbaut wurde. Das dreischiffige In-

James Joyce wollte sich nicht so recht mit Pula anfreunden. Trotzdem hat er ein Denkmal bekommen.

nere wird von antiken Säulen gestützt, als Hauptaltar dient ein römischer Sarkophag. Der Campanile kam erst 1707 hinzu, benutzt wurden Steinblöcke aus der Arena. Mauerteile einer frühchristlichen Basilika aus dem 5. Jh., die zuvor hier stand, sind noch sichtbar, ebenso ein Bodenmosaik aus dieser Epoche.

Rund ums Olivenöl

In die Geheimnisse des Extra-Vergine-Olivenöls und wie man es richtig verkostet, werden Besucher im **Haus des Istrischen Olivenöls** eingeweiht. Man kann mit dem Audioguide durch die Ausstellung gehen oder im Rahmen einer Führung, die eine Verkostung beinhaltet. Im Verkaufsraum kann man sich dann noch mit Öl und regionalen Köstlichkeiten eindecken.

Museum
Olei Histriae

Istarska 30 | Führungen: Mai – Okt. 10 – 18 Uhr | Verkostungen: 15/24/45 € | Tel. 052 66 12 35 | www.oleumhistriae.com

| Rund um Pula

Zum Gedenken an die Seefahrt

Gospa
od mora

Pula war ein wichtiger Marinestützpunkt der k. u. k. Monarchie. Zu Ehren im Krieg getöteter Marineangehöriger wurde im südwestlichen Stadtteil Stoja (Jeretova ulica bb) die **Kirche Maria vom Meer** (Mornarička crkva) errichtet. Merkmal des neobyzantinischen Stils ist u. a. die rot-weiße Fassade. Am Portal erinnern Elemente an Seemannsknoten. Auf dem 28 m hohen Kirchturm thront ein Engel.

Auf dem 1862 eröffneten **Marinefriedhof** neben der Kirche liegen vor allem k. u. k. Soldaten und Offiziere sowie deren Familien begraben darunter die 89 Toten des am 10. Juni 1918 vor Zadar versenkten Schlachtschiffs »Szent István« und die 147 Opfer des Passagierschiffs »Baron Gautsch«. Es lief am 13. August 1914 vor ▶ Brijuni in eine von der k. u. k. Marine gelegtes Minenfeld. Das Wrack ist heute Ziel für Taucher (▶ Baedeker Wissen, S. 294).

Kunst am Meer

Verudela

Auf der Halbinsel Verudela, 3 km südlich von Pula, gibt es oberhalb des Strands Ambrela einen 5500 qm großen Land-Art-Park mit modernen Skulpturen, die abends effektvoll beleuchtet werden (Eintritt frei). Der Uferweg führt zur Bucht Havajka, unterhalb der Feriensiedlung.

Mächtige österreichische Festung

Festung
Verudela

Die **Festung Verudela,** 1881 bis 1886 gebaut, ist nur eine von 55 Verteidigungsobjekten, die Pula vor Angreifern schützten sollten. In der Festung werden in **60 Aquarien** Katzenhaie, Seeigel und andere Süßwasser- und Meeresbewohner gezeigt. Das dortige Pflegezentrum für Meeresschildkröten päppelt verletzte Tiere wieder auf.

Die **k. u. k. Ausstellung Gallerion** ist jetzt ebenfalls im Fort Verudela beheimatet. Sie zeigt auf 500 qm Fläche 50 größere und 300 kleinere Schiffsmodelle aus der Kaiserzeit, die sich bis 2023 im k. u. k. Kriegsmarinemuseum in Novigrad befanden. Diese beeindruckende Sammlung wurde über 40 Jahre privat zusammengetragen und zählt zu den größten in der Region. Der neue Standort im Aquarium unterstreicht die Bedeutung von Pula als Hafen der k. u. k. Kriegsmarine. Besonders faszinierend ist die Geschichte des Forschungsschiffs »Admiral Tegetthoff«, das 1872 die russische Inselgruppe Franz-Josef-Land im Polarmeer entdeckte und an Bord auch Seeleute aus Istrien hatte. Das liebevoll nachgebaute Schiffsmodell erinnert daran, dass die Donaumonarchie innerhalb eines Jahrhunderts eine respektable Handels- und Kriegsmarine mit Wurzeln an der Adriaküste aufbaute.

Aquarium Pula: Verudella 33 | tgl. ab 9, Juli/Aug. bis 22, Juni, Sept., bis 21, Mai bis 20, April, Okt. bis 18, Nov. – März Mo. – Fr. 9 – 16, Sa. und So. 9 – 17 Uhr | Eintritt: 20 € | www.aquarium.hr

Nette Küstenorte

Pinienwälder spenden den Campingplätzen und Apartments des früheren Fischerdörfchens **Banjole**, 6 km südöstlich von Pula, reichlich
Schatten – ein netter Ort zur Erholung.

Banjole, Pomer

Skipper schätzen das ruhige Örtchen **Pomer**, 8 km südöstlich von
Pula, vor allem für seine moderne Marina. Pomer war bereits zu römischen Zeiten besiedelt, wie Ausgrabungen zeigen. Die Kirche Sv.
Andrija (St. Andreas) stammt aus byzantinischer Zeit, wurde jedoch
später umgebaut.

Hier ist Urlaub angesagt

Medulin, 10 km südöstlich von Pula, gehört seit den 1970er-Jahren zu
den großen Touristenzentren in Istrien, mit vielen Freizeit- und
Sportmöglichkeiten. In einer Bucht reihen sich Hotelsiedlungen an
meist flach abfallenden Stränden aneinander: Den Sandstrand Bijeca
schätzen vor allem Familien mit kleinen Kindern. Im Sommer ist es
dort rappelvoll. Der Ortskern birgt eine Seltenheit für Istrien: eine
doppeltürmige Kirche, die der Sv. Agneza (Hl. Agnes) geweiht ist, ein
Mosaik mit Bibelszenen ist sehenswert. Auf der Halbinsel Vižula wurden die Reste römischer Residenzen freigelegt, mit hübschen Spazierwegen. In der Bucht von Medulin erstrecken sich die winzigen
Inselchen Ceja (mit der berühmten Kaktus-Bar), Levan und Bodulaš,
an deren Stränden gerne gebadet wird. Hin geht es mit Taxibooten.
www.medulinriviera.info

Medulin

Natur pur

Istriens Südspitze mündet in das **Landschaftsschutzgebiet** Kap Kamenjak: 30 km naturbelassene Kies- und Felsstrände, Badebuchten
und malerische Klippen, von denen ganz Wagemutige sogar ins Meer
springen! Die nahezu unberührte Natur macht das Kap zu einem beliebten Ausflugsziel für Wanderer und Radfahrer. Bei der Einfahrt mit
dem Auto wird allerdings eine Öko-Gebühr fällig. Wer mit dem Fahrrad oder zu Fuß kommt, spart sie sich.

Kap Kamenjak

Staubige Schotterwege führen durch die mit Macchia bewachsene
Felslandschaft, in der gar 550 Pflanzenarten heimisch sind. An der
Westküste verläuft ein 600 m langer **Dino-Lehrpfad** mit Original-
Fußabdrücken zum Kap Grakalovac: Sieben Informations-Stationen
und originalgroße Dino-Modelle erwarten die Besucher. In der kulti-
gen **Safari Bar** (▶ S. 187) am Südzipfel, wo Bambus und Schilf
Schatten spenden, kommt bei einem guten Cocktail und kleinen
Snacks fast Karibik-Flair auf!

Premantura, der südlichste Ferienort Istriens, vor der Zufahrt zum
Kap Kamenjak, bietet viele Privatzimmer. Die Campingplätze sind bei
Windsurfern beliebt.

Landschaftsschutzgebiet Kap Kamenjak: tgl. 7 – 21 Uhr | Gebühr:
11 € pro Fahrzeug | www.kamenjak.hr

ZIELE
RAB

Histrier, Römer, Slawen

Nesactium   Die **antike Ruinenstadt** Nesactium (Nezakcij), 10 km östlich von
Pula in Richtung Valtura, war einst die Metropole der illyrischen Histrier. Der letzte histrische König, Epulon, soll 177 v. Chr. den Freitod
gewählt haben, als die Siedlung von den Römern eingenommen wurde. Diese errichteten eine neue Stadt mit Thermen, Forum und drei
Tempeln, wie Ausgrabungen belegen. Erst mit dem Vordringen der
Slawen im 7. Jh. wurde Nesactium zerstört. Die meisten Funde werden im Archäologischen Museum von Pula präsentiert.
Sommer 9 – 12, 16 – 20 Uhr | Eintritt: frei, Führung 20 €

★★ RAB

Höhe: 0 – 408 m ü. d. M. | **Einwohner:** 8400 | Kroatien

M– O 5/6

*Britanniens König Eduard VIII. hat, wenn auch ungewollt, der
Kvarner-Insel Rab zu ungeahnter Popularität unter Nudisten
verholfen. Seine Hoheit soll 1936 eine Genehmigung beantragt
haben, gemeinsam mit seiner späteren Gattin Wallis Simpson in
der Kandarola-Bucht vor Rab baden zu dürfen. Aber bitteschön
hüllenlos, im Adamskostüm! Das blieb nicht ohne Folgen: Seit
jenem Bad wird der Kandarola-Strand gerne »englische Bucht«
genannt und ist bei FKK-Anhängern beliebt. Überhaupt sind es
die Strände und das sonnenreiche Klima, das die Urlauber an
der schönen Ferieninsel Rab so schätzen!*

Die Insel hat jedoch zwei Gesichter: Die verödete Felsküste entlang
der Ostseite wurde vom kalten Bora-Fallwind im Velebit-Kanal glatt-
geschliffen, grün und waldreich präsentiert sich dagegen die Westseite mit mildem Klima und geschützten Buchten. Beide Inselhälften
trennt der Kamenjak-Gebirgszug aus Kalkstein.

Beliebte Badeinsel

Mit der Bezeichnung »Arbe« oder »Arb« könnten die Liburner, die
hier ab dem 9. Jh. v. Chr. siedelten, einst die dunklen Wälder der Insel
bezeichnet haben. Später nannten die Römer das Eiland »Felix Arba«,
die glückliche (reiche) Insel. Diese Bezeichnung erhielten nur wenige
Städte. Bereits unter Kaiser Augustus hatte die Siedlung 10 v. Chr.
den Status eines Municipiums erhalten, mit Stadtmauer, Forum, Tempel und Theater. Ab 530 war Rab frühchristlicher Bischofssitz (bis
1828). 1889 erhielt Rab den Status eines Kur- und Badeorts: Die Gäste kamen vor allem wegen des angenehmen Klimas, das sich positiv
auf die Atmungsorgane auswirkte. Heute kommt etwa die Hälfte der
rund 290 000 Urlauber pro Jahr aus Österreich und Deutschland.

Ein dringender Anruf kann schon mal vom Blick auf die Türme der Altstadt von Rab abhalten ...

Zu Ehren des Schutzpatrons

Rüschenkragen, bodenlange Samtkleider und Perücken dominieren in den engen Altstadtgassen von Rab – zumindest einmal im Jahr: Rund um den Feiertag des Schutzpatrons Sv. Kristofor (St. Christophorus), dessen Reliquien auf Rab aufbewahrt werden, wird vom 25. bis 27. Juli die Rabska fjera drei Tage lang gefeiert. Bei dem **mittelalterlichen Fest** wird altes Handwerk präsentiert, überall gibt es kulinarische Spezialitäten aus alten Zeiten. Höhepunkt ist ein Ritterturnier mit Armbrustschützen.

Rabska fjera

★★ Wohin in Rab-Stadt?

Malerische Inselhauptstadt

Vier Kirchtürme, das Wahrzeichen der Inselhauptstadt Rab, prägen das befestigte Städtchen auf der schmalen Landzunge zwischen Hafen und der Bucht Sv. Eufemija. Der grüne **Stadtpark Komrčar** nördlich der Altstadt flankiert die Bucht und die Flaniermeile Obala kralja Petra Krešimira IV, die sich am Ufer entlangzieht. Die Altstadt

Altstadt

wird von drei Hauptstraßen durchzogen: der unteren Gasse (Donja ulica) mit gut besuchten Cafés, der mittleren Gasse (Srednja ulica) mit Souvenirgeschäften und der oberen Gasse (Gornja ulica) mit den Kirchtürmen; die beiden Letzteren sind durch schmale Treppengassen verbunden. Reste der alten **Stadtmauer** sind noch in der Bucht Sv. Eufemija und der Oberstadt zu sehen: Viele **Patrizierhäuser** aus venezianischen Zeiten prägen das Gesicht der Altstadt. Herausragend sind etwa das Stadtpalais Dominis aus dem 15. Jahrhundert am Anfang der Srednja ulica – mit einem Marmorportal, asymmetrischen Fenstern und Familienwappen –, in dem der Theologe, Philosoph, Mathematiker und Physiker Markantun de Dominis (1560 – 1624) geboren wurde, Erzbischof von Split und Kritiker des Vatikans. Er beschäftigte sich auch mit der wissenschaftlichen Erklärung des Regenbogens.

Toller Ausblick

Stadmauer

Vom Trg Sv. Krištofora am Beginn der Altstadt führt eine Treppenweg in die Gornja ulica hinauf in den älteren Stadtteil Kaldanac. Der Rest der mittelalterlichen Stadtmauer kann bestiegen werden und öffnet den Blick über die Altstadt. Hier beginnt der Ende des 19. Jh.s angelegte **Stadtpark** Komrčar mit Steineichen, Palmen und Zypressen.

Musik in der Kirche

Sv. Krištofor,
Sv. Ivan
Evanđelista,
Sv. Križ

Die Kirche Sv. Krištofor (St. Christophorus) besitzt ein Altarbild von Pellegrini (18. Jh.) und barocke Stuckaturen. Die Gornja ulica führt zu den Ruinen der Basilika Sv. Ivan Evanđelista (Evangelist Johannes, 11. Jh.), von der nur der 20 m hohe, intakte Kirchturm und einige Säulenreste erhalten geblieben sind. Daneben erhebt sich die Kirche Sv. Križ (Heiligkreuz) aus dem 13. Jh. mit einigen sehenswerte Bodenmosaiken. Das ganze Ensemble ist eine schöne Kulisse für die Raber **Musikabende** im Sommer.

Kostbare Kunst

Museum
für sakrale
Kunst

Der Kirche Sv. Justina (16. Jh.) wurde ein bauchiger Zwiebelturm aufgesetzt. Gottesdienste finden hier keine mehr statt. Stattdessen zeigt ein kleines, aber feines Museum sakrale Kunst: Das Bild am Renaissancealtar wird der Schule Tizians zugerechnet und stellt Josephs Tod dar. Kostbar ist auch das Schädelreliquiar des hl. Christophorus, ein Geschenk des Patriarchen von Konstantinopel im Jahr 923.

Museum: Juli/Aug. Mo. – Sa. 9 – 13, 19 – 22, So. nur abends; Juni und Sept. tgl. 19.30 – 21 Uhr | Eintritt: frei

Wundertätige Muttergottes

Samostan
Sv. Andrije

Ganz in der Nähe erhebt sich die romanische Kirche des noch aktiven Benediktinerinnenklosters Sv. Andrija (St. Andreas). Es wurde 1018 zur »Versorgung« unverheirateter Adelstöchter gegründet. Das

Muttergottesbild in der Kirche gilt als wundertätig und lockt viele Pilger an. Der Glockenturm von 1181 ist der älteste in Rab.

Wahrzeichen von Rab

Der markante, etwa 50 m entfernt freistehende **Campanile** der Marienkathedrale wurde bereits im 13. Jahrhundert erwähnt. Mit seinen 26 m überragt der westlich der Kirche aufragende Glockenturm die ganze Altstadt und gilt als Wahrzeichen von Rab. Auf sechs Stockwerken finden sich unterschiedliche Fensteröffnungen. Der Aufstieg wird belohnt: Von oben bietet sich eine schöne Aussicht auf die übrigen Kvarner-Inseln.

Sv. Marija
Velika

Das **Gotteshaus** selbst ist zwar seit Auflösung des Bistums 1828 nur noch eine Kirche, wird aber immer noch Marienkathedrale genannt (1177). Beeindruckend ist das Renaissanceportal eines Bildhauers aus Trogir, das die zweifarbige Fassade aus typischem Raber Stein (Rapski mandulat) ziert. Römische Säulen mit Spolien unterteilen das Innere. Sehenswert sind das Ziborium mit altkroatischen Fragmenten, ein Marmortaufbecken und ein spätgotisches Chorgestühl

Gradska luka
Marina

Trg Svetog Kristofora
Nimira-Palast
Sv. Anton
Dominis-Palast
Sv. Krištofor
Sv. Ivan Evandelista
Rektoren-palast
Uhr-turm
Trg Municipium Arba
Sv. Križ
Loggia
Sv. Nikole
Museum für sakrale Kunst
RAB
Sv. Marija Velika
Sveti Andrija
Glocken-turm
Sv. Antun Opat
Samostan

1 Astoria
2 Agatini Vrtovi
3 Konoba Rab
4 Ankora
5 Vojko

1 Arbiana Heritage Hotel
2 Valamar Hotel Imperial

100 m
©BAEDEKER

RAB ERLEBEN

TOURISTINFORMATION RAB-STADT
Trg Municipium Arba 8
51280 Rab
Tel. 051 72 40 64
www.rab-visit.com

TOURISTINFORMATION LOPAR
Lopar 284, 51281 Lopar
Tel. 051 77 55 08
https://lopar.com

Die Autofähre braucht 15 Min. von Stinica auf dem Festland nach Mišnjak im Süden von Rab (Rapska plovidba). Ab Valbiska (Insel Krk) fährt ganzjährig eine Autofähre nach Lopar (Jadrolinija) in 1 Std. 20 Min.; ganzjährig auch der Katamaran aus Rijeka (Jadrolinija) in 1 Std. 45 Min.
www.rapska-plovidba.hr
www.jadrolinija.hr

Juli – Aug.: Raber Musikabende, jeden Do. klassische Konzerte in der Kirche Sv. Križ, Rab
9. Mai (Stadtfest), 25. Juni (Nationalfeiertag) und 15. Aug. (Mariä Himmelfahrt): Ritterspiele und Armbrustschützen-Wettbewerbe, historische Umzüge, Rab
25. – 27. Juli: Mittelalter-Festival Rabska fjera (Raber Fjera) mit Ritterspielen, Rab

Ca. 300 km Wander- bzw. Radwege; Tauchzentren bieten Tauchgänge an.

In der Donja ulica in Rab-Stadt liegen die angesagten Cafés und Kneipen, vor denen man sich im Sommer trifft. Am Hauptplatz wird abends in der **Caffè-Bar San Antonio** getanzt. Am Strand Pudarica bei Barbat ist die **Beach Bar Santos** die Adresse für Partynächte.

Im »**Natura Rab**« in Barbat gibt es Cremes und Seifen aus regionaler Produktion in Bio-Qualität (tgl. 8 – 20 Uhr, Tel. 051 72 19 27 www.natura-rab.hr).

❶ ARBIANA HERITAGE HOTEL €€€€
Die elegante Altstadt-Villa (28 Zimmer) mit einer fast 100-jährigen Tradition erhebt sich direkt an der Uferpromenade. Die Einrichtung, mit reichlich Samt und Teppichen, ist herrlich nostalgisch. Umgeben von altem Gemäuer sitzen Frühstücks- und Restaurantgäste in dem wundervollen Park Sv. Marin.
Obala kralja Petra Krešimira IV/12
Rab-Stadt
Tel. 051 77 59 00
https://arbianahotel.com

❷ VALAMAR HOTEL IMPERIAL €€€
Das über 100 Jahre alte, jüngst renovierte Traditionshotel liegt neben dem herrlichen Stadtpark in Rab-Stadt. Entspannung bieten das Wellnesszentrum sowie Innen- und Außenpool. Im Restaurant stehen feine Spezialitäten und edle Weine auf der Karte. In die Altstadt laufen Sie nur wenige Minuten.
M. de Dominisa 9, Rab
Tel. 051 724 522
www.valamar.com/de

🍴

❶ RESTORAN ASTORIA €€€
Die phantastische Aussicht von der Terrasse im ersten Stock macht Lust auf Meer: Da schmecken Scampi auf Buzara-Art oder Seeteufel in Malvazija-Sauce umso besser. Gemüse und Gewürze stammen aus eigenem Anbau, überhaupt wird Wert auf regionale Produkte gelegt.
Ulica Dinka Dokule 2, Rab-Stadt
Tel. 051 77 48 44
www.astoria-rab.com/de
Mittagsruhe: 15 – 18 Uhr

❷ AGATINI VRTOVI €€€
Das elegante Restaurant, übersetzt »Agathas Gärten«, des Hotels Arbiana liegt direkt am Hafen. Die kreativ und fein zubereiteten Fisch- und Fleischgerichte machen den Abend zu einem besonderen Erlebnis. Romantikfaktor: hoch!
Obala kralja Petra Krešimira IV/12, Rab-Stadt
Tel. 051 77 59 00

❸ KONOBA RAB €€€
Etwas versteckt in einer Altstadtgasse erwartet die Gäste ein gemütliches Ambiente mit einer kleinen Galerie. Auf den Punkt zubereitet ist die Rapska grota, ein mit Käse gefülltes Rindersteak. Gut zu wissen: Das Lamm unter der Schmorglocke muss einen Tag vorab bestellt werden. Reservierung empfohlen!
Kneza Branimira 3
Rab-Stadt
Tel. 051 72 56 66

❹ RESTORAN ANKORA €€€
Die familiäre Konoba bietet eine gemütliche Terrasse, der Schwerpunkt der Küche liegt auf fangfrischem Fisch.
Lopar 103, Lopar
Tel. mob. 099 730 15 00

❺ RESTORAN VOJKO €€€
Skipper legen traditionell gerne in der ACI Marina Supetarska Draga an, um bei Vojko Krišković zu speisen: Der hat sich schon seit Jahren mit großen Portionen, vor allem Spanferkel und Fleisch, einen Namen gemacht.
Suha Marina
(Trockenmarina)
Supetarska Draga
Tel. 051 77 68 05
ww.vojko.hr

---

mit dem Wappen von Raber Patrizierfamilien. Der thronende Christus aus dem 8. Jh. gilt als eines der ältesten Ausstellungsstücke.
Kathedrale: Ul. Ivana Rabljana | nicht ständig geöffnet | Eintritt: frei, Spende erbeten
Campanile: tgl. 10 – 12, ca. 19 – 22 Uhr | Eintritt: 3 €

Bei den Franziskanerinnen
Das bis heute aktive Franziskanerinnenkloster Sv. Antun Opat (St. Abt Anton) thront seit dem 11. Jh. über der Spitze der Landzunge. Seine Kirche bewahrt eine in Öl gemalte Ansicht der Stadt Rab von 1638.   Samostan Sv. Antun Opat

Rathaus mit Stil
Von der Marienkathedrale führt die Ul. Biskupa Draga zum belebten Hauptplatz Trg Municipium Arba; er öffnet sich zum Hafen und zur Uferpromenade Obala kralja Petra Krešimira IV hin. An seiner Nord-   Trg Municipium Arba

westseite steht der **Rektorenpalast** (Knežev dvor, 13 Jh., heute Rathaus). Baustile von Romanik bis Renaissance verschmelzen hier miteinander. Den Balkon mit Renaissance-Balustrade halten venezianische Löwenkopf-Konsolen empor. Nicht weit entfernt steht der bis heute funktionsfähige **Uhrturm** aus der Renaissancezeit, ein paar Schritte weiter eine von acht Säulen getragene Loggia (1509).

Rathaus: Sommer tgl. 10 – 13, 19 – 21 Uhr | Eintritt: frei

▎ Weitere Orte auf Rab

Inmitten von Weinreben und Oliven

Kampor, Kalifront
Wunderbar grün ist die Halbinsel Kalifront nördlich von Rab-Stadt: Dort legen Taxiboote in lauschigen Buchten an, und viele Wege locken zum Wandern und Radfahren. Schön schattig ist der Parkwald Dundo, einer der größten Steineichenwälder der Adria. Auf dem Weg nach Kalifront passieren Sie ab Rab das Franziskanerkloster Sv. Eufemija (St. Euphemia, 15. Jh.), das einen Blick lohnt.

In der Nähe erinnert eine Gedenkstätte bei Kampor an die Opfer des **Konzentrationslagers Rab**, von September 1942 bis Juni 1943 italienisches Hauptlager für Slowenen.

Paradies oder Sahara?

Lopar
Der bekannteste Inselstrand, **Rajska plaža** (Paradiso/Paradiesstrand), beim nördlich gelegenen Lopar ist ideal für den Nachwuchs, da er sehr flach ins Meer abfällt. Der 1,5 km lange Strand liegt direkt am ruhigeren **Sahara-Strand**, 40 Min. zu Fuß von Lopar, wo sich die FKK-Anhänger treffen. Der Name der Feriensiedlung San Marino ist eine Hommage an den Begründer des Stadtstaats, der aus Lopar stammte und über Handelsgeschäfte dorthin gelangte.

Ab ins Wasser

Banjol
In dem Badeort östlich von Rab-Stadt säumen moderne Ferienhäuser die Uferpromenade, während der Blick auf die Altstadt von Rab fällt. Gebadet wird an schönen Kiesstränden.

▎ Goli otok

Dunkle Vergangenheit

Titos Gulag
Die jahrhundertelang ausschließlich von Schafen besiedelte, karge Insel (4,7 km^2) zwischen der Nordspitze von Rab und dem Festland gilt als Synonym für die dunkle Seite Jugoslawiens: Auf Goli otok (Nackte Insel) befand sich der Gulag des Tito-Reichs, in dem Folter, Terror, Verhöre und Zwangsarbeit in Steinbrüchen an der Tagesordnung waren; auf der Nachbarinsel Sveti Grgur war das Frauenlager.

Bereits Österreich-Ungarn hatte auf dem bis heute unbewohnten Eiland im Ersten Weltkrieg ein Lager für russische Kriegsgefangene errichtet. Nach Titos Bruch mit der Sowjetunion wurden hier ab 1949 politische Gegner wie Stalinisten und Ustascha-Faschisten, später sonstige »Staatsfeinde« weggesperrt, singesamt über 15 000. Wie viele Menschen nicht überlebten, ist unbekannt: Die Geheimpolizei vernichtete die Unterlagen bei der Lagerschließung 1988.

In der Sommersaison werden in den Häfen von Rab und von Lopar Exkursionen angeboten, mit Stopp auf Sv. Grgur. Man kann die Insel zu Fuß oder mit dem »Goli Express« erkunden.

★ RIJEKA

Höhe: 0 – 219 m ü. d. M. | **Einwohner:** 110 000 | Kroatien

Die Einwohner von Rijeka lieben den Spruch »Ich mag die Stadt, die fließt«. Das Wortspiel hat eine einfache Erklärung: Rijeka oder auf Italienisch Fiume heißt schlichtweg »der Fluss«, abgeleitet vom namensgebenden Flüsschen Riječina. Die Hafenmetropole war »Europäische Kulturhauptstadt 2020« und hat sich dafür herausgeputzt und die Museumslandschaft umgekrempelt.

Rijeka (ital. Fiume), die drittgrößte kroatische Metropole, ist das kulturelle und wirtschaftliche Herz der Kvarner-Region. Die Stadt hat alles, um großstädtisch zu wirken: triste Wolkenkratzer, viele Studenten, ein schmuckes Theater aus k. u. k. Zeiten, einen belebten Hafen und mehrere teils sehr originelle Museen. An der Uferpromenade Riva vermischt sich mediterranes Flair mit herausgeputzten Jugendstil-Fassaden, während die Flaniermeile Korzo zum Bummel einlädt.

Herz der Kvarner-Region

Rijeka ist überdies Kroatiens Karnevalsmetropole. Der Höhepunkt des närrischen Treibens findet am Faschingssonntag statt: Weit über 100 000 Zuschauer verfolgen die **große Parade**, angeführt vom Stadtmeister, dem Meštar, der Karnevalskönigin und dem Morčić, einem kleinen Mohr und Wahrzeichen der Stadt, der an die Bedrohung durch die Osmanen erinnern soll (wobei dessen politische Korrektheit diskutiert wird!). Für die kollektiven Sünden muss der Pust büßen, eine Strohpuppe, die im Hafen verbrannt wird. Tiermasken mit Hörnern, Felle als Rückenwärmer und Matrosenhemden: So ziehen die Zvončari (Glöckner), die große Glocken (kroat. zvono) am Körper tragen, durch Rijeka und wollen den Winter damit austreiben.

Wer bei der verkleideten **Autorallye »Pariz – Bakar«** mitmischen möchte, muss »mindestens 98,7 Promille Karneval im Blut« haben, so die Veranstalter. Die Parodie auf Paris – Dakar beginnt vor der Pizzeria Pariz (Paris) in Rijeka und führt bis ins Städtchen Bakar, östlich von Rijeka, meist an einem Samstag vor Karneval.

18 Jahre unabhängig

Geschichte   Um die Straße von Rom nach Thessaloniki zu schützen, errichteten die Römer den Militärstützpunkt Tarsatica hoch über der heutigen Stadt Rijeka. Im 8. Jahrhundert bauten die Slawen das Kastell zur Festung Trsat aus, in der im Mittelalter das Adelsgeschlecht der Frankopanen residierte. Im Gegensatz zu Istrien war Rijeka bereits ab dem Jahr 1468 in österreichischer Hand. Anfang des 19. Jahrhunderts wurde Rijeka innerhalb der k. u. k. Monarchie Ungarn zugeschlagen. Der Grenzvertrag von Rapallo (1920) sah die Gründung des Unabhängigen Staats Rijeka vor, der jedoch nicht lange bestand. Zwischen 1924 und 1941 bildete das Flüsschen Rječina die Staatsgrenze: Das Gebiet westlich davon gehörte zu Italien, der östlich davon gelegene Stadtteil Sušak zum Königreich der Serben, Kroaten und Slowenen, dem späteren Jugoslawien. Erst nach Kriegsende wurden Sušak und Fiume wiedervereinigt.

In den vergangenen Jahren hat sich Rijeka von der Hafenstadt zu einem Urlaubsort gemausert, in dem Touristen auch bleiben: Dazu tragen neue Nachtzugverbindungen bei (z. B. nach Prag, Stuttgart/München), viele neue Unterkünfte, aber auch spannende Kulturprojekte wie der Umbau des Benčić-Fabrikareals, das seit kurzem Stadtmuseum, Puppentheater, Art Kino, Stadtbücherei und das Museum für moderne und zeitgenössische Kunst beherbergt.

▌ Wohin in Rijeka?

Sehen und gesehen werden

Korzo   Auf der **Hauptflaniermeile** Korzo, die parallel zur Uferpromenade Riva verläuft (zwei Straßen weiter!), pocht der Puls der Stadt. Hier treffen sich die Einheimischen zum Bummeln, an stattlichen Herrenhäusern, Cafés und Geschäften vorbei. Der Korzo löste nach mehreren schweren Erdbeben von 1750 die Riva als neue Flanierstraße ab. In der Mitte des Korzo erhebt sich das ockerfarbene **Stadttor** mit Uhrturm (Gradski toranj), dem eine stolze Kuppel aufgesetzt wurde. Es gilt als Wahrzeichen der Stadt und spiegelt deren Geschichte mit Habsburger Doppeladler und den Büsten von Leopold I. und Karl VI. Das Tor war der einzige Zugang von der Seeseite in die Altstadt.

Altes Zentrum

Koblerov trg   Durch den Stadtturm hindurch gelangt man zu einem der ältesten Plätze der Stadt, auf dem früher der Grünmarkt stattfand: Daher wird der lang gestreckte Platz von den Bewohnern bis heute nur Ze-

RIJEKA

Map labels:

- tadtmuseum
- Museum für moderne Kunst
- Bahnhof
- Marine-museum
- Naturwissenschaft-liches Museum
- E la Guardie
- Pomerio
- Crottina
- Krešimirova
- Cite
- Ivana Pavla II
- Kapuziner-kirche
- Plöch-Palast
- E. Barčica
- Universitäts-bibliothek
- Dolac
- Justiz-palast
- Ivana Grohovca
- Trsat
- Torpedo-Museum und Abschussrampe
- Trg Žabica
- Bus-bahnhof
- Jadranski trg
- Frana Supila
- Sv. Jeronim
- Žrtava fašizma
- Computer- und Kindheitsmuseum
- Riva
- Korzo
- Sv. Vid
- Titov trg
- ④
- Municipium
- Adamiceva
- Trg I. Koblera
- Röm. Tor
- Mariä Himmelfahrt
- Fiumara
- Stadtturm
- Užarska
- Pharmazie-museum
- ②
- Riva
- Stadt-hafen
- Sv. Nikola
- Palais Modello
- Jelačičev trg
- Mrtvi kanal
- Krk, Crikvenica
- ①
- 200 m
- ©BAEDEKER
- Molo Longo
- Riva Boduli
- Ivana Zajca
- ⑤
- Markt-halle
- Fischhalle
- Theater
- ③

Legend:

🍴🍷
- ❶ Restoran Kukuriku
- ❷ Bistro Mala Riba
- ❸ Konoba Na Kantunu
- ❹ Dining Pleasure Boonker
- ❺ Bistro Mornar

🏠
- ❶ Hotel Jadran
- ❷ Botel Marina

RIJEKA ERLEBEN

TOURISTINFORMATION
Korzo 14a
51000 Rijeka
Tel. 051 33 58 82
https://visitrijeka.hr

Mit dem **Rijeka Winter-Pass** haben Sie freien Eintritt in die Museen der Stadt. Die Karte gibt es bei zwei oder mehr Übernachtungen geschenkt, allerdings nur von Anfang Okt. bis Ende März.

Febr./März: Karneval mit Kinder-karneval; Autorallye »Paris – Bakar«, Umzug mit Verbrennung des Pust im Hafen von Rijeka

2. Juniwoche: Segelregatta Fiumanka
https://fiumanka.eu
Juli – Aug.: Sommerfestival auf der Festung, Theater und Konzerte (»Ljeto na Gradini«), Rijeka-Trsat
www.trsatskagradina.com

In Rijeka wird am **Stadtstrand Sablićevo,** östlich des Hafens, gebadet. Noch ein Stück weiter östlich erfreut sich der **Strand Pećine** großer Beliebtheit. In Richtung Opatija findet man beim Schwimmbadkomplex Kantrida ein paar Strände, während die **Preluk-Bucht** am frühen Morgen das Ziel von Surfern ist.

Im modernen Einkaufszentrum **Tower Center** (Janka Polića Kamova 81a, Rijeka-Pećine) sind auf fünf Etagen 150 Geschäfte, Restaurants und Kinosäle untergebracht.
Kroatisches Design, Accessoires und Lifestyle-Produkte gibt es bei **Croatia in a Box** neben der Kathedrale (Grivica 6a).
Delikatessen wie die marzipanartige Rapska torta, lokale Weine und Schnaps bietet **Deliiicije** an (Mo. – Sa. 8 – 21 Uhr, Starčevića 7a). Wer schönen Schmuck mag, wird in der **Mala Galerija Bruketa** in der Užarska 25 fündig. In derselben Straße, in Hausnummer 14, lockt der **Šta da? Happy Hobby Shop** mit originellen Upcycling-Acessoires wie Schmuck, Kissen oder Taschen.
www.tower-center-rijeka.hr
https://croatiainabox.com
www.deliiicije.com
www.mala-galerija.hr

Auf der Terrasse der **Vintage Bar**, auf der Festung Trsat, kann man den Sonnenuntergang bei einem Glas Wein genießen (tgl. 8 bis 2 Uhr). Rund um das Hafenbecken finden sich einige Cafés und Restaurants. Für einen netten Bummel am Abend ist der 1,7 km lange Wellenbrecher gegenüber, **Molo longo,** ideal.

❶ HOTEL JADRAN €€€
Das angenehme Strandhotel (69 Zi.) erhebt sich auf einer Steilklippe am Meer. Trotz der Nähe zum Containerhafen ist das Wasser am hoteleigenen Beton- und Felsstrand überraschend klar. Ins Zentrum sollte man etwa 20 Min. Fußweg einplanen.
Šetalište XIII divizije 46, Rijeka
Tel. 051 49 40 00
www.jadran-hoteli.hr

❷ BOTEL MARINA €
Nach 70 Jahren im Einsatz, ankert das ehemalige Fährschiff Marina nun als originelles Hostel im Hafen von Rijeka: Die modernen 35 Kabinen wurden in fröhlichen Farben eingerichtet. Wie auf einem echten Schiff zu erwarten, fällt der Blick durch die Bullaugen aufs Meer. Geparkt wird direkt nebenan, im Hafen von Rijeka.
Adamićev gat, Rijeka
Tel. 051 41 01 62
www.botel-marina.com

❶ RESTORAN KUKURIKU €€€€
Das Slow-Food-Restaurant von Patron Nenad Kukurin in der Altstadt von Kastav (10 km nordwestlich, ▶ S. 212) ist überregional bekannt. Eine Speise- oder Weinkarte gibt es dort nicht. Man vertraut seine Vorlieben (auch Allergien!) einfach dem Servicepersonal an, mit dem man gemeinsam ein Menü zusammenstellt, die Zutaten stammen tagesfrisch vom Markt und aus dem Meer. Zu jedem Gang wird der passende Wein serviert. Eine Reservierung ist erforderlich. Das Hotel bietet schön eingerichtete, moderne Zimmer (€ €)
Trg Lokvina 3, Kastav
Tel. 051 69 15 19
http://kukuriku.hr

❷ BISTRO MALA RIBA €€€

Vorzügliche Tapas auf »Kvarner-Art« werden in dem heimeligen kleinen Lokal im Bergdörfchen Matulji in Probierportionen serviert. Als Hauptgang empfiehlt sich das köstliche Fisch-Brudet (Brodetto), das hier im Metalltopf auf den Tisch kommt – und das reichlich.

43. Istarske divizije 22a, Matulji
Tel. 051 27 79 45

❸ KONOBA NA KANTUNU €€€

Die freundliche »Taverne am Eck« liegt recht versteckt hinter Lagerhallen am Mrtvi kanal. Bis zur Fischhalle von Rijeka sind es nur wenige Meter. Da liegt es nur nahe, dass hier fangfrischer, sehr gut zubereiteter Fisch und Meeresfrüchte auf den Tisch kommen – vom erschwinglichen Hecht bis zu hochpreisigen Adria-Scampi.

Demetrova 2/Wenzelova 4, Rijeka
Tel. 051 31 32 71
So. Ruhetag

❹ DINING PLEASURE BOONKER €€

Ein ehemaliger Luftschutzbunker im Hafen rühmt sich mit »der sonnigsten Terrasse« von Rijeka! Hier treffen sich alle, die einen Cappuccino oder eine knusprige Pizza in bequemen Lounge-Polstern oder auf Sitzsäcken genießen möchten. Abends wird an der langen Theke im Bunker-Gewölbe bei Selbstgebranntem philosophiert.

Riva 1
Rijeka
Tel. 051 40 17 38
www.boonker.hr

❺ BISTRO MORNAR €€–€€€

Das angenehme Lokal überzeugt mit Vintage-Interieur. Die Lage zwischen Markt und Hafenbecken sorgt für stets frischen Fisch und Meeresgetier.

Ul. Riva Boduli 5a
Rijeka
Tel. 051 31 22 22

---

leni trg **(Grüner Platz)** genannt. Das alte Rathaus und spätantike Ruinen flankieren den Platz, der Springbrunnen mit Walzen-Skulptur ehrt die örtliche Papierfabrik. Am nördlichen Ende führt die Ulica Stara vrata zum **Römischen Tor** (Stara vrata).

100 Jahre Bauzeit

Am nahe gelegenen Trg Grivica erhebt sich die Kathedrale Sv. Vid (St. Veit) mit mächtiger Kuppel, die dem Schutzpatron der Stadt geweiht ist. Ihre Außenmauern haben die Form einer Rotunde und vereinen gotische und barocke Elemente. Mit dem Bau wurde 1638 begonnen, die Fertigstellung dauerte fast 100 Jahre. Sehenswert sind mehrere Altarbilder und Säulen (tagsüber geöffnet, Mittagspause ab 12 Uhr).

Sv. Vid

Für Seebären

Westlich der Kathedrale Sv. Vid gelangt man am Justizpalast (Sudbena palača) vorbei zum Trg Riccarda Zanelle. Hier ist im ehemaligen neobarocken Palast des k. u. k. Gouverneurs ist das **Seefahrts- und Geschichtsmuseum** des Kroatischen Küstenlands, kurz: Marinemuseum, untergebracht. Im prächtigen Bau versammelt sind Modelle und Ausrüstung von Mobilar – und eine der Rettungswesten der Titanic. Ein französischer Garten umgibt den Prachtbau.

Pomorski i povijesni muzej

Mo. 9 – 16, Di. – Sa. 9 – 20, So. 9 – 13 Uhr | Eintritt: 4 €
www.ppmhp.hr

Geologische Besonderheiten

Prirodo-
slovni muzej
Das **Naturwissenschaftliche Museum** östlich davon zeigt geologische Phänomene der Kvarner-Bucht auf, aber auch Mineralien, Flora
und Fauna der Region.
Lorenzov prolaz 1 | tgl. 9 – 20 Uhr | Eintritt: 3 €
www.prirodoslovni.com

Hier wird es nostalgisch

Muzej
Peek & Poke
Reichlich Nostalgie kommt im privaten **Computermuseum** nördlich
der Kathedrale auf: Selbst wer sich nicht für alte Videospiele oder
den Apple 2 – den ersten Computer mit Maus – interessiert, dürfte
hier das eine oder andere interessante Ausstellungsstück entdecken.
Die Leidenschaft der privaten Betreiber ist ansteckend, einige Exponate sind wirklich beeindruckend.
Wer sich für alte Spielsachen interessiert, wird im **Kindheitsmuseum** fündig: Teddys, Puppen oder das sozialistische Kinderfahrrad
»Pony«, mit dem Generationen von Kindern in Jugoslawien das Radfahren lernten, gibt es im Nachbargebäude (zur Besichtigung einfach
bei Peek & Poke melden).
Ivana Grohovca 2 | Mai– Mitte Okt. Mo.– Fr. 10– 18, Sa. 11 – 16 Uhr,
übrige Monate nur Sa. | Eintritt: 7 €, Kindheitsmuseum 5 €
www.peekpoke.hr

Entdeckungen unter der Stadt

TunelRi
Ein **ehemaliger Tunnel**, den italienische Soldaten zwischen 1939
und 1942 als Schutzbunker für die Zivilbevölkerung errichteten, kann
seit 2017 begangen werden. Er erstreckt sich über 330 m, nicht weit
von der Kathedrale Sv. Vid bis zur Grundschule Dolac, nördlich des
Korzo. Bis zu 10 km lang soll der gesamte Tunnelkomplex unter der
Stadt sein.
Eingang: Grivica ul. | tgl. 10 – 20 Uhr
Eintritt: frei | https://visitrijeka.hr

Zum Gedenken an den hl. Veit

Trg Riječke
rezolucije
Östlich der Ulica Dolac gelangt man zum **Platz der Resolution von
Rijeka**. In der Erklärung wurde 1905 die Vereinigung aller kroatischen Landesteile der k. u. k. Monarchie gefordert. Auf dem Platz
erhebt sich eine spätmittelalterliche Rolandsäule als Symbol für städtische Freiheiten. Das Wappen darauf bildet den Stadtpatron hl. Veit
ab, dem Rijeka seinen nicht mehr gebräuchlichen deutschen Namen
»Sankt Veit am Flaum« verdankt. Den Platz flankieren im Süden die
Kirche Sv. Jeronim (St. Hieronymus) sowie das klassizistische Mu-
nicipium-Palais, in dem die Stadtverwaltung ihren Sitz hat.

Zur Muttergottes von Lourdes

Westlich mündet der Korzo in den Jadranski trg, der nach wenigen Metern in den Trg Žabica übergeht. Dort führt eine mächtige Freitreppe zur **Kapuzinerkirche** (Kirche der Muttergottes von Lourdes, 1904 – 1929) mit ihrer weiß-braun-gestreiften Fassade hinauf.

Gospa Lurdska

Mediterranes Flair

Durch Aufschüttung des Ufers entstand die Riva, die Prachtstraße der Stadt mit schmucken Palazzi aus dem 19. Jahrhundert. Prunkstück ist das historistische **Modello-Palais** (Palača Modello) mit Elementen aus der Hochrenaissance und dem Spätbarock. Es wurde 1885 nach Entwürfen der Wiener Architekten Ferdinand Fellner und Hermann Helmer gebaut. Am östlichen Ende der Riva fallen drei wunderschöne **Markthallen** auf, die bereits Ende des 19. Jh.s errichtet wurden: Obst, Gemüse, Käse und Fisch werden hier feilgeboten.
Markt: Mo. – Sa. 7 – 14, So. bis 12 Uhr

Riva

Prächtiger Theaterbau

Hinter dem bunten Markt öffnet sich eine gepflegte kleine Grünanlage, die das **Kroatische Nationaltheater** umgibt. Das prunkvolle Gebäude wurde 1885 im Neorenaissancestil erbaut und nach dem Komponisten Ivan Zajc (1832 – 1914) benannt, der als »kroatischer Verdi« gilt. Das Theater erinnert an viele andere Schauspielhäuser der einstigen Donaumonarchie. Kein Wunder: Das Architekten-Duo Fellner & Helmer hat in Österreich-Ungarn, in der Schweiz und in Deutschland (unter anderem das Deutsche Schauspielhaus Hamburg) viele Theater konzipiert (Programm: https://hnk-zajc.hr).

Hrvatsko narodno kazalište

Fast wie in Pisa

Hinter dem Nationaltheater führt der Weg am Toten Kanal (Mrtvi kanal), der einstigen Mündung des Flüsschens Riječina vorbei. Hier ankern traditionell viele Boote. Nördlich des Jelačić-Platzes (Jelačićev trg), der das östliche Ende des Korzo markiert, sind es nur wenige Meter zur ältesten Kirche Rijekas, Mariä Himmelfahrt (Djevice Marije, 12. Jh.), deren zwischenzeitlich **»schiefer« gotischer Campanile** sich um gut 40 cm geneigt hat.
Gegenüber geht die schmale Užarska ul. ab, wo in Nr. 11 das neue **Pharmaziemuseum** eröffnet hat, das mit modernster Technik die Welt der Arzneimittel präsentiert.
Pharmaziemuseum: Di. – Sa. 10 – 19, So. 10 – 14; Juni – Aug. Di. – So. 10 – 14 u. 17 – 21 Uhr | Eintritt: 4 € | https://muzej-farmacije.jgl.hr

Kirche Mariä Himmelfahrt

Salz liegt in der Luft

Wer Meerluft aus nächster Nähe schnuppern möchte oder ein hübsches Fotomotiv auf die Stadt sucht, sollte die Molo Longo aufsuchen, ein 1,7 km langer Wellenbrecher zum Schutz des Hafens.

Molo Longo

![Frischer Fisch in den Markthallen]

Frischer Fisch – verlockend, aber vielleicht ist Käse doch der praktischere Urlaubseinkauf in den Markthallen.

▌ Außerhalb der Altstadt

Stadtmuseum

Ganz neu
An neuem Ort und neu aufgestellt zeigt sich das Museum der Stadt Rijeka (Muzej grada Rijeke): Geht man von der Kirche der Muttergottes von Lourdes weiter Richtung Bahnhof, kommt man zur **ehemaligen Zuckerfabrik**, dem neobarocken Benčić-Palast. Hier präsentiert das Museum auf zwei Stockwerken und modernst aufbereitet die Geschichte von Rijeka und lässt dabei auch die Rolle der Zuckerindustrie für die Stadt nicht aus.

Eine Filiale des Museums im Eisenbahnmagazin schräg gegenüber der Lourdes-Kirche behandelt die **Geschichte des Torpedos**, denn der Prototyp des schraubengetriebenen Projektils wurde Ende der 1850er-Jahre von Ivan Lupis-Vukić in Rijeka erfunden. Bis in die 1990er-Jahre hinein wurden Torpedos hier produziert; eine alte Abschussrampe im Hafengelände kann besichtigt werden.

Stadtmuseum: Krešimirova 28 | Di. – So. 11– 20 Uhr | Eintritt: 7,90 €
www.muzej-rijeka.hr

Torpedo-Ausstellung: Žabica 4 | im Sommer Di. – So. 14– 20 Uhr
Eintritt: 5,30 € Kombikarte 10,60 € | www.muzej-rijeka.hr

Kunst in allen Formen

Das Museum (Muzej moderne i suvremene umjetnosti) nebenan zeigt Grafiken, Zeichnungen, Skulpturen, Multimedia-Installationen und über 350 teils stimmungsvolle Fotografien.

Museum für moderne Kunst

Museum für moderne und zeitgenössische Kunst: Krešimirova 26c Di. – Fr. 12 – 18, Sa. u. So. 12 – 17 Uhr | Eintritt: 5 € | www.mmsu.hr

Lohnende Anstrengung

Vom Titov trg, nördlich des Mrtvi kanal, führt der Treppenweg Stube Petra Kružica mit 561 Stufen zum Berg Trsat (138 m ü. d. M.) hinauf. Die gleichnamige Festung, ein ehemaliges römisches Kastell, gibt einen prächtigen Ausblick auf die Kvarner-Bucht und die Schlucht des Flusses Rječina frei. Den grünen Canyon durchzieht ein 18 km langer Wanderweg zur Quelle der Rječina (Infos bei der Touristinformation oder online unter https://rijekatrails.com/staze/uz-rjecinu, mit GPS-Daten). Im Sommer wird die stimmungsvolle Burgkulisse für Open-Air-Konzerte genutzt. Bequemer geht es mit dem Bus (Linie 2, www.autotrolej.hr) hinauf!

★ **Trsat, Šetnica uz Rječinu**

Festung: tgl. 9 – 24 Uhr

Wallfahrt zur Muttergottes

Gegenüber der Festung Trsat, ebenfalls hoch auf dem Berg, befindet sich der **älteste Marienwallfahrtsort** Kroatiens, Svetište Majke Božje Trsatske. Dieser geht auf eine Legende zurück: Das Geburtshaus, in dem die Gottesmutter Maria in Nazareth gelebt hatte, soll 1291 von Engeln auf den Berg Trsat befördert worden sein, um es vor der Zerstörung zu bewahren. Seither pilgern vor allem an Marienfeiertagen, etwa an Mariä Himmelfahrt (15. August), Tausende von Gläubigen hierher. Anstelle der Erscheinung wurde ab 1453 eine spätgotische Wallfahrtskirche von den Frankopanen errichtet, die der Muttergottes geweiht ist. Neun Kirchenaltäre wurden im Lauf der Jahre gespendet. Eine Seitentür führt in den Kreuzgang des aktiven Franziskanerklosters. Hier ist vor allem eine Votivkapelle mit vielen Votivgaben von dankbaren Gläubigen sehenswert.

Svetište Majke Božje Trsatske

Gottesdienste: 7, 8.30, 18.30, So. 7, 8, 9, 10, 11.30 und 18.30 Uhr www.trsat-svetiste.com.hr

Blick in die Sterne

Ein modernes **astronomisches Zentrum** mit Sternwarte beherbergt die frühere Festung auf dem Hügel Sv. Križ nordöstlich der Stadt. Die Kuppel des Planetariums misst 8 m. Den schönsten Blick auf Rijeka – vor allem bei Sonnenuntergang – hat man vom Dachcafé des Planetariums!

Zvjezdarnica

Svetog križa 33 | Eintritt: 5 € | Veranstaltungsprogramm s. www.rijekasport.hr/en/venues/astronomical-centre-rijeka oder unter Tel. 051 45 57 00

▌ Rund um Rijeka

Filmkulisse

Grobnik Mutig befreite Old Shatterhand seinen Blutsbruder Winnetou aus den Händen der Kiowa – eingefleischte Fans erinnern sich an diese Szene in »Winnetou I«. Drehort war natürlich nicht etwa die nordamerikanische Prärie, sondern die grüne, gelegentlich felsige Berglandschaft um Grobničko polje, nördlich von Rijeka (Einzelheiten dazu bei www.aufwinnetousspuren.at).

Auf einem Hügel (466 m ü. d. M.) thront ein mittelalterliches **Frankopanen-Kastell** (15. – 17. Jh.), das Volkstümliches und moderne Kunst beherbergt. Am Weg liegt die **Rennstrecke** Grobnik, wo Auto- und Motorsportveranstaltungen stattfinden. Am Zugang gibt es fünf Steinlabyrinthe (Grobnički labirinti) zum Energietanken.

Touristinformation: www.tz-cavle.hr

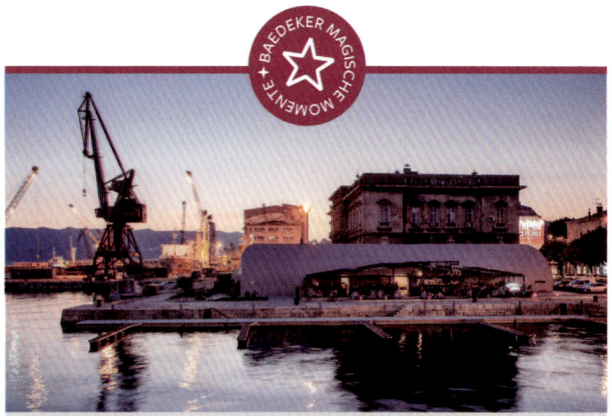

LAZY AFTERNOON

Was man aus etwas Hässlichem wie einem Luftschutzbunker doch machen kann! Keine Frage, der »Boonker« direkt am Hafenbecken gilt als einer der angesagtesten Treffpunkte der Stadt. Deshalb vielleicht nicht unbedingt am Abend hin, wenn ein so schöner »fauler Nachmittag« lockt: bei einem Drink oder Cappuccino den schönsten Hafenblick genießen, den Rijeka zu bieten hat (▶ S. 207).

Stadtbummel mit Einkehr

Das alte Hügelstädtchen Kastav, 10 km nordwestlich von Rijeka, ist Kastav
überregional für sein Slow-Food-Restaurant Kukuriku bekannt
(▶ S. 206). Hier oben öffnet sich ein **herrlicher Ausblick** auf die
Kvarner-Inseln, das Učka-Gebirge und Opatija. Außer dem Stadttor
(1731) und Teilen der Stadtmauer ist der Justizturm (Kula Žudika)
noch erhalten. Enge Gassen führen zum Trg Lokvina mit Zisterne und
zur barocken Pfarrkirche Sv. Jelena (Hl. Helena) ganz oben.

Heimweh nach Konstantinopel

Das wenig touristische Städtchen Bakar 8 km östlich von Rijeka grup- Bakar
piert sich um eine geschützte, tiefe Bucht. Von der Uferstraße ziehen
sich enge Altstadtgassen mit alten Kaufmanns- und Kapitänshäusern
den Hang hinauf. Auf dem höchsten Punkt der Altstadt, überwacht
das dreieckige **Kastell der Frankopanen** (1530) die Bucht. Ein wenig unterhalb stehen die mächtige Kirche Sv. Andrija (St. Andreas,
12. Jh.), das Römische Haus (18. Jh.) mit Neorenaissanceelemen-
ten, Wappen und Veranda sowie das Türkische Haus (14./15. Jh.).
Letzteres soll ein Seefahrer aus Bakar mit orientalischen Elementen
errichtet haben, um seiner aus Konstantinopel stammenden Ehefrau
die Eingewöhnung in die neue Heimat zu erleichtern.

★ ROVINJ

Höhe: 0 – 50 m ü. d. M. | **Einwohner:** 11 800 | Kroatien

*Bunte Fassaden, rotes Dächergewirr und Kopfsteinpflaster, das
sich den Hang hinaufzieht: Fast erinnert die Altstadt von Rovinj
ein wenig an das Künstlerviertel Montmartre in Paris. So viel Atmosphäre setzt Kreativität frei: Nicht umsonst lassen sich hier so
viele Künstler inspirieren. In den kleinen Galerien der Stadt stellen sie ihre Werke aus. Einmal im Jahr, bei der Grisia, dürfen alle
mitmachen: Profimaler, Hobbykünstler und Kinder. Dann verwandelt sich Rovinj in die längste Freiluftgalerie des Landes.*

Ein Ort für Künstler

Der ideale Tag in Rovinj (ital. Rovigno) könnte so aussehen: ziellos
durch verwinkelte Holpergassen schlendern, ein paar Souvenirs erwerben und Bilder von heimischen Künstlern bestaunen, einen Espresso im Schatten alter Natursteinhäuser trinken und ganz oben auf dem
Altstadthügel einen Blick von der Plattform vor der Pfarrkirche Sveta
Eufemija werfen. Die Aussicht auf das Meer und die 22 vorgelagerten
Inseln ist einfach bombastisch!

Die schönsten Kies- und Felsstrände erstrecken sich in der **Lone-Bucht**, 2 km südlich der Altstadt. Dort wird am Mulini-Strand gebadet, der sich unterhalb der Luxushotels Monte Mulini, Lone und Eden erstreckt und in den wunderschönen, bewaldeten Parkwald Zlatni rt (Goldenes Kap) übergeht. Auf der grünen Halbinsel Zlatni rt gibt es felsige Badebuchten, Wander- und Radwege. Freikletterer finden dort am alten Steinbruch beim Kap Montauro Klettermöglichkeiten. Einen Abstecher wert sind die Bronzezeitsiedlung Monkedonija oder das Vogelschutzgebiet Palud (5 bzw. 6 km von Rovinj).

Als Castrum Rubini ist Rovinj vermutlich spätestens im 5. Jh. entstanden, Fischfang und Handel waren wichtige Erwerbszweige. Von der Pest wurde Rovinj verschont, da der Ort ursprünglich auf einer Insel lag. Diese wurde 1763 aufgeschüttet, um mehr Wohnraum für Flüchtlinge aus anderen Städten zu schaffen. Ab dem 19. Jh. konnte Rovinj als Hafenstadt nicht mehr mit Triest und Pula mithalten und verlor an Bedeutung. Nach dem Zweiten Weltkrieg zog die italienische Bevölkerung weitgehend weg, heute hat nur noch jeder Zehnte italienische Wurzeln – dennoch ist die Stadt offiziell zweisprachig.

In der Altstadt

Stimmungsvoll

Grisia-Gasse Die Altstadt bezaubert jeden Besucher: Verwinkelte Gassen mit bunten Fassaden gehen in weite Plätze über, bergen kleine Boutiquen mit originellem Kunsthandwerk oder versteckte Restaurants. Als schönste von ihnen gilt vielen die Künstlergasse Grisia mit ihren kleinen Galerien. So malerisch das alte Kopfsteinpflaster auch wirken mag – bei Regen wird es zur Rutschpartie! Ein Bummel am Abend hat besonderen Reiz, wenn der Altstadthügel in stimmungsvollem Licht erstrahlt.

Ausblick vom Feinsten

Sv. Eufemija Der schönste Blick auf die Altstadt und das Meer öffnet sich vom venezianischen Campanile der die Altstadt beherrschenden Kirche der hl. Euphemia (1680) auf dem Altstadthügel. 183 Stufen führen auf den fast 60 m hohen Turm hinauf. Die Turmspitze ziert eine 4 m hohe Statue der hl. Euphemia, die Seefahrern die Windrichtung weist. Die Kirche ist ein beliebtes Wallfahrtsziel: Neben dem Altar steht der Marmorsarkophag der hl. Euphemia, der der Legende nach um das Jahr 800 vor Rovinj im Meer schwimmend entdeckt wurde. Euphemia soll einem Jungen im Traum erschienen sein, der es mit Hilfe eines Kalbs schaffte, den steinernen Sarg ans Ufer und zur Kirche Sv. Jure hinaufzuziehen, die daraufhin umbenannt wurde. Die Märtyrerin,

Magische Momente sind manchmal gar nicht so schwer zu finden: Hat dieses Plätzchen in der Altstadt von Rovinj nicht einen ganz eigenen Zauber?

Tochter eines römischen Senators in Konstantinopel, war im 3. Jh. für ihr Bekenntnis zum christlichen Glauben ermordet und in Chalkedon bei Konstantinopel begraben worden. Alljährlich im September, zum **Stadtfest** von Rovinj, wird der Sarkophag geöffnet und der einbalsamierte Körper der Heiligen gezeigt.

Ul. Garibaldijeva 1 | Juni – Sept. tgl. 10 – 18 Uhr, übrige Zeit kürzer Eintritt: frei | www.zuparovinj.hr

Kleines Boot, große Tradition

Eko-muzej
Kuća o
Batani

In dem liebevoll gestalteten Multimedia-Museum **Haus der Batana** dreht sich alles um die kleinen hölzernen Boote mit meist viereckigen, bunten Segeln, an deren Farbe man den Besitzer, die Barkarioli, erkennen konnte. Die Batana galt jahrhundertelang als Wahrzeichen von Rovinj: Charakteristisch ist ein sehr flacher Boden, der das Fischen in felsiger Küstengegend ermöglichte. Der Name stammt aus dem Italienischen (battare = schlagen) und bezieht sich auf das Geräusch, das beim Aufschlagen des Rumpfs auf die Wellen entsteht. Heutzutage schaukeln nur noch etwa 30 Batanas im Hafen. Das traditionelle Fischerboot wird im Hochsommer an der Promenade nachgebaut, zudem findet Mitte Juli eine **Batana-Regatta** statt.

Obala Pina Budicina 2 | Juni – Aug. Di. – So. 10 – 13, u. 19 – 23; Mai, Sept. 10 – 13, 18 – 21, übrige Zeit mind. Mo. – Fr. 10 – 15 Uhr Eintritt: 3,50 € | www.batana.org

Schönes Ensemble

Trg Maršala
Tita

Am alten Hafen Sv. Katarina erstreckt sich der belebte Tito-Platz zu Füßen der Altstadt, mit einem Springbrunnen und Anschluss an die

PERSPEKTIVWECHSEL

Es kann schon mal vorkommen, dass es in der Altstadt von Rovinj zu lebhaft wird. Also Perspektivwechsel: raus aufs Meer! Aus einem traditionellen Batana-Fischerboot kann man den Blick auf das Herz der Stadt so richtig genießen. Die 3-stündige Tour startet an der Mole am Hauptplatz und endet – noch eine Perspektive – im Weinkeller Spacio mit Fischmenü, Wein und Musik. Wer mitfahren möchte, meldet sich beim Batana-Museum an.

belebte Uferpromenade Riva. Der Uhrturm im Stil der Spätrenaissance mit venezianischem Löwen fällt aufgrund seiner intensiven roten Farbe sofort auf. Der 1679 errichtete barocke **Balbi-Bogen** (Balbijev luk) war ursprünglich eines von sieben Stadttoren, von denen noch drei erhalten sind. Später fügte Bürgermeister Balbi zwei Familienwappen hinzu, seither trägt das Tor seinen Namen. Kurz nach dem Bogen erhebt sich das **alte Rathaus**, auch wappengeschmückt und aus dem 17. Jh., die Grundmauern stammen von 1308. Der barocke Califfi-Palast (17./18. Jh.), ebenfalls in kräftigem Rot gehalten, beherbergt das **Stadtmuseum** (Zavičajni muzej grada Rovinja), das neben zeitgenössischer kroatischer Kunst und alten Meistern schöne bestickte Stoffe oder archäologische Funde aus der Umgebung zeigt.

Stadtmuseum: Trg Maršala Tita 11 | wg. Umbau bis auf Weiteres geschlossen | www.muzej-rovinj.hr

Beliebter Treffpunkt

Der Trg Maršala Tita geht Richtung Norden über in den Trg na mostu, dann folgt der Trg Valdibora mit dem **Theatergebäude** (1954) und einem großen **Obst- und Gemüsemarkt** mit lokalen Spezialitäten. Die benachbarte Hafenstraße bietet einen hübschen Blick auf die nördliche Altstadtfront, wo die Häuser bis ans Wasser gebaut sind.

Trg Valdibora

▎ Rund um Rovinj

Einladung zum Baden

Ein wunderschöner Park erstreckt sich 1,5 km südlich der Altstadt und des Design-Hotels Lone auf dem **Goldenen Kap** (Zlatni rt), das auch Punta Corrente genannt wird. In dem Landschaftsschutzgebiet gedeihen Aleppo-Kiefern, Zedern und Pinien sowie 10 verschiedene Zypressenarten! Hier und da zweigen Pfade zu herrlichen Badebuchten ab, die zu den schönsten und beliebtesten um Rovinj gehören. Auf der Landzunge gibt es markierte Kletterfelsen für Freikletterer.

Zlatni rt

Romantische Insel

Die 13 ha große, beliebte Badeinsel Sveta Katarina erwarb der polnische Graf Karol von Korwin Milewsky 1905 von Erzherzog Karl Stefan von Habsburg. Er ließ ein Schlösschen mit neoklassizistischen sowie Jugendstilelementen errichten und legte einen Park mit über 460 Pflanzenarten an. Die feine Gesellschaft der k. u. k. Monarchie feierte hier rauschende Feste. Später diente das Schloss als Lazarett, dann als Schule. Heute ist es in einen Hotelkomplex integriert.

Insel Sveta Katarina

Badesachen nicht vergessen!

Weiter südlich liegt die Insel Sveti Andrija oder Crveni otok (Rote Insel). Das Franziskanerkloster (6. Jh.) wurde zum Schloss umge-

Sveti Andrija

ROVINJ ERLEBEN

TOURISTINFORMATION

Trg na mostu 2
52210 Rovinj
Tel. 052 81 15 66
www.rovinj-tourism.com

Juni: Batana-Regatta, Rovinj
1. Augustsonntag: Grisia, Open-Air-Galerie, Rovinj: Jeder, der sich bei der Touristinformation anmeldet, darf seine Kunstwerke in der Altstadt ausstellen.
Aug.: Open Jazz Festival sowie jeden Sa. Jazzkonzerte im Freien, Bale
Ende Aug.: Rovinjer Nacht (Rovinjska noć), Fischer- und Volksfest

In der Altstadt, etwa in der Grisia-Gasse, findet man kleine Geschenk- und Souvenirshops. Der Design Store im Hotel Lone führt **Sonnenbrillen** des Labels »Sheriff & Cherry« des in Rovinj geborenen Designers Mauro Massarotto, die auch von Popstars wie Rihanna geschätzt werden – und dennoch bezahlbar sind.

Sehr beliebt ist die **Valentino Cocktail Bar**: Hier hat man den schönsten Meeresblick, der sich allerdings auch in der Rechnung niederschlägt. Fast nebenan ist die **Mediterraneo Cocktail Bar**, direkt am Wasser. Südlich der Altstadt, an der Obala Alda Negria, werden in der **Havana Bar** gute Cocktails gemixt. In Bale trifft man sich am Abend in der Jazz-Bar **Kamene Priče**: Originell ist das Interieur mit Fundstücken, abends finden Konzerte statt.

❶ HOTEL KATARINA €€€€
Reif für die Insel? Das IKatarina ist von einem 100-jährigen Park mit duftenden Magnolien, schattigen Spazierwegen und einer schönen Badelandschaft mit Sonnenliegen umgeben. Schon beim Frühstück auf der Terrasse beginnt der Tag ganz entspannt, mit wundervollem Ausblick auf den Altstadthügel von Rovinj. Shuttle-Boote verbinden die Insel mit Rovinj.
Otok Sveta Katarina, Rovinj
Tel. 052 80 02 50
www.maistra.com

❶ RESTORAN MONTE €€€€
Patron Danijel Dekić und seine Frau Tjitske haben sich mit ihrer Leidenschaft für kulinarische Traditionen längst überregional einen Namen gemacht. 2017 wurde Dekić vom Gault Millau als Kroatiens erster »Koch des Jahres« ausgezeichnet.
Montalbano 75, Rovinj
Tel. 052 83 02 03
www.monte.hr

❷ STANCIJA MENEGHETTI €€€€
Das gepflegte Landgut mit seinen alten Steinhäusern für Übernachtungsgäste wirkt wie aus dem Urlaubsprospekt. Es ist umgeben von Weinbergen, in denen Reben für den hauseigenen Wein gedeihen. Eine Speisekarte gibt es nicht, in der Küche werden saisonale und regionale Gerichte zubereitet.
Stancija Meneghetti 1, Bale
Tel. 052 52 88 00
http://meneghetti.hr

E. de Amicis
Valalta, Monsena
Obala Palih Boraca
Augusto Ferri
Franziskaner Kloster
Vladimira Gortana
Vodnjanska
Busbahnhof, Pula, Vestar
Jachthafen, Sv. Trojstvo

¶☙
1 Monte
2 Stancija Meneghetti
3 La Puntulina
4 La Perla
5 Villa Lav

⌂
1 Hotel Katarina

Krieger-denkmal
Theater
Trg Valdibora
Pietro Ive
Garibaldi
Markt
Valdibora
Vladimira Švalbe
ℹ Stadt-museum
Pignaton
Carera
Obala
J. Rakovca
A. Rismondo
5 ← 2

ROVINJ
Bregovita del Monte
Balbi-Bogen
Uhrturm
Trg Maršala Tita
Rathaus
Caale
Grisia
Sveta Eufemija
P. Stancovica
Ecomuseum Batana
Zollamt
N
100 m
©BAEDEKER

1 Montalbano
Šetalište braće Gnot
Trevisol
Sv. Križa
3
Obala Pina Budicina

Schiffs-anlegestelle
1
Sv. Katarina

---

❸ RESTORAN LA PUNTULINA €€€€

In diesem beliebten kleinen Restaurant wurden winzige Terrassen in den steilen Fels eingearbeitet, auf denen man direkt am Meer sitzt und tagesfrischen Fisch genießt. Wer keinen Platz auf den Terrassen bekommen hat, genießt den Sonnenuntergang mit einem Glas Wein einfach auf den Stufen hinab zum Meer. Eine Reservierung wird empfohlen.
Sv. Križ 38, Rovinj
Tel. 052 81 31 86
https://puntulina.eu/

❹ RESTORAN LA PERLA €€€

In diesem Traditionsrestaurant fühlt man sich wohl: Der Service ist aufmerksam, der Wein stammt vom Nachbarn, die Küche ist mediterran, wobei sich die Trüffelgerichte besonders bewährt haben.
E. Bullessicha 2, Rovinj
Tel. 052 81 18 01
www.laperla.hr
Mo. Ruhetag (Winter)

❺ RESTORAN VILLA LAV €€–€€€

Wenn das Lokal schon mit Trachten aus Mazedonien dekoriert ist, muss natürlich auch das mazedonische Nationalgericht auf den Tisch, stilecht im Tongeschirr. Der Eintopf heißt Tavče gravče und besteht aus Butterbohnen, rotem Paprika, ordentlich Pfeffer und Olivenöl. Ein Traum ist das Ambiente in einem grünen Garten mit Pool. Die Betreiber vermieten auch Zimmer.
Grota 25, Bale
Tel. 052 82 42 67
www.villalav.hr/de

baut, die karge Insel zu einer blühenden Oase mit schönen Badestränden umgestaltet. Sie ist durch eine künstliche Mole mit der Nachbarinsel Maškin verbunden, die FKK-Anhänger schätzen.

Mittelalterlicher Charme

Bale

Das mittelalterliche Hügelstädtchen Bale (145 m ü. d. M.), 15 km südöstlich von Rovinj, mit alten Natursteinhäusern und venezianischen Palazzi versprüht einen ganz eigenwilligen Charme. Die Altstadt zieht sich in zwei Kreisen auf dem Hügel Mon Perin hin. Bekannt ist das Städtchen auch für sein **Open Jazz Festival** im August.

Die **Pfarrkirche** Blažena Djevica Marija (Selige Jungfrau Maria) hütet den Sarkophag des hl. Julian (Sv. Julijan), Schutzpatron von Bale, sowie eine für wundertätig gehaltene hölzerne Marienstatue (15. Jh.). Der hübsch restaurierte **Palazzo Soardo-Bembo** vereint Elemente von Gotik und Renaissance; bauliche Grundlage waren zwei eckige Wehrtürme, die durch eine Brücke miteinander verbunden wurden. Der Frauenheld Giacomo Casanova soll im 17. Jh. hier eine junge Dame der venezianischen Familie Soardo besucht haben. Im Großen Saal zeigen Wandmalereien Dante Alighieri.

Die Olivensorte Buža wuchs ursprünglich nur um Bale und Vodnjan, nun hat sie Konkurrenz durch ertragreichere Sorten bekommen. Am Ortsrand von Bale, direkt an der Hauptstraße, zeigt Familie Grubić in ihrer hübsch restaurierten **Ölmühle**, wie früher Olivenöl gepresst wurde – mit Verkostung des ausgezeichneten Öls.

Palazzo Soardo-Bembo: Castel ul. 1 | Mo. – Fr. 8 – 15 Uhr, ggf. in der Verwaltung nachfragen

Ölmühle: Aldo Negri ul. 7 | Juni – Aug. Mo. – Sa. 9 – 19, Mai, Sept. Mo. – Sa. 9 – 16 Uhr | www.grubic.hr

Für Dino-Fans

MMC Bale

In der Nähe des Campingplatzes San Polo, 5 km von Bale, sorgte ein **Dinosaurier-Fußabdruck** für Aufsehen. Hier fand ein italienischer Taucher 1992 Knochen von mindestens 10 Dinosaurierarten auf dem Meeresgrund. Ein Teil der Dinosaurier-Funde, darunter die Überreste eines Brachosauriers, wird im Obergeschoss des **Multimedia-Centers Ulika (MMC)** in Bale ausgestellt. Mit technischen Hilfsmitteln werden die Urzeitriesen zum Leben erweckt. Im Untergeschoss lohnt eine kleine Galerie den Weg.

An der Fundstelle, auf dem Campingplatz, wurde ein kleiner Paleo-Park mit Dino-Repliken und einem Außenpool in Dinosaurier-Form eingerichtet (Mo. – Fr. auch für externe Gäste zugänglich). Die Großen können sich dort unterdessen im Saltwater Oasis Wellness & Spa Center entspannen.

MMC Ulika, Bale | im Sommer geöffnet

Campingplatz Mon Perin – San Polo: Predio Longher bb, Bale www.monperin.com

Ausflug zum Quittenberg

Einst war Monkodonja (ital. Moncodogno), 5 km östlich von Rovinj, Monkodonja
eine dicht bebaute Bergsiedlung mit mächtigen Befestigungsmauern
und Torbögen. Heute sind die Ruinen dieser **Ausgrabungsstätte** aus
der Bronzezeit, übersetzt »Quittenberg«, längst mit Gras überwu-
chert. Die stadtartige Anlage ist etwa 300 m lang und 200 m breit,
rund 1000 Menschen lebten schätzungsweise dort. Eine abgezäunte
Karstschlucht fällt 50 m fast senkrecht hinab und wurde für Kultzwe-
cke genutzt. Schön ist der Ausblick vom Hügel auf die umliegende
Landschaft und die Adria. Wenn Sie mit dem Auto oder Fahrrad unterwegs sind, achten Sie auf der Landstraße von Rovinj nach Bale auf
ein braunes Schild. Ab der Abzweigung ist es noch ein Kilometer auf
einem Feldweg. Die Anlage ist frei zugänglich.

Refugium für Fische und Vögel

Die sumpfige Palud-Bucht, 8 km westlich von Rovinj, ist ein bevorzug- Palud-
ter Nistplatz für Vögel. Mehr als 230 Arten sind in diesem ornitholo- Sumpfgebiet
gischen Reservat bekannt. Zudem leben hier 400 Schmetterlingsarten! Um die Mückenplage und die damals noch verbreitete Malaria
einzudämmen, wurde 1906 von der k. u. k. Armee ein Entwässe-
rungskanal angelegt. Durch die Vermischung von Salz- und Süßwasser fanden hier viele Fischarten ein Zuhause. Das Gebiet ist frei zu-
gängig, ein Wanderweg führt hindurch.

Vogelreservat ganzjährig zugänglich | Eintritt: frei | Führungen auf
Anfrage | www.natura-histrica.hr

SENJ

Höhe: 0 – M ü. d. M. | **Einwohner:** 4200 | Kroatien

*Abgeschottet durch die Berge im Hinterland und aufgrund der
starken Bora gefürchtet, bot das Städtchen Senj Seeräubern früher einen idealen Unterschlupf. Hier lauerten die gefürchteten
Uskoken venezianischen Schiffen auf, plünderten diese und zogen
sich anschließend auf die mächtige Festung Nehaj zurück. Das
hübsch restaurierte Bollwerk überblickt immer noch stolz die
südliche Kvarner-Bucht – und pflegt den Seeräuber-Mythos.*

Altes
Seeräuber-
nest

Die Uskoken galten als Seeräuber und Freibeuter. Doch ursprünglich
waren sie ganz einfach Flüchtlinge, die im 16. Jh. aus osmanisch besetzten Gebieten in Kroatien und Bosnien-Herzegowina an die Küste
von Senj kamen. Die Habsburger setzten die Uskoken (uskočiti = ein-

springen) im Kampf gegen die Türken ein. Mit Duldung von Österreich-Ungarn griffen diese aber auch venezianische Schiffe an. Die Lage der Stadt war ideal: Sie war durch die Berge vom Hinterland aus schwer zu erreichen und aufgrund der starken Bora von den venezianischen Schiffen gefürchtet. Die Uskoken besaßen kleinere, schnellere Segelschiffe, mit denen sie dem Wind eher gewachsen waren. Mit dem »Frieden von Madrid« im Jahr 1617 wurden die Uskoken in die Žumberak-Berge westlich von Zagreb ausgesiedelt.

Die Festung Nehaj inspirierte den in Jena geborenen deutsch-jüdischen Schriftsteller Kurt Held (eigentlich Kurt Kläber, 1897 – 1959). Seinen 1941 im Schweizer Exil verfassten Jugendroman **»Die rote Zora und ihre Bande«** siedelte der Autor in Senj an, das er von Ferienaufenthalten kannte. Dabei nutzt die Protagonistin Zora mit den feuerroten Haaren die Festung gemeinsam mit anderen Waisenkindern als Versteck – und hält die Stadt in Atem. Der Roman wurde 1979 als 13-teilige TV-Serie verfilmt. Schon bald erlangte die deutsch-schweizerisch-jugoslawische Koproduktion Kultstatus. Ein Themenweg führt zu den wichtigsten Drehorten der Serie, eine Broschüre ist in der Touristinformation auch auf Deutsch erhältlich und kann auch heruntergeladen werden.

Fun Fact: Für die Neuverfilmung von 2008 mit Mario Adorf mussten die Produzenten allerdings auf Montenegro als Drehort ausweichen, da die Festung Nehaj zu modern wirkte.

▌ Wohin in und um Senj?

Symbol der Stadt

Festung Nehaj

Die würfelförmige Festung Nehaj (»Fürchte nichts«) erhebt sich südlich der Altstadt auf einem 62 m hohen Hügel. Der von Habsburg bestellte Uskoken-Hauptmann Ivan Lenković hatte das Bollwerk 1558 errichten lassen, um Angriffe der Osmanen abzuwehren. Eine Ausstellung mit Uniformen und Waffen der Uskoken zeigt die wechselvolle Vergangenheit der Stadt. Von der Freifläche vor der Burg hat man einen fantastischen Ausblick auf Senj und die Inseln.

Mitte April – Mai, Sept. – Mitte Okt. tgl. 10 – 18; Juni bis 19; Juli/Aug. 9 – 21 Uhr | Eintritt: 5 € | www.muzej-senj.hr

Beachtenswerte Funde

Gradski muzej

Der Palast der Familie Vukasović beherbergt heute das **Stadtmuseum**, in dem die Amphoren eines gesunkenen römischen Handelsschiffs präsentiert werden. Zu den Highlights gehört die Steintafel von Senj (Senjska ploča, 12. Jh.), ein Fragment in glagolitischer Schrift. Es wurde bei Restaurierungsarbeiten in der Festung Nehaj gefunden und stammt vermutlich von einem mittelalterlichen Kloster, das für den Bau der Burg abgetragen worden war.

SENJ ERLEBEN

TOURISTINFORMATION
Stara cesta 2, 53270 Senj
Tel. 053 88 10 6
http://visitsenj.com

Baden kann man an der Landzunge östlich der Altstadt oder in den drei Draga-Buchten nördl. der Stadt. Als eine der romantischsten Buchten entlang der Riviera von Senj gilt der abgeschiedene Kiesstrand Lukovo, 20 km südl. von Senj.

7. Jan. – Aschermittwoch: Karneval
Juli: Klapa-Musikfestival; Uskoken-Tage (Mittelalterfest)
Anfang Aug.: Mehrtägiger Sommerkarneval mit Kostümumzug

KONOBA TVRĐAVA NEHAJ €€€
Schon das Ambiente lohnt einen Besuch: Im Erdgeschoss der »Kula Nehaj«, wie die Einheimischen die Festung von Senj nennen, gibt es bodenständige Fisch- und Fleischgerichte.
Nehajski put 3, Senj
Tel. 053 88 52 44
http://konoba-nehaj.com

KONOBA IVKA €€
Holzbänke und Natursteinwände sorgen für ein gemütliches Ambiente. Gut sind die gegrillten Baby-Calamar mit Mangold auf »dalmatinische Art«, zubereitet mit Knoblauch, Kartoffelstückchen und Olivenöl.
Ulica Mile Magdića 12, Senj
Tel. 053 88 12 03

KONOBA LAVLJI DVOR €€
Das bodenständige Lokal im Giardin-Park ist die beste Adresse vor Ort für deftige Grillteller. Als Spezialität gilt das mit Paprika, Käse und Schinken gefüllte Senjer Schnitzel.
Petra Preradovića 2, Senj
Tel. 053 88 21 07
www.lavlji-dvor.hr

Ul. Milana Ogrizovića 5 | Mo. – Fr. 7 – 15, Juli – Aug. auch Sa. u. So. 10 – 12 Uhr | Eintritt: 5 € (mit Festung) | www.muzej-senj.hr

Zur Abwehr von Überfällen
Die **Stadtmauer** (Gradske zidine) wurde im 16. Jh. aus Angst vor den Osmanen noch einmal verstärkt, nördlich der Innenstadt ist noch ein Teil erhalten. Im südwestlich gelegenen runden Šabac-Turm an der Seeseite ist heute die Hafenmeisterei untergebracht.

Gradske zidine

Verbindung ins Hinterland
Das Große Stadttor (Velika vrata) von 1779 symbolisierte das Ende der »Josephinischen Straße« von Karlovac nach Senj. Die 113 km lange »Jozefina« war auf Anordnung von Kaiser Joseph II. errichtet worden, um die Küste bei Senj besser an das Hinterland anzubinden (heute D 23).

Jozefinska cesta

Eine der schönsten Buchten Kroatiens

Uvala
Zavratnica

Wie ein norwegischer Fjord zwängt sich das Meer zwischen die steilen Felswände: Keine Frage, von oben wirkt die 900 m lange Zavratnica-Bucht am schönsten. Am Ende der Bucht gibt es ein versunkenes deutsches Schiff aus dem Zweiten Weltkrieg zu entdecken. Ein bequemer Fußweg führt in 15 Minuten vom Dörfchen Jablanica hin.

Informationen: www.pp-velebit.hr | Öko-Taxe: 4 €

★★ SJEVERNI VELEBIT-NATIONALPARK

Fläche: 109 km² | **Höhe:** bis 1676 m ü. d. M. | Kroatien

N/O 4/5

Vorbei an schroff abfallenden Karstfelsen schlängelt sich der recht bequeme Wanderpfad Premužić. Man kann erahnen, welcher Aufwand damit verbunden war, diesen 57 km langen Fernwanderweg anzulegen. Hinter der mühsamen Arbeit steckt der leidenschaftliche Wanderer und Forstingenieur Ante Premužić (1889 – 1979), der den einst unzugänglichen Teil des Velebit-Gebirges für alle erreichbar machen wollte. Der nach ihm benannte Wanderweg eröffnet wundervolle Aussichtspunkte.

Schroffe Berge, wilde Tiere

Der Nationalpark Sjeverni Velebit (Nördlicher Velebit) mit seinen teils steilen, felsigen Gipfeln, bringt alle ins Schwärmen: Bergwanderer schätzen die teils gut ausgebauten Wanderwege und Berghütten. Naturliebhaber hoffen auf seltene Tierarten wie Braunbären, Wölfe, Luchse – die man jedoch auf den Wanderwegen nie zu sehen bekommt – und fürchten zugleich Hornvipern und Kreuzottern. Botaniker erfreuen sich an der Velebit-Glockenblume, die nur hier im Felsgestein der Schluchten wächst. Geologen erforschen unterdessen die markanten Karsterscheinungen wie Dolinen im porösen Kalkstein oder die tiefste Höhle in Südosteuropa. Diese Vielfalt wird von einem faszinierenden Ausblick aufs Meer und die Kvarner-Inseln gekrönt.

Das Velebit-Massiv gilt als **das größte und artenreichste Gebirge Kroatiens**. Es erstreckt sich ab ▶ Senj nach Süden und verläuft 145 km lang und bis zu 30 km breit parallel zur Adriaküste, die es vor kalten Fallwinden abschirmt. Das gesamte Velebit-Massiv hat Naturpark-Status (Prirodni park Velebit) und wurde von der UNESCO zum Biosphärenreservat erklärt, der landschaftlich besonders reizvolle Abschnitt. Nördlicher Velebit ist seit 1999 **jüngster Nationalpark Kroatiens**. Ganz im Süden erstreckt sich der **Nationalpark Pakleni-**

ca, der mit schroffen Felsschluchten viele Kletterer anlockt und für seine Winnetou-Drehorte bekannt ist (siehe Baedeker »Kroatische Adriaküste/Dalmatien«).

Jähe Wetterumschwünge und heftige Niederschläge sind im Velebit-Massiv keine Seltenheit, denn hier treffen kontinentales und mediterranes Klima aufeinander. Die Gipfel im nördlichen Abschnitt des Gebirgszugs sind häufig in Nebel gehüllt, an 120 Tagen pro Jahr bläst in höheren Lagen ein starker Wind. Zwischen Juni und September ist die Region jedoch ein ideales Wander- und Mountainbikegebiet.

Wohin im Nationalpark Nördlicher Velebit?

Für jeden den passenden Gipfel

Ein guter Ausgangspunkt für nicht allzu schwere Wanderungen ist die **Berghütte Zavižan** (Planinarski dom, 1594 m ü. d. M.), die man etwa 7 km vom Parkeingang Babič Siča zu Fuß (70 Min.) oder mit dem Auto erreicht (Mai – Okt.): Hier gibt es 28 Betten, Verpflegung,

Berghütte
Zavižan

Kalksteinfelsen, Wiesen, Wälder und hohe Gipfel: Das Velebit-Gebirge bietet dem Auge und dem Wanderer reichlich Abwechslung.

Getränke, gutes Kartenmaterial und Parkplätze (unterhalb der Hütte). Bei der Hütte befindet sich auch Kroatiens älteste Höhenwetterstation, die seit 1953 von der Familie des Berghütten-Wirts betrieben wird. Von der Hütte lässt sich der Gipfel des **Vučjak** (1644 m ü. d. M.) in etwa 10 Min. erreichen, ein steiler Pfad führt danach über den Botanischen Garten zum Ausgangspunkt zurück. Für diese Route sollte man gut 2 Std. einplanen. Die Wanderung zum **Veliki Zavižan** (1676 m ü. d. M.) von der Berghütte aus dauert etwa 45 Min. Etwas anspruchsvoller wird es zum Gipfel **Balinovac** (1602 m ü. d. M.) hinauf: der Ausblick, u. a. auf Zavižanska kosa (1620 m ü. d. M.), Vučjak (1644 m ü.d.M.) und die Adria lohnt aber die Mühe.

Erlebnis für Naturliebhaber

Velebitski botanički vrt

Die Vegetation des Velebit-Gebirges im Kleinen spiegelt sich im **Botanischen Garten** wieder, der sich auf einer Fläche von 50 ha nahe der Berghütte Zavižanj erstreckt. Rund 3000 verschiedene Pflanzenarten gedeihen hier auf etwa 1500 m ü. d. M., einige Arten kommen nur im Velebit-Gebirge vor. Dazu gehört die im Frühjahr leuchtend gelb blühende Velebit-Degenie (Degenia velebitica). Alpine Blumen wie Enzian und Edelweiß, Wacholder, Bergkiefern- und Fichtenwälder wechseln sich mit sattgrünen Wiesen und Felsformationen ab. Das Herz des Botanischen Gartens erschließt ein 600 m langer **Naturlehrpfad**, der um eine eindrucksvolle Karstdoline verläuft.

Attraktive Wanderwege

Premužićeva staza

Der Premužić-Wanderweg ist die bekannteste und vielleicht schönste Strecke durch den Nationalpark. Der Anblick der vielen Gipfel macht seinen besonderen Reiz aus. Der 57 km lange Fernwanderweg, von dem 16 km durch den Nationalpark verlaufen, beginnt bei der Berghütte Zavižan (Planinarski dom) im Norden und endet beim Dörfchen Baške Oštarije (924 m ü. d. M.) im Süden. Der Pfad wurde 1933 nach dreijähriger Arbeit fertiggestellt.
Eine schöne Tageswanderung beginnt 20 Fußminuten von der Berghütte Zavižanj entfernt. Der Pfad führt an den zerklüfteten **Felsformationen Rožanski kukovi** vorbei. Dieses steinerne Labyrinth ist streng geschützt und nicht zugänglich, aber schon der Anblick aus der Ferne unvergesslich: Wie spitze Nadeln ragen die Felsen empor, die von bis zu 300 m tiefen Karstschluchten umgeben sind. Dann folgen die Hajdučki kukovi (**»Haiducken-Felsen«**), Dutzende spitzer Gipfelköpfe. 1992 wurde hier die mit 1421 m tiefste Höhle Südosteuropas, die **Lukina jama**, entdeckt (nicht zugänglich). Sie gilt als tiefster vertikaler Direktschacht der Welt. Gut 2 Std. dauert der Weg von der Berghütte Zavižan zum Etappenziel der Wanderung, der Schutzhütte Rossijeva koliba (Rossi-Hütte). Nach einer Pause geht es wieder zurück zum Ausgangspunkt oder weiter zum Südende des Premužić-Pfads (Rückkehr mit Taxi, Schilder unterwegs).

SJEVERNI VELEBIT ERLEBEN

NACIONALNI PARK SJEVERNI VELEBIT
Krasno 96, 53274 Krasno
Tel. 053 66 53 80
www.np-sjeverni-velebit.hr

Ab Sveti Juraj (ca. 10 km südlich von Senj) bis zum modernen Besucherzentrum in Krasno. Alternativ verläuft die Anreise zum nördlichen Eingang über die Autobahn, Ausfahrt Otočac. Von dort sind es noch 20 km über eine Serpentinenstraße bis Krasno. Vom Küstenort Jablanac bis zur Berghütte Alan, im südlichen Abschnitt des Nationalparks, sind es ca. 25 km. Die Busverbindung ist schlecht, Taxis sind eine Alternative.
Eintritt: 7 € (auch online)

Im Nationalpark kann man z.B. in den Berghütten Zavižan (südl. von Oltari, 28 Betten) oder Alan (östli. von Jablanac, 40 Betten) übernachten. Die Schutzhütte Rossi (Rossijeva koliba) steht ebenfalls bereit.
Zavižan: Tel. 053 61 42 09
Alan: Tel. mob. 099 5154 999
np-sjeverni-velebit.hr/de

▍Rund um den Nationalpark

Ein genialer Erfinder

Im beschaulichen Dörfchen Smiljan, 6 km westlich der Kleinstadt Gospić, in der Lika-Hochebene, wurde im Geburtshaus des Erfinders **Nikola Tesla** ein Museum mit Themenpark eingerichtet. Der 1884 nach dem Maschinenbaustudium in die USA ausgewanderte Physiker gilt als Vater der »Nutzbarmachung des Wechselstroms« und hat zahlreiche Patente angemeldet. Sehenswert sind etwa ein ferngesteuertes Schiff oder die Demonstration der drahtlosen Energieübertragung. Ein Videovortrag (mit englischen Untertiteln) wird zur Einführung gezeigt. **Smiljan**
April – Okt. Di. – Sa. 8 – 20, So. 10 – 16; Nov. – März Di. – Sa. 8 – 14, So. 10 – 14 Uhr | Eintritt: 7 € | www.mcnikolatesla.hr

Keine Problembären

Verwaiste Braunbären werden im Dorf Kuterovo aufgepäppelt, 20 km südlich von Otočac. Meist handelt es sich um Jungtiere, deren Mutter erschossen wurde oder bei einem Unfall ums Leben gekommen ist. Das **Bärenrefugium** Kuterovo lebt von vielen Freiwilligen, die hier mit anpacken und von Spenden, unter anderem von einem deutschen Freundeskreis. Übernachtungen auf einfachen Matratzenlagern und Mithilfe sind auf Anfrage möglich. **Kuterovo**
Pod crikovom 103, Kuterovo | Besuch möglich von Frühling bis Herbst ab 9 Uhr | Eintritt frei, Spenden erwünscht
https://kuterevomedvjedi.wordpress.com

★★ TRIEST

Höhe: 0 – 348 m. ü. M. | **Einwohner:** 199 000 | Italien

Im sozialistischen Jugoslawien fuhr man nach Triest, um dort modische Jeans oder guten Kaffee zu kaufen. Auf die geröstete Bohne, die in Italiens nordöstlichstem Winkel schon seit Jahrhunderten verschifft wird, ist man in der Hafenstadt besonders stolz: Hier soll der beste »Nero« Italiens serviert werden, sagen die Einheimischen. Gut 1500 Tassen Espresso, doppelt so viele wie der Durchschnittsitaliener, trinken die Triestiner pro Kopf und Jahr. Das perfekte Ambiente hierfür bieten historische Kaffeehäuser, die in der wohl untypischsten italienischen Stadt verstaubte k. u. k. Nostalgie verströmen.

Die Kaffeestadt

Im äußersten östlichen Adria-Winkel Italiens, gesäumt vom slowenischen Karstmassiv im Hinterland, liegt die Handels- und Hafenmetropole Triest (ital. Trieste). **Prunkvolle Gründerzeitfassaden** erinnern daran, dass die Stadt lange zur k. u. k. Monarchie gehörte. Traumhafte Schlösser und eine wildromantische Klippenküste in der Umgebung zogen einst Schriftsteller und Adelige an, heute flanieren hier die Einheimischen.

Mehr als 500 Jahre dauerte die Habsburger Herrschaft in Triest, was nicht nur architektonische Spuren hinterlassen hat. Triest wurde 1719 Freihafen, hier herrschte religiöse Toleranz: Slowenen, Italiener, Kroaten, aber auch Griechen und Juden ließen sich in der mitteleuropäisch geprägten Stadt nieder. Bald schon wurde Triest zu einem der wichtigsten Seehäfen der k. u. k. Monarchie. Nach deren Zerfall und dem Ersten Weltkrieg folgte der Anschluss an Italien: Der Ausbau des Hafens stagnierte, denn das wirtschaftliche Hinterland fehlte durch die Gründung Jugoslawiens. Die geopolitische Randlage von Triest endete erst mit dem EU-Beitritt Sloweniens 2004. Zunehmend besinnt sich auch die bayerische Wirtschaft darauf, dass Triest der nächste Seehafen ist: Nur 420 km sind es von München – das ist näher als an die Nord- oder Ostsee!

▎ Kaffee über alles

Historische Kaffeehäuser

Im Hafen von Triest wird ein Großteil des italienischen Kaffees umgeschlagen, jährlich bis zu 2,5 Mio. t! Nicht umsonst hat die **Kaffeedynastie Illy** hier ihren Sitz. Doch nicht nur die Leidenschaft für das »braune Gold«, sondern auch für Wiener Kaffeehaustraditionen pflegen die Triestiner. An den wenigen historischen Cafés, die es noch gibt, kommt kein Kaffee-Liebhaber vorbei: Das älteste Kaffeehaus eröffnete **Benedetto Capano** 1768 in der Via San Nicolò. Das berühmteste ist das Caffè **degli Specchi** mit seinen üppigen Kronleuchtern an der Piazza dell' Unità d'Italia 7 (www.caffespecchi.it). Zu den ältesten gehört auch das Jugendstil-Caffè **Tommaseo**, Piazza Tommaseo 4c. Es existiert seit 1830. Hier trafen sich im 19. Jh. Verfechter des italienischen Risorgimento wie der Schriftsteller Niccolò Tommaseo, woran eine Gedenkplakette erinnert (www.caffetommaseo.it). Aus Furcht vor Repressalien der österreichischen Landesherren hieß das Café zwischenzeitlich übrigens Caffè Tomaso. Wiener Charme strahlt auch das mit dunklem Holz und mit Marmortischchen ausgestattete Literaten-Caffè **San Marco** von 1914 aus (www.caffesanmarco.com). Der Espresso wird in Triest gerne im Glas serviert. Stilecht bestellt man ein **»Nero in B«**: »Nero« steht für Espresso, »B« für »bicchiere«, ein Glas.

🍴

① Trattoria Nerodiseppia
② Antica Trattoria Suban 1865
③ Ristorante Pizzeria Bianco

🏠

① Grand Hotel Duchi d'Aosta
② Forvm Boutique Hotel
③ Victoria Hotel Lettario

TRIEST ERLEBEN

INFOPOINT PROMOTURISMO FVG – TRIESTE
Via dell'Orologio 1, Piazza Unità d'Italia
Tel. 040 347 83 12
www.discover-trieste.it

Triest besitzt ein gut ausgebautes städtisches Omnibusnetz. **Fahrkarten** gibt es am Kiosk oder am Automaten. Sie gelten auch für die Tram de Opicina (Straßen- und Standseilbahn). Parkplätze und -häuser findet man am Rand der Altstadt, vor allem an der Uferstraße.
Freien Eintritt in die Museen erhält man mit der **Friuli Venezia Giulia Card** (FVG-Card), einer personenbezogenen Chipcard für Touristen (48 Std. / 1 Woche 30 / 45 €)
www.turismofvg.it

Der rote **Hop-On Hop-Off-Bus** »Trieste HopTour« verkehrt zwischen März und Okt. Die Tickets berechtigen zu beliebigen Zu- und Ausstiegen innerhalb von 48 Std. und kosten 14 €. Abfahrt am Molo Audace 10,12.15, 14,15.45, 17.30 Uhr

Gebadet wird am Barcole-Kiesstrand mit lebhafter Promenade und Cafés. Ein wenig ruhiger geht es in Muggia an der slowenischen Grenze zu. Akrobatisches Geschick sollte man für den **Hochseilgarten Trieste Adventure Park** mitbringen
Duino-Aurisina
Mitte April – Ende Sept. Sa./So. 10 – 18, Mitte Juni – Mitte Sept. auch Do./Fr. 10 – 18 Uhr
Eintritt: 25,50 €,
www.triesteadventurepark.it

2. Sonntag im Okt.: Barcolana, größte Segelregatta der Adria mit 2000 Booten, Triest
Acht Tage lang durften die Winzer und Bauern ihren Ertrag früher in den Osmize (slowen. osam = acht) verkaufen. Bis heute hat sich die Tradition dieser Besenwirtschaften oder Buschenschänken (ital. frasche) gehalten. Infos und Adressen:
www.osmize.com

Triest ist ein Einkaufsparadies für schöne und erschwingliche **Schuhe**, aber auch für italienische **Kleidung**. Viele Geschäfte haben – wie in Italien üblich – eine lange Mittagspause, im Aug. oft verkürzte Öffnungszeiten.

❶ GRAND HOTEL DUCHI D'AOSTA €€€€
Das 1873 eröffnete, erste Haus vor Ort wirkt so herrschaftlich, als würde gleich der Kaiser hereinspazieren: Unterstrichen wird das behagliche k. u. k. Ambiente der 44 Zimmer und 11 Suiten durch echte Gemälde, dicke Teppiche und natürlich die exklusive Lage. Beim Frühstück fällt der Blick auf den Hauptplatz. Da sieht man gerne über die nicht allzu großen Zimmer hinweg.
Piazza Unità d'Italia 2/1
Triest
Tel. 040 760 00 11
https://duchidaosta.com

❷ FORVM BOUTIQUE HOTEL €€€
Von außen macht das zeitlos-elegante Boutique-Hotel, unweit des Canal Grande, einen recht unauffälligen Eindruck. Innen überrascht es mit ei-

nem geschmackvollen Material-Mix aus Natursteinwänden, üppigen Polstern und dunklem Parkett. Essenswünsche der Gäste werden individuell erfüllt – auch vegan. Die 12 Zimmer sind zwar nicht allzu groß, dafür umso stilvoller.
Via Valdirivo 30
Triest
Tel. 040 372 08 93
www.forvmboutiquehotel.it

❸ VICTORIA HOTEL LETTARIO €€€

Das ehemalige Wohnhaus von James Joyce nimmt Gäste mit auf eine Zeitreise: Parkettböden, Marmorbad und Klaviermusik in den Gängen schaffen ein stilvolles Ambiente. Dieses wird durch moderne Details in den 44 Zimmern aufgelockert. Ideal für einen entspannten Abend zu zweit ist der kleine Wellnessbereich mit Farbtherapie-Dusche.
Via Alfredo Oriani 2
Triest
Tel. 040 36 24 15
www.hotelvictoriatrieste.com

❶ TRATTORIA NERODISEPPIA €€€€

Die kleine, behagliche Trattoria legt Wert auf tagfrischen Fisch und Meeresfrüchte, die hier innovativ zubereitet werden. Stammgäste schätzen das Fischtatar-Tris von Wirt Giulio Cusma. Seine Frau Valentina emp-

fiehlt den dazu passenden Wein aus dem Friaul, Slowenien oder Kroatien.
Via Luigi Cadorna 23
Triest
Tel. 040 30 13 77
www.trattorianerodiseppia.com
So. und Mo. Ruhetage

❷ ANTICA TRATTORIA SUBAN 1865 €€€

Den Grundstein für diese Trattoria mit langer Familientradition, die sich im Stadtteil San Giovanni befindet, legte Giovanni Suban, nachdem er 1865 bei der Lotterie in Wien fünf Richtige getippt hatte. Seither werden hier deftige und regionaltypische Gerichte wie Jota (Eintopf mit Sauerkraut und Bohnen) gekocht.
Via Emilio Camici 2
Triest
Tel. 040 5 43 68
www.suban.it
Di. Ruhetag

❸ BIANCO €€€

Die modern-stylisch eingerichtete Pizzeria liegt im Zentrum der Stadt und hat echte neapolitanische Pizza und regionale Gerichte auf der Karte. Die Krönung zum süßen Schluss: das feine Tiramisu!
Via Armando Diaz 2
Triest
Tel. 040 66 25 82
Tgl. 12 – 15 u. 19 – 23.30 Uhr
https://ristorante-pizzeria-bianco.business.site

★★ Altstadt

Palazzi an der »Landebahn«

Für die Einheimischen ist sie nur die **Piazza Grande** und gilt als eine der schönsten im Land: Der weitläufige Platz der Einheit Italiens wird von drei Seiten mit herausgeputzten, neoklassizistischen, teils barocken Fassaden gesäumt. Die vierte Seite öffnet sich hingegen weitläufig zur Adria, wo schmucke Jachten auf dem Wasser schaukeln. Von der Molo Audace, einer 200 m ins Meer hineinragenden Mole

★★
Piazza dell'
Unità d'Italia

aus, wirkt die Piazza besonders schön. Vor allem nachts ist sie stimmungsvoll beleuchtet, mit nostalgischen Laternen, aber auch mit in den Boden eingelassene blau schimmernden Lampen, die von den Einwohnern scherzhaft als »Landebahn« bezeichnet werden. Ein barocker Brunnen von 1750 ziert den Platz, er symbolisiert die damals vier bekannten Kontinente. Schön lässt sich der Platz auch von der Terrasse des **Caffè degli Specchi** im Palazzo Stratti beobachten: Der Blick fällt auf den 1905 fertiggestellten, mosaikverzierten Palazzo del Governo (Gouverneurspalast) des Wiener Architekten Emil Artmann an der Nordseite des Platzes. Der Palazzo Modello (1873) von Guiseppe Bruni entworfen, gilt als schönes Beispiel des Historismus (Ecke Capo di Piazza Gianni Bartoli). Die Neorenaissance-Fassade des Palazzo del Municipio (Rathaus), ebenfalls von Bruni (1875) blickt frontal auf das Meer. Hier lassen sich Brautpaare gerne trauen. Der barocke Palazzo Pitteri (1790) daneben ist das älteste Gebäude auf dem Platz. An der Südseite folgt das luxuriöse **Grandhotel Duchi d'Aosta**. Nebenan steht der Palazzo del Lloyd Triestino, der von Architekt Heinrich von Ferstel 1883 errichtet wurde.

Für Opernfreunde

Piazza Verdi
(Opernplatz)

Auf dem an die Piazza dell' Unità d'Italia östlich angrenzenden Opernplatz, der Piazza Verdi, erhebt sich das **Teatro Verdi** (1798) im neoklassizistischen Stil. In ihm erlebten Giuseppe Verdis »Il corsaro« (1848) und »Stiffelio« (1850) ihre Uraufführungen.

Alter Handelsplatz

Piazza della
Borsa

Die **Alte Börse** (Borsa Vecchia), östlich des Opernplatzes, wirkt mit ihren dorischen Frontsäulen fast wie ein Tempel (1806). Auf dem Dach wacht Meeresgott Neptun mit seinem Dreizack. Heute ist hier die Handelskammer der Stadt untergebracht. Ganz in der Nähe steht ie historische Börsenapotheke (Farmacia alla Borsa) mit viel Stuck und einer Nischenfigur an der Fassade. An der Piazza della Borsa erinnert eine Statue an den Habsburger Kaiser Leopold I. Rund um den Platz gruppieren sich Geschäfte und Cafés.

Römische Hinterlassenschaften

Teatro
Romano

Das Teatro Romano, ein römisches Amphitheater aus dem Jahr 100 n. Chr., wurde am Fuß des Colle di San Giusto errichtet, östlich der Alten Börse. Das im Halbkreis angelegte Atrium ist noch recht gut erhalten (freier Zugang). Ganz in der Nähe kommt man zur barocken Jesuitenkirche Santa Maria Maggiore und der schlichten romanischen Basilika San Silvestro aus dem 12. Jh. gegenüber. Der Richardsbogen (Arco di Riccardo) hinter den Kirchen gehörte zur römischen Stadtmauer, die im 1. Jh. n. Chr. unter Kaiser Augustus errichtet worden war. Reste der spätrömischen Mauer an der Via Capitelli sind noch erhalten.

Eine Kathedrale für den Schutzpatron

Auf dem recht steilen Colle di San Giusto thront die Kathedrale San
Giusto, die zu den Wahrzeichen von Triest gehört. Sie wurde auf den
Grundmauern zweier älterer Kirchen gebaut, die der hl. Jungfrau Maria und dem Schutzpatron der Stadt, dem hl. Justus, geweiht waren.
Im 14. Jh. wurden die Außenmauern abgerissen und die beiden Kirchen zur heutigen Kathedrale zusammengefügt. Durch eine Glas-
wand an der Außenseite des Gotteshauses lassen sich die ursprünglichen Bodenmosaiken und die teils freigelegten Grundmauern der
antiken Basilika (1. Jh.) erkennen.

San Giusto

Schloss mit Ausblick

Nur wenige Schritte neben der Kathedrale erhebt sich das mächtige
Schloss von San Giusto, wie die Kathedrale ein Wahrzeichen der
Stadt (1470 – 1630). Bereits um 2000 v. Chr. könnte an dieser Stelle
ein prähistorisches Kastell gestanden haben. Heute führt eine Zug-
brücke hinauf ins **Museum**, das eine umfassende mittelalterliche
Waffensammlung präsentiert. In einem Lapidarium (Lapidario Ter-
gestino) werden Steinfragmente mit u. a. römischen Inschriften
gezeigt. Der Innenhof dient im Sommer als schmucke Kulisse für
Konzerte. Den weitläufigen Platz davor zieren römische Säulenfrag-
mente, die bei Ausgrabungen gefunden wurden. Den Ausblick auf die
Stadt sollte man sich nicht entgehen lassen!

Castello di
San Giusto

Museum:April – Sept. tgl. 10 – 19, Okt. – März Mi. – So. 10 – 17 Uhr
Eintritt: 6 € | https://castellodisangiustotrieste.it

❚ Nördliche Innenstadt

Kaffeegenuss am Canal Grande

Der schachbrettartig angelegte Stadtteil Borgo Teresiano (Theresien-
vorstadt) erstreckt sich zwischen der Piazza dell' Unità d'Italia und
dem Hauptbahnhof; er ist nach Kaiserin Maria Theresia benannt. Im
Zuge der Stadterweiterung wurden hier im 18. Jh. Salinen trocken-
und das schachbrettartige Straßennetz angelegt. Sehenswert ist der
Canal Grande, auf dem Kähne schaukeln – er ist jedoch gerade mal
200 m lang. An seiner Mündung steht der prächtige **Palazzo Carciotti,**
1802 – 1805 im klassizistischen Stil erbaut. Der Vorbau in der Fassa-
denmitte mit ionischen Säulen trägt eine Brüstung mit Skulpturen aus
der griechischen Götterwelt. Am Ende des Canal Grande erhebt sich
die Kirche **Sant' Antonio Nuovo** (1842), deren Vorhalle von sechs
neoklassizistischen Säulen getragen wird. Südlich davon, an der Piazza
del Ponte Rosso mit spätbarockem Brunnen, steht die serbisch-ortho-
doxe Kirche **San Spiridone** (1861 – 1866) mit fünf Kuppeln und Tafeln
mit altkirchenslawischer Beschriftung. Das auffällige rosafarbene Gebäude gegenüber dem Kanal ist der Hierschel-Palazzo. Den schönsten

Borgo
Teresiano

Vielleicht nicht ganz Venedig, aber doch ein toller Ort: der Canal Grande von Triest

Blick auf den Kanal hat man natürlich von einem der Cafés aus. Im Stella Polare etwa saß **James Joyce** gerne, seine Bronzestatue steht gegenüber auf der Brücke – und blickt auf eine seiner ersten Wohnungen in Triest, wo er als Englischlehrer arbeitete.

Die Letzte von fünf

Sinagoga

Die Triester Synagoge zählt zu den bedeutendsten in Europa und ist heute die letzte von einst fünf Synagogen in Triest. Die jüdische Gemeinde umfasst gut 600 Mitglieder, vor gut einem Jahrhundert waren es zehnmal so viele. Ihre Geschichte erzählt das **Museo Ebraico** nördlich unterhalb des Festungshügels .
Sinagoga: Via San Francesco 19 | Mo. – Do. 10 – 11 Uhr | Eintritt: 7 €
www.triestebraica.it | **Museo Ebraico**: Via del Monte 5/7 | Mo., Mi.,
Fr. 10 – 13, Di. 16 – 19, Do. 10 – 16 Uhr | Eintritt: 6 € | www.museo
ebraicotrieste.it | Kombikarte mit Synagoge und Friedhof 15 €

Ein Gruß von Kaiserin Sisi

Piazza
Libertà

An der Piazza Libertà vor dem Hauptbahnhof begrüßt seit 1997 ein Denkmal der österreichischen Kaiserin Elisabeth die Besucher. Die Bronzeskulptur war 1912 anlässlich eines früheren Besuchs von »Sisi« vom Wiener Künstler Franz Seifert entworfen worden; nach dem Zusammenbruch der Donaumonarchie hatte man die Skulptur allerdings für etliche Jahrzehnte ins Magazin des Miramare-Schlosses verbannt.

▌Südliche Innenstadt

Museen für jeden Geschmack

Das Stadtviertel Borgo Giuseppino (Josephsvorstadt) erstreckt sich vom südwestlich gelegenen Campo Marzio bis zur Piazza Attilio Hortis südlich der Piazza dell' Unità d'Italia. Wohn- und Verwaltungsgebäude prägen das Viertel. Das **Museo Ferroviario** (Eisenbahnmuseum) im Bahnhof der ehemaligen k. u. k. Staatsbahn präsentiert Eisenbahngeschichte; das kleine **Museo del Mare** ist in das Immaginario scientifico im Altenn Hafen nördlich vom Hauptbahnhof umgezogen. In der Villa Sarotio präsentiert das **Civico Museo Sartorio** bildende Kunst (u. a. Gemälde von Tiepolo, Skulpturen) und Keramik (u. a. griechische Vasen) aus dem Besitz der Adelsfamilie. Sehenswert sind die Reste eines 75 Mio. Jahre alten Dinosauriers im **Civico Museo di Storia Naturale** (Naturkundemuseum). Das **Museo Revoltella – Galleria d'Arte Moderna** im ehemaligen Stadtpalazzo des Barons Pasquale Revoltella stellt Werke aus dem 19. und 20. Jh. aus.

Borgo Giuseppino

Museo Ferroviario: Via Giulio Cesare 1 | wegen Renovierung bis auf Weiteres geschlossen | **Museo del Mare**: Magazzino 26 | Do. – So. 10 – 19 Uhr | Eintritt frei | https://museodelmaretrieste.it
Civico Museo Sartorio: Largo Papa Gionvanni XXIII 1 | Do. – So. 10 – 17 Uhr | Eintritt: frei | http://museosartoriotrieste.it
Museo di Storia Naturale: Via Tominz 4 | tgl. außer Di. 10 – 17, Mi bis 19 Uhr | Eintritt: 4 € | www.museostorianaturaletrieste.it
Museo Revoltella – Galleria d'Arte Moderna: Via Diaz 27 | tgl. außer Di. 10 – 19 Uhr | Eintritt: 7 € | https://museorevoltella.it

Das literarische Triest

Hier und da weisen kleine Tafeln an den Häusern auf bekannte einstige Bewohner hin: Dichter, Schriftsteller, Literaten. Triest inspirierte vor dem Ersten Weltkrieg auch **James Joyce** (1882 – 1941, ▶ S. 234): »La mia anima è a Trieste« (»Meine Seele ist in Triest«), schrieb der Lebemann Joyce 1909 an seine Frau Nora. Auf der Piazza Hortis gedenkt man mit einer Statue des zu Lebzeiten verkannten Triestiner Autor **Italo Svevo** (Ettore Schmitz, 1861 – 1928), der die literarische Moderne Italiens prägte. Ein kleines Museum erinnert an die beiden. Der ebenfalls in Triest geborene **Umberto Saba** (1883 – 1957) verfasste hier den Gedichtzyklus »Canzoniere«, der zu den schönsten der italienischen Sprache gehört. Seine Bronzefigur steht in der Via Dante Alighieri. Im Schloss Duino verfasste **Rainer Maria Rilke** (1875 – 1926) 1912 seine berühmten »Duineser Elegien«; ein Panoramaweg am Meer ist nach ihm benannt. Zu kriminalistischen Ehren kommt Triest in den Romanen von **Veit Heinichen** (geb. 1957) mit Commisario Laurenti.

Museo Svevo, Museo Joyce

Museo Svevo & Museo Joyce: Via Madonna del Mare 13/IIp | wegen Renovierung bis auf Weiteres geschlossen | Eintritt: 4,30 € www.museosveviano.it, https://museojoycetrieste.it

Risiera di
San Sabba

Weit im Süden der Stadt wird an ein trauriges Kapitel erinnert: Nach der Kapitulation Italiens eröffnten die Nazis in der Reismühle San Sabba ein Haftlager für politische Gefangene und Sammellager für Juden, bevor diese in die Vernichtungslager transportiert wurden. 3000 bis 5000 Menschen wurden getötet, ihre Leichen verbrannt – im einzigen KZ-Krematorium auf italienischem Boden.
Via Giovanni Palatucci, 5 | Sommer tgl. 9 – 19, Winter bis 17 Uhr | Eintritt frei | https://risierasansabba.it

Rund um Triest

Blau, grün und grau

Triestiner
Riviera

Triestiner Riviera nennt sich der Küstenstreifen zwischen Monfalcone und Triest – er zählt zu den schönsten Panoramastrecken des Mittelmeerraums. Hier führt die Küstenstraße Nr. 14 zwischen dem Wasser und teils bewaldeten Karstfelsen entlang, zum Blau des Meeres gesellen sich das Grün der Wälder und das helle Grau der Felsen.

Umweltfreundlicher Nahverkehr

Standseil-
bahn Tranvia
di Opicina

Die historische Straßen- und Standseilbahn »Tram di Opicina« ist Kult: Schon seit 1902 verbindet sie die Piazza Oberdan, nördlich des Zentrums, mit dem Villenvorort Opicina (348 m ü. d. M.). Die 5 km lange Tram muss 329 m Höhenunterschied und ein Gefälle von bis zu 26 Prozent überwinden. Bergab wird mithilfe einer Seilbahnanlage gebremst. Ab der Haltestelle Obelisco, beim Franz I. von Österreich gewidmeten Obelisken, führt ein 4 km langer, wunderschöner Küstenpanoramaweg ins Dörfchen Prosecco. Nach einem Unfall im August 2016 ist die Bahn leider **bis auf Weiteres außer Betrieb**.

Hinunter in die Riesenhöhle

Grotta
Gigante

Rund 2 km nordwestlich des Vororts Opicina liegt die Grotta Gigante, in die 500 Stufen hinab führen: Die Tropfsteinhöhle hält seit 1995 ihren Eintrag im Guinness-Buch der Rekorde als »Größte Schauhöhle der Welt«. Der riesige Hohlraum (98 m hoch, 76 m breit und 167 m lang) könnte den Petersdom von Rom fassen. Entdeckt wurde die Höhle 1840 von Anton Friedrich Lindner, der auf der Suche nach unterirdischen Quellen für die Wasserversorgung von Triest war.
Führungen tgl.. außer Mo. 10, 11, 12, 14, 15, 16 Uhr | Eintritt: 15 € www.grottagigante.it

Habsburgische Sommerfrische

Castello di
Miramare

Die Lage ist einfach atemberaubend: Das märchenhaft schneeweiße Schloss Miramare erhebt sich auf einem Felsvorsprung, etwa 8 km nordwestlich von Triest. Mit einem Schloss am Wasser erfüllte sich Erzherzog Maximilian von Habsburg (1832 – 1867) zwar einen Kind-

6x
GUTE LAUNE

Das hebt die Stimmung.

1.
KARIBIK-FEELING
Die **Safari-Bar am Kap Kamenjak**, Istriens Südspitze, ist eine Institution: Mit Bambus, Schilf und angespülten Gegenständen dekoriert, kommt in dieser originellen Bar Karibik-Feeling auf. (▶ **S. 195**)

2.
KÜSSEN ERWÜNSCHT!
Entlang der **Riviera von Crikvenica** wurde ein Wanderpfad für Liebespaare geschaffen: 10 romantische Orte sind auf einer »Kuss-Landkarte« als Kiss Spots eingetragen – wenn das nicht verlockt! (▶ **S. 71**)

3.
ADRENALINKICK
Die dreifache Absicherung schafft Vertrauen: Spätestens, wenn man auf der Zipline hoch über der **Paziner Schlucht** schwebt, steigt jedoch der Adrenalinspiegel. Die beeindruckende Aussicht entschädigt für den Nervenkitzel. (▶ **S. 150**)

4.
RABER TORTE
Die Raber Torte wird schon seit Jahrhunderten mit Mandeln und Maraschino (aus der Maraschino-Kirsche) gebacken. Als Souvenir gibt es die Torte z. B. in der **Schaubäckerei Vilma** in Rab-Stadt, Ul. Stjepana Radića 5.

5.
KARNEVAL AM MEER
Rijeka ist eine Karnevalshochburg, wo traditionelle Glöckner auf moderne Faschingswagen treffen. Zum Abschluss muss die Strohpuppe Pust für alle Sünden büßen. Ein Riesen-Spektakel am Faschingssonntag! (▶ **S. 203**)

6.
HIGH HEELS UND CO.
Italien ist für stylische, hübsche **Schuhmode** bekannt – und Triest liegt »fast ums Eck«, wenn Sie in Istrien Urlaub machen. Daher: Rein ins Auto und ab zum Schuhe kaufen **nach Triest!**

heitstraum, konnte sich jedoch nicht lange daran erfreuen: 1859 bezog er das Schloss – ein Stilmix aus Gotik und Neorenaissance – mit seiner Gemahlin, Charlotte von Belgien, er wurde jedoch schon vier Jahre später Kaiser von Mexiko. Von dort kehrte er nicht wieder zurück, da er 1867 von Revolutionären erschossen wurde. Charlotte verfiel nach seinem Tod in geistige Verwirrung und wurde zeitweilig im kleinen **Gartenschlösschen** (Castelletto) im Schlosspark eingesperrt. Bis zum Ersten Weltkrieg nutzten die Habsburger das Schloss zur Sommerfrische, auch Kaiserin »Sisi« war zu Gast. Bei Ausbruch des Krieges wurde das komplette Mobiliar nach Wien geschafft, nach Kriegsende ging das Schloss an den italienischen Staat über und die Einrichtung kehrt von 1924 an zurück. Im Zweiten Weltkrieg war Miramare von der deutschen Wehrmacht besetzt, bis 1954 diente es den Alliierten als Militärzentrale, ehe es im Folgejahr zum Museum umfunktioniert wurde, wie es sich heute präsentiert.

In der **Parkanlage**, 1864 von Carl Junker angelegt, wachsen auch exotische Pflanzen, die der Erzherzog von Reisen mitbrachte. Für leidenschaftliche Spaziergänger empfiehlt sich die kilometerlange, von Oleanderbüschen und Pinien gesäumte Promenade von Barcola zwischen Triest und dem Castello di Miramare. In den Reitställen ist ein **Museum über das Meeresschutzgebiet** von Miramar untergekommen.

Schloss: tgl. 9 – 19 Uhr | Eintritt: 12 €
Park: Juni – Sept. 8 – 19, übrige Zeit bis mind. 16 Uhr | Eintritt: frei
https://miramare.cultura.gov.it

Castello di Duino

Erlauchte Gäste

La Dama Bianca nennen die Einheimischen einen Felsen unterhalb des Castello di Duino, 15 km nordwestlich von Triest. Mit ein wenig Phantasie wirken die schroffen, hellen Felsklippen, auf denen das Schloss Duino emporragt, auch tatsächlich wie eine weiße Dame. Damit verbunden ist eine schaurige Legende: Ein alter Schlossbesitzer soll seine Gemahlin die Felsen hinabgestürzt haben. Noch während des Falls verwandelte sich diese jedoch in einen Stein, den der Schlossbesitzer fortan vor Augen hatte. Damit hat die frühere Schlossherrin, Marie von Thurn und Taxis, allerdings wenig gemein: Sie ist vielmehr als Mäzenin von **Rainer Maria Rilke** bekannt, der hier als Gast seine berühmten »Duineser Elegien« verfasste. Wer den 2 km langen **Rilkeweg**, der sich zwischen Duino und Sistiana entlang der Klippen erstreckt, entlang spaziert, mag dessen Inspiration erahnen: Ein herrlicher Panoramablick auf das Schloss mit seinen zinnenbekrönten Türmen (16. Jh.) und das Meer öffnet sich von hier aus. Überhaupt lohnt allein der Ausblick, etwa vom Balkon, den Besuch. Dabei sieht man über die kline Bucht hinweg auch die Ruinen des Castello Vecchio aus dem 11. Jahrhundert.

Im Schloss ist elegantes Interieur zu sehen, aber auch historische Musikinstrumente – etwa das Fortepiano von **Franz Liszt**, der hier ebenfalls zu Gast war. Weitere Höhepunkte sind der gepflegte Schlosspark und ein Bunker aus dem Zweiten Weltkrieg. Die heutigen Schlossbewohner gehören dem böhmischen Zweig der Thurn und Taxis an.

tgl. außer Di. 9.30 – 17.30, Winter Sa./So. bis 16 Uhr | Eintritt: Schloss 11 €, Castello Vecchio 5 €, Kombiticket 13,50 € | http://castellodiduino.it

UMAG

Höhe: 0 – 7 m ü. d. M. | **Einwohner:** 6900 | Kroatien

Blitzschnell flitzen die neongelben Filzkugeln über den Platz, von links nach rechts, zurück, ins Netz und ... aus. Ein Raunen geht durch das Publikum, abgelöst von Jubelschreien: Wer nach Umag kommt, hat eine Leidenschaft für den Tennissport – zumindest alljährlich im Juli, wenn das internationale ATP-Turnier Croatian Open das istrische Küstenstädtchen in ein Tennis-Mekka verwandelt. Auch sonst setzt der Ort auf Aktivurlauber: Jedes bessere Hotel hat hier einen Tennisplatz. Der ideale Ausgleich zum Strandleben!

Auf einer schmalen Landzunge an der Westküste Istriens ragt die Altstadt von Umag (ital. Umago) ins Meer hinein. Die Stadt geht nördlich und südlich in weitläufige Hotelanlagen und Campingplätze über, die sich entlang der flachen Küste erstrecken. Überhaupt ist die Gegend touristisch sehr gut erschlossen, mit großen Ferienanlagen, die **viele Sport- und Freizeitmöglichkeiten** bieten – etwa den Golfplatz bei Savudrija. Skipper freuen sich über die ACI-Marina mit über 500 Liegeplätzen und Kran.

Kroatiens Tennishochburg

Bereits die alten Römer schätzten die geschützte Lage südlich des Kaps von Savudrija. Nach wechselnden Herrschern übernahmen im Mittelalter die Bischöfe von Triest das Ruder. Umag erhoffte sich durch Verträge mit Venedig besseren Schutz. Im 14. Jh. brannten die Genuesen große Teile der Stadt nieder, wobei auch das Stadtarchiv verloren ging. Mit dem Niedergang Venedigs 1797 fiel Umag an die Donaumonarchie. Bis 1954 gehörte der bis heute zweisprachige Ort zu Italien, dann zu Jugoslawien, 1997 erhielt er schließlich das Stadtrecht.

▌ Wohin in und um Umag?

Wo ist der Sonnenuntergang am schönsten?

Umag verspricht einen entspannten Urlaub: Tagsüber wird an den schönen Stränden in der Umgebung gebadet, abends entlang der *Uferpromenade*

Uferpromenade flaniert. Höhepunkt ist der Sonnenuntergang, der an der Westküste Istriens phantastisch ist! Der wohl schönste Ort, um das romantische Abendglühen zu genießen, ist nicht nur die Promenade, sondern der 404 m lange **Wellenbrecher**: Dieser zieht sich sichelförmig in die Adria hinein und wurde bereits 1825 angelegt.

Entdeckungen in der Altstadt

Altstadt Schmale Gassen prägen die recht überschaubare Altstadt von Umag, die sich auf einer mit dem Festland aufgeschütteten Insel erstreckt. Auf der heutigen Halbinsel gibt es **schmucke Fassaden** zu entdecken, im Stil von Renaissance, Gotik und Barock. Ältere Spuren finden sich in der Ulica Epifano (Nr. 5): In die vordere Fassade wurde ein **frühchristlicher Sarkophag** aus dem 5. Jh. eingemauert.

Stadtbefestigung gestern und heute

Stadtmauer Von der mittelalterlichen Wehrmauer ist nur noch ein kleines Stück im Südwesten der Altstadt übrig. Die Reste des Stadttors lassen sich in der Garibaldijeva ulica aufspüren. Nahe der damaligen Stadtmauer, am Eingang zur Altstadt, ist eine **Kirche Sv. Rok** (St. Rochus) geweiht. In einem noch erhaltenen Turm der Mauer ist das **Stadtmuseum** (Gradski muzej) untergebracht: Im Mittelpunkt steht das prähistorische Boot von Zambratija, das als das älteste genähte seiner Art im Mittelmeerraum gilt.

Trg Sv. Martina 1 | Eintritt: frei
Öffnungszeiten unter www.mgu-mcu.hr

Eine Kanonenkugel für die Genuesen

Pfarrkirche Mariä Himmelfahrt Die barocke Pfarrkirche Mariä Himmelfahrt (Uznesenje blaženje Djevice Marije) erhebt sich am zentralen Trg Slobode in der Altstadt von Umag. Nebenan ragt der freistehende Glockenturm Sv. Pelegrin (St. Pellegrinus) empor. Sieben Altäre und wertvolle Gemälde hütet die Kirche. In die hintere Wand wurde eine Kanonenkugel eingemauert, die der Legende nach 1810 auf die Genuesen abgefeuert wurde. Die Orgel von 1776 erklingt insbesondere alljährlich beim großen Festival »Organum Histriae«. Eine öffentliche **Zisterne** von 1677 neben der Pfarrkirche stellte die Wasserversorgung von Umag sicher.

Metternichs Leuchtturm

Kap Savudrija Die nordwestlichste Landzunge Istriens, das Kap Savudrija (ital. Punta Salvore), schließt mit malerischen Fels- und Kiesstränden die Bucht von Triest im Südwesten ab. Das Wahrzeichen des winzigen Fischerdörfchens ist der älteste noch aktive Leuchtturm Kroatiens, anngeblich auf Anweisung von Fürst Metternich erbaute. Er soll sich auf dem Wiener Opernball in eine wunderschöne kroatische Adelige verliebt haben, die das für sie errichtete Leuchtfeuer jedoch nie zu sehen bekam – denn sie starb vor Fertigstellung an einer Lungenent-

UMAG ERLEBEN

TOURISTINFORMATION
Trgovačka 6
52470 Umag
Tel. 052 74 13 63
https://coloursofistria.com/
destinacije/umag

Ende Mai: Sea Star Festival, Umag
(Elektro-Beats)
www.seastarfestival.com/de
Juli: Int. ATP-Tennisturnier Croatia
Open

Fahrrad- und E-Bike-Verleih an mehreren Stationen (»Park and Ride«).
Der **Kletterpark Jangalooz Umag**
verspricht Nervenkitzel.
www.jangalooz.com

Schöne **Kies- und Felsstrände** erstrecken sich bei Savudrija. Beliebt ist
der Strand Katoro, nur 500 m von
der Altstadt oder der Strand Kanegra,
8 km nördlich von Umag.

RESTORAN TONI €€€€
Das Traditionsrestaurant im Dörfchen
Zambratija hat sich der gehobenen Kü-
che verschrieben: Fisch und Meeres-
früchte kommen raffiniert auf den
Tisch. Dabei nimmt sich Küchenchef
Toni Zeit, um seine Gäste zu beraten.
Siparska ul. 8
Zambratija
Tel. 052 75 95 70

KONOBA BUŠČINA €€€
Bodenständige istrische Küche aus
dem Binnenland und der Küste verschmelzen in dieser Konoba 7 km östlich von Umag. Vor allem die Schmor-
gerichte auf Peka-Art sind ein Genuß.
Die Mitgliedschaft in der Qualitätsver-
einigung Tartufo Vero spricht für
sich: Die Trüffelpasta ist köstlich!
Buščina 18
Umag-Buščina
Tel. 052 73 20 88
www.konoba-buscina.hr
Di. Ruhetag

KONOBA NONO €€€
Bunte Hüte kleben hier an der Decke:
Die originell eingerichtete Konoba an
der Straße von Umag nach Buje
schätzen auch viele Stammgäste. Traditionelle istrische Küche wird hier
auf der offenen Feuerstelle zubereitet. Der Nachwuchs vergnügt sich unterdessen auf dem Spielplatz oder im
Streichelzoo.
Umaška 35
Umag-Petrovija
Tel. 052 74 01 60
http://konoba-nono.com

zündung. Der Fürst beschloss, den Leuchtturm nie wieder aufzusu-
chen; sein Geist soll umgehen. So weit die Legende.
Tatsächlich wurde der 36 m hohe Turm im April 1818 im Beisein von
Kaiser Franz I. eingeweiht. Das Leuchtfeuer war das erste weltweit,
das mit aus Steinkohle gewonnenem Gas betrieben wurde. Heute
werden im Turm Ferienwohnungen vermietet.

Noch eine Eigenart hat Savudrija: Normalerweise schaukeln Fischer-
boote meistens auf dem Wasser. Doch hier werden sie an Seilen aus
dem Wasser gezogen und aufgehängt – um sie vor Unwettern besser
zu schützen. Die Silhouette der Boote, hoch über dem Wasser, gestützt von Holzpfählen, macht bei Sonnenuntergang großen Eindruck.
www.lighthouses-croatia.com

★ VODNJAN

Höhe: 135 m ü. d. M. | **Einwohner:** 3200 | Kroatien

*Olivenöl gilt seit jeher als »flüssiges Gold« – und war auch im
Städtchen Vodnjan so kostbar, dass man damit den Bau der Pfarrkirche finanzieren konnte. Dazu musste die Bevölkerung ein Zehntel ihres Jahresertrags an Olivenöl und Wein abtreten. Dass das
nicht gerade wenig war, zeigt der imposante Kirchturm: Der Zehnt
hat sogar für den höchsten Kirchturm Istriens gereicht. Innen wird
es schaurig: Mumien.*

Reich dank
Olivenöl

Die Bewohner von Vodnjan sprechen eine Mundart, **Istriotisch** oder
einheimisch »Bumbaro«. Allerdings gibt es höchstens noch 1000
Sprecher, meist Ältere. Sprachwissenschaftler streiten über die Herkunft: Die meisten halten Istriotisch für einen archaischen venezianischen Dialekt, andere sehen Parallelen zum Dalmatischen.
Die Römer (177 v. Chr.) sprachen eine illyrische Siedlung einem Ve-
teranen namens Attinianum zu. Daher stammt vermutlich der Name
Adignani, ital. Dignano, ab. Schriftlich wird Vodnjan erst 1194 als Po-
ponis de Adignanis erwähnt. 1331 entschied sich die Bevölkerung,
den Venezianern zu gehorchen, die hier ihr Heer stationierten.
Bekannt ist der Ort für die hocharomatische Olivenölsorte Buža Vodnjanska, die schon die alten Römer schätzten. In der liebevoll sanierten alten **Ölmühle Tonin** wird die Kunst der Olivenölgewinnung gezeigt – und selbstverständlich auch verkostet
Istarska 28, Tel. 052 51 15 99, uljara.tonin@gmail.com

Wohin in und um Vodnjan?

Alte Handwerke

Handels-
straße

Je mehr sich die Trgovačka ulica (Handelsstraße) mit Schuster-,
Schneider- und anderen Läden dem Hauptplatz nähert, desto enger
wird sie. Auch wenn viele Geschäfte mittlerweile verschwunden sind,
besitzt die Straße doch einen altertümlichen Charme.

VODNJAN ERLEBEN

TOURISTINFORMATION
Narodni trg 10, 52447 Vodnjan
Tel. 052 51 17 00
www.vodnjandignano.com

Um den 24. Juni: Wahl der schönsten Ziege (»Naj koza«), Svetvinčenat
Ende Juni: Drachenfest, Peroj
3. Juli-Wochenende: Tanz- und Pantomime-Festival
www.svetvincenatfestival.com
2. Sa. im Aug.: Bumbarska fešta, Umzug mit Eselkarren, Vodnjan

RESTORAN VODNJANKA €€
Auch bei Einheimischen ist das Lokal mit istrischer Landküche beliebt: Feiner Rohschinken mit Käse oder Manestra als Vorspeise, gefolgt von hausgemachten Gnocci mit Rindfleisch oder Beefsteak mit Trüffeln. Als Dessert empfiehlt sich eine ungewohnte, aber köstliche Süßspeise: Vanilleeis mit fruchtigem Olivenöl aus Vodnjan!
Istarska 22b, Vodnjan
Tel. 052 51 14 35, So. Ruhetag
https://vodnjanka.com

Stilvolle Palazzi und Brauchtum live
Der Hauptplatz Narodni trg wird südlich vom ziegelroten Bradamante-Palais im Barockstil (17. Jh.) flankiert; im Erdgeschoss ist eine Sammlung von steinernen Wappen zu sehen.
Westlich des Platzes wartet der **Palazzo Bettica** in venezianischer Gotik (14./15. Jh.) auf. Hier ist das Stadtmuseum zuhause mit Fresken, einer kleinen Gemäldesammlung und archäologischen Funden.
Mit viel Herzblut betreiben Freiwillige das **Ecomuseum Istrian de Dignan**: Mit Veranstaltungen, Workshops, Führungen, Slowfood-Kampagnen und Produkten aus nachhaltiger Landwirtschaft wollen sie Brauchtum und erzählen z. B. gerne von lokalen Traditionen wie der Olivenölherstellung. Im kleinen Museum sind eine traditionelle istrische Küche mit offener Feuerstelle zu sehen, alte Möbel, Werkzeug und Haushaltsgegenstände; eine Sonderausstellung erinnert an den Meisterschuster Erminio Vojvoda. Im Herbst werden Urlauber gerne zur **Weinlese** und **Olivenernte** mitgenommen (auf Anfrage).
Palazzo Bettica: n. V. Tel. 52 51 25 40 | Eintritt frei
Ecomuseum: auf Anfrage, Tel. mob. 099 350 35 90 | Eintritt frei
www.istrian.org

Narodni trg

Rätselhaft
In Vodnjan ist man stolz auf den höchsten Glockenturm Istriens: Er ist 63 m hoch, gehört zur **Pfarrkirche Sv. Blaž** (St. Blasius) und offensichtlich dem Campanile der Markuskirche von Venedig nachempfunden. Bekannt ist die Kirche aber v. a. für ihre mittelalterlichen Mumien und mumifizierten Körperteile, die im Altarraum ausgestellt und er-

Mumien von Vodnjan

staunlich gut erhalten sind. Dafür hat die Wissenschaft allerdings keine Erklärung, denn sie waren weder einbalsamiert noch eingeschlossen. Immerhin weiß man aber, um wen es sich handelt: Vollständig erhalten sind der hl. Leo Bembo († 1188), der hl. Johannes Olinius (†1300) und der hl. Nicolosa Bursa († 1512); hinzu kommen Körperteile und Reliquien von ca. **250 weiteren Heiligen** in der Sakristei. Die Sammlung sakraler Kunst umfasst Steinreliefs, Handschriften und Gewänder, die ältesten Exponate stammen aus dem 5. Jahrhundert.

Juni – Sept. Mo – Sa. 9.30 – 19, So. 12 – 17 Uhr | Eintritt: je 10 €

Kunstvolle Steinhütten

Park Kažuna Hirten und Landwirte, die Schutz vor Unwetter suchten, fanden überall in winzigen Steinhütten Unterschlupf. Solch ein **Kažun** ist ein über-

Schauerlich: Der hl. Leo Bembo ist eine von drei vollständig erhaltenen Mumien in der Pfarrkirche von Vodnjan.

aus interessantes Bauwerk: Ganz ohne Mörtel wurden die Steine mit Spitzdach in Trockenbautechnik aufeinander gestapelt. Wie das genau funktioniert und wie solch eine Hütte von Innen aussieht, wird im frei zugänglichen Park Kažuna gezeigt. In der Umgebung von Vodnjan soll es insgesamt noch etwa 3000 Kažuni geben!

1,5 km nördlich von Vodnjan, am Kreisverkehr in Richtung Salvela abbiegen | Eintritt: frei

Neue Veranstaltungen, alte Kulisse

Das Wahrzeichen von Svetvinčenat, 15 km nordwestlich von Vodnjan, überragt seit neun Jahrhunderten den Ortskern: eine **Festung** mit zwei runden und einem eckigen Turm und einem großen Palas. Über dem Tor zeugt das Emblem der venezianischen **Adelsfamilie Grimani** von den einstigen Herrschern. Ihr heutiges Aussehen erhielt die Festung nach einem Brand im späten 16. Jh.; frisch renoviert, erzählt sie heute in einer Multimedia-Ausstellung ihre Geschichte. Beim Escape Game hat die ganze Familie Spaß, einen Ausweg aus dem Schloss zu finden.

Neben dem Kastell finden sich eine Loggia (15./16. Jh.) und schmucke Bürgerhäuser. Die dreischiffige Renaissancekirche Mariä Verkündigung beherbergt eine Sammlung mit Kelchen und Altarkreuzen. Ihre Fensterrosette wurde aufgrund der geringen Deckenhöhe über dem Eingangsportal ungewöhnlich niedrig eingebaut.

Svetvinčenat hat einen festen Platz in der Kulturwelt mit dem **Tanz- und Pantomime-Festival**. Zudem ist das Örtchen für die Wahl zur **schönsten Ziege** Istriens bekannt: Dabei werden die Tiere mit Tüll, Rüschen, Blumen und Kränzen schön geschmückt.

Svet-
vinčenat

Festung: Do. – So. 10 – 17 Uhr | Eintritt 7 €; mit Escape Game 10 € www.grimanicastle.com

Ein besonderer Dialekt

Eine Pestepidemie hatte das Dörfchen Peroj, 5 km südlich von Vodnjan, entvölkert. 1657 wurden daher montenegrinische Flüchtlinge angesiedelt, die an der Seite Venedigs gegen die Osmanen gekämpft hatten. Deren Nachfahren pflegen bis heute die **montenegrinischen Bräuche** und einen altertümlichen Dialekt. Sehenswert ist die orthoxode Kirche Sv. Spiridon (St. Spyridon) von 1780 mit einer Ikonostase aus dem 16. Jahrhundert.

Peroj

Gegen Kopfweh und Rheuma

Unweit des Dörfchens Batvači, 5 km nördlich von Peroj, steht mitten auf der grünen Wiese die dreischiffige, für ihre Fresken bekannte **Wallfahrtskirche Sv. Foška** (St. Fusca) aus dem 12. Jahrhundert. Pilger bitten hier um Heilung von Rheuma, Kopfschmerzen und anderen Krankheiten. In der Umgebung stehen wiederum einige Kažuni, die oben vorgestellten steinernen Feldhäuschen.

Batvači

VRSAR

Höhe: 0 – 60 m ü. d. M. | **Einwohner:** 1600 | Kroatien

E 7

*Das reizende Hafenstädtchen an Istriens Westküste soll schon
den berühmtesten Liebhaber der Weltgeschichte verzaubert
haben: In seinen Memoiren schwärmt Giacomo Casanova vom
guten Essen und dem rubinroten Refošk-Wein. Auch zwei voll-
brüstige Damen haben ihn wohl während seiner Besuche 1743
und 1744 entzückt: Sie wachen bis heute als Nischenfiguren in
einer Fassade unweit des Zugangs zur Altstadt – und machen
neugierig auf die Bildhauerstadt.*

*Istriens
»Mar-
mor«*

Das einstige Fischerdörfchen Vrsar (ital. Orsera), zwischen Rovinj
und Poreč, hat zwei Gesichter: Die **beschauliche kleine Altstadt**
zieht sich bis zur von einem Kirchturm gekrönten Bergkuppe hinauf.
An der Uferpromenade pulsiert das Leben unter Palmen. Das Pflas-
ter, ein heller Kalkstein, stammt aus den **Steinbrüchen von Vrsar**.
Der berühmte »Marmor« ist aber gar keiner, sondern normaler Kalkstein. Aber in Haltbarkeit und Farbe ähnelt der istrische Kalkstein
dem Marmor, und auch ihn gibt es in allen möglichen Färbungen, von
strahlendem Weiß über Beige und Gold bis zu Grau oder Braun.
Bereits die Histrer bauten Festung und Hafen. Der römische Sied-
lungsname Ursaria stammt wohl von den Quellen (»ur«, im Kroatischen wurde daraus ein »vr« am Wortanfang) in der Umgebung, die
viele Schiffe nutzten, um sich mit Trinkwasser einzudecken. Die Bischöfe von Poreč errichteten im 10. Jh. ihre Sommerresidenz in Vrsar, im 17. Jh. verlegten sie ihren Sitz zeitweilig hierher, da in Poreč
die Malaria wütete. Das heutige Stadtbild wurde im 19. Jh. geprägt,
als Vrsar über seine Stadtmauer hinauswuchs, die im Zuge der Modernisierung weitgehend verschwunden ist.

▌ Wohin in Vrsar?

Bummel durch die Altstadtgassen

Stadttore — Enge Gassen ziehen sich den Altstadthügel hinauf. Dazwischen sieht
man immer wieder Reste der einstigen Wehrmauer, von der nur noch
zwei Tore erhalten sind: Im Südwesten der Altstadt das **Kleine Tor**
(Mala vrata) und im Osten das **Haupttor** (Glavna vrata, 13. Jh.), das
ein venezianischer Markuslöwe bewacht.
Östlich des Haupttors fällt das Renaissanceportal der Kirche **Sv.
Foška** auf. Das Gotteshaus aus dem frühen 17. Jh. besitzt eine kleine
Sammlung sakraler Kunst mit Grabtafeln und einem Gemälde der
Märtyrerin hl. Fusca.

VRSAR ERLEBEN

TOURISTINFORMATION
Ul. Rade Končara 46
52450 Vrsar
Tel. 052 44 17 46
http://infovrsar.com

Sept.: Internationale Bildhauerschule Montraker

Gebadet wird auf der bewaldeten Montraker-Halbinsel gegenüber der Altstadt. Am 3 km lange Kieselstrand Valkanela beim gleichnamigen Campingplatz weht die Blaue Flagge. Dieses Öko-Qualitätssiegel zeichnet auch den bekannten FKK-Strand Koversada südlich aus.
Skipper schätzen die durch die Insel Sv. Juraj geschützte **Marina** der Stadt. Mehrere Anbieter in der Umgebung haben sich auf Windsurfing, Wasserski und Co. spezialisiert.
Ein breites Angebot an **Outdoor-Aktivitäten** findet sich bei https://infovrsar.com/de/sehen-erleben/sport-erholung.

HOTEL VISTA €€€
Vista heißt auf Italienisch »Ausblick«. Dieser ist wunderschön und fällt auf den Hafen von Vrsar, der sich unterhalb dieses charmanten Hotels öffnet. Das mediterrane Flair wird in den eher minimalistischen, aber modernen 36 Zimmern durch die Farben von Oliven, Lavendel oder dem Meer unterstrichen. Parkplätze sind eher Mangelware, aber von der schönen Terrasse will man sich ohnehin kaum fortbewegen.

Ul. Rade Končara 52
Vrsar
Tel. 052 40 66 20
www.hotelvista.hr

KONOBA BARE €€€
In dieser rustikalen Konoba wird mit viel Leidenschaft auf gehobenem Niveau gekocht. Kalb unter der Peka-Schmorglocke schmeckt köstlich, das Tüpfelchen auf dem i aber ist der warme Schokoladenkuchen – mit flüssigem Kern, der auf der Zunge zergeht!
Kamenarija 4
Funtana
Tel. 052 44 51 93
Mi. Ruhetag

RESTORAN HISTRIA €€€
Das populäre, familiengeführte Restaurant mit überdachter Terrasse hat viele Stammgäste. Vor allem die Fisch- und Fleischplatten sind großzügig bemessen. Ein selbstgebrannter Schnaps rundet das Essen ab.
Istarska 22
Funtana
Tel. 052 44 53 93
Mittagsruhe 14.30 – 17 Uhr

RESTORAN TROŠT €€€
Die vermutlich besten Fischgerichte in der Stadt genießt man auf der großen Terrasse, mit schönem Blick auf den Hafen. Tipp: Der Wolfsbarsch im Salzmantel ist schön zart, aber auch andere fangfrische Fische aus dem Ofen – in mitgegartem Gemüse – schmecken köstlich.
Obala Maršala Tita 1a, Vrsar
Tel. 052 44 51 97
www.restoran-trost.hr
Di. Ruhetag, ab 10 Uhr geöffnet

CAFÉ L' ANGELIQUE €€

In dem freundlichen kleinen Café neben der Pfarrkirche wird der wohl beste Kuchen – hausgemacht! – vor Ort serviert, dazu schmeckt der viel gelobte Bio-Kaffee. Zur sehr guten Weinauswahl lokaler Spitzenwinzer passen Oliven und Trüffelsalami als Finger-Food perfekt.
Orlandova 47, Vrsar
Tel. 098 957 03 52
Di. – So. 9 – 13, 16 – 23 Uhr

Lohnender Aufstieg

Sv. Martin Ganz oben auf dem Hügel sitzt die Pfarrkirche Sv. Martin, die schon von Weitem sichtbar ist. Zwar wurde ihr Fundament bereits 1804 auf der früheren Stadtmauer errichtet, die Fertigstellung zog sich jedoch tatsächlich bis 1935 hin, und dann war immer noch nicht Schluss: Das jüngste Bauteil ist der **Kirchturm** von 1991. An alten Kirchenglocken vorbei, die vor fast 100 Jahren in Triest gegossen wurden, führen darin 88 Stufen hinauf. Die Mühe lohnt sich, denn der Ausblick reicht bis zum ▶ Limski kanal und nach ▶ Rovinj.
Tagsüber geöffnet | www.zupavrsar.com

Wohnen im einstigen Bischofssitz

Kaštel Vergottini Das teilsanierte, hellgelbe Kaštel Vergottini nebenan wirkt wie eine stolze Trutzburg über der Altstadt. An einem der beiden Türme prangt eine Sonnenuhr. Im Mittelalter diente das Kastell u. a. den Bischöfen von Poreč als Sommersitz, heute werden hier Apartments vermietet.

Casanova lässt grüßen

Vidikovac »Casanova« Der Schwerenöter aus Venedig hinterließ bei seinem ersten Besuch keine amourösen Spuren; beim zweiten soll er eine heftige Affäre mit einer Magd gehabt haben. Auf seinen Spuren wandelt man hinauf zur Casanova-Aussichtsplattform oben in der Altstadt. Sie gibt den Blick auf die Marina und die vorgelagerte Insel Sveti Juraj frei. Eine aus istrischem Stein gefertigte Bank, die zwei Verliebte als Lehne abbildet, lädt zum Ausruhen ein – mit einem wundervollen Ausblick! Über große Stufen und eine parkähnliche Anlage gelangt man zum öffentlichen Parkplatz und dem Hafen hinunter.

Stadt der Bildhauer

Skulpturen-park Im verlassenen Steinbruch auf der Landzunge Montraker, am Ende der Halbinsel, treffen sich internationale Künstler seit 1991 alljährlich im September zu einem **Workshop**, um ihre Ideen in Stein zu verwirklichen. Die Skulpturen erhält die Stadt geschenkt, um ihre Promenaden und den Montraker-Park damit zu verschönern. Von einer kleinen Aussichtsplattform in dem Steinbruch schaut man auf die versprenkelten Inseln vor der Halbinsel Montraker. Lange Zeit nutzen die Römer, später die Venezianer den »Marmor« aus Vrsar: Der rot-weiße Kalkstein fand in Venedig Verwendung beim Bau von Kirchen, Palazzi und Brücken.

| Rund um Vrsar

Skulpturen im Park

Dušan Džamonija (1928 – 2009), einer der bedeutendsten kroatischen Bildhauer, hat sein Lebenswerk im weitläufigen Park seiner Sommervilla hinterlassen. Auf dem Rasen stehen etliche Skulpturen aus Stahl, Eisen oder dem marmorähnlichen Kalkstein – meist im Miniatur-Format, da sich die Originale in ganz Kroatien, aber auch im Ausland befinden. Džamonija war einer von Titos bevorzugten Bildhauer, weshalb er zu sozialistischen Zeiten auch mit der Schaffung einiger Partisanen-Denkmäler beauftragt wurde.

Dušan-
Džamonija-
Park

2 km nördlich von Vrsar Richtung Poreč | tgl. ab 9 Uhr | Eintritt: frei

Hunde am Strand

Der beliebte Badeort, wegen seiner Süßwasserquellen als Fontana Girogiana erstmals 1330 erwähnt, ist ganz auf Touristen eingestellt, an einem Strand sind auch Hunde erlaubt. Ein Bimmelbähnchen verkehrt zwischen der ACI-Marina und der Badebucht Bijela Uvala (2 €). Im **Dino-Park**, der vor allem den Nachwuchs begeistert, dreht sich alles um die Urzeitriesen: Bewegliche Dinosaurier mit einer Größe von bis zu 16 m, Stuntshows und Fahrgeschäfte versetzen kleine und große Besucher ins Staunen.

Funtana

Dino-Park: Istarska 16 | April – Anf. Okt. tgl. 10 – 17 Uhr | Eintritt: 18 € | http://dinopark.hr

H
HINTER-
GRUND

---

*Direkt, erstaunlich,
fundiert*

Unsere Hintergrundinformationen
beantworten (fast) alle Ihre
Fragen zu Istrien.

Man trifft sich am Sergier-Bogen in Pula. ▶

DIE REGION UND IHRE MENSCHEN

Schon bei der Ankunft in Istrien weckt der Duft von würzigem Rosmarin und salzigem Meerwasser südliche Lebenslust: Ein Sprung in die kristallklare Adria, ein Bummel durch die malerischen Gassen alter Fischerdörfer, der Blick hinab von winzigen Wehrstädtchen, die auf Bergspitzen thronen – welch wunderbare Einstimmung! Spätestens nach Sonnenuntergang, bei hausgemachtem Wein und regionalen Spezialitäten, erliegen die meisten Reisenden dem Charme der Region!

▌ Landschaften

Blau und Grün
Istrien ist blau, aber auch grün! Das so genannte blaue Istrien erstreckt sich entlang des Küstenstreifens mit seinen vorgelagerten kleinen Inseln. Vor allem an der Westküste reihen sich viele schmucke Badeorte wie die Perlen einer Kette aneinander. Die **zerklüftete Küste** schneidet sich stellenweise so tief ins Landesinnere, dass z. B. der Limski kanal gar an einen Fjord erinnert. Dahinter wellt sich das grüne Istrien, wie das **hügelige Hinterland** werbewirksam genannt wird: Die malerische Landschaft durchziehen Weinberge, Olivenhaine und sanfte Hügel, auf denen mittelalterliche Bergstädtchen wie aufgetupft wirken. Istrien erstreckt sich auf einer Fläche, die etwa so groß wie Berlin und das Saarland zusammen ist.

Halbinsel mit zwei Grenzen
Aus der Vogelperspektive ragt die größte Halbinsel in der nördlichen Adria herzförmig ins Meer hinein. Im Westen wird sie vom Golf von Triest flankiert, im Osten mündet sie bei Opatija in die Kvarner-Bucht. Nach Norden hin schirmen Karstausläufer, die im Hinterland von Triest beginnen, Istrien vor kalten Winden ab.

Phänomen Karst
Überhaupt gilt der **Karst** als imaginäre Nordgrenze Istriens. Das Kalkgebirge beeindruckt mit einer weit verzweigten Höhlenwelt. Diese entsteht durch eindringendes Regenwasser, das das wasserlösliche Kalkgestein ausspült (▶ Baedeker Wissen, S. 178). Zu den größten und bekanntesten weltweit zählen die Tropfsteinhöhlen von Postojna (Postojnska jama) im Hinterland der slowenischen Küste. Auch kleinere Grotten wie etwa die Jama Baredine warten darauf, entdeckt zu werden. Der Karst – abgeleitet vom slowenischen Kalksteingebirge Kars – ist auch für seine **Dolinen** (slawisch, etwa »Tal, Niederung«) bekannt. Diese entstehen, wenn unterirdische Hohlräume einstürzen. Größere Löcher werden **Polje** (slawisch, »Feld«) genannt und

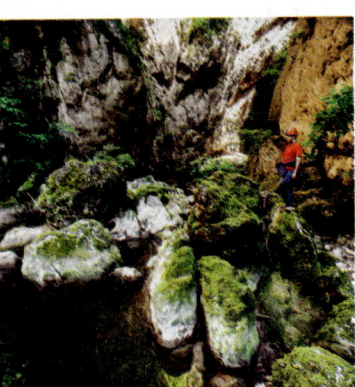

Istrien in Blau und Grün:
die Küste am Kap Kamenjak
(oben) und die Schlucht
von Pazin (unten)

landwirtschaftlich genutzt – etwa die Lika im Hinterland der Kvarner-Bucht, eine der weltgrößten Poljen. Berühmt ist der Karst auch für seine **Ponore**, »Schlucklöcher«, in denen Flüsse verschwinden, um ihren Lauf unterirdisch fortzusetzen. Das lässt sich in der Schlucht von Pazin besonders gut beobachten, wo die Pazinčica ins Erdinnere fließt.

Geschützte Küste

Überquert man, von Norden her kommend, die waldreiche Hochebene **Gorski kotar** im Hinterland von Rijeka, erstreckt sich die **Kvarner-Bucht** (Kvarnerski zaljev) entlang der Küste. Sie beginnt in der Nähe von Opatija im Westen und geht bei Senj im Osten nach Norddalmatien über. Bestens geschützt ist die Kvarner-Bucht nicht nur durch den Gorski kotar, sondern auch durch das **Učka-Massiv**, das die Riviera von Opatija überragt. Weiter südlich auf dem Festland schließt sich das **Velebit-Gebirge** an. In der Kvarner-Bucht sind vor allem die vier größten **Inseln** – Krk, Cres, Lošinj und Rab – aufgrund ihres milden Klimas beliebte Urlaubsdestinationen. Ruhiger geht es hingegen auf den kleinen Inseln wie Susak, Illovik oder Unije zu.

National-parks

Zu den Nationalparks gehören die vor der istrischen Westküste liegenden Brijuni-Inseln, der Risnjak mit seinem gleichnamigen höchsten Gipfel (1528 m) im Hinterland von Rijeka sowie der 30 km lange Nordteil des Velebit-Massivs, Sjeverni Velebit (Nördlicher Velebit). Im Hinterland locken die Plitwitzer Seen, die in den 1960er-Jahren Winnetou-Drehort waren. Einen Überblick über alle Nationalparks erhält man unter www.parkovihrvatske.hr.

Naturparks, Naturschutz-gebiete

Der Prirodni park Učka, zwischen Istrien und der Kvarner-Bucht, ist einer von zwölf kroatischen Naturparks. An der slowenischen Küste besitzen die Salinen von Sečovlje diesen Status. Zu den bekanntesten Landschaftsschutzgebieten in Kroatisch-Istrien gehört der fjordähnliche Limski kanal. Ganz in der Nähe erstreckt sich der Waldpark Kontija, zwischen Vrsar und Lim, mit 150 Jahre alten Weißbuchen. Der Motovuner Eichenwald ist für seine Trüffeln berühmt, und im ornithologischen Reservat Palud bei Rovinj leben etwa 210 Vogelarten. Pinien, Zypressen und Aleppokiefern im Waldpark Šijana bei Pula stammen noch aus Zeiten der Donaumonarchie. Das Kap Kamenjak an der Südspitze Istriens lädt zum Baden und wandern ein. Unter Schutz stehen zudem mehrere Tropfsteinhöhlen und auch das Karst-Schluckloch in Pazin.

▌Klima

Sonnen-region

»Fahren Sie zur Kur nach Opatija«, riet Sigmund Freud seinen Patienten. Wer es sich während der Donaumonarchie leisten konnte, verbrachte die Wintermonate an der Kvarner-Bucht. Zu Recht, denn selbst die kalte Jahreszeit ist hier überaus mild: Schnee fällt (fast) nur im Hinterland, etwa im Gorski kotar, wo auch Skifahren möglich ist. Während auf dieser Hochebene typisches Gebirgsklima herrscht, ist das **Küstenland mit den Inseln mediterran** geprägt – mit teils sehr heißen und trockenen Sommern: Die Sonne lacht hier mehr als 2400 Stunden im Jahr, im Hochsommer klettert das Thermometer oftmals auf über 30 °C bei Wassertemperaturen von 22 bis 25 °C.

Bekannt ist die Region für ihren kalten, böigen Fallwind – die **Bora**. Die Kroaten nennen ihn Bura, die Slowenen Burja. Sie ist an vielem schuld, vergleichbar mit dem Föhn in München. Im Sommer weht sie nur gelegentlich, im Winter hingegen kann die Bora schon mal zwei Wochen am Stück pusten. Dann fegt sie von den Alpen über das Karstgebiet aufs Meer und sorgt für schönes Wetter. Triest nennt sich gar die Stadt der Winde, so fest gehört die Bora dort zum Leben. Berüchtigt ist allerdings die oft plötzlich auftretende Bora am Velebit-Kanal, am Fuß des gleichnamigen Gebirges im Süden der Kvarner-Bucht, am Übergang nach Norddalmatien. Wenn sie besonders intensiv bläst, können die Brücke auf die Insel Krk oder die Autobahn streckenweise gesperrt werden – das gilt vor allem für Autos mit Anhänger, Busse oder Lkw. Vielerorts hat die Bora die dem Festland zugewandten Inselhälften blank geschliffen, sie wirken oft wie Mondlandschaften.

Der warme, feuchte Südwind **Jugo** (»der Südliche«), auch als Scirocco bekannt, weht in der Nordadria vor allem im Frühjahr – ziemlich heftig sogar. Allerdings setzt er im Gegensatz zur Bora langsam ein, mit Windstille als Vorzeichen.

Der milde **Maestral** weht nachmittags am stärksten: Er wirkt bei Sommerschwüle erfrischend und bringt schönes Wetter mit sich.

Winde

▌ Pflanzen und Tiere

Unverwechselbar duftet die Adria: Vielerorts riecht es nach Rosmarin, Lavendel oder Lorbeer. Die Uferpromenaden und Parkanlagen säumen oftmals Palmen, Oleanderbüsche und Agaven. In ganz Istrien und der Kvarner-Bucht überziehen ausgedehnte Olivenhaine, Weingärten und Feigenbäume die Landschaft und verleihen der Gegend ein ausgesprochen südliches Flair. Alpine Flora gedeiht in den Gebirgsregionen. Im Učka-Gebirge blühen Orchideen, aber auch die **Tommassini-Glockenblume** (Campanula Tommasiniana), die nur dort vorkommt.

Mediterrane bis alpine Flora

Immergrün präsentiert sich die Macchia, die sich nach der Rodung der Wälder ausbreitete. Das in der Küstenregion und auf den Kvarner-Inseln weit verbreitete **Buschwerk** kann bis zu 2 m hoch emporragen. Im

Macchia

Frühjahr leuchtet der Ginster Goldgelb, im Sommer wechseln die Farbtöne von Grün bis Braun, während sie im Herbst wieder bunter werden. Typisch sind Baumheide, Wacholder, Steineiche und Erdbeerbaum.

Wald Ein Drittel Istriens ist bewaldet, was bereits die Venezianer zu schätzen wussten, die hier Holz gewannen. Den Gorski kotar bedecken größere Waldflächen, die Wanderern im Sommer Schatten spenden. Berühmt sind die **Esskastanien bei Lovran**, die an den Učka-Ausläufern gedeihen und Anlass für das Maroni-Fest im Herbst sind. Entlang der Küste ziehen sich großflächige Nadelwälder mit Aleppokiefern, Pinien oder Zypressen hin, etwa bei Mali Lošinj. Häufig sieht man Stein- und Flaumeichen, Schwarzkiefern und in höheren Lagen Buchen. Im Sommer grassieren häufig verheerende Waldbrände!

Landtiere Mit ein wenig Glück lassen sich seltene Tiere erspähen, die ganz bestimmte Lebensräume mögen: Dazu gehört der endemische **Grottenolm**, ein pigmentloser, blinder Schwanzlurch, der in den dunklen Karsthöhlen zu Hause ist. Da der ungewöhnliche Zeitgenosse sehr scheu ist, wird er in der Höhle von Postojna in einem Vivarium gezeigt – wo er sich 2016 erstmals vermehrt hat, was in solch einer Umgebung nur selten vorkommt.

Im Gorski kotar leben, unter anderem im Naturpark Risnjak, Luchse (kroat. ris), Wölfe und Bären. Stößt Meister Petz etwas zu, wird dessen Nachwuchs im Bärenrefugium in Kuterovo von Freiwilligen aufgepäppelt. Das gilt auch für die in Europa extrem selten gewordenen weißköpfigen **Gänsegeier**, die man auf Cres und dem gegenüberliegenden Festland erspähen kann. Kranke Greifvögel werden auf Cres (▸ S. 67) gepflegt.

In Acht nehmen sollte man sich im Dickicht vor giftigen Hornvipern und Kreuzottern!

Meerestiere Die nördliche Adria ist für ihren **guten Fischbestand** bekannt: In Küstennähe tummeln sich Adriasardinen, in der Kvarner-Bucht Scampi, im Limski kanal werden Austern und Muscheln gezüchtet. Viele essbare Fischarten wie Wolfsbarsch, Gemeine Goldbrasse, Zahnbrasse, Seezungen, Zander, Seeteufel, Großer Drachenkopf und Makrelen werden gefangen und in den Restaurants angeboten: Die Schattenseite des zunehmenden Tourismus der vergangenen Jahre ist eine **Überfischung**, um die große Nachfrage zur Urlaubszeit zu decken. Vor allem Thunfisch ist in der Adria selten geworden und wird in größeren Mengen in Aquafarmen gezüchtet.

Vor Cres und Lošinj kann man mit ein wenig Glück **Delfine** entdecken: Eine Schutzstation kümmert sich um die Erfassung der etwa 200 Tümmler, die gegen eine Spende auch adoptiert werden können. Vor Cres wurde vereinzelt auch die Mittelmeer-Mönchsrobbe gesichtet, die seit einem halben Jahrhundert in dieser Region ei-

Auf Cres sorgt eine Kolonie Gänsegeier für Sauberkeit: Sie ernähren sich von Schafskadavern.

gentlich als ausgestorben gilt. Für den Menschen ungefährlich sind Katzenhaie, die bis zu 1 m lang werden können. In der Kvarner-Bucht überwintern zudem gerne **Meeresschildkröten**, die sich leider oftmals in den Fangnetzen der Fischer verheddern – und im Aquarium Pula versorgt werden.

Bevölkerung

»Ich bin Istrier« – diesen Satz hört man häufig, sei es auf Kroatisch, Slowenisch oder Italienisch. In Kroatien wird den rund 195 000 Bewohnern der Halbinsel oft nachgesagt, das ausgeprägteste Regionalbewusstsein im ganzen Land zu haben. Zwar ist Istrien politisch und durch Grenzverläufe seit einem Jahrhundert zerrissen, doch grenzüberschreitende EU-Projekte bemühen sich um das gemeinsame kulturelle Erbe.

Großes Regionalbewusstsein

Das Miteinander verschiedener Völker ist in ganz Istrien und der Großstadt Rijeka gelebte Tradition. Da der jüngste Krieg von 1991 bis 1995 hier nicht unmittelbar wütete, gibt sich man toleranter als anderswo in Kroatien, vor allem gegenüber der serbischen Bevölkerungsgruppe. Spurlos ging der Krieg jedoch auch nicht an der Region

Gelebte Toleranz

Lage:
13° – 14° östliche Länge
44° – 45° nördliche Breite

Fläche:
Istrien: **3476 km²**,
davon 88 % Kroatien,
10,9 % Slowenien und
1,1 % Italien (Region um Muggia)
Kvarner-Bucht mit
Hinterland: **3950 km²**,
davon entfallen
ca. 1100 km² auf die Inseln

Einwohner:
insgesamt **505 000**
Istrien **195 000**
Kvarner-Bucht **310 000**
Kroatien gesamt: **3,85 Mio.**
Im Vergleich:
Berlin: **3,87 Mio.**

Bevölkerungsdichte:
Istrien: **72 Einw./km²**
Kroatien: **72 Einw./km²**

SLOWENIEN

● TRIEST
● KOPER

● RIJEKA

ISTRIEN   *KROATIEN*

KRK

● ROVINJ   **KVARNER-**
                   BUCHT
● PULA
     CRES

              RAB

▶ Republik Kroatien

Republika Hrvatska
Parlamentarische Demokratie
Präsident: Zoran Milanović
(Sozialdemokratische Partei/SDP),
Amtsantritt Februar 2020
Regierungschef: Andrej Plenković
(Nationalkonserative/HDZ)
Amtsantritt Oktober 2016

Kroatien ist Mitglied der NATO und
der EU, seit 2023 auch des Schengen-
Raums und der europäischen
Währungsunion.

▶ Wirtschaft

Bruttoinlandsprodukt (BIP):
80,18 Mrd. US-$ (2023)
BIP je Einwohner: 18 900 US-$ (2023)
Anteil des Tourismus am BIP: ca. 20 %

Durchschnittsgehalt: 1630 € brutto

Arbeitslosenquote (2023): 6,4 %

▶ Verwaltung

21 Gespanschaften (Verwaltungsbezirke).
Istrien und die Kvarner Bucht gehören
zu den Gespanschaften Istrien und
Primorje-Gorski kotar.

Istrien und Kvarner-Bucht

A: Gespanschaft Istrien,
Verwaltungszentrum Pazin

B: Gespanschaft Primorje-Gorski kotar
Verwaltungszentrum Rijeka

C: Gespanschaft Lika-Senj
Verwaltungszentrum Gospic

Klima

Hauptsaison ist in den Monaten Juli und August, durchschnittliche Tagestemperaturen von 25 bis 30 °C. Im Süden und im Hinterland kann es noch wärmer werden. Die Adria erwärmt sich auf 20 bis 25 °C. Sehr schöne Reisezeiten sind Mitte Mai bis Ende Juni, dann blüht der Ginster, und der September, da klingt die Sommerhitze ab und die Adria ist noch angenehm warm.

Adressen

Die ersten beiden Ziffern der Postleitzahlen sind zugleich die telefonische Vorwahl der Gespanschaft (mit einer Null davor): 51000 Rijeka hat die Vorwahl 051.

Größte Inseln

Krk: **405 km²**
Cres: **405 km²**
Rab: **94 km²**

▶ Klimastation Pula

Küstenwinde

Istrien und die Kvarner-Bucht sind Regionen, in denen starke Winde aufkommen können.

Der kalte, trockene und böige Fallwind **Bora** kommt von Nordosten und bringt schönes Wetter. Im Sommer weht er nur tageweise, im Januar bis zu zwei Wochen. Besonders berüchtigt für die oft plötzlich auftretende Bora ist der Velebit-Kanal. Bläst der Wind besonders intensiv, werden Autobahnen und Brücken gesperrt.

Der ganzjährige warme, feuchte Südwind **Jugo** weht in der Nordadria hauptsächlich im Frühjahr. Er setzt langsam ein, Windstille ist ein Vorzeichen. Sturmstärke erreicht er oft erst am dritten Tag.

Der milde **Maestral**, ein Fallwind aus Nordwesten, weht im Sommer vom Meer Richtung Festland und bringt schönes Wetter. Er frischt nachmittags auf und wirkt oft erfrischend bei Sommerschwüle.

vorbei: Hotels und touristische Unterkünfte boten lange Zeit Flüchtlingen aus anderen Landesteilen Jugoslawiens ein Zuhause, und im Hinterland, etwa rund um die Plitwitzer Seen, lieferten sich Serben und Kroaten blutige Gefechte.

Italienische Minderheit

Wer in Novigrad ankommt, wird von der Ortstafel auch mit **Cittanova** begrüßt: Kroatisch und Italienisch gelten in der »neuen Stadt« offiziell als gleichberechtigte Sprachen. Wie vielerorts in Istrien lebt hier eine größere italienische Minderheit. Diese pflegt mit politischen Vertretern, Verbänden, Kindergärten, Schulen und einer in Rijeka erscheinenden eigenen Tageszeitung, La voce del popolo (»Stimme des Volkes«), das italienische Erbe in der Region. In **Capodistra**, dem slowenischen Koper, sendet sogar ein TV- und Radiosender auf Italienisch – denn auch in Slowenien ist Italienisch eine offizielle Minderheitensprache und die Küstenorte sind zweisprachig.

Zwar leben die meisten Menschen mit italienischen Wurzeln an der Westküste, im Nordwesten von Kroatisch-Istrien und in Rijeka, doch fast überall wird Italienisch verstanden. Heute haben ca. 14 000 Bewohner Istriens noch italienische Wurzeln: Bei der letzten Volkszählung (2021) deklarierten sich 5 Prozent der Bewohner Istriens als ethnische Italiener.

Istrorumänen

Eine eigene, wenig bekannte Volksgruppe sind die Istrorumänen oder Tschitschen (kroat. Ćiribirci, Eigenbezeichnung: Rumâri). Sie stammen von Wanderhirten aus der Walachei ab, die zur Zeit der Osmaneneinfälle angesiedelt wurden. Heute beherrschen nur noch höchstens 1000 zumeist ältere Menschen die dem Rumänischen sehr ähnliche Sprache. Diese ist nur mündlich überliefert, etwa im Dörfchen Žejaneim Ćićarija-Massiv.

Religion

Die kroatische Bevölkerung ist **überwiegend katholisch** (79 Prozent), ein kleiner Teil (3,3 Prozent) serbisch-orthodox. Agnostiker und Atheisten machen etwa fünf Prozent aus, Muslime 1,3 Prozent. Kleine jüdische Gemeinden gibt es u. a. in Rijeka, der Rabbi für die slowenischen Juden hat seinen Amtssitz in Triest. Obwohl Kroatien ein säkularer Staat ist, ist die Meinung der Kirche zu politischen Themen von großer Bedeutung für die Bevölkerung.

| Politik

Politische Gliederung

Drei Staatsflaggen wehen in dem altösterreichischen Kronland: Der weitaus größte Teil Istriens gehört zu **Kroatien**, der mittlere umfasst die **slowenische Küste** (Primorska) mit malerischen Hafenorten wie Portorož, Piran und Izola. Ein winziger Abschnitt ganz im Norden, um die Bucht von Muggia herum, liegt auf **italienischem Staatsgebiet**.

Die Ostküste Istriens mündet hingegen bei der k. u. k. Riviera von Opatija in die Kvarner-Bucht mit der quirligen Hafenstadt Rijeka. Das wirtschaftliche und kulturelle Herz Istriens pocht in Pula, am Südzipfel. Regional verwaltet wird die Halbinsel jedoch vom Städtchen Pazin aus, das ziemlich genau in der geografischen Mitte Istriens liegt.

▌ Wirtschaft

Vom Meer umspülte Fischerstädtchen sowie die geografische Nähe locken seit Jahrzehnten viele Autotouristen aus Italien, Österreich oder Süddeutschland auf die Halbinsel. Unter Tito wurden große Ferienanlagen und preisgünstige Campingplätze, vor allem an der Westküste Istriens, ausgebaut. Das zog viele Bewohner aus dem Landesinneren zur Arbeit in die Küstenstädte. Viele Dörfer im Landesinneren wurden entvölkert. Heute besinnt man sich auf das ländliche Erbe, fernab der ohnehin sehr beliebten Küste: **Nachhaltiger Tourismus,** auf Kroatisch »agroturizam«, hat sich in den vergangenen Jahren zum Trend in Istrien entwickelt – hier ist die Region sogar in ganz Kroatien federführend. Erzeugerhöfe im Hinterland bieten Unterkunft auf ihrem Anwesen und versorgen ihre Gäste mit hausgemachtem Wein, Olivenöl oder Marmelade. Verfallene Natursteinhäuser im Landesinneren wurden längst schon zu luxuriösen Villen ausgebaut und werden vermietet. Dazu kommt der Ausbau von Radwegen und Radfahrer-Unterkünften. Einige luxuriöse Hotels im Nordwesten von Istrien setzen mit Glücksspiel und Casino vor allem auf italienische Gäste, die Fortuna gerne herausfordern. **Tourismus im Wandel**

Der sanfte Tourismus hat viele Traditionen wiederbelebt oder gar neu hervorgebracht: Innovative junge Winzer widmen sich zunehmend dem qualitativen Anbau von **Wein,** viele Familien bieten köstliches **Olivenöl** zum Verkauf an. Überhaupt wird traditionell großen Wert auf selbst angebaute Lebensmittel (»domaće«) gelegt, auch **Bioprodukte** sind zunehmend im Kommen. Vielerorts besinnt man sich mit Naturprodukten wie Trüffeln, Maroni, Kirschen oder Wildspargel auf die Vielfalt, die das fruchtbare Land hergibt. Mit Erfolg: Durch Gastro-Aktionen wird die Tourismussaison vielerorts in Istrien verlängert und dauert vom Frühjahr bis spät in den Herbst hinein. **Landwirtschaft**
Bei der Viehzucht wurde das autochthone **Boškarin-Rind** wiederentdeckt. Auf Cres werden bis heute viele Schafe gehalten. Viele Familien entlang der Küste sichern sich mit dem Fischfang zumindest ein Nebeneinkommen – allerdings ruft die hohe Nachfrage nach Adriafisch durch Urlauber auch Umweltschützer auf den Plan.

Größere Fabriken haben sich noch unter Tito um Rijeka, Pula und Pazin herum angesiedelt. Neben der Herstellung von **Baumaterial** **Industrie**

261

Kunst meets Schwerindustrie: Lichtkünstler Dean Skira illuminiert die
Uljanik-Werft in Pula.

(Kalk, Ziegel, Steine, Zement und Dämmstoffe) und den **Raffinerien**
in der Kvarner-Bucht spielt die Nahrungsmittelproduktion eine Rolle.
Istrien und die Kvarner-Bucht sind von Meer umgeben, daher hat der
Schiffsbau eine lange Tradition Die großen **Werften** in Rijeka und
Pula sichern viele Arbeitsplätze, beziehen zugleich jedoch hohe staat-
liche Subventionen.

Auch die Reederei Jadrolinija, die fast alle lokalen Küstenverbindun-
gen auf die Inseln betreibt, ist noch in staatlicher Hand. Das ist vor
allem der Europäischen Union ein Dorn im Auge, da die Privatisie-
rung längst schon abgeschlossen sein sollte. Von der Europäischen
Staatengemeinschaft profitieren auch die Seehäfen, allen voran der
slowenische **Adriahafen Koper**, der sich aufgrund seiner Bahnan-
bindung für die österreichische Wirtschaft mit Abstand als wichtigster Hafen in den vergangenen Jahren etabliert hat – noch vor den
übrigen Häfen in der nördlichen Adria Triest und Rijeka.

Touris-
mus als
BIP-Booster
Kroatien lebt vom Tourismus. Das hat seine Schattenseiten: Rund 20
Prozent des Bruttoinlandsprodukts werden durch diese Branche er-
wirtschaftet, eine Abhängigkeit, die europaweit ihresgleichen sucht.
Vor allem während der Corona-Zeit hat die Branche gelitten, hinzu
kommt die massive Abwanderung der Bevölkerung, vor allem nach

Deutschland und Irland, seit Kroatien 2013 der EU beigetreten ist: Das Land hat mehr als ein Zehntel seiner Bevölkerung verloren, Fachkräfte sind Mangelware. Zwar schafft der Tourismus durchaus Arbeitsplätze, aber oft nur saisonal und im Niedriglohnsektor. Den Fachkräftemangel will man mit ausländischen Arbeitskräften ausgleichen, viele aus Bosnien-Herzegowina, aber auch aus Nepal (z. B. in Zagreb) – doch eine perfekte Strategie ist nicht in Sicht. Mit der Einführung des Euro 2023 – der in Slowenien längst Zahlungsmittel ist – kam es, gekoppelt an die globale Teuerung, zu größeren Preisanstiegen. Das wirkt sich auch auf den Tourismus aus: Urlaub direkt am Meer, vor allem in der Hauptsaison, wird für viele Kroaten unbezahlbar – auch wenn der Tourismus boomt.

GESCHICHTE

Der Nordwesten Kroatiens hat wie die anderen Gebiete des ehemaligen Jugoslawien eine ausgesprochen bewegte Geschichte mit zahlreichen Fremdherrschaften und Kriegszeiten.

▎ Von der Steinzeit bis zu den Römern

Versteckt am fjordartigen Limski kanal bietet die **Romuald-Höhle** schon den Menschen in der Altsteinzeit Schutz. Das belegen vermutlich 14 000 Jahre alte Funde menschlicher Gebeine.

Steinzeitliche Besiedlung

Um 1200 v. Chr. lassen sich indoeuropäische Stämme an der Adriaküste nieder. Dazu gehören die Histrier, die späteren Namensgeber der Halbinsel Istrien. Um das heutige Gebiet von Opatija herum siedeln die Liburner. Nach ihnen ist das Liburnische Riviera benannt, wie der nördliche Abschnitt der Ostküste Istriens auch genannt wird. Histrier und Liburner knüpfen erste Handelsbeziehungen mit griechischen Kolonisten in Dalmatien. Griechische Kaufleute gründen im 3. Jh. v. Chr. den **Handelsstützpunkt Aegida** (Koper) in der nördlichen Adria.

Histrier und Liburner

Die Römer erlangen 177 v. Chr. nach der **Schlacht bei Nesactium**, damals Hauptstadt der Histrier, die Kontrolle über Istrien. Mit dem Fall von Liburnien fällt die gesamte Halbinsel 50 v. Chr. an die Römer. Unter römischer Herrschaft wird die Infrastruktur ausgebaut: Aus Militärlagern entstehen Städte wie Piranum (Piran), eine Villenkultur (z. B. Pula, Brijuni), römische Straßengrundrisse wie in Poreč oder die **Arena in Pula**, die nach dem Kolosseum in Rom die zweitgrößte im Römischen Reich ist.

Römische Herrschaft

EPOCHEN

VON DER STEINZEIT BIS ZU DEN RÖMERN

12 000 v. Chr.	Erste Nachweise menschlicher Besiedlung in Istrien (Romuald-Höhle)
Ab 1200 v. Chr.	Die Region wird von den Stämmen der Histrier, Japoden und Liburner besiedelt.
3. Jh. v. Chr.	Die Griechen gründen Aegida (Koper).
177 v. Chr.	Die Römer erobern Nesactium.

VÖLKERWANDERUNG UND STAATSGRÜNDUNG

476 n. Chr.	Untergang des Weströmischen Reichs, Istrien kommt unter die Herrschaft der Ostgoten
Ab 538	Istrien gehört zu Byzanz.
789	Karl der Große stellt die Region unter fränkische Herrschaft.
925	Tomislav wird kroatischer König, die Kroaten haben erstmals einen eigenen Staat.

VENEDIG, FRANKOPANEN, HABSBURG, NAPOLEON

Ab 1150	Venedig, bereits Schutzmacht istrischer Küstenstädte, setzt sich allmählich in Istrien fest.
Ab 14. Jh.	Konkurrenz für die Venezianern durch die Habsburger.
1671	Niederschlagung der sog. Zrinski-Frankopan-Verschwörung gegen die habsburgische Herrschaft in Kroatien und Ungarn
1797–1814	Napoleon erobert die venezianischen Gebiete und installiert die Illyrischen Provinzen.
1814	Durch die Beschlüsse des Wiener Kongresses fällt das Gebiet an Österreich.

20. UND 21. JAHRHUNDERT

1918	Gründung des Königreichs der Serben, Kroaten und Slowenen.
1919	Putsch in Rijeka: Istrien, Cres, Lošinj und Triest gehen an Italien.
1941–1943	Istrien gehört zum Unabhängigen Staat Kroatien unter der faschistischen Ustaša-Regierung von Ante Pavelić; Titos Partisanen kämpfen gegen die Machthaber und die deutschen Besatzer.
Nach 1945	Die Volksrepublik Jugoslawien entsteht, Istrien gehört zur Teilrepublik Kroatien.
1991–1995	Krieg in Jugoslawien, der Vielvölkerstaat zerfällt.
1991	Slowenien und Kroatien erklären ihre Unabhängigkeit.
2004	Slowenien wird Mitglied der EU.
2013	Kroatien wird Mitglied der EU.
2023	Einführung des Euro und Mitgliedschaft im Schengen-Raum für Kroatien

▌ Völkerwanderung und Staatsgründung

Nach dem Zerfall des Imperium Romanum 395 n. Chr. kommen Istrien und die Kvarner-Bucht zum **Weströmischen Reich**. Nach dessen Untergang nehmen die Ostgoten Istrien ein, werden jedoch 538 vom **Oströmischen Reich** (Byzanz) verdrängt.

Ostgoten, Byzantiner

Die Völkerwanderung führt slawische Volksstämme aus dem Dnjepr-Gebiet ab dem 6. Jh. bis nach Istrien. Die Slawen bauen neue Städte, leben von Ackerbau und Viehzucht.

Slawen

Die Langobarden erobern Istrien, werden jedoch von den Franken unter Karl dem Großen besiegt und 789 **Teil des Frankenreichs**. Slowenien, Istrien und die Kvarner-Bucht werden in Grafschaften aufgeteilt, die Oberhoheit halten u. a. die Patriarchen von Aquileia, später auch der deutsche Adel.

Karolinger

925 gelingt es **König Tomislav,** die kroatischen Gebiete erstmals zu einem eigenen Königreich zu vereinigen – dazu gehören auch der Osten Istriens und die Kvarner-Bucht. Nur wenige Jahre später fallen die Gebiete jedoch erneut an Byzanz.

Staats-gründung

Diese Hinterlassenschaften der Römer sind heute in der Arena von Pula ausgestellt.

▌ Venedig, Frankopanen, Habsburg, Napoleon

Venezianische Herrschaft

Viele istrische Küstenstädte schließen ab dem 10. Jh. **Schutzverträge mit Venedig**, das mit seiner Flotte Piratenangriffe abwehren soll. Ab dem 12. Jh. nimmt Venedig zunehmend Istrien ein.

Habsburgische Ansprüche

Triest kommt 1382 zu den Habsburgern, die auch die Grafschaft Mitterburg (Pazin) 1374 durch Erbvertrag erhalten und Rijeka (ital. Fiume) 1465 von den Grafen Waldsee erwerben. Im ausgehenden 15. Jh. greifen die **Osmanen** mehrmals Istrien an, Städte ohne Mauern werden verwüstet. 1509 wird Rijeka/Fiume von den Venezianern geplündert. Ab 1526 untersteht die Stadt Ungarn und erhält ab 1719 wie Triest den Status eines Freihafens. Vom 12. Jh. bis 1918 gehört Rijeka/Fiume – abgesehen von der kurzen napoleonischen Herrschaft – immer zum österreichischen oder/und ungarischen Reich.

Mächtige Adelsgeschlechter

Die beiden **Herrscherfamilien Frankopan** und **Zrinski** gelten als die mächtigsten Adelsgeschlechter Kroatiens. Das Fürstentum der Frankopanen kontrolliert die Kvarner-Bucht ab 1288, ehe sich die Venezianer auch diese Region wenige Jahre später zum Ausbau von Ex-

Habsburger, Venezianer und Frankopanen haben sich fast überall in Stein verewigt, auch wenn die Pracht gelegentlich bröckelt.

porthäfen in der östlichen Adria einverleiben. Eine Verschwörung der Kroaten und Ungarn gegen die Habsburger unter Kaiser Leopold I. scheitert, die beiden Anführer werden 1671 in Wiener Neustadt hingerichtet: Heute gelten der kroatische Banus (Ban) **Petar Zrinski**, höchster Repräsentant des Monarchen, und **Fran Krsto Frankopan** als Kämpfer für die Unabhängigkeit und Nationalhelden.

Napoleon erobert 1797 die Venezianische Republik. Später fallen die Kvarner-Inseln kurzfristig wieder an Österreich, nach dem Sieg von Austerlitz (1805) muss die Region erneut an die Franzosen zurückgegeben werden. Ab 1807 gehören unter anderem Triest, Istrien und Dalmatien zu den so genannten **Illyrischen Provinzen,** Territorien von französischen Gnaden mit der Hauptstadt Laibach (Ljubljana). Auf dem Wiener Kongress 1814 fallen die Gebiete in Slowenien, Istrien, Venetien und Dalmatien erneut an das Habsburger Reich.

Napoleons
Zwischen-
spiel

Der Ausbau von Triest und Rijeka als Seehäfen beginnt, Pula wird wichtigster k. u. k. Marinestützpunkt. **Poreč avanciert zu Istriens Hauptstadt,** hier tagt seit 1861 der Landtag (Sabor). Ab 1867 ist **Rijeka der Haupthafen** für ungarische Waren, erhält eine Straßenbahn und eines der größten Theater in Europa. Ölraffinerien und eine Torpedofabrik beflügeln das Wirtschaftsleben. Die Bedeutung der Stadt in dieser Zeit lässt sich auch an den 22 Konsulaten ablesen. Die k. u. k. Monarchie baut die Eisenbahnverbindung nach Rijeka und Triest sowie das Straßennetz aus und kurbelt ab den 1880er-Jahren den Fremdenverkehr in den Kurorten Abazzia/St. Jakobi (Opatija), Crikvenica, auf Lošinj und im slowenischen Seebad Portorož an. Kroatische Abgeordnete fordern in der **Resolution von Rijeka** 1905 einen unabhängigen Nationalstaat der Südslawen.

Unter der
k. u. k.
Monarchie

▌ 20. und 21. Jahrhundert

Im Ersten Weltkrieg (1914–1918) kämpfen Kroaten für Österreich-Ungarn. Kriegshandlungen erlebt Kroatien so gut wie nicht. Die k. u. k Kriegsmarine muss sich auf die Adria beschränken; vom Kriegshafen Pula operiert auch eine deutsche U-Boot-Flotille; .

Erster
Weltkrieg

Nach dem Zerfall der Doppelmonarchie entsteht 1918 das **Königreich der Serben, Kroaten und Slowenen** (SHS). Gleichzeitig beansprucht Italien Istrien für sich, das mit dem Vertrag von Saint-Germain 1919 Teil der italienischen Region Friaul-Julisch Venetien wird. Im selben Jahr besetzen italienische Freischärler unter Führung des talienischen Nationalisten **Gabriele d'Annunzio** Fiume/Rijeka. Mit dem Grenzvertrag von Rapallo (1920) werden Istrien, Cres und Lošinj dem Königreich Italien zugeschlagen. Fiume/Rijeka bleibt mit-

Zwischen
den Kriegen

samt dem Hinterland ein unabhängiger Freistaat, der jedoch 1924 aufgelöst wird: Der östliche Stadtteil Sušak verbleibt beim Königreich SHS, der westliche kommt zu Italien.

Im istrischen Labin protestieren Bergarbeiter 1921 gegen die schlechten Arbeitsbedingungen. Die ausgerufene **Republik Labin** wird nach 36 Tagen vom italienischen Militär blutig niedergeschlagen.

Neues Königreich

Durch einen Staatsstreich wird die Verfassung 1929 aufgehoben. König Alexander I. regiert das in **Königreich Jugoslawien** umbenannte Land von Belgrad aus.

Zweiter Weltkrieg

Im Frühjahr 1941 besetzen deutsche und italienische Truppen Jugoslawien, das Land zerfällt in einzelne Republiken. Ante Pavelić (1889 bis 1959), Anführer der faschistischen Ustaša-Bewegung, ruft im April 1941 den **Unabhängigen Staat Kroatien** (NDH) aus – ein von Italien und Deutschland gesteuertes Marionettenregime.
Josip Broz Tito (1892 – 1980), seit 1937 Chef der illegalen Kommunistischen Partei, führt einen Partisanenkrieg gegen Ustaša und Besatzer. Nach Kriegsende und den ersten Wahlen im November 1945 ruft Tito die **Föderative Volksrepublik Jugoslawien** aus.

Neue Grenzziehung

Der **Friedensvertrag von Paris** im Februar 1947 zieht die Grenzen ganz neu: Der größte Teil Istriens, Rijeka sowie Teile von Friaul-Julisch Venetien werden Jugoslawien zugeschlagen. Über Triest und den Nordwesten Istriens kann man sich nicht einigen: Triest wird als Freistaat der Zone A, der Nordwesten Istriens bis zum Fluss Mirna als Zone B unter **UNO-Verwaltung** gestellt. Erst 1954 kommt Zone A mit 300 000 Einwohnern zu Italien, die größere Zone B mit 70 000 Bewohnern zu Jugoslawien. Die Staatsgrenze wird erst 1975 mit dem Vertrag von Osimo von beiden Seiten anerkannt.

Titos Jugoslawien

Tito führt schon bald einen »**jugoslawischen Sozialismus**« ein: Die geplante Kollektivierung der Landwirtschaft wird schon 1951 aufgegeben, private Kleinbauern bewirtschaften rund die Hälfte der landwirtschaftlichen Flächen. Überhaupt geht Tito seinen eigenen Weg: 1948 bricht er mit der Sowjetunion und setzt mit **Blockfreiheit und Neutralität** auf einen Mittelweg zwischen Ost und West. 1953 wird er Staatspräsident auf Lebenszeit.
Bei der **Konferenz der blockfreien Staaten** mit 20 Teilnehmerländern auf den Brijuni-Inseln 1956 unterzeichnet Tito zusammen mit dem indischen Präsidenten Nehru und dem ägyptischen Staatschef Nasser die sogenannte **Brioni-Deklaration** zur Blockfreiheit und zu den Grundsätzen der Kooperation.
1963 erfolgt die Umbenennung des Vielvölkerstaats in »**Sozialistische Föderative Republik Jugoslawien**« (SFRJ). Unter Tito beginnt der touristische Ausbau der Küste sowie der Adria-Magistrale.

Die Binnenmigration nimmt erheblich zu: Einwohner aus dem wirtschaftlich schwächeren Süden, etwa aus dem Kosovo oder Bosnien, zieht es nach Istrien und in die Kvarner-Bucht. Dort blühen Industrie und Tourismus auf.

Die Idee Jugoslawien wird noch vom charismatischen Tito und dem Partisanenkult getragen. Unter der Oberfläche gärt es jedoch: Eine von Belgrad dominierte Politik, bei der die Serben in offiziellen Positionen begünstigt werden, nie aufgearbeitete nationalistische Tendenzen und die immens hohe Staatsverschuldung bringen den Staat nach Titos Tod im Mai 1980 beträchtlich ins Wanken. **Jugoslawiens Ende**

Der politische Umbruch in Osteuropa bestärkt auch die Kroaten und Slowenen, die ihre Republiken beide am 25. Juni 1991 für unabhängig erklärten. Zuvor haben 93 Prozent der wahlberechtigten Kroaten für ein souveränes Kroatien gestimmt, in Slowenien votieren 88 Prozent für einen eigenen Staat. **Unabhängigkeit für Slowenien und Kroatien**

Bereits an Ostern 1991 kommt es in der Nähe des beliebten Touristenziels Plitwitzer Seen zu Unruhen. Die Jugoslawische Volksarmee liefert sich mit serbischen und kroatischen Freischärlern bis 1995 einen blutigen Krieg in Kroatien. In Slowenien wird der so genannte Zehn-Tages-Krieg, der 56 Tote fordert, mit einer auf den Brijuni-Inseln unterzeichneten Deklaration rasch beigelegt. **Krieg in Kroatien**
Die **völkerrechtliche Anerkennung** von Kroatien und Slowenien erfolgt im Januar 1992, im darauffolgenden Mai werden beide Staaten Mitglieder der Vereinten Nationen. Fast ein Drittel des kroatischen Territoriums ist zu diesem Zeitpunkt von der Jugoslawischen Volksarmee besetzt. Direkte Kampfhandlungen in Istrien und der Kvarner-Bucht bleiben zwar aus, aber Zehntausende von Flüchtlingen aus Slawonien, Dalmatien, der Lika sowie Bosnien und Herzegowina suchen bei Verwandten Schutz, in den Hotels und auf Campingplätzen eine Bleibe.
Im August 1995 erobert Kroatien die serbisch besetzten Gebiete in der Krajina zurück – was insbesondere im Ausland als »ethnische Säuberung« kritisiert wird.

Slowenien startet nach der Unabhängigkeit durch: 2004 wird das kleine Adrialand EU-Mitglied. Seit 2007 zahlt man dort mit dem Euro, im selben Jahr noch gehört Slowenien zur Schengen-Zone. **Schrittweise in die EU**
Anders verläuft die Entwicklung in **Kroatien**. Der politisch konservative Autokrat Franjo Tuđman (1922 – 1999) führt das Land bis zu seinem Tod 1999 in die internationale Isolation. Seinen Nachfolgern gelingt die Annäherung an die Europäische Union nur zögerlich. Zwar wird schon 2001 ein **Assoziierungsabkommen** mit der Staatengemeinschaft unterzeichnet, allerdings fordert Brüssel zunächst die

DER ZERFALL JUGOSLAWIENS

Jahrzehntelang hielt Josip Broz Tito die Fäden des Vielvölkerstaats fest in seiner Hand. Nach seinem Tod 1980 spitzten sich die nationalen Spannungen zu. Dazu gesellte sich Unmut über die serbische Vormachtstellung in öffentlichen Positionen und das wirtschaftliche Nord-Süd-Gefälle im Staat, begleitet von einer Hyperinflation. All das eskalierte im blutigen Zerfall Jugoslawiens.

▶ **Bevölkerungsgruppen in Jugoslawien 1991**

»Bosniaken« sind eine Volksgruppe slawischer Muslime.

▶ **Aufstieg und Fall des jugoslawischen Traums**
Im Zweiten Weltkrieg einte Tito die Partisanen Jugoslawiens im Kampf gegen Deutschland und Italien. Geeint durch den siegreichen Widerstand, entstand Jugoslawien 1946 neu. Auf der kommunistischen Seite des Eisernen Vorhangs schlug Titos Staat einen eigenen, blockfreien Weg ein, unterstützt vom besonderen Rückhalt in der Bevölkerung. Dennoch wurden die Konflikte zwischen den jugoslawischen Völkern nie vollständig gelöst. Als nach dem Zusammenbruch der kommunistischen Systeme nationalistische Separatisten in den Teilrepubliken an die Macht kamen, begann der unaufhaltsame Zerfall.

Föderative Volksrepublik Jugoslawien 1946 – 1963		Sozialistische Föderative Republik Jugoslawien 1963 – 1992

| 1945 | 1950 | 1955 | 1960 | 1965 | 1970 | 1975 |

ÖSTERREICH

SLOWENIEN
• Ljubljana

UNGARN

• Zagreb

KROATIEN

• Banja Luka

BOSNIEN -
HERZEGOWINA

• Sarajevo

Belgrad

SERBIEN

RUMÄNIEN

Adriatisches Meer

MONTE-
NEGRO
Podgorica

Priština •

KOSOVO

BULGARIEN

Skopje •

NORD-
MAZEDONIEN

ALBANIEN

GRIECHENLAND

▶ **Bevölkerungsgruppen
heute**
Jugoslawien ist in
sieben Staaten
zerfallen. Viele
territoriale Konflikte
sind nach wie vor
ungelöst.

▦ Serben	▦ Kosovo-Albaner
▦ Kroaten	▦ Montenegriner
▦ heute Bosniaken, damals Bosnier	▦ Bulgaren
▦ Slowenen	▦ Ungarn
▦ Nordmazedonier	▦ Slowaken
	▦ Keine eindeutige Mehrheit

* Unabhängigkeitserklärung
▦ Krieg

Heute ist der Kosovo von 115 der 193 UN-Mitglied-
staaten anerkannt, wird aber von der UN nach wie
vor als Teil Serbiens bezeichnet. Serbien erkennt
die Souveränität des Kosovo nicht an.

Kosovokrieg
Januar 1998 bis Juni 1999   * 17. Feb. 2008   Kosovo

Bosnienkrieg   * 1. März 1992   Bosnien-Herzegowina
1. April 1992 bis 14. Dez. 1995

Friedliche **Unabhängigkeit**   * 8. September 1991   Nordmazedonien (bis 2019 Mazedonien)

Kroatienkrieg   * 25. Juni 1991   Kroatien
Frühjahr 1991 bis 7. August 1995

10-Tage-Krieg   * 25. Juni 1991   Slowenien
26. Juni bis 7. Juli 1991

| Bundesrepublik Jugoslawien 1992 – 2003 | Serbien und Monte-negro | * 3. Juni 2006 Montenegro |
| | | * 3. Juni 2006 Serbien |

1980   1985   1990   1995   2000   2005   2010

271

Auslieferung von Ex-General Gotovina, der Kriegsverbrechen währen der Rückeroberung der Krajina beschuldigt wird.. Dieser wird erst 2005 festgenommen und muss sich vor dem UN-Kriegsverbrecher-tribunal in Den Haag verantworten. Der Protest ist groß und spaltet Kroatien bis heute: Viele Menschen sehen in Gotovina keinen Kriegs-verbrecher, sondern einen Nationalhelden. Der Freispruch der Gene-räle wird 2012 in Kroatien stürmisch gefeiert, während Serbien empört ist. Kroatien ist seit 2009 **Vollmitglied der Nato**. Die Ver-handlungen mit der Europäischen Union werden jedoch wieder zeit-weilig auf Eis gelegt, da EU-Mitglied Slowenien ein Veto einlegt. Zank-apfel ist der nie genau festgelegte Grenzverlauf in der Bucht von Piran: Davon hängt ab, ob Slowenien Zugang zu internationalen Ge-wässern hat. Das Tauziehen dauert 16 Jahre, dann entscheidet ein europäisches Schiedsgericht im Juni 2017: Die Bucht gehört mehr-heitlich zu Slowenien. Kroatien findet sich mit dem Urteil nicht ab, der Streit geht weiter ...

Bewegte Zukunft Im Januar 2012 stimmen zwei Drittel der Kroaten für den **EU-Bei-tritt**, doch ist die Wahlbeteiligung ist mit nur 43 Prozent recht nied-rig. Am 1. Juli 2013 wird Kroatien der 28. EU-Mitgliedsstaat. Das Land erhält umfangreiche Finanzmittel, um Infrastruktur und Landwirt-schaft zu modernisieren. Dabei werden in Istrien länderübergreifen-de Euroregion-Projekte mit Slowenien und Italien umgesetzt. Am 1. Januar 2023 löst der Euro die bisherige amtliche Währung Kuna ab. Zudem wird Kroatien Schengen-Mitglied, temporäre, stichprobenar-tige Grenzkontrollen bleiben, u. a. wegen der illegalen Migration.

KUNST UND KULTUR

Die Handschriften vieler fremder Herren verschmelzen in Istrien und der Kvarner-Bucht miteinander: Byzantinische Baukunst, venezianische Palazzi und k. u. k. Stilelemente prägen die Region. Charakteristisch sind längere Übergangsperioden von einer Epo-che zur nächsten.

▌ Prähistorische Zeit

Steinzeit Die ältesten Zeugnisse stammen noch aus der Steinzeit. Meist han-delt es sich um Gefäße, Schmuck und Arbeitsgeräte aus Knochen oder Stein. Charakteristisch für das Neolithikum bzw. die Jungstein-zeit sind kleine, fensterlose Wohnhäuser aus Trockenmauern, soge-nannte **Kažuni** oder Bunje.

Die Liburner und Histrier errichteten Wallburgen in Trockenbauweise, **Gradine** genannt, auf Hügelkuppen. Etwa 400 Gradine in Istrien sind bekannt; die Standorte Picugi bei Poreč, Monkodonja bei Rovinj und Nesactium/Nezakcij (▶ Pula) gehören zu den am besten erhaltenen. Bei Ausgrabungen in Nesactium, der ehemaligen Histrier-Hauptstadt, wurden wertvolle Keramikgefäße mit Spiralmustern zutage gefördert, die im Archäologischen Museum in Pula bewundert werden können. Eine weitere Hinterlassenschaft der Illyrer und Kelten sind verzierte Bronzegefäße, so genannte Situlen.

Bronze- und Eisenzeit

▌ Die Römer in Istrien

Die Römer errichteten **zahlreiche Städte und Siedlungen,** umgaben sie mit Befestigungen, bauten Kanalisationssysteme und Straßen, der Handel florierte. Thermen, Tempel und Foren dienten auch als gesellschaftliche Treffpunkte. Die meisten vorhandenen Siedlungen aus der Bronzezeit wurden zu militärischen Stützpunkten ausgebaut. Von etlichen römischen Villae rusticae sind noch die Grundmauern erhalten.

Thermen, Tempel, Mosaike

Als eine der repräsentativsten Ausgrabungen dieser Art gilt der Ruinenkomplex in der Verige-Bucht auf Veli Brijun (▶ Brijuni). In der Sepen-Bucht bei Omišalj auf ▶ Krk wurden die Reste der Römerstadt Fulfinum und des im 5. Jh. entstandenen frühchristlichen Komplexes Mirine freigelegt. In manchen Städten wie ▶ Poreč erinnert die Anlage der Altstadt bis heute an die Römer, die ihre Siedlungen in der Regel um ein Straßenkreuz anlegten: mit einer Hauptachse in Nord-Südrichtung (Cardo) und einer querenden Achse in Ost-West-Richtung (Decumanus). Die **Altstadt von ▶ Pula** wurde dagegen in Form eines Spinnennetzes angelegt. Die meisten ihrer römischen Denkmäler stehen nah beieinander, wie etwa das sehr gut erhaltene, imposante Amphitheater für Gladiatorenkämpfe, das römische Theater, der Augustustempel oder der prachtvoll verzierte Sergier-Bogen. In Krk-Stadt wurde bei Renovierungsarbeiten vor wenigen Jahren in einem Café ein römischer Mosaikfußboden freigelegt, der den Meeresgott Triton abbildet. Architekturfragmente aus römischer Zeit wie Säulentrommeln (Spolien) oder Steinblöcke wurden beim Bau der Pfarrkirche von ▶ Buje verwendet.

1999 wurde auf dem Meeresgrund vor der Insel ▶ Lošinj eine **antike Bronzestatue** von unschätzbarem Wert geborgen: Die vollständig erhaltene Skulptur (eine hellenistische Kopie eines verlorenen Originals eines unbekannten Meisters) stellt einen Athleten dar, der sich nach dem Wettkampf mit einem Schaber Schweiß und Schmutz von der Haut schabt (ein so genannter **Apoxyomenos**). Nach jahrelangen Restaurationsarbeiten ist dem Jüngling seit 2016 ein eigenes Museum in Mali Lošinj gewidmet.

▌ Frühchristliche Kunst

Byzan-
tinische
Einflüsse

Im Oströmischen Reich etablierten sich Basiliken als Gotteshäuser. Nach dem Fall des Weströmischen Reichs im 5. Jh. n. Chr. setzte Kaiser Justinian seine Expansionspolitik von Konstantinopel bis Ravenna fort. Unter byzantinischer Herrschaft entstanden in Istrien mehrere **Basiliken**, darunter die mit Marmor- und Stuckornamenten geschmückte Basilika Sv. Marija Formosa in ▶ Pula, deren Name sich mit »wunderschöne heilige Maria« übersetzen lässt. Byzantinische Bauart zeigt sich auch in der winzigen Kirche Sv. Elizej (Elisäus) bei Fažana (6. Jh., ▶ S. 51) mit schlichter Außenfassade und Transennenfenstern (mit Steinornamenten vergitterte Fenster). Glanzstück ist zweifelsohne die Euphrasius-Basilika (6. Jh.) in Poreč mit wertvollen Mosaiken im Stil der Kirchen von Ravenna. Die floralen Muster und das altchristliche Fischmotiv zeugen von einer frühen Christianisierung. Die Mosaiken bestechen durch große Kunstfertigkeit und kräftige Farben.

Im Lapidarium der Euphrasius-Basilika in Poreč sind Architekurfragmente aus vielen Epochen versammelt.

▌ Altkroatische Kunst (9. – 11. Jh.)

Charakteristisch für die altkroatische Kunst sind viele kleinere Sakral-   Sakralbauten mit eher bescheidenen Dimensionen. An den Altarschranken   bauten
und Fensterportalen sind meist die Namen der Fürsten und Stifter
und der Heiligen eingemeißelt, denen das Gotteshaus geweiht war.
Ornamentale **Flechtbandmotive** waren oft die auffälligste Verzierung der einschiffigen Gotteshäuser. Von dieser Zeit zeugt das Kirchlein Sv. Donat auf Krk an der Abzweigung nach Punat. Es wurde vermutlich im 9. Jh. errichtet. Aus derselben Epoche stammt die
Pfarrkirche Sv. Pelagij in ▶ Novigrad.
Einschiffige Kirchen mit halbrunden Apsiden findet man u. a. in Rakotule bei Motovun, Draguć bei Buzet, Roč bei Hum und Lovran bei
Opatija, während die Kirche Sv. Foška bei Peroj bei Vodnjan dreischif-
fig errichtet wurde.
Bei Kanfanar am ▶ Limski kanal birgt die altkroatische Kirche Sv. Aga-
ta seltene **frühromanische Fresken,** die im 11. Jh. entstanden und
noch von byzantinischer Malkunst beeinflusst sind.

▌ Romanik

Schwere Formen und quadratische Proportionen prägen die romani-   Architektur
sche Baukunst. Ab dem 12. Jh. setzte eine rege Bautätigkeit von **Kirchen und Klöstern** ein. Viele der dreischiffigen Kirchen mit Apsiden,
Säulen, Arkaden und Holzdecken wurden von Benediktinern errichtet, die aus Italien gekommen waren. Die Kathedrale in Krk-Stadt
stammt aus dem frühen 12. Jh., wurde später jedoch mehrfach umgebaut. Die Kathedrale in Rab-Stadt besitzt ein Mittelschiff mit Säulen, der frei stehende Glockenturm gilt als einer der schönsten dieser
Epoche. Aus romanischer Zeit erhalten ist auch der Kreuzgang des
Klosters von Sv. Petar u Šumi (Hl. Peter im Walde) bei ▶ Pazin. Zu
den schönsten romanischen Sakralbauten in Istrien gehört auch die
Pfarrkirche Sv. Marija in ▶ Vrsar (12. Jh.).
Charakteristisch für die **romanische Profanarchitektur** sind Zwil-
lings- und Drillingsfenster, grobe Steinquader prägen die Gebäude.
Der weiße Kalkstein aus Istrien, oft als »Marmor« bezeichnet, wurde
dafür gern verwendet. Sehenswert sind etwa in Poreč das Kanoniker-
haus und das Romanische Haus (jeweils 13. Jh.) mit auffälligem
Holzbalkon und Biforium.

Bedeutend sind die Fresken von ▶ Hum. In der dortigen Friedhofs-   Malerei und
kapelle Sv. Jeronime (12. Jh.) lassen sie noch byzantinischen Einfluss   Skulptur
erkennen. Auch im Friedhofskirchlein von Draguć bei Buzet fidnen
sich Fresken. Weit verbreitet waren auch Flechtornamente als typisch (vor-)romanisches Element.

▮ Gotik

Architektur Mit der venezianischen Herrschaft begann im 14. und 15. Jh. entstanden in den Küstenstädten der nördlichen Adria: Paläste, Wehrmauern, Stadtloggien, Kirchen und Campanile, von denen viele bis heute mit de m **Markuslöwen** der Venezianer, geschmückt sind. Die so genannte venezianische Gotik, die bereits Renaissance-Elemente enthält, prägte die städtische Architektur der istrischen Küstenstädte besonders nachhaltig. Schöne Beispiele sind etwa der Prätorenpalast in ▶ Koper (spätes 15. Jh.), aber auch in ▶ Pula, ▶ Portorož, ▶ Piran, ▶ Vodnjan und anderen Städten entstanden schmucke Palazzi, teilweise mit symmetrischen Doppelfenstern. Charakteristisch für diese Epoche ist zudem der Ausbau der Befestigungsanlagen.

Ab dem 13. Jh. ließen sich **Franziskaner** in der Region nieder. Deren Kirche Sv. Franjo in Pula gilt als eines der schönsten frühgotischen Bauwerke in Istrien. Meisterlich ist der vergoldete Altaraufsatz. Die Pfarrkirche Sv. Silvestar in Kanfanar (▶ Limski kanal) birgt hingegen eine frühgotische Steinkanzel mit Reliefplatten auf schlanken Säulen, die aus der aufgegebenen Ruinenstadt Dvigrad mitgebracht worden war. Die gotische Kirche Sv. German auf Veli Brijun bewahrt Kopien der bekanntesten istrischen Fresken und glagolitischen Inschriften.

Malerei In dieser Zeit entstanden auch die meist großflächigen Fresken in Sakralbauten, teils mit glagolitischen Inschriften. Gotische Malerei aus dem 14. Jh. prägt etwa die Friedhofskirche Sv. Nikola in Rakotule bei ▶ Motovun. Aus der zweiten Hälfte des 15. Jh.s sind viele Zyklen heimischer Meister erhalten. Zu den bekanntesten gehört Vincent von Kastav, der die Fresken in Beram bei ▶Pazin schuf (1475), während Ivan/Janez (Johannes) von Kastav die im slowenischen Hrastovlje bei ▶ Kope tätig war. Viele Malereien, vor allem im Landesinnern, lassen sich Albert von Konstanza zuschreiben, wie etwa diejenigen in der Kirche Sv. Juraj in Plomin (1475) bei ▶ Labin, aber auch Fresken in Brseč bei ▶ Mošćenice und Lovran bei ▶ Opatija. Um 1460 gestalteten Maler aus dem Kreis um Leonard aus Brixen in der Pfarrkirche von Pazin einen großen Freskenzyklus. Zentrales Motiv in Beram und Hrastovlje ist der **Totentanz**, ein populäres Motiv, das die Menschen an ihre Endlichkeit erinnern soll Bedeutend sind auch die Wandmalereien in der Kirche Sv. Antun in Žminj bei ▶ Pazin.

▮ Renaissance

Architektur Die Renaissance in Istrien ist durch die Verwendung **antiker Stilelemente** gekennzeichnet. Fenster mit halbrunden Bögen finden sich an der Pfarrkirche Sv. Marija in Svetvinčenat bei ▶ Vodnjan, gelegentlich sieht man auch zweibogige Fenster (so genannte Biforen, etwa in

▶ Buje und ▶ Labin). Die Kirche Sv. Marija Velika in Rab-Stadt schmückt ein Renaissanceportal mit einer spätgotischen Pietà; der Kommunalpalast von ▶ Motovun ist einer der größten Istriens.

Malerei und Skulptur

Viele Renaissancekunstwerke Istriens stammen aus **Venedig**. Auch Flügelaltäre oder Wandmalereien wurden von Künstlern wie Tizian oder Tintoretto beeinflusst. Als Meisterwerk dieser Epoche gilt das Polyptychon der Franziskanerkirche in ▶ Pula (um 1480). Der Wandermaler Anton aus Padua arbeitete in der Kirche Sv. Rok in Draguć (1529, 1537) bei ▶ Buzet. Umgekehrt waren Maler aus Istrien wie Julije Klović (1498–1578) in Italien tätig. Mit seinen Miniaturen prägte er die italienische Renaissance maßgeblich, war zudem ein Lehrer von El Greco.

▌ Barock (17./18. Jh.)

Architektur

Vielerorts in Istrien wurden bereits bestehende Gebäude lediglich mit **barocken Elementen** versehen, etwa in der Innenstadt von ▶ Koper. Barocke Stilmittel findet man auch an der Kathedrale Uznesenje Blažene Djevice Marije (Mariä Himmelfahrt) in ▶ Pula sowie in der Pfarrkirche Sv. Nikola in▶ Pazin oder am Balbi-Bogen in ▶ Rovinj (1680). Für eine barocke Blütezeit fehlte es aufgrund der langen Pestepidemie, aber auch wegen der kriegerischen Auseinandersetzung zwischen Habsburgern und Venezianern zum einen am schöpferischen Tatendrang, zum anderen aber auch schlichtweg an den finanziellen Mitteln dafür.
Die Küste blieb bis ins 18. Jh. hinein unter venezianischem Einfluss. In den österreichisch verwalteten Landesteilen in Zentralistrien und der Kvarner-Bucht zeigt sich hingegen auch mitteleuropäischer Barock. So trägt etwa die einstige Jesuitenkirche Sv. Vid in ▶ Rijeka mit ihrem oktagonalen Grundriss frühbarocke Züge (1638–1659). Schöne Barockarchitektur findet sich auch im Paulinerkloster in Sv. Petar u Šumi bei ▶ Pazin.

Malerei und Skulptur

Eine Schlüsselfigur der spätbarocken Sakralmalerei ist ein Slowene mit französischen Wurzeln: **Janez Valentin Metzinger** (1699 bis 1759). Er schuf mehr als 300 Gemälde. Viele prunkvolle Barockaltäre in Kroatien und Slowenien stammen ebenfalls aus dieser Epoche.

▌ 19.–21. Jahrhundert

Architektur

Der **Historismus** im späten 19. Jh. zeigt sich etwa in Pula in der Kirche Gospa od mora, die eine Mischung aus Neobyzantismus und Neoromanik darstellt. Der Neorenaissance zuzurechnen ist beispiels-

MAGISCHE ZEICHEN

*Möglicherweise fiel es einem beim
Bezahlen mit einer 100-Kuna-Banknote
einmal auf: Rätselhafte Zeichen, die mit
der heutigen Lateinschrift der Kroaten
überhaupt nichts zu tun haben, prang-
ten auf der Vorderseite. Sie erinnern ein
wenig an Kreuze, Kreise und Dreiecke.
Bei den ungewöhnlichen Buchstaben
handelt es sich um die Glagoliza, die älteste slawische Schrift. Sie ist heute
wieder so angesagt, dass sie sogar Desi-
gnertaschen ziert.*

Zugegeben, mit ihren Formen sieht die
alte Schrift der Kroaten schon ein wenig magisch aus. Die einen sagen, dass
die heiligen Formen Kreis, Kreuz und
Dreieck zur Glagoliza abgewandelt wurden; die anderen halten dagegen, dass
auch armenische und griechische Elemente auftauchen.

Nur in einem ist man sich einig: Ge-
meinhin wird angenommen, dass der
Slawenapostel Konstantin von Saloniki
(um 826 – 869), später **Kyrill** genannt,
diese Schrift Mitte des 9. Jh.s entwickelt hat. Kyrill hatte im Verbund mit
seinem Bruder **Method** die Aufgabe,
die Slawen für das Christentum zu ge-
winnen. Aus der Notwendigkeit heraus,
eine eigene Schriftsprache für seine
Übersetzung des Neuen Testaments zu
schaffen, die der Sprache des Volkes
möglichst nahekam, entstand vermutlich die glagolitische Schrift. Sie war die
Basis für die kyrillische Schrift.

Laut- und Zahlenwerte

Ursprünglich hatte die Glagoliza 38
Buchstaben, die zunächst rund und
später eckig waren. Diese hatten nicht
nur einen Lautwert, sondern auch einen Zahlenwert. Das war in vielen alten
Schriften üblich, in denen es keine eigenen Zahlzeichen gab. Während die Glagoliza anderswo im slawischen Kultur-
raum schon früh durch die kyrillische
Schrift abgelöst wurde, hielt sie sich in
Kroatien noch mehrere Jahrhunderte.
Dort verlor sie allerdings ab dem 16. Jh.
zugunsten des Lateinischen an Bedeu-

tung. Nur in der kirchlichen Liturgie hielt sie sich sogar bis ins 19. Jh. hinein.

Symbol der nationalen und kulturellen Identität

Für die Geschichte Kroatiens sind die ungewöhnlichen Zeichen von großer Bedeutung, da die ältesten Schriftdenkmäler in der Glagoliza verfasst wurden. Dazu gehört das wohl berühmteste und am beste erhaltene: Die **Tafel von**

Baška (Bašćanska ploča) aus der Zeit um 1100, die in Jurandvor auf der Insel Krk entdeckt wurde. Die Inschrift dieser Steintafel besagt in 13 Zeilen, dass Zvonimir König der Kroaten war. Vor diesem Hintergrund hat die Glagoliza im unabhängigen Kroatien eine ganz besondere Bedeutung erhalten – als ein Symbol der nationalen und kulturellen Identität. Eine Replik der Tafel ist in der Staatsbibliothek zu Berlin ausgestellt. In der Kvarner-Bucht sieht man die Glagoliza auch auf der **Steintafel von Valun** (Valunska ploča), die noch aus dem 11. Jh. stammen soll: Neben glagolitischen Elementen enthält sie auch Texte in lateinischer Schrift, die Auskunft geben, dass hier drei Generationen einer Familie liegen. Sie wird an ihrem Fundort Valun auf der Insel Cres aufbewahrt. In der Kirche Sv. Juraj Stari in Plomin wird die **Inschrift von Plomin** (Plominski natpis) gehütet.

Souvenirs

Als Gipsabguss oder Magnet wird die Tafel von Baška in vielen Souvenirläden angeboten. Auf Glagoliza-Fragmente hat sich die Zagreber Etno-Butik Mara spezialisiert: Damit sind die durchaus bürotauglichen, zeitlos-eleganten Kleider, Blusen und Hemden bestickt. Aufmerksamkeit dürfte damit garantiert sein: Denn wer kann schließlich schon behaupten, einen Auszug aus dem ersten gedruckten Buch in glagolitischer Schrift – der Missale von Fürst Novak, die 1483 in Roč gedruckt wurde – spazieren zu tragen?

http://etnobutik-mara.com

Auf der Tafel von Baška ist eine Schenkung König Zvonimirs an die hl. Luca festgehalten.

weise das Kroatische Nationaltheater in ▶ Rijeka, ein Bau des Wiener Architektenduos Fellner & Helmer, das halb Europa mit seinen Theaterbauten beglückte.

Die Wiener Secession hat ihre Spuren vor allem in den Seebädern entlang der Riviera von ▶ Opatija hinterlassen. Mondäne **Jugendstil**-Villen und Hotels mit ornamentalen Stuckfassaden beeindrucken die Urlauber bis heute. Vor allem die Krainische Baugesellschaft aus Laibach (Ljubljana) war hier aktiv. Als bedeutendster Jugendstilarchitekt in Rijeka gilt Emilio Ambrosini (1850 – 1912), dessen Handschrift mehrere Palazzi tragen. An der Westküste Istriens dominierte die italienische Spielart des Jugendstils, **Liberty** genannt.

Der italienische **Rationalismus** der 1920er- und 1930er-Jahre findet sich vor allem in ▶ Pula. Damals entstanden viele Wohngebäude. Das Hauptpostamt mit einer futuristischen Wendeltreppe gilt als wichtigstes Baudenkmal dieser Zeit in Istrien, es wurde 1935 nach Plänen von Angiolo Mazzoni (1894 – 1979) gebaut. In der Zwischenkriegszeit prägte der österreichisch-italienische Architekt Max Fabiani (1865 bis 1962) das slowenische Karststädtchen Štanjel (▶ Postojnska jama) maßgeblich – u. a. mit dem Ferrari-Garten.

Die Architektur nach dem Zweiten Weltkrieg musste sich der **Ideologie** unterordnen. Anonyme Massenbauten kennzeichneten die staatliche Baupolitik des Sozialismus – Hochhäuser an den Stadträndern von ▶ Rijeka und ▶ Pula erinnern bis heute daran. Nicht gerade schön, dafür funktional, waren auch viele Hotelanlagen, die ab den 1960er-Jahren mit dem Aufkommen des Massentourismus entstanden, z. B. bei ▶ Poreč. Die zeitgenössische Architektur seit Mitte der 1990er-Jahren konzentriert sich vor allem auf Wohnbauprojekte, Einkaufszentren und touristische Infrastruktur.

Skulptur, Bildhauerei

Zu Titos Lieblingskünstlern gehörte der Bildhauer Dušan Džamonija (1928 – 2009). Er schuf viele monumentale Partisanendenkmäler. Seine neutralen Skulpturen sind in einem Skulpturenpark bei ▶ Vrsar frei zugänglich. Aleksandar Rukavina (1934 – 1985) entwickelte mit Gleichgesinnten in den 1960er-Jahren das fast entvölkerte ▶ Grožnjan zu einem Künstlerstädtchen. In ▶ Crikvenica ist man stolz auf das Erbe von Zvonko Car (1913 – 1982). Sein bekanntestes Werk ist das **Mädchen mit der Möwe**, heute Wahrzeichen von ▶ Opatija. Die Glagolitische Allee zwischen Roč und ▶ Hum wurde von Želimir Janeš (1916 – 1996) zwischen 1977 und 1983 geschaffen. Der zeitgenössische istrische Bildhauer Ljubo de Karina (geb. 1948) ist in seinem Heimatort Brseč bei ▶ Mošćenice tätig,, seine Steinmetzarbeiten finden sich unter anderem in Form glagolitischer Buchstaben in der Umgebung von Baška auf Krk.

Internationale Bildhauer-Symposien finden alljährlich in ▶ Vrsar, in Dubrava bei Labin und auf der slowenischen Halbinsel Seča bei Portorož statt.

Ein bedeutender kroatischer Maler und Grafiker der zweiten Hälfte des 20. Jh.s ist **Edo Murtić** (1921–2005), ein Vertreter vor allem des abstrakten Expressionismus. Als einer der wichtigsten slowenischen Nachkriegsmaler gilt der in Triest geborene **Lojce Spacal** (1907–2000); seine Linol- und Holzschnitte sind von istrischen Motiven inspiriert. Diese verarbeitete auch der Maler und Grafiker **Vjekoslav »Vojo« Radoičić** (1930–2017) in einem unverkennbaren farbenfroh-naiven Stil. Zur jungen Szene in Istrien gehört der in Pazin lebende **Elvis Berton** (geb. 1970). | Malerei

VOLKSKUNST UND FOLKLORE

Das Brauchtum lebt vor allem an Feiertagen auf: Dann werden aufwändige Trachten oder Karnevalsmasken aus dem Schrank geholt; Flöten, Dudelsäcke und Klapa-Chöre sorgen für gute Laune.

Farbenfroh und fröhlich geht es vor allem in der Karnevalszeit zu: Vor dem Beginn der Fastenzeit streifen die **Glöckner** (Zvončari) mit ihren fratzenhaften Holzmasken und zottigen Tierfellen durch die Straßen von Rijeka und durch die Dörfer. Die Masken der Glöckner von Halubje, in der Nähe von Kastav, wurden 2009 in die UNESCO-Liste des immateriellen Weltkulturerbes aufgenommen. | Karnevalsmasken

Der Balun ist Istriens berühmtester **Volkstanz**, dabei drehen sich Paare um die eigene Achse im großen Kreis. Auf der Insel Krk wird der Reigentanz Krčki tanec zu zweit oder zu dritt innerhalb einer kreisförmigen Tanzgruppe aufgeführt. | Volkstanz

Istrische Frauenkleider aus dunkler Schafswolle werden durch weiße Dreieckstücher am Hinterkopf ergänzt, während sich die Männer mit einer flachen Kappe schmücken oder auf der Insel Krk Kniehosen anziehen. Ungewöhnlich ist die farbenfrohe Frauentracht auf der Insel Susak: Deutlich über dem Knie endende, glockenförmige Miniröcke werden zu dicken Wollstrümpfen in der Signalfarbe Pink getragen! | Trachten

❚ Traditionelle Musik

Achten Sie bei einem Volksfest oder Gastro-Event doch einmal auf die Instrumente! Manche sind nur in der Region verbreitet. Dazu gehört etwa die istrische **Sackpfeife** Mih aus Ziegenleder, Blasrohr und | Šurle, Mih, Sopile, Rožence

Zumindest bei Festen trägt man noch Tracht wie dieser Armbrustschütze in Rab-Stadt.

einem Mundstück mit fünf Löchern. Diese wird oft, etwa beim Reigentanz Balun, von der **Holzflöte Šurle** begleitet, die aus zwei Rohren besteht, die durch das Mundstück miteinander verbunden sind. An eine Schalmei erinnert unterdessen die hölzerne Hirtenflöte, die auf Krk Sopile heißt, anderswo auch Roženice – und in vielen Souvenirgeschäften angeboten wird.

Istrische Tonleiter
Einzigartig ist die Istrische **Skala** (Istarska ljestvica), eine verminderte oktatonische Tonleiter, bei der sich Ganz- und Halbtonschritte abwechseln. Sie klingt recht ungewohnt. Kroatien versucht, die Tonleiter als immaterielles UNESCO-Weltkulturerbe anerkennen zu lassen.

Klapa
Die Liebe zur Heimat, zum Meer oder zur Herzensdame werden unterdessen traditionell von **A-capella-Chören** besungen. Solche mehrstimmigen Männerchöre, Klapa genannt, waren ursprünglich nur in Dalmatien verbreitet – doch längst schon sind sie in ganz Kroatien populär. Die strenge Tradition – fünf bis acht Männer, keine Instrumente – hat sich in den vergangenen Jahrzehnten gelockert: Längst schon singen Frauengruppen, begleitet von der mandolinenartigen Tamburica die überaus beliebten, sentimentalen Klapa-Gesänge. Diese hört man oft in traditionellen Tavernen, den Konobas.

▎ Schlager, Rock, Pop

Die Kroaten lieben ihre Stars: Ob Pop, Rock oder Schlager – bevor- **Beliebte**
zugt in der eigenen Landessprache wird man in den meisten Restau- **Musiker**
rants und Cafés beschallt. Schon seit 50 Jahren wird das »Festival
der Unterhaltungsmusik« im Hotel Kvarner in Opatija gepflegt. Silvester treten Popstars gerne auf öffentlichen Plätzen auf, etwa in
Pula. Von dort stammt auch die Pop- und Folk-Sängerin **Alka Vuica**
(geb. 1961) mit ihrer rauchig-markanten Stimme. Die vielseitige
Ethno-Jazz-Sängerin **Tamara Obrovac** (geb. 1962) feiert mit ihrem
Transhistria-Ensemble Erfolge. Sie stammt wie der für Blues bekannte **Bruno Krajcar** (geb. 1972) aus Pula. Kult-Status in Istrien hat die
aus Vodnjan stammende Band **Gustafi**, die seit 1980 den istrisch-
čakavischen Dialekt mit Folkmusik, Rock und Blues untermalt. Die
1986 gegründete Rockband **Let 3** aus Rijeka provoziert gerne, auch
mal nackt auf der Bühne, und vertrat Kroatien 2023 beim Eurovision
Song Contest – überhaupt gilt Rijeka bis heute als eine der Hochbur-
gen der alternativen Rockszene in Kroatien.

INTERESSANTE
MENSCHEN

▎ Meister der roten Farbe: Vittore Carpaccio

Kräftige warme Rottöne kennzeichnen seine Gemälde. Die abgebilde- **um 1460 –**
ten Momente werden lebhaft erzählt – bevorzugt aus dem Leben Hei- **1525/1526**
liger. Auffällig an den Bildern des italienischen Renaissancealers Vit- **Maler**
tore Carpaccio sind zudem orientalische Elemente, sei es in der
Landschaft oder der Kleidung der abgebildeten Personen. Carpac-
cios Stil ist eher konservativ, wird jedoch von der italienischen Renaissance beeinflusst. Als Meisterwerk gilt ein Gemäldezyklus, der in
neun Bildern **das Leben der hl. Ursula** abbildet. Geboren wurde
Carpaccio in Venedig als Sohn eines Pelzhändlers istrischer Herkunft,
längere Zeit gelebt hat er wohl in Koper, wo in der Kathedrale einige
Gemälde von ihm zu sehen sind. Übrigens ist die Vorspeise Carpaccio, in hauchdünne Scheiben geschnittenes rohes Rindfleisch mit
Ruccola und gehobeltem Parmesan, die 1950 in Harry's Bar in Venedig aus der Taufe gehoben wurde, nach dem Maler benannt – aufgrund der intensiven roten Farbgebung seiner Werke, die damals in
einer großen Ausstellung in Venedig zu sehen waren.

▋ Vorkämpfer für Kroatien: Juraj Dobrila

1812 – 1882
Bischof

Den in Veli Ježenj (bei Tinjan) geborenen späteren Bischof kennt in Kroatien fast jeder. Zumindest sein Porträt, denn Juraj (Giorgio) Dobrila war auf der bis 2023 gültigen Zehn-Kuna-Banknote abgebildet. Das hat der Geistliche seinem Engagement zu verdanken: Er setzte sich für die **Einführung der slawischen Sprache im öffentlichen Leben** ein, forderte kroatische und slowenische Schulen – zu einer Zeit, als die Österreicher das Zepter in der Hand hielten. Seine Überzeugung ging so weit, dass er Kindern die Ausbildung im kroatischsprachigen Teil der Donaumonarchie auf eigene Kosten finanzierte. Ab 1861 vertrat er im Istrischen Landtag die kroatischen Interessen gegenüber Wien. Zu dieser Zeit war Dobrila Bischof von Poreč-Pula (1857 – 1875), später von Triest-Capodistria (1875 – 1882). Die 2006 in Pula gegründete Universität trägt seinen Namen.

▋ Kritischer Blick auf eine neue Ära: Slavenka Drakulić

geb. 1949
Schrift-
stellerin

Slavenka Drakulić, 1949 in Rijeka geboren, gilt als eine der bekanntesten kroatischen Gegenwartsautorinnen im Ausland, ihre Werke wurden in mehr als 20 Sprachen übersetzt. In ihren Romanen und Essays geht es immer wieder um den Übergang Kroatiens in eine neue Ära (»Wie wir den Kommunismus überstanden – und dennoch lachten«), aber auch um das Leid, das die neue Unabhängigkeit mit sich brachte (»Keiner war dabei: Kriegsverbrechen auf dem Balkan vor Gericht«). Der internationale Erfolg setzte in den frühen 1990er-Jahren ein, als die Autorin ihre Heimat verließ. Slavenka Drakulić lebt mit ihrem Ehemann, dem schwedischen Journalisten Richard Swartz (»Ein Haus in Istrien«), abwechselnd in Schweden und Istrien.

▋ Verfolgt: Matthias Flacius Illyricus

1520 – 1575
Reformator

IDer spätere Reformator Matthias Flacius (Matija Vlačić) wurde im heutigen Labin geboren, weshlab er den Beinamen Illyricus (»der Illyrer«) bekam. Als Student kam er nach Venedig, Basel, Tübingen und 1541 nach Wittenberg, wo er die hebräische Sprache lehrte. Dort machte er Bekanntschaft mit Martin Luther und Philipp Melanchthon. Sein Schaffen mündete in rund 250 Bücher und Streitschriften, darunter Clavis Scripturae Sacrae (»Der Schlüssel zur Heiligen Schrift«) sowie in die Mitarbeit an den **Magdeburger Centurien**, der ersten Kirchengeschichte aus protestantischer Sicht. Da er sich heftige Dispute mit anderen Protestanten, v. a. mit Melanchthon lieferte, verlor er einen Posten nach dem anderen in verschiedenen europäischen Städten. Er starb in Frankfurt am Main.

Giselle: Carlotta Grisi

Sie war erst sieben Jahre alt, als sie an der Tanzakademie der Mailänder Scala eingeschrieben wurde. Bereits drei Jahre später tanzte Carlotta Grisi, als Caronne Adele Maria Giuseppina Grisi im istrischen Vižinada geboren, im Corps de Ballet des Opernhauses. Ihr späterer Lebenspartner, der französische Tänzer und Choreograf **Jules Perrot** (1810 – 1892), entdeckte sie in Neapel und tourte mit ihr durch Europa, bis er sie schließlich an der Pariser Oper unterbrachte. Dort schrieb ihr die gesamte Choreografie des romantischen Balletts »Giselle« praktisch auf den Leib, während sich der französische Ballettmeister Jean Coralli (1779 – 1854) um die übrigen Rollen kümmerte. Nach der Uraufführung in der Pariser Oper 1841 wurde sie als Superstar gefeiert und hatte die Rolle ihres Lebens gefunden. Schon 1855 musste sie ihre Karriere nach einem Sturz beenden und zog sich in die Schweiz zurück. Sie starb in Saint-Jean in der Nähe von Genf.

**1819 – 1899
Tänzerin**

Kirchenvater und Bibelübersetzer: Hieronymus

Die maßgebliche Bibelübersetzung ins Lateinische, die Vulgata, stammt vom Philosophen und Theologen Hieronymus, einem der vier spätantiken Kirchenväter. Sie löste die bis dahin in verschiedenen Versionen vorliegenden Bibeltexte als einzige verbindliche Variante ab. Geboren wurde Hieronymus in Stridon das entweder zwischen Rijeka-Trsat und Ilirska Bistrica im heutigen Slowenien oder im istrischen Hinterland zwischen den römischen Provinzen Dalmatia und Pannonia verortet wird. Hieronymus war der Sohn wohlhabender christlicher Illyrer, wurde jedoch erst während seines Studiums der Grammatik, Rhetorik und Philosophie in Rom getauft. Papst Damasus I. ernannte ihn zu seinem Sekretär und beauftragte ihn mit der Bibelübersetzung. Darüber hinaus verfasste er zahlreiche religiöse Schriften und andere Übersetzungen, weshalb er als Urvater und Schutzpatron der Übersetzer gilt. Sein Todestag, der 30. September (er starb in Bethlehem, ist heute sogar **Weltübersetzertag**. Hieronymus war strengster Asket und jähzornig, was er offenbar auch einsah, denn eines seiner Gebete lautete:

**347 – 420
Theologe**

>»Sei mir gnädig, Herr, weil ich Dalmater bin.«

Der Michelangelo der Miniaturen: Julije Klović

Julije Klović gilt als einer der besten Miniaturmaler überhaupt. Geboren wurde der besser unter seinem italienischen Namen Giulio Clovio bekannte Künstler in Grižane bei Crikvenica. 1516 ging er zunächst

**1498 – 1578
Maler**

OBEN: Carlotta Grisi war
die erste »Giselle«.
LINKS: Giuseppe Tartini
grüßt in seinem Geburtsort
Piran.

nach Venedig, viel später arbeitete er in Florenz, Rom und Budapest. Mit großem Erfolg pflegte er die Miniaturenmalerei, unter anderem im Dienst des Kardinals Alessandro Farnese in Rom, und war mit Michelangelo befreundet. Brueghel d. Ä. arbeitete in Rom mit ihm zusammen, El Greco war sein Schüler. Begraben ist er in Rom in der Kirche San Pietro in Vincoli. Von Zvonko Car stammt das lebensgroße Denkmal des Malers in Drivenik im Vinodol-Tal. Giorgio Vasari nannte ihnden »Michelanagelo der Miniaturen.

Erfinder des Valiums: Leo Sternbach

Die kleinen gelben Pillen waren unter der verharmlosenden Bezeich- 1908 – 2005
nung »Mother's little helper« in den USA der späten 1960er- und Chemiker
1970er-Jahre weit verbreitet. Der stark beruhigende Hauptwirkstoff
Diazepam ist unter seinem Handelsnamen weitaus bekannter: Vali-
um. Entwickelt wurde der 1963 patentierte Arzneistoff von Leo
Sternbach, einem Chemiker und Pharmazeuten, der 1908 in Abbazia,
dem heutigen Opatija, geboren wurde. Sternbachs Vater, der aus einer polnisch-jüdischen Familie stammte, betrieb dort eine Apotheke.
Leo Sternbach studierte in Krakau Pharmazie und Medizin, arbeitete
dort als Assistent und forschte ab 1937 in der Schweiz beim Pharma-
konzern Roche. 1941 siedelte er – weiterhin für den Konzern tätig – in
die USA über. Ingesamt entwickelte er mehr als 240 patentreife Arzneimittel. Bei seiner Pensionierung 1973 ging ein Fünftel aller Roche-
Patente auf ihn zurück. Heute erinnert eine Tafel in Opatija daran,
dass Sternbach hier seine Kindheit verbrachte.

Musik im Blut: Giuseppe Tartini

Giuseppe Tartini empfängt die Gäste in seinem Geburtsort Piran als 1692 – 1770
Skulptur – mit Violine und Bogen in der Hand. Damit ist schon ange- Geigen-
deutet, womit er vor allem berühmt wurde: mit einer neuen Geigen- virtuose,
spieltechnik, die als Basis der modernen Spieltechnik überhaupt gilt. Komponist
Auch Leopold Mozart griff in seiner »Gründlichen Violinschule« auf
diese Grundlagen zurück. Tartini verbrachte den größten Teil seines
Lebens in Padua, wo er eine in ganz Europa anerkannte Musikschule
leitete. Auch als Komponist war er außerordentlich fleißig, zahlreiche
Violinsonaten und -konzerte sowie Sinfonien stammen aus seiner Fe-
der. Überdies machte er durch musiktheoretische Abhandlungen von
sich reden. So beschäftigte er sich näher mit den so genannten Diffe-
renz- oder **Tartini-Tönen**: Diese entstehen beim gleichzeitigen Spielen zweier Töne, ihre Frequenz beträgt genau die Differenz der Frequenz der beiden gespielten Töne. Sie sind wichtig beim Stimmen
von Instrumenten.

Literarischer Klassiker: Fulvio Tomizza

In seinen Romanen und Erzählungen geht es immer wieder um das 1935 – 1999
multikulturelle Zusammenleben in der k. u. k. Monarchie, einem Autor
Reich mit vielen Sprachen, Kulturen und Schicksalen. Dafür wurde
der bei Umag geborene italienische Schriftsteller Fulvio Tomizza, der
stets seine istrische Herkunft betonte, mehrfach mit internationalen
Literaturpreisen, u. a. dem Großen Österreichischen Staatspreis für

europäische Literatur, ausgezeichnet. 1954 übersiedelte er – wie 200 000 weitere Italiener aus Istrien – **nach Triest**, wo er zunächst journalistisch tätig war und schließlich seinen literarischen Durchbruch mit dem Roman **»Materada«** (1960) erlebte. Etliche seiner Werke wurden ins Deutsche übersetzt, z. B. »Franziska« und »Die fünfte Jahreszeit«.

▋ Superstar mit Hindernissen: Alida Valli

1921 – 2006
Schau-
spielerin

Für die ganz große Hollywood-Karriere sollte es nie richtig reichen. Dennoch prägte sich die italienische Schauspielerin Alida Valli ins internationale Filmgedächtnis ein – als weibliche Hautdarstellerin in Carol Reeds Thriller **»Der dritte Mann«** (1949) an der Seite von Orson Welles und Joseph Cotten. Geboren wurde die Baronesse Alida Maria Laura Altenburger von Marckenstein und Frauenberg, so ihr voller Name, 1921 im damals noch italienischen Pola (Pula). Bereits mit 15 Jahren stand sie in Rom vor der Kamera und avancierte in den 1940er-Jahren zu Italiens Superstar. Ihre Karriere legte sie vorerst auf Eis, um nicht für faschistische Propagandafilme eingesetzt zu werden. 1947 folgte sie dem Ruf des Produzenten David O. Selznick nach Hollywood, der in ihr die legitime Nachfolgerin von Greta Garbo sah. Sie spielte die Mordverdächtige in Alfred Hitchcocks »Der Fall Paradin« (an Stelle der eigentlich vorgesehenen Garbo) und eben in »Der dritte Mann«. Es folgten einige Misserfolge, woraufhin »die Valli« Selznick und Hollywood den Rücken kehrte und nach Italien ging. 1954 beeinträchtigte ein öffentlicher Skandal, bei dem sie als Zeugin zugunsten eines Hauptverdächtigen aussagte, ihre Karriere – die Geschichte soll Federico Fellini zu seinem Film **»La dolce vita«** inspiriert haben.

Trotz dieser Rückschläge spielte Alida Valli weiter und brachte es bis zu ihrem Tod auf fast 130 Filme, darunter in Luchino Viscontis »Senso und in Bernardo Bertoluccis »1900«. 2008 wurde das städtische Kino in Pula nach ihr benannt, aufgrund einiger Kontroversen allerdings nur »Valli«.

▋ Noten über Noten: Ivan Zajc

1832 – 1914
Komponist
und Dirigent

Ivan Zajc wurde in Rijeka geboren, wo das Nationaltheater seinen Namen trägt. Seine Ausbildung erhielt er zunächst am Konservatorium in Mailand, dann kehrte er jedoch in seine Heimatstadt zurück und war später auch in Wien und Zagreb tätig. Er lebte überaus dispzipliniert: Angeblich stand er jeden Morgen um vier Uhr auf. Anders hätte er eine derartige Fülle an Werken vermutlich auch nicht bewerkstelligt: Zajc hinterließ 1200 Stücke für Orchester und Klavier, 19 Opern,

26 Operetten, 50 Kantaten und anderes mehr. Als die bis heute populärste kroatische Oper gilt sein Werk »Nikola Subić Zrinjski« (1876), eine musikalische Trilogie mit reichlich nationalen Elementen.

▌ Der Erfinder des Reiseführers: Karl Baedeker

Als Buchhändler kam Karl Baedeker viel herum, und überall ärgerte er sich über die »Lohnbedienten«, die die Neuankömmlinge gegen Trinkgeld in den erstbesten Gasthof schleppten. Nur: Wie sollte man sonst wissen, wo man übernachten könnte und was es anzuschauen gäbe? In seiner Buchhandlung hatte er zwar Fahrpläne, Reiseberichte und gelehrte Abhandlungen über Kunstsammlungen. Aber wollte man das mit sich herumschleppen? Wie wäre es denn, wenn man all das zusammenfasste? Gedacht, getan: Zwar hatte er sein erstes Reisebuch, die 1832 erschienene »Rheinreise«, noch nicht einmal selbst geschrieben. Aber er entwickelte es von Auflage zu Auflage weiter. Mit der Einteilung in »Allgemein Wissenswertes«, »Praktisches« und »Beschreibung der Merk(Sehens-)würdigkeiten« fand er die klassische Gliederung des Reiseführers, die bis heute ihre Gültigkeit hat. Bald waren immer mehr Menschen unterwegs mit seinen **»Handbüchlein für Reisende, die sich selbst leicht und schnell zurechtfinden wollen«**. Die Reisenden hatten sich befreit, und sie verdanken es bis heute Karl Baedeker. Istrien beschreibt er erstmals im 1842 erschienenen Band »Handbuch für Reisende in Deutschland und dem Österreichischen Kaiserstaat«.

1801–1859
Verleger

>>
Im Sommer fährt Mittwoch und Samstag in 7–8 St.
ein Dampfboot von Triest nach Pola. [...]
Die Landreise ist für den Freund von Ungewöhnlichem
merkwürdig; man berührt fast die Grenzen
europäischer Gesittung.
>>

Deutschland und der Österreichische Kaiserstaat, 1. Auflage 1842

E
ERLEBEN & GENIESSEN

Überraschend, stimulierend, bereichernd

Mit unseren Ideen erleben und
genießen Sie Istrien.

Kulinarisch macht Istrien durchaus etwas her. ▶

BEWEGEN UND ENTSPANNEN

Kristallklares Wasser umspült Istrien und die Region Kvarner. Entsprechend drehen sich die beliebtesten Freizeitaktivitäten alle ums Meer: Segler, Motorbootfahrer, Windsurfer, Taucher und Sonnenanbeter lieben die Wasserwelt Kroatiens. Doch auch Tennis-Fans finden in Istrien ihr Revier. Das hügelige Hinterland zieht derweil Paraglider, Freeclimber, Mountainbiker und Wanderer an.

▌ Zu Wasser

Rund ums Baden

In Istrien und in der Kvarner-Bucht gibt es felsige, sandige, mit Kiesel aufgeschüttete oder sogar betonierte Badestrände (▶ Baedeker Wissen S. 294). Sandstrände sind eher die Ausnahme, in der Regel kann man sein Badetuch auf großen **Felsplatten** ausbreiten oder an **Kieselstränden**, die im Meer teilweise in Sandboden übergehen.

Die meisten öffentlichen Strände können kostenfrei genutzt werden, allerdings wird eine Gebühr für Liegen und Sonnenschirme erhoben. Die Badesaison erstreckt sich von Mai bis September, im Hochsommer wird das Wasser bis zu 26 °C warm. Die Wasserqualität ist gut, im kroatischen Teil Istriens werben derzeit über 50, im slowenischen Teil neun Strände und auf den Inseln 16 mit der **Blauen Flagge**.

Segeln

Segler und Motorbootfahrer schätzen die Küste und die Inselwelt Kroatiens. Entsprechend hat sich in den vergangenen Jahren eine **gute Infrastruktur** mit mehreren Marinas in Istrien und der Kvarner-Bucht entwickelt, die vom Adriatic Croatia International Club (ACI) betrieben werden. Die Ausstattung reicht von einfach bis ausgezeichnet. Beliebte Stützpunkte für Jachtcharter sind Pula sowie Punat auf Krk, wo Skipper und Crew gleich mitgebucht werden können.

Wind- und Kitesurfing

Wind- und Kitesurfer treffen sich am Kap Kamenjak, der Südspitze Istriens bei **Premantura**, wo Wind und Meeresströmung beste Bedingungen garantieren. Kräftig bläst der Wind beim Leuchtturm von **Savudrija** bei Umag. Angesagt ist auch die Bucht Ravni bei **Rabac**, an der Ostküste Istriens.

In der Kvarner-Region ist die Bucht von Preluk bei **Volosko** frühmorgens beliebt, wenn der Tramontana-Wind für hohe Wellen sorgt. Kurse werden vielerorts auch auf Deutsch angeboten, etwa in der Surfschule Sunbird in Mali Lošinj.

Die Gegend um **Premantura**, ganz im Süden von Istrien, schätzen auch Anhänger von Stand Up Paddling (SUP) und Kajakfahren.

SUP, Kajak

Wer einmal auf Wasserskiern oder beim Wakeboarden seine Runden drehen will, findet in **Krk** und **Poreč** entsprechende Lifte. Trauen Sie sich ruhig, es selbst mal auszuprobieren: Laut Betreiber sind neun von zehn Gästen Anfänger!

Wasserski, Wakeboarding

Taucher stoßen vor Istriens Küste auf alte Wracks oder Riffe und auf den Brijuni-Inseln sogar auf einen Unterwasserlehrpfad, den es mit Funk-Schnorchel zu entdecken gilt.

Tauchen

In den Bergen

Wer lieber auf dem Trockenen bleibt: Das Landesinnere von Istrien ist ideal zum Wandern! Vorbei an Hügelstädtchen, durch Eichenwälder und Olivenhaine führen viele ausgeschilderte Routen. Bei der **Trockenmauer-Trasse ab Tinjan** geht der 13 km lange Pfad entlang der landestypischen Abgrenzungen, die Schutz vor Wind und Schafen bieten. Im Herbst leuchtet der gebirgige **Naturpark Učka** im östlichen Istrien in allen Schattierungen. Im Hinterland der Kvarner-Bucht die waldreiche Hochebene Gorski kotar mit dem **Nationalpark Risnjak** in den heißen Sommermonaten Abkühlung. Das gilt auch für den **Nationalpark Plitwitzer Seen**, wo Bretterpfade zu imposanten Wasserfällen führen. Für Bergwanderungen empfiehlt sich der **Nationalpark Nördlicher Velebit**, durch der den Premužić-Fernwanderweg führt.
Mit Blick auf das Meer lässt sich auf der Insel Krk, entlang des Tramuntana-Öko-Lehrpfads von Cres oder im slowenischen Karst wunderbar über hügeliges Terrain wandern. Auf der Insel Rab geht es vorbei an einsamen Buchten. Leichtere Wanderrouten führen auch auf dem Kvarner-Festland direkt am Meer entlang, etwa die kilometerlangen Spazierpromenaden bei Crikvenica oder Opatija.

Wandern und Bergsteigen

Die tiefe Schlucht im Rücken haben Kletterer nahe den Ruinen von **Dvigrad** (Limski kanal), am Zlatni rt bei **Rovinj** sowie im Heilbad Istarske Toplice bei Motovun. Am Fuß des Učka-Bergmassivs nahe Opatija ragen die Felstürme in der Schlucht **Vranjska Draga** empor.

Klettern

An Land und in der Luft

Istrien hat in den vergangenen Jahren sein Netz an Radwegen ausgebaut: Gut 60 ausgeschilderte Routen ziehen sich über 2600 km. Davon sind zwei Drittel **Feld- und Schotterwege**, die sich nur für

Radfahren und Biken

STRÄNDE UND TAUCHREVIERE

Istrien besitzt felsige, sandige, mit Kiesel aufgeschüttete oder in tristen Beton gegossene Badestrände, die den 539 km langen Küstenstreifen säumen. Sandstrände sind allerdings eher die Ausnahme. Was in den Hotelprospekten so aussieht, ist eher eine feinere Kieselsorte, oder der Sand wurde künstlich aufgeschüttet. Am häufigsten sind große Felsplatten, auf denen Sonnenanbeter ihr Badetuch bequem ausbreiten können, oder Kieselstrände, die im Meer in einen Sandboden übergehen.

▶ **AUSGEWÄHLTE STRÄNDE**   ⊕ Lage   ❶ Besonderheiten

❶ **Bijeca**	❷ **Maslinica**	❹ **Bucht von Klimno**
⊕ Bei Medulin	⊕ In der Nähe von Rabac	⊕ Im Norden der Insel Krk
❶ Familienfreundlicher, 1 km langer Sandstrand mit Wasserrutsche und Pinienhainen	❶ Familienfreundlicher, 500 m langer Sandstrand mit Wasserrutsche und Pinienhainen	❶ Familienfreundlicher Strand mit flachem Wasser, leider keine Schattenplätze
❺ **Punat**	❽ **Rajska plaža**	❾ **Sunčana uvala**
⊕ Im Norden der Insel Krk	⊕ »Paradiesstrand« auf der Insel Rab	⊕ »Sonnenbucht« etwa 1 km vor Mali Lošinj
❶ Idyllisch gelegene Inselbucht, beliebt bei FKK-Anhängern	❶ 2 km langer Sandstrand: einer der schönsten an der kroatischen Adria, flach abfallend mit schattigen Pinienhainen, sehr belebt	❶ Familienfreundlicher Strand, flach abfallend, Schatten durch Pinienhaine

▶ **TAUCHREVIERE**   ⊕ Lage   ⛵ Wrack

❶ **HMS Coriolanus**	❷ **SS Baron Gautsch**	❸ **SS Numidia**
⊕ Ca. 10 km westlich von Novigrad	⊕ In einer Tiefe von etwa 40 m zwischen der Insel Sveti Ivan und Brijun, ca. 10 km von Rovinj entfernt	⊕ Vor dem Leuchtturm von Savrudrija
⛵ Ein auf eine Mine gelaufener U-Boot-Jäger der Royal Navy, in 30 m Tiefe gelegen. Tauchen ist nur über Tauchzentren möglich.	⛵ Der Passagierdampfer fuhr 1914 auf eine Mine und sank. Tauchen ist nur über Tauchzentren möglich.	⛵ Im August 1944 torpedierter italienischer Frachter. Mit über 120 m Länge eines der größen Wracks. Tauchtiefen zwischen 33 und 40 m erfordern große Erfahrung.
28 – 40 m	**5 – 48 m**	**17 – 30 m**

ISTRIEN

SAVIDRIJA

NOVIGRAD

ROVINIJ

PLOMIN

RABAC

CRIKVENICA

KRK

CRES

RAB

PULA

MEDULIN

Adriatisches Meer

MALI LOŠINJ

Die schönsten Strände

1 Bijeca, Medulin
2 Maslinica, Rabac
3 Soline-Bucht, Krk
4 Bucht von Klimno, Krk
5 Punat, Krk
6 Stara Baška, Krk
7 Sahara, Rab
8 Rajska plaža, Rab
9 Sunčana uvala, Mali Lošinj

X Strände • Sand • Kies • Felsen

4 SS Lina
⊕ Kenterte im Jahr 1914 bei einem Schneesturm vor der Insel Cres

Tauchgänge zum 90 m langen, aufrecht stehenden Schiff sind über Tauchzentren buchbar.

27 – 55 m

5 Vis
⊕ Einige Hundert Meter vom Ufer entfernt, auf halbem Weg vom Kap Bobina zum Eingang in die Plominbucht

1946 auf eine Mine gelaufener Frachter. Steht aufrecht in 60 m Tiefe. Abtauchen bis zum Schornstein in 37 m Tiefe entlang des Bojenseils.

10 – 52 m

▶ **Die Tauchreviere**

Wracks
① HMS Coriolanus
② SS Baron Gautsch
③ SS Numidia
④ SS Lina
⑤ SS Vis

Tauchgebiete
⑥ Margarina Susak
⑦ Mali Ćutin
⑧ Male Srakane
⑨ Katedrala
⑩ Cutin

Mountainbiker eignen. Zu den schönsten gehört die Trasse, auf der einst die **Parenzana-Schmalspurbahn** von Triest nach Poreč verkehrte (▶ Baedeker Wissen, S. 36). Für Radfahrer bieten sich **Bike & Bed-Hotels** mit dem entsprechenden Siegel an. Im Kvarner gibt es – inklusive Inseln und Bergland – 19 ausgeschilderte Fahrradrouten mit einer Gesamtlänge von 1300 km.

Fahrräder und E-Bikes können in zahlreichen Hotels und Ferienorten ausgeliehen werden. Aufgrund der Hitze und der stark befahrenen Küstenstraßen empfiehlt sich für Radtouren eher die **Vor- und Nachsaison**.

Golf
Er hat nostalgischen Charme: Der 18-Loch-Golfplatz auf der Insel Veli Brijun, dessen Gras von freilaufenden Rehen kurzgehalten wird, erstreckt sich direkt am Meer. Hier spielte schon der altösterreichische Adel Golf. Vor einigen Jahren kam Konkurrenz hinzu: Der 18-Loch-Championship-Platz der Hotelkette Kempinski in der Nähe von Savudrija. Übungsplätze gibt es in Umag (Stella Maris), Motovun, Poreč (Zelena laguna) und Pula. Weitere Golfplätze in Istrien waren im Gespräch, allerdings wehrten sich Naturschützer dagegen.

Tennis
Umag ist das Mekka des kroatischen Tennis: Beim alljährlichen ATP-Turnier Croatia Open verfolgen auch viele internationale Fans das Gefecht um den kleinen Filzball. Wer sich selbst einmal in der berühmten Tennis-Hochburg versuchen möchte: Fast 70 Tennisplätze hält Umag bereit, ganz Kroatisch-Istrien rund 430. Die österreichischen Sportreise-Veranstalter Zischka und Wagner-Tennis haben sich auf deutschsprachige Tennis-Camps spezialisiert.

Paragliding
Das hügelige Landesinnere Istriens lässt sich aus der Vogelperspektive besonders schön betrachten: Tandem-Drachenfliegen (Paragliding) ist vor allem im **Učka-Gebirge,** aber auch im **Ćićarija-Massiv** verbreitet.

ESSEN UND TRINKEN

Ein frischer Wind weht seit einigen Jahren durch Istriens Gastro-Szene: Mediterrane Gerichte werden raffiniert zubereitet, darüber werden gerne schwarze oder – noch feiner! – weiße Trüffeln gehobelt. In der Region vermengen sich Mittelmeer, Balkan und alte k. u. k. Nostalgie zu einem kulinarischen Potpourri – und das hat sich längst schon unter Gästen herumgesprochen, die unverfälschtes, regionales Essen auf hohem Niveau schätzen.

NÜTZLICHE ADRESSEN

MARINAS

ADRIATIC CROATIA INTERNATIONAL CLUB (ACI)
Rijeka, Tel. 051 27 12 88
www.aci-marinas.com/de

WASSERQUALITÄT
www.izor.hr/bathing/bathing.html

TAUCHEN UND TAUCHSCHULEN

KROATISCHER TAUCHERVERBAND
www.diving-hrs.hr

ZEUS-FABER
SC Valeta, Lanterna, Tar-Vabriga
www.zeus-faber.com

BLUE LAGOON DIVING
Ferienkomplex
Plava Laguna, Poreč
www.plava-laguna-diving.hr

STARFISH DIVING CENTER
Autokamp Porto Sole, Vrsar
www.starfish.hr

DIVING CENTER PUNTIZELA
Campingplatz Puntizela, Pula
www.relaxt-abgetaucht.de

SHARK DIVING
Autocamp Medulin
www.diving-shark.hr

WIND-/KITESURFING, KAJAK, SUP

SUNBIRD WINDSURF- & KATAMARANSCHULE
Čikat-Bucht, Mali Lošinj
www.sunbird.de

WINDSURFING STATION KAP KAMENJAK/PREMANTURA
www.windsurfstation.com

WASSERSKILIFTE
Zwischen Krk und Punat:
www.wakeboarder.hr
Bei Poreč:
www.skiliftporec.com

SEGELN
www.skippertipps.de
www.adriaticsailor.com
www.revierinfo.at

RADFAHREN
Ausführliche interaktive Routen
auf www.istria-bike.com/de
www.kvarner.hr/biciklizam
www.parenzana.net/de/projekt/routen

BIKEPARK RABAC
www.valamar.com

WANDERN
www.central-istria.com
(-> Aktivurlaub/Wanderwege)
www.istria-trails.com
https://rijekatrails.com

TENNIS

ZISCHKA SPORTREISEN
Tel. 0043 316 286 318 (A)
www.zischka.at

WAGNER TENNIS
Tel. 0043 312 742 125 (A)
www.wagnertennis.at

PARAGLIDING
Tandem-Segelfliegen
www.istraparagliding.com

**Für Fein-
schmecker**

Es ist längst schon kein Geheimnis mehr: In Istrien und der Kvarner-Bucht hat sich in den vergangenen Jahren eine **gehobene Gastronomieszene** etabliert, die viele anspruchsvolle Genießer anzieht. Preisgekrönte Spitzenrestaurants finden sich nicht nur in den Ferienorten, sondern auch im winzigen Dörfchen Livade. Dort betreibt der kroatische **Trüffelkönig Giancarlo Zigante** das bekannteste Trüffelrestaurant des Landes (S. 130) und ein Trüffelgeschäft; Filialen unterhält er in Buje, Buzet, Motovun, Grožnjan und Koper. Zigante fand 1999 den bislang größten Trüffel überhaupt mit 1,31 kg Gewicht. Doch auch anderswo steht die teure Edelknolle, die im mittleren Istrien mit vier Sorten prächtig gedeiht, auf der Speisekarte. Immerhin soll es gut 2000 Trüffelsucher (Tartufai) mit Lizenz auf der Halbinsel geben. Wer den reinen Geschmack kennenlernen möchte, sollte sich nur einen Teller Pasta mit Trüffeln bestellen, die darüber gehobelt werden – die weißen sind natürlich Premium, auch preislich: Bis zu 3000 Euro werden für ein Kilo schon einmal bezahlt. Doch auch die schwarzen Trüffeln sind köstlich.

**Ausgezeich-
netes Öl**

Ein weiteres Aushängeschild Istriens ist das erstklassige, meist kräftige **Olivenöl**, das schon in der Antike geschätzt wurde. In Istrien gedeihen elf heimische und zwölf eingeführte Sorten Oliven. Viele kleine Erzeuger, die viel Liebe und Arbeit in die Herstellung stecken, wurden in den vergangenen Jahren mit internationalen Preisen ausgezeichnet. Eine Olivenöl-Straße führt im kroatischen Teil Istriens zu über 100 Qualitätserzeugern; im Haus des Istrischen Olivenöls in Pula erfährt man alles über die Herstellung (▶ S. 193).

Edle Tropfen

Auf Spitzenniveau bewegen sich auch die **Weine** junger, dynamischer Winzer, die mit viel Leidenschaft weißen **Malvazija** und rubinroten **Teran** keltern – etwa Franc Arman in Vižinada. Auf der Kvarner-Insel Krk und um Crikvenica wird Weißwein aus der autochthonen Sorte Žlahtina ausgeschenkt (▶ Baedeker Wissen, S. 304).

**Regionale
Spezialitäten**

Zu den berühmtesten Gerichten Istriens zählt die **Maneštra**, ein eingedickter Gemüseeintopf mit Kartoffeln und Bohnen, Mais, Fenchel oder Kichererbsen, je nach Jahreszeit und Rezept. Nicht minder berühmt ist der **Istarski pršut**, luftgetrockneter Rohschinken, der auf Krk Krčki pršut genannt wird. Wenn's besonders herzhaft sein soll, ist der Karree-Schinken **Ombolo** oder Žlomprt auch eine Empfehlung. Überhaupt ist **jede Region** in Istrien für ihre eigene Spezialität bekannt: Scampi (Škampi) oder Kaisergranat, aus der Kvarner-Bucht genießen den allerbesten Ruf. Wer frische Jakobsmuscheln (Jakobova kapica) kosten möchte, fährt zu den Muschelbänken an den Limski kanal und nach Novigrad, während Medulin für seine Seespinnen (Morski pauk) berühmt ist, die geschmacklich an Krabben erinnern. Seezungen (List) aus der Bucht von Tar bei Novigrad gelten als be-

Das Olivenöl von
Klaudio Ipša ...
... macht aus Garnelen
und Trüffeln erst recht
ein Gedicht.

Istarski pršut (Rohschinken): Traditionell werden Gäste in Istrien mit Käse und luftgetrocknetem Rohschinken, Pršut (Prosciutto), bewirtet. Für Letzteren wird roher Schweineschinken eine Zeitlang in Salzlake gelegt und dann im Windfang getrocknet. Oft wird ein Weinfass danebengestellt, damit das Fleisch zusätzliche Aromen erhält. In feine Scheiben geschnitten entfaltet der köstliche Rohschinken seinen Geschmack am besten.

Maneštra: Wer bei Maneštra an Minestrone denkt, liegt nicht ganz verkehrt, aber östlich der Adria gehören Kartoffeln und Bohnen in den Eintopf, je nach Jahreszeit junger Mais, Fenchel oder Kichererbsen. Abgeschmeckt wird der Eintopf mit Pešt, einer Mischung aus fein gehacktem Speck, Knoblauch und Petersilie. Oft wird ein Schinkenknochen mitgekocht. Rezepte gibt es vermutlich so viele, wie es Köchinnen und Köche gibt!

Nudeln mit Trüffeln: Trüffeln sind auch in Istrien keineswegs billig, aber doch in vielen Restaurants deutlich erschwinglicher als anderswo. Wer den reinen Geschmack kennenlernen möchte, sollte sich einen Teller Nudeln mit Trüffeln bestellen: Die Nudeln werden einfach in Butter geschwenkt, dann werden Scheiben der harten Edelknolle darübergehobelt. Dazu passt ein kräftiger Wein aus der Gegend.

Omelett mit Wildspargel: Eine Delikatesse im Frühjahr ist der wild wachsende Spargel, der vornehmlich in feuchten Böden im Wald und auf Feldern wächst. Er ist leicht bitter und passt hervorragend zum Omelett. Die grünen Stangen werden in Olivenöl gedünstet, dann folgen die verquirlten, mit Salz und Pfeffer gewürzten Eier. Das Ganze muss stocken und innen noch cremig sein, wenn es auf den Tisch kommt.

Fuži: Der italienische Einfluss in der istrischen Küche ist unübersehbar: Feine Teigwaren dominieren! Als bekannteste regionaltypische Sorte gelten Fuži: Eier, Mehl und Wasser werden zu einem Teig vermischt, der ausgewalzt und in ca. 4 x 4 cm große Stücke geschnitten wird. Dann legt man die gegenüberliegenden Spitzen übereinander und formt so eine Art Röllchen. Fuži genießt man am besten im Restaurant, denn zu kaufen gibt es sie nur selten.

Sardinen mit Mangold und Kartoffeln: Im Hinterland dominieren Gemüse und Fleisch, an der Küste natürlich Fisch, der fangfrisch auf den Teller kommt. Eines der beliebtesten Gemüse ist der Mangold, der mit seinem kräftigen Geschmack wunderbar zu Sardinen passt. Dafür in Streifen geschnittene Mangoldblätter, ähnlich wie frischer Spinat, mit etwas Wasser im Topf zusammenfallen lassen, mit Salz und Pfeffer würzen. Die ausgenommenen Sardinen werden in Mehl gewendet und in reichlich Öl einige Minuten gebraten.

sonders köstlich, da hier eine ganz bestimmte Mischung aus Salz- und Süßwasser gegeben ist. Der leicht bittere grüne Wildspargel (Divlja šparoga), der vielerorts als Gastro-Event gefeiert wird, ist im Frühjahr eine Delikatesse und schmeckt hervorragend zu Omelett (Fritaja). Dazu passen Wildkräuter, die traditionell eine große Rolle spielen. Das Lammfleisch (Janjetina) auf Cres ist von Haus aus würzig, da sich die Tiere hauptsächlich von Kräutern ernähren.

Zubereitet wird Lamm bevorzugt mit reichlich Gemüse auf **Peka**-Art, also unter einer gusseisernen Schmorglocke, der Čkripnja, die mehrere Stunden in die Holzkohleglut geschoben wird. Diese Zubereitungsart war seinerzeit vor allem praktisch, weil die Bauern während der Feldarbeit keine Zeit zum Kochen hatten. Heute gilt sie als kulinarisches Highlight, muss aber immer vorbestellt werden.

Fisch
Fangfrisch kommt der Fisch an der Küste auf den Teller. Zwar galten Meerestiier zu venezianischen Zeiten als Arme-Leute-Essen, aber das ist längst vorbei: Köstlich sind in Mehl geschwenkte winzige Ährenfische (Girice) mit frischem Weißbrot allemal! Das gilt auch für Sardinen (Srdele) mit dem entlang der Küste beliebten Mangold (Blitva) als Beilage.

Generell muss man bei frischem Fisch einen vergleichsweise hohen Preis einkalkulieren: Ein Kilo kostet im Restaurant zwischen 40 und 80 Euro, je nach Urlaubsort und Fischart.

Küchen-relikte
Ein Bruchteil davon wird hingegen für klassisch jugoslawische Relikte wie Čevapčići oder Razniči berechnet, die den politischen Wandel – zumindest in den Touristenhochburgen – unbeschadet überstanden haben, zur Freude durchaus vieler Urlauber.

Fremde Einflüsse
Überhaupt spürt man den kulinarischen Einfluss vieler früherer Herrscher noch heute deutlich: Wie in der italienischen Küche wird in Istrien gerne hausgemachte **Pasta** gegessen. Als istrische Nationalnudeln gelten die röllchenförmigen Fuži und Pljukanci – die oftmals mit Wildgulasch serviert werden. Auch Pizza, Risotto und Ravioli gibt es überall – eine gute Alternative für Vegetarier. Aus den Zeiten der Donaumonarchie stammen die beliebten **Palatschinken** (Pfannkuchen, süß oder herzhaft), Schaumrollen oder Cremeschnitten – die Sahnetorten sind zweifelsohne k. u. k. Relikte. Das ca. 300 Jahre alte Rezept für die berühmte **Rapska torta** (Raber Torte) mit Mandeln und Orangenaroma stammt noch von wohlhabenden venezianischen Patrizerfamilien auf der Insel. Die Torte wurde damals zu Festtagen gebacken.

Restaurants
Mehrere Arten von Restaurants werden unterschieden: In der rustikalen, (ursprünglich) eher einfachen **Konoba** werden regionale Zutaten, etwa Fisch oder Lamm, nach traditionellen Rezepten zuberei-

EINIGE GUTE ADRESSEN

WWW.ISTRIA-GOURMET.COM

Der Tourismusverband Istriens stellt
Wein- und Olivenölrouten als Download bereit und listet Restaurants, Erzeuger und andere Bezugsquellen
auf. Am letzten Sonntag im Mai öffnen über 90 Erzeuger ihre Keller.

GIANCARLO ZIGANTE

Der Trüffelkönig bietet in seinen
Läden außer den teuren Knollen und
ihren Produkten auch andere istrische Köstlichkeiten an. Der Stamm-
sitz mit Restaurant ist in Livade.
Livade 7
52427 Livade
Tel. 052 66 40 30
https://zigantetartufi.com

IPŠA D.O.O.

Klaudio Ipšas Olivenöle haben viele
Preise eingeheimst. Auch Wein baut
er an, natürlich den Malvazija.
Ipši 10, 52427 Livade
Tel. mob. 091 2060 538
https://ipsa-maslinovaulja.com

FRANC ARMAN

Spezialität ist der Malvazija.
Narduči 5
52447 Vižinada
Tel. mob. 091 446 22 66
www.francarman.hr

FAMILIE CATTUNAR

Bekannt für Teran Barrique und den
weißen Muškat Bijeli.
Nova Vas 3 .
52474 Brtonigla
Tel. 052 72 04 96
www.vina-cattunar.hr

MORENO DEGRASSI

Angeboten werden vor allem Caber-
net Sauvignon und Muškat.
Podrumarska 3
52474 Savudrija-Bašanjija
Tel. 052 75 92 50
www.degrassi.hr

MORENO CORONICA

Erstklassige Malvazija-Weine.
Koreniki 86
52470 Umag
Tel. 052 73 03 57
www.coronica.com

VINA KABOLA

Drei Sorten Malvazija, dazu Schaum-
wein und Möglichkeit zur Olivenöl-
Degustation.
Kanedolo 90
52462 Momjan
Tel. 052 77 92 08
www.kabola.hr

VINA KOZLOVIĆ

Interessant ist der Momjaner Muškat
als süßer Aperitif.
Vale 78
53462 Momjan
Tel. 052 77 91 77
www.kozlovic.hr

VINA MATOŠEVIĆ

Exzellenter Malvasier, feine weiße
und rote Cuvées.
Krunčići 2
52448 Sv. Lovreč
Tel. 052 44 85 58
https://matosevic.com

RADOVAN

Spritziger Malvazija, Chardonnay und
sehr guter Teran.
Radovani 14
52463 Višnjan
Tel.mob. 091 734 01 24
https://vinaradovan.com

ROXANICH

Praktisch alle gängigen istrischen
Weine in hoher Qualität. Die kann
man auch im angeschlossenen
Designhotel testen.
Kosinožići 26
52446 Nova Vas
Tel. 052 20 57 00
www.roxanich.hr

SPITZENQUALITÄT AUF ROTEN BÖDEN

Wein hat in Istrien eine lange Tradition. Vor allem die alten, autochthonen Sorten. Malvazija und Teran oder dessen Verwandte wie Refošk erleben seit einigen Jahren eine Renaissance, ambitionierte Winzer setzen auf Qualität.

Knorrige Rebstöcke wurzeln in den sanften Hängen Istriens, die tiefrot gefärbt sind: Die berühmte **Terra Rossa**, ein eisenhaltiger Lehmboden mit Kalksteinanteil, ist ideal für den Weinanbau, der hier eine **lange Tradition** hat: Bereits die Phönizier und Griechen schätzten den istrischen Wein, auch die k. u. k. Monarchie war angetan davon und stockte die Anbauflächen auf. Im 19. Jh. setzte die Reblaus hier wie anderswo in Europa auch dem Weinbau ein jähes Ende: Viele Erzeuger wanderten auf der Suche nach einer neuen Existenzgrundlage ab. Zu sozialistischen Zeiten wurde nicht allzu großer Wert auf Qualität gelegt, man konzentrierte sich eher auf in großen Mengen industriell hergestellte Einheitsweine.

Neue Weinkultur

In den letzten Jahren hat sich die Weinkultur in Istrien allerdings spürbar gewandelt: Alte, vor allem heimische Rebsorten wurden verfeinert, perfektioniert und neu vermarktet. Dies ist vor allem jungen, ambitionierten Winzern zu verdanken, von denen einige auch im Ausland einen guten Ruf genießen, etwa **Moreno Coronica**. Er produziert beispielsweise einen recht ungewöhnlichen **Gran Malvazija**, einen im Barriquefass ausgebauten Malvasier-

Weißwein – zwar in alter Familientradition, doch mit modernster Technologie. Dieses Zusammenspiel von Tradition und Moderne ist auch dem **Weingut Kozlović** gelungen: Das neue Anwesen mit Weinkeller wurde bestens in die Landschaft integriert. Dem Experimentieren der ambitionierten Winzer sind keine Grenzen gesetzt: Auf dem **Weingut Kabola** wird die Rebsorte Malvazija sieben Monate lang mit Traubenschalen in Amphoren fermentiert, die in die Erde eingegraben werden. Der goldfarbene Wein wird anschließend in Fässern aus slawonischer Eiche gelagert – und erhält dadurch ein leichtes Cognac-Aroma. Ob eine Weinsorte bestimmten Standards genügt, erkennt man übrigens am **Gütesiegel IQ (Istrian Quality)**.

Sorten

Zur meistgetrunkenen Sorte in Istrien gehört die weiße Rebsorte **Malvazija istarska** (Malvasia istriana). Sie gilt als sehr ertragreich und widerstandsfähig gegen Krankheiten. Zu den leichten Weißweinen zählt Malvazija mit einem Alkoholgehalt von 11,5 bis 13,5 Vol.-Prozent allerdings eher nicht. Ebenfalls charakteristisch für Istrien ist der **Teran** (ital. Terrano), ein fruchtiger, recht dunkler Rotwein mit betonter Säure, dem das Bodenständige anhaftet. Die alte Rebsorte **Refošk** ist eine Untergattung des Teran, die weniger ergiebig ist und früher reift. Sie wächst vornehmlich im slowenischen Karst. Beim Anblick eines Glases Teran wird verständlich, warum die Kroaten ihren Rotwein »schwarzen Wein« (Crno vino) nennen.

In der Vergangenheit hat der Teran allerdings für Zwist gesorgt: Slowenien hatte sich die Bezeichnung schon beim EU-Beitritt im Jahr 2004 schützen lassen. Aus diesem Grund darf Kroatien, seit 2013 ebenfalls EU-Mitglied, diese Bezeichnung international nicht mehr verwenden. Die Traube sei jedoch kroatischen Ursprungs, so das Argument der Kroaten. Slowenien hatte seinen Nachbarn verklagt, was von einem EU-Gericht allerdings abgewiesen worden war.

Einen guten Ruf genießt auch der eigenwillige **Muškat** (Muskateller), der auf einem kleinen Gebiet um Momjan gedeiht. Bereits Kaiser Franz Joseph soll die strohgelbe, liebliche Sorte, die ein guter Begleiter zu Desserts ist, sehr geschätzt haben.

tet, gerne auf einer Feuerstelle oder unter der Schmorglocke nach Peka-Art. Die meisten Konobas sind mit Natursteinwänden, altem Fischergerät oder Weinfässern dekoriert.

Der Übergang zwischen einer Konoba und einem Restaurant ist fließend: Ein **Restoran** (slowenisch: restavracija) ist meist größer, weniger rustikal und das Angebot an Speisen oftmals internationaler – eine Regel gibt es allerdings nicht. Günstiger und einfacher ist hingegen die **Gostiona**/Gostionica oder das Buffet (in Slowenien: Gostilna, Bife oder Okrpčevalnica), das mit einer italienischen Osteria vergleichbar ist: Hier kommen Snacks und einfache Hausmannskost auf den Tisch, ohne Schnickschnack. In einer Caffe Bar, in Kroatien nur **Kafić** genannt, ist schon am frühen Morgen etwas los: Bei einer Kava, kräftigem Espresso, wird gerne stundenlang geplauscht oder Zeitung gelesen. Eine **Kavana** ist hingegen ein Kaffeehaus in k. u. k. Manier.

Wer mit dem Auto im Hinterland von Slowenisch-Istrien und Triest unterwegs ist, sollte eine **Osmica** (Osmizza) aufsuchen: So werden die typischen Bauernwirtschaften genannt, ähnlich einer Besen- oder Buschenwirtschaft, die höchstens 59 Tage pro Jahr geöffnet haben. Grüne Zweige als Logo weisen den Weg. Die Öffnungszeiten findet man online unter www.osmize.com

Öffnungszeiten

Restaurants haben gewöhnlich **von Mittag bis etwa 23.00 Uhr** geöffnet, in der Hauptsaison meist ohne Ruhetag und Mittagspause. Viele Lokale sind hauptsächlich auf Touristen ausgerichtet und schließen in den Wintermonaten komplett, insbesondere in den Ferienorten. Auch im Frühjahr und Herbst kann man vor verschlossener Tür stehen, insofern empfiehlt es sich gerade im Hinterland, sich vorher zu erkundigen.

Wer zahlt?

Mit Freunden unterwegs und getrennte Rechnungen? Das ist in Kroatien eher unüblich. Meist legt man zusammen oder einer bezahlt und das nächste Mal der andere. Bei getrennten Kassen: Lieber schon bei der Bestellung ankündigen. Als **Trinkgeld** sind fünf bis zehn Prozent im Restaurant angemessen.

Je später, desto üppiger

Das **Frühstück** spielt in Kroatien, wie eigentlich im gesamten Mittelmeerraum, keine besonders große Rolle, mit Ausnahme der Hotels natürlich, wo man für Touristen oft gut bestückte Frühstücksbuffets aufbaut. Für Kroaten gehört die Kava zum Tagesbeginn unbedingt dazu, vielleicht mit einem Gebäck (Pecivo). Erst danach kann der Tag richtig beginnen! Zu **Mittag** begnügt man sich eher mit einem kleinen warmen Gericht, etwa Fritaja (Omelett) oder einer Maneštra. Am **Abend** werden Fisch- oder Fleischgerichte gerne üppig aufgetischt und von einer guten Flasche Wein begleitet.

FEIERN

Viele Feste in Istrien und der Kvarner-Bucht haben einen religiö-
sen Hintergrund wie die Patronatsfeste, bei denen die Schutzheili-
gen geehrt werden, oder der Karneval. Hinzu kommen Musik-,
Tanz- oder Film-Festivals, die bisweilen internationale Promi-
nenz anziehen – und kulinarische Thementage.

Mit zotteligen Tierfellen und grimmigen Holzmasken versuchen in **Rijeka** die Glöckner (Zvončari) den Winter in der Kvarner-Region zu vertreiben. Bei diesem Karnevalsumzug mit 10 000 Aktiven und 120 000 Zuschauern geht es besonders hoch her: Längst schon gehört der Straßenumzug zu den größten in ganz Südosteuropa. Wie in Opatija, Krk, Crikvenica, Lovran, Bakar oder Novi Vinodolski verläuft der Zug direkt am Meer entlang. Zum Abschluss wird im Hafen der Pust, eine Strohpuppe, angezündet und so der Winter symbolisch verbrannt. Närrisch geht es aber nicht nur in der kalten Jahreszeit zu: Beim **Sommerkarneval** in Rabac bei Labin, Novi Vinodolski oder Senj stehen ebenfalls farbenfrohe Kostüme im Mittelpunkt.
Karneval

Jede noch so winzige Ortschaft feiert traditionell ihren Schutzheiligen: Dessen Patronatstag ist meist mit einem Volksfest verbunden. Zu den sehenswertesten gehört das Fest des hl. Jakob am 25. Juli in Kanfanar am Limski kanal, mit einer **Schau der schönsten Boškarin-Rinder**. Am selben Tag wird der hl. Christophorus beim mittelalterlichen Armbrustschützenfest Rabska Fjera auf Rab geehrt (▶ Abb. S. 282). Auch an kirchlichen Festtagen wie Mariä Himmelfahrt (15. August) wird überall gefeiert, oft mit einer großen Wallfahrt wie in Rijeka-Trsat. Und wenn im Sommer gerade mal kein Feiertag anfällt, findet sich ein anderer Anlass zum Feiern: beispielsweise die fröhlich-bunten **Fischerfeste**, etwa in Selce bei Crikvenica, Novigrad oder Fažana auf dem Festland gegenüber von Brijuni, bei denen an der Uferpromenade getanzt wird.
Patronats- und Volksfeste

Im Herbst wird die Ernte gefeiert: Die größten **Trüffeln** werden etwa in Buzet oder Livade gekürt, die berühmten **Esskastanien** von Lovran kommen bei der Marunada als Kuchen oder Maronipüree auf den Tisch, hausgemachter Wein in vielen Ortschaften Istriens. Vielerorts segnet Sankt Martin am 11. November die Weinernte. In der übrigen Zeit werden regionale Saisonprodukte gefeiert: In Novigrad sind das etwa Muscheln, Spargel oder Seezungen.
Erntefeste im Herbst

Für Liebhaber der Klassik gelten die **Musiksommer** von Grožnjan und Osor auf Cres seit Jahrzehnten als Muss. Jazz steht in Opatija im Mittelpunkt, Blues in Kastav. Wer sich für Filme begeistert, sollte Ti-
Kulturveranstaltungen

ckets für die **Filmfestivals** von Pula oder Motovun besorgen. **Thea-terfreunde** genießen das Ulysses-Festival auf den Brijuni-Inseln in freier Natur. Und das Örtchen Svetvinčenat sichert sich mit modernem **Tanz und Pantomime** einen festen Platz in der internationalen Festivallandschaft.

VERANSTALTUNGSKALENDER

GESETZLICHE FEIERTAGE IN KROATIEN
1. Januar:
Neujahr (Nova godina)
6. Januar:
Dreikönigstag
(Sveta tri kralja)
März/April:
Ostermontag
(Uskrsni ponedeljak)
1. Mai:
Tag der Arbeit (Praznik rada)
30. Mai:
Staatsfeiertag (Dan državnosti)
Mai/Juni:
Fronleichnam (Tjelovo)
22. Juni:
Tag des Antifaschistischen Kampfes
(Dan antifašističke borbe)
5. August:
Tag des Sieges und der nationalen Dankbarkeit (Dan pobjede i domovinske zahvalnosti, zur Rückeroberung der Krajina 1995)
15. August:
Mariä Himmelfahrt (Velika Gospa)
1. November:
Allerheiligen (Svi sveti)
18. November
Gedenktag für die Opfer des Heimatkrieges und Gedenktag für die Opfer von Vukovar und Škabrnja (Dan sjećanja na žrtve Domovinskog rata und Dan sjećanja na žrtvu Vukovara i Škabrnje)
25./26. Dezember:
Weihnachten
(Božićni blagdani)

IN SLOWENIEN
1./2. Januar:
Neujahr (Novo leto)
8. Februar:
Tag der Kultur (Prešernov dan)
März/April:
Ostersonntag und -montag (Velika noč/Velikonočni ponedeljek)
27. April:
Tag des Widerstands im Zweiten Weltkrieg (Dan upora proti okupatorju)
1./2. Mai:
Tag der Arbeit (Praznik dela)
Mai/Juni:
Pfingstsonntag (Binkošti)
25. Juni:
Nationalfeiertag (Dan državnosti)
15. August:
Mariä Himmelfahrt
(Marijino vnebovzetje)
31. Oktober:
Reformationstag (Dan reformacije)
1. November:
Allerheiligen
(Dan spomina na mrtve)
25. Dezember:
Weihnachten (Božič)
26. Dezember:
Tag der Unabhängigkeit und Einheit
(Dan samostojnosti in enotnosti)

VERANSTALTUNGEN

FEBRUAR/MÄRZ
Karneval
Rijeka
https://visitrijeka.hr/de/karneval

Beim Subotina-Fest wird immer ein gigantisches Omelett angerührt.

APRIL
Spargelfest: Riesenomelett aus 1000 Eiern und 30 kg Wildspargel
Lovran
www.tz-lovran.hr

JUNI
Sommerkarneval Rabac

JULI
Liburnia Jazz Festival
Opatija,1. Juli-Wochenende
www.liburniajazz.hr
Sommerkarneval
Novi Vinodolski, 1. Sa. im Juli
Pula Filmfestival in der Arena
www.pulafilmfestival.hr
Musiksommer
Grožnjan, Juli – Aug.
www.hgm.hr
Sommertheater Ulysses
Brijuni, Mitte Juli – Ende Aug.
https://www.ulysses.hr

Open-Air-Filmfestival
Motovun, Ende Juli
www.motovunfilmfestival.com
Festival des Tanzes und der Pantomime
Svetvinčenat, 3. Juli-Wochenende
www.svetvincenatfestival.com
Musikabende von Osor
Cres, Ende Juli – Ende Aug.
www.osorfestival.eu
Rabska Fjera:
Mittelalterliches Stadtfest
Rab-Stadt 25. – 27. Juli
www.rab-visit.com

AUGUST
Jerry-Ricks-Blues-Festival
Kastav, Opatija, Lovran, Mitte Juli
https://jrbluesfest.com
Sommerkarneval
Senj
www.visitsenj.com

SEPTEMBER
Subotina-Festival
mit Riesen-Trüffelomelett
Buzet
www.tz-buzet.hr

OKTOBER
Marunada
Maroni-Fest, Lovran, Mitte Okt.
https://visitlovran.com

Trüffeltage
Buzet, Okt. – Nov.
Weinsegnung
teils mit Prozessionen und
Volksfesten in Momjan, Sveti Martin,
Tar u. a., 11. Nov.
Trüffelmesse
Livade, jedes Wochenende Mitte
Sept.–Ende Okt.
www.sajamtartufa.com

SHOPPEN

*Köstliche Liköre, fruchtige Feigenmarmelade und sonnenver-
wöhnte Weine: Kulinarisches zählt sicher zu den schönsten Mit-
bringseln. Doch auch Handwerkskunst und andere lokale Erzeugnisse helfen, den Urlaub zu Hause noch ein wenig zu verlängern.*

Wein,
Schnaps
und Öl

Mit einer Flasche gutem Wein als Mitbringsel kann man wenig falsch
machen. Viele Winzer verkaufen direkt: Probieren Sie die für Istrien
typischen Rebsorten wie den weißen **Malvazija** (Malvasier) oder
den roten **Teran**! Entlang der ausgeschilderten Weinstraßen werden
die Rebsäfte direkt in den Weinkellern und Gasthöfen verkostet.
Wenn es im Magen zwickt, der Hals kratzt oder aber auch die Fenster
streifenfrei glänzen sollen, schwören viele Kroaten auf ein Allheilmit-
tel – **Rakija**. Der oft selbstgebrannte Schnaps darf in keinem Haus-
halt fehlen! In formschönen Geschenkflaschen wird er gerne als Tres-
ter (Lozovača/Loza) oder klassischer Zwetschgenbrand (Šljivovica)
an Markt- und Souvenirständen verkauft.
Wem der Rakija zu feurig ist, kann aus vielen süßen Likören und
Schnäpsen wählen: In Istrien sind **Biska** (Weiße Mistel) oder **Medi-
ca** (Med = Honig) beliebte Sorten – die meisten Erzeuger lassen Sie
vor dem Kauf probieren.
In dekorativen Flaschen wird an solchen Ständen auch **Olivenöl** angeboten – auch mit Rosmarin oder Knoblauch verfeinert. Das Olivenöl aus Istrien gilt als sehr hochwertig. Der internationale Olivenöl-
Führer Flos Olei kürte Istrien wiederholt zur besten Olivenöl-Region
weltweit! Entlang der Olivenöl-Straße wird man beim Erzeuger direkt
fündig, aber auch in Feinkostgeschäften können Sie die Öle kaufen.
Zu den besten Sorten gehören die Öle der Familie Ipša. Doch auch
Trüffelkönig Zigante hat sich mit seinem Bio-Olivenöl schon einige
Preise gesichert (▶ S. 303).

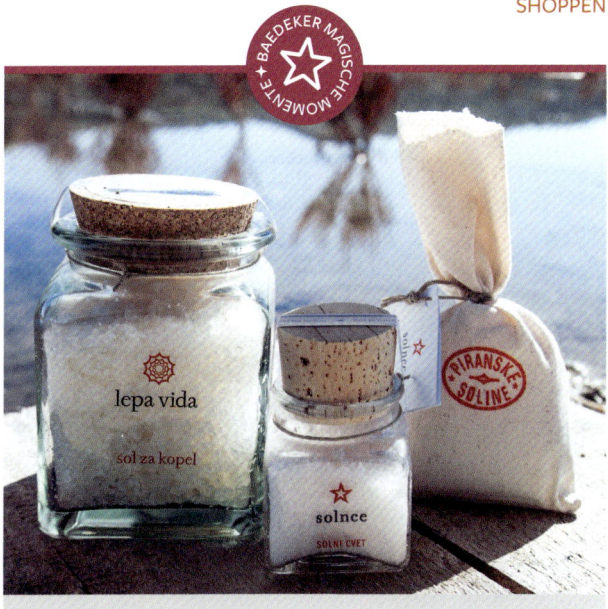

URLAUB ZU HAUSE

Sie haben das Spa in den Salinen von Sečovlje genossen
(▶ S. 18)? Und möchten das zu Hause wiederholen? Dann
nehmen Sie aus dem Salzshop doch ein Säckchen Fleur
de Sel mit, handgeschöpft und in Bioqualität. Dazu ein
Meersalz-Peeling für die straffe Haut – und schon weitet
sich über der heimischen Badewanne der blaue Himmel,
die Möwen kreischen. Jetzt noch etwas von der Zart-
bitterschokolade mit Salznote ...

In Zigantes Läden, aber auch in anderen Feinkostgeschäften, gibt es   Kulinarisches
köstliche **Trüffelprodukte** wie getrüffelte Salami vom istrischen Ur-
Rind Boškarin oder Honig mit Trüffeln.
Generell ist **Honig** ein schönes Mitbringsel, das sich auch bei Som-
merhitze prima lagern lässt. Regionale Erzeuger bieten erstklassige
Sorten wie Efeu-, Löwenzahn- oder Salbeihonig – meist aus Kleinregi-
onen ohne Spritzmittel.
Wer es gerne süß mag, findet auf Bauernmärkten hausgemachte **Fei-
genmarmelade**. Diese gibt es recht günstig auch im Supermarkt, mit
Orangen- oder Kakaonote verfeinert und in Bioqualität. Dekorativ

Mal ein anderes Mitbringsel: Ketten aus getrockneten Feigen

sind auch getrocknete Feigenketten mit frischen Lorbeerblättern. Auf den Märkten wird man fündig!

Handwerk-
liches

Wein wird in Istrien gerne in der **Bukaleta** serviert, einem meist mit Rebenmotiven bemalten Keramikkrug. Darin wird übrigens auch die Istarska Supa aus Rotwein, Olivenöl und geröstetem Brot angerichtet. Charakteristisch für Istrien sind **Kažuni**, winzige Feldhäuschen im Trockenbaustil. Sie boten den Hirten und Bauern Schutz bei Unwettern, außerdem wurde dort Werkzeug aufbewahrt. Heute gibt es in fast jedem Souvenirgeschäft Miniaturen dieser Häuschen aus unterschiedlichsten Materialien zu kaufen.

Das Wahrzeichen von Rijeka ist der **Morčić**, ein schwarzes Köpfchen mit rot-weißem Turban. Die traditionelle Figur gibt es als Ohrring, Anhänger oder Brosche. Ursprünglich sollte der Morčić als Talisman Seefahrer auf ihren Reisen beschützen, erinnert aber auch an die Bedrohung durch die Osmanen.

Kunstobjekte

Im Künstlerdörfchen Grožnjan säumen zahlreiche Kunstgalerien die malerischen Gassen. Gemälde, Skulpturen, Keramik und Schmuck warten hier auf Käufer. Ein sehr spezielles Souvenir ist sicherlich ein **Abguss der Tafel von Baška** mit glagolitischer Inschrift. Auf der Suche nach ausgefallener Handwerkskunst oder Schmuck wird man auch in den Souvenirläden von Museen oder in der Altstadtgasse Grisia in Rovinj fündig.

ÜBERNACHTEN

Istrien und die Kvarner-Bucht bieten nicht nur eine Vielfalt an Übernachtungsmöglichkeiten, sondern gehen mit der Zeit. Statt einfachem Camping wie in früheren Zeiten wird heute bequemeres Glamping angeboten; nachhaltiger Agrotourismus beim Olivenöl- oder Weinerzeuger ist überaus gefragt, und selbst Leuchttürme weisen nicht mehr nur Schiffen den Weg, sondern beherbergen auch müde Urlauber, die auf eine ganz besondere Art Übernachtung aus sind.

Das Gute vorweg: Istrien hält für (fast) jeden Geschmack und für jedes Budget die passende Unterkunft bereit. Die Klassiker sind Privatunterkünfte, aber natürlich auch Hotels, und Campingplätze gibt es genügend. In allen Bereichen hat sich einiges getan in den vergangenen Jahren! Wer es individueller oder ungewöhnlich mag, wird ebenfalls fündig – etwa in Leuchttürmen, Glamping-Zelten oder auf einer Insel! **Breites Spektrum**

Klasse statt Masse: In den vergangenen Jahren sind viele kleine **Boutique-Hotels** entstanden, inhabergeführt, mit familiär-herzlicher Atmosphäre und geschmackvollem Design. Die Westküste Istriens ist bekannt für ihre **Ferienanlagen,** mit Hotels, Mobilheimen und Bungalows, die mehr oder weniger luxuriös sind. In manchen älteren Häusern hat man – trotz Modernisierung – den Eindruck, dass sich seit der Tito-Ära, außer dem Preis, nicht viel verändert hat. Andere Hotels glänzen hingegen mit Designermöbeln, bemerkenswerter Architektur, Casino oder eigenem Golfplatz! **Hotels**

Große Schilder in den Vorgärten weisen auf freie Betten hin: **Sobe** (Zimmer) oder **Apartmani** (Appartements) stehen traditionell hoch im Kurs und stellen fast die Hälfte aller Übernachtungsmöglichkeiten in Istrien. Wer den Plausch mit dem Hausherren sucht, der oftmals nebenan wohnt und auch mal den Grill für seine Gäste anwirft, ist hier gut aufgehoben. Preise und Ausstattung können erheblich schwanken: Je näher am Meer, desto teurer – im Juli und August ohnehin. Für **Last-Minute**-Urlauber: In der Saison sollte man unbedingt vorher reservieren. Vor allem in der ersten Augusthälfte werden Unterkünfte knapp – und sehr teuer. Kommerzielle Touristikagenturen vermitteln zwar Zimmer vor Ort, aber längst schon haben sich Online-Buchungsportale durchgesetzt. Sinnvoll ist es, auf das nachhaltige **Qualitätszertifikat o Domus** zu achten, mit dem sich Anbieter in Istrien schmücken. Es garantiert bestimmte Umweltstandards. Ein weiteres Gütesiegel ist **Domus Bonus** (mit bestimmten Standards, z. B. Klimaanlage). **Privatzimmer und Apartments**

SICH BETTEN IM GRÜNEN

Während sich an der Küste ein Urlaubs-
ort an den anderen reiht, locken im grü-
nen Hinterland typische Dörfer und ru-
hige Städtchen. Es gibt gute Gründe,
warum es nicht immer eine Unterkunft
mit Meerblick sein muss.

Wer nach Kroatien fährt, macht meist
Urlaub am Meer. Dort, wo der feine
Kies unter den Füßen knirscht und der
Blick morgens vom Balkon aufs tief-
blaue Wasser fällt. Was für viele Urlauber zunächst paradiesisch klingt, hat
aber auch seine Kehrseite. In der
Hauptsaison geht es mancherorts wie
im Taubenschlag zu: Dann reihen sich –
zumindest gefühlt – alle Hotelgäste
gleichzeitig am Buffet ein, und am
Strand findet sich kaum mehr Platz für
ein Badetuch.

Geruhsames Hinterland

Immer mehr Urlauber haben in den vergangenen Jahren das Hinterland Istriens
für sich entdeckt. Dort, wo **beschauliche Hügelstädtchen** den Blick aufs
Meer höchstens aus der Ferne freige-
ben. Was nicht weiter tragisch ist, denn
selbst das abgeschiedenste Dörfchen ist
kaum mehr als eine Stunde von der Adria entfernt: Hier geht es auf alle Fälle
ruhiger und ein wenig individueller als
an der Küste zu.
Schon seit einiger Zeit geht der Trend
aber verstärkt hin zu **familiären Land-
hotels**, die oftmals in liebevoll restaurierten Natursteinhäusern oder in romantischen Palazzi im Hinterland
untergebracht sind: Sie locken Gäste
auch mit **besonderen Freizeitange-
boten** wie Kochkursen oder einer
Trüffelsuche.

Istrische Landhäuser

Wer mehr Komfort wünscht, mietet
sich eine eigene, **luxuriöse Villa** im
Hinterland – viele verfügen über einen
eigenen Swimmingpool im Garten,
Whirlpool oder Sauna. In manchen
Häusern können Privatköche, Zimmer-
mädchen und Kinderfrauen gleich mitgebucht werden: Gegen entsprechend

Bares wird den Gästen hier fast jeder Wunsch erfüllt. Das hat natürlich seinen Preis. In der Hauptsaison können schon mal 5000 Euro pro Woche anfallen, dafür haben gelegentlich sogar bis zu einem Dutzend Gäste Platz, was den Preis relativiert. In der Nebensaison gehen solche Luxusvillen preislich auch für ein Drittel weg. Einige Landhäuser mit Kamin sind sogar winterfest. Es geht jedoch auch schlichter. Gemeinsam haben alle Häuser, die im Hinterland vermietet werden, dass es sich meist um denkmalgeschützte istrische **Steinhäuser** handelt. Dazu gehören auch acht nebeneinander liegende Häuser im winzigen Dörfchen Kotli, das noch vor wenigen Jahren fast verlassen war – und nun Übernachtungsgäste am romantischen Flusslauf der Mirna beherbergt.

Agrotourismus

Landwirtschaftliche Gehöfte bieten im Rahmen des Agroturizam-Konzepts Gästen nicht nur Unterkunft, sondern verköstigen sie auch mit ihren hausgemachten Produkten und verkaufen diese als Direktvermarkter: Olivenöl, Wein, hausgemachte Marmelade, Schinken, Käse, Liköre und andere Köstlichkeiten! Schilder mit **agroturizam, seljački turizam, seoski turizam** oder **stancija** zeigen den Weg. Dabei kann man den Vermietern vielerorts auch bei der Ernte helfen. Agrotourismus-Gehöfte sind oft in alten istrischen Steinhäusern untergebracht. Hier und da findet man außergewöhnliche Haustiere: Bei Familie Sinković in Sveti Mauro bei Momjan beispielsweise leben mit Gigi und Pepa zwei vietnamesische Hausschweine als Maskottchen, die einst zur Trüffelsuche angeschafft wurden und die Besucher mit einem freundlichen Grunzen willkommen heißen. Die Suche haben sie allerdings längst den Trüffelhunden überlassen, da diese die edle Knolle – im Gegensatz zu Trüffelschweinen – nicht selbst verputzen ...

Informationen und Broschüren über Privatunterkünfte mit dem Nachhaltigkeits-Gütesiegel Eco Domus und für Agrotourismus-Betriebe gibt es unter: www.istra.hr
Häuser in Kotli: https://istra-kotli.com

Das Anwesen der Familie Sinković bei Momjan

Ferien auf dem Land

Seit einigen Jahren sind Ferien auf regionaltypischen Landgütern **(agroturizam)** in Istrien auf dem Vormarsch. Meist handelt es sich um alte Landhäuser, in denen Gäste mit eigenem Obst, Gemüse, Olivenöl, Wein oder Käse verwöhnt werden und die Erzeugnisse auch kaufen können. Wer mag, kann vielerorts bei der Oliven- oder Weinernte mit anpacken.

Radfahrer-Unterkünfte

Nicht nur Fahrradwege wurden in den vergangenen Jahren in Istrien ausgebaut, sondern auch Übernachtungsmöglichkeiten für Radler: Rund 100 Objekte, meist Privatzimmer und Pensionen, aber auch komfortablere (Boutique-)Hotels tragen das Zertifikat **Istra Bike & Bed**. Um dieses zu erhalten, müssen abschließbare Räume für Fahrräder, Pannensets, Kartenmaterial und Sonstiges, was Radfahrer während einer Tour benötigen, von den Unterkünften bereitgestellt werden.

Jugendherbergen, Hostels

Offizielle Jugendherbergen gibt es in Rijeka, Pula, Lovran und Veli Lošinj. In den vergangenen Jahren wurden jedoch einige moderne private Hostels, ebenfalls in Rijeka und Pula sowie in Piran oder Koper eröffnet. Dort werden in der Regel auch Doppelzimmer vermietet, während Schlafsäle über Gemeinschafts-Dusche/WC verfügen.

Camping in allen Variationen

Urlaub mit dem Wohnmobil oder Zelt ist traditionell beliebt: Die meisten Campingplätze erstrecken sich an der Küste. Im Norden von Istrien, in der Gegend von Umag, gibt es einige **weitläufige Anlagen** für mehrere Tausend Gäste wie Lanterna und Camping Park Umag. Die Ausstattung ist höchst unterschiedlich: Vom ruhigen, familiären Platz bis zur Luxusanlage mit eigenem Strand, Kinderanimation, Pools, Abendveranstaltungen wird so ziemlich alles geboten.

Längst schon hat auch »**Glamping**«, die exklusivere Camping-Variante in der Region Einzug gehalten. Das Kunstwort aus »glamorous Camping« steht für luxuriöse Mobilheime oder komplett ausgestattete Lodgezelte auf dem Campingplatz. Das Camping Resort Lanterna bietet solche Mobilheime auch als »Happy Dog Village« an: Hundebesitzer finden Strände, Spielplätze und Tierhandlung für Vierbeiner vor.

FKK-Anhänger können ebenfalls aus einem großen Angebot an Campingplätzen wählen, Koversada bei Vrsar war der erste seiner Art in Europa und ist bis heute einer der größten.

Ungewöhnliche Unterkünfte

Ungewöhnlich sind Apartments in **Leuchttürmen**, die in der Saison meist nur wochenweise vermietet werden. In Istrien kann man sich vorwiegend entlang der Westküste in den Leuchttürmen Savudrija bei Umag, Sveti Ivan na pučini, Rt Zub oder auf dem Inselchen Porer, auf der Halbinsel Marlera, in Veruda und Crna Punta unter dem Leuchtfeuer einquartieren.

6x
TYPISCH

Dafür fährt man nach Istrien.

1.
NATIONALNUDEL

Die istrische **Nationalnudel Fuži** erkennt man an ihrer gleichmäßigen Röllchenform. Zu kaufen gibt es sie nur selten, aber in manchem Restaurant kann man sie probieren.

2.
NERO IN B

Kaffee ist in **Triest** Kult: Einmal wegen der wunderbar nostalgischen Kaffeehäuser, zum anderen, weil man seinen Espresso hier als »Nero in B«, den Schwarzen im Glas bestellt.
(▶ **S. 229**)

3.
WO DER BESEN HÄNGT

Im Hinterland von Triest wird köstlicher Wein gekeltert – und in kleinen, **Osmica** genannten Wirtschaften ausgeschenkt. Diese Besenschenken haben nur wenige Wochen im Jahr geöffnet.

4.
TRÜFFELN MAL ANDERS

Istrien ist ein Trüffelparadies, in dem die kostspielige Knolle (noch) recht erschwinglich ist: Meist kommt diese auf hausgemachter Pasta oder Steak daher. Probieren Sie mal etwas anderes: **getrüffeltes Eis** mit ein wenig Olivenöl, ein Genuss!

5.
JUGENDSTILAMBIENTE

Gekachelte, kühle Fischhallen? Fehlanzeige! Die **Fischmärkte von Rijeka, Pula oder Mali Lošinj** sind architektonische Highlights mit k. u. k. Jugendstilambiente, die man sich unbedingt anschauen sollte.

6.
HALSBINDE

Die kroatische Kavallerie trug stilvolle Schalbinden, die auf besondere Art gebunden waren: »à la croate.« Bis heute gilt daher Kroatien als **Heimatland der Krawatte**. Träger der Halsbinden werden in den »Croata«-Boutiquen in größeren Städten fündig.

Eine Legende unter den Hotels: das Kvarner Palace in Crikvenica

Im italienischen Teil Istriens ist der **Pescaturismo** im Kommen: Dabei können Gäste bei Fischern übernachten, werden verköstigt und dürfen mit zum Fischen – vergleichbar wie beim Agrotourismus in landwirtschaftlichen Gehöften.

Nebensaison nutzen — Wer nicht im Juli oder August fährt, zahlt deutlich weniger, denn im Hochsommer sind viele Unterkünfte um ein Mehrfaches (!) teurer. Das liegt auf der Hand, denn die Saison ist kurz: Sie beginnt ab Ostern oder meist erst im Mai und endet oftmals schon im September, spätestens im Oktober. In nur wenigen Wochen müssen Hoteliers und Vermieter ihren Hauptumsatz erwirtschaften. Am Samstag, dem klassischen An- und Abreisetag im Hochsommer, staut sich der Verkehr auf den Straßen, an den Grenzübergängen und in den Fährhäfen. Bei der Übernachtung wird in Kroatien eine Kurtaxe bzw. **Tourismusabgabe** in Höhe von ca. 1,40 € pro Erwachsenem und Nacht in der Hauptsaison fällig, in Slowenien sind es bis zu 1,70 €.

NÜTZLICHE ADRESSEN

PREISKATEGORIEN FÜR EIN DOPPELZIMMER
inklusive Frühstück in der Hauptsaison (Juli/August):

€€€€	über 250 EUR
€€€	170 bis 250 EUR
€€	100 bis 170 EUR
€	bis 100 EUR

RADFAHRER-UNTERKÜNFTE
www.istria-bike.com

JUGENDHERBERGEN
www.hicroatia.com

CAMPING

KROATISCHER CAMPINGVERBAND
Pionirska 1
52440 Poreč
Tel. 052 45 13 24
www.camping.hr

LEUCHTTÜRME

LIGHTHOUSES OF CROATIA
www.lighthouses-croatia.com

LUXUS-LEUCHTTÜRME
www.lighthouse-croatia.com

P
PRAKTISCHE INFOS

Wichtig, hilfreich präzise

Unsere Praktischen Infos
helfen in allen Situationen
in Istrien weiter.

Vor Anker in Novigrad ▶

KURZ & BÜNDIG

ELEKTRIZITÄT
230 Volt Wechselspannung,
kein Adapter erforderlich

NOTRUFE

ALLGEMEINER NOTRUF
Tel. 112 (landesweit)

TAUCHUNFÄLLE
Poliklinik für Baromedizin Oxy
Kochova 1a, 52100 Pula
Tel. 052 21 56 63
Notdienst: Tel. 098 21 92 25

PANNENHILFE
Tel. 00 385 1 19 87 (HR)

ADAC-NOTRUF
Tel. 00 49 89 22 22 22

ACE-NOTRUF
Tel. 00 49 711 530 34 35 36

SPERRNOTRUF
für Kredit-, Bank-
oder Handykarten
Tel. 00 49 116 116

DRK-FLUGDIENST
Tel. 049 211 91 74 99 39
www.drkflugdienst.de

ÖFFNUNGSZEITEN
Apotheken:
Fr. 7 – 20, Sa. bis 15 Uhr
Banken:
Mo. – Fr. 9 – 16 Uhr

TELEFONVORWAHLEN
Kroatien: 00 385
Slowenien: 00 386
Italien: 00 39

WAS KOSTET WIE VIEL?
3-Gänge-Menü: ab 30 €
Einfache Mahlzeit: ab 8 €
Espresso: ab 1,40 €
Ein Softgetränk: ab 2,50 €
Benzin (1 l): Super ca. 1,50 €,
Diesel ca. 1,40 €
Doppelzimmer (privat): ab 50 €

ZEIT
Mitteleuropäische Zeit, Sommerzeit
Ende März – Ende Oktober

ANREISE · REISEPLANUNG

Mit der Bahn
Die Anreise mit der Bahn erfordert Geduld und geschieht über Rijeka, Triest oder Ljubljana. In Istrien selbst gibt es die Trasse vom slowenischen Divača über Buzet nach Pula (ca. 3 Std.); wer von Rijeka nach Pula will, nimmt lieber den Bus. Von München nach **Triest** mit Umstieg in Ljubljana sind es neun Stunden; von Ljubljana fahren Regionalzüge nach Koper (2,5 Std.) und Rijeka (3 Std.). Wer von Ljubljana nach Pula will, muss in Divača umsteigen (6 Std.). Komfortabel

sind die Nachtzug-Verbindungen von Stuttgart/München/Salzburg nach Rijeka (Buchung via ÖBB). Vom Osten Österreichs kommt man von Bratislava mit dem Nachtzug nach Rijeka (www.regiojet.de).

Fernbusse (Flixbus) fahren preisgünstig von Deutschland nach Pula, Rijeka, Crikvenica, Senj und in andere Orte. Die Fahrt von München nach Rijeka dauert 8 Std. **Mit dem Bus**

In der **Schweiz, Österreich und in Slowenien** benötigt man für die Nutzung von Autobahnen eine **Vignette**. Diese gibt es bei den Automobilclubs, an grenznahen Tankstellen und an der Grenze selbst. Hinzu kommen mautpflichtige Strecken wie der Tauern-/Katschbergtunnel und der Karawankentunnel (Grenze zu Slowenien). Hier spart man sich mit dem Erwerb der digitalen Streckenmaut (z. B. online bei den Automobilclubs) den Stopp am Kassenhäuschen. Die **slowenische Vignette** gibt es nur noch in elektronischer Form (eVinjeta). Für Pkw bis 3,5 t ist sie eine Woche (15 €) gültig. Wer bei einer Kontrolle ohne sie erwischt wird, muss mit einer empfindlichen Geldstrafe rechnen. In **Italien** werden entfernungsabhängige **Autobahngebühren** (Pedaggio) fällig. Auch **kroatische Autobahnen** sind gebührenpflichtig. Dies gilt auch für das so genannte Istrische Ypsilon und den Učka-Tunnel. Die Mautgebühr (Cestarina) ist nach Entfernung und Fahrzeuggröße gestaffelt. Bei der Auffahrt zieht man eine Karte, beim Verlassen der Autobahn wird anhand dieser Karte abgerechnet. Bezahlt werden kann mit Kreditkarten oder in Euro. Für Kartenzahler gibt es eine Extra-Spur (Automatenzahlung). Eine neue Maut-Regelung ist in Planung. **Mit dem Auto**

Die kroatischen Fähren werden fast alle von der staatlichen **Reederei Jadrolinija** betrieben. Diese bekommt nur auf wenigen Linien Konkurrenz, z. B. durch Rapska Plovidba auf die Insel Rab. Unterschieden wird zwischen **Trajekt** (Fähre, mit Auto- und Fahrradtransport) und **Katamaran** (Personenschnellboot). Für die lokalen Küstenfähren können zwar Online-Tickets gekauft werden, die für das angegebene Datum gelten, allerdings sind keine Reservierungen möglich. Wer mit dem Auto unterwegs ist, sollte daher frühzeitig im Fährhafen sein, um noch einen Platz zu bekommen. In der Hauptsaison wird es in der Regel samstags recht eng, dem klassischen An- und Abreisetag. **Mit dem Schiff**
Wer mit dem **eigenen Segel- oder Motorboot** unterwegs ist, hat viele Marinas zur Auswahl, an der slowenischen Küste etwa in Koper, Izola und Portorož, entlang der nordkroatischen Küste in Novigrad, Umag, Cervar-Porat, Poreč, Vrsar, Pula, Pomer (Medulin), Ičići, Opatija, Punat (Krk), Cres, Mali Lošinj, Rab und Supetarska Draga. Bootsbesitzer zahlen in Kroatien eine Kurtaxe (Infos: https://nautika.evisitor.hr).
Marinas in Slowenien: www.marina-koper.si, https://marinaup.com, www.marinap.si

Marinas in Kroatien: https://marinas.info/yachthafen/istrien, https://aci-marinas.com

Mit dem Flugzeug
Linienflüge mit Lufthansa, Austrian Airlines und Croatia Airlines verbinden den deutschsprachigen Raum mit den **Flughäfen** Pula und Rijeka (auf Krk nahe Omišalj). Direktflüge werden im Sommer z. B. ab Berlin, Düsseldorf, Frankfurt am Main, München und Wien angeboten, außerhalb der Saison meist mit Zwischenstopp in Zagreb. Ganzjährig unterhält Croatian Linienflüge zwischen Zagreb und Pula. Ab Zagreb-Flughafen verkehrt zudem ein Shuttle-Bus im Auftrag von Croatia Airlines nach Rijeka. Urlaubsziele im Süden der Kvarner Bucht lassen sich auch ab dem Flughafen Zadar erreichen, der örtliche Bus ab Zadar-Zentrum benötigt z. B. nach Senj 3 Std. Fahrtdauer. Alternative Flughäfen sind zudem Triest (I) und Ljubljana (SLO).
Low-Cost-Airlines wie Eurowings, Ryanair oder Easyjet fliegen Pula und/oder Rijeka/Krk in den Sommermonaten an. Die Ferienflieger-Airline Edelweiss Air bindet Zürich an Pula an.

▎ Reisedokumente

Einreisebestimmungen
Kroatien ist seit 2013 ein **Mitgliedsstaat der Europäischen Union** und gehört seit 2023 zum grenzfreien Schengen-Raum: Reisedokumente (Personalausweis oder Reisepass) werden an der slowenisch-kroatischen Grenze nur stichprobenartig abgeglichen. Kinder brauchen ein eigenes Ausweisdokument. EU-Bürger, die sich bis zu 90 Tage in Kroatien aufhalten, müssen sich nicht mehr bei der örtlichen Polizei anmelden. Wer mit eigenem Wagen oder Motorrad nach Kroatien reist, muss den **nationalen Führerschein** und den **Kfz-Schein** mit sich führen.

Krankenversicherung
Die **Europäische Krankenversicherungskarte (EHIC)** der gesetzlichen deutschen Krankenkassen ist in Kroatien und Slowenien gültig, meist muss die Arztrechnung aber vor Ort bezahlt werden. Die Krankenkassen erstatten den Betrag (zumindest anteilig) nach Vorlage einer detaillierten Rechnung meist problemlos. Der Abschluss einer privaten Krankenversicherung mit Rücktransport wird empfohlen.

Haustiere
Mitreisende Haustiere (Hunde, Katzen, Frettchen) benötigen zur Einreise nach Slowenien und Kroatien einen **EU-Heimtierausweis, Mikrochip-Kennzeichnung** oder ein tierärztliches Zeugnis, zudem müssen sie gegen **Tollwut** geimpft sein. Nicht alle Hotels und Vermieter gestatten Tiere. Daher sollte man sich unbedingt bei der Buchung erkundigen. Meistens wird eine kleine Zusatzgebühr fällig. An öffentlichen Stränden sind Hunde nicht erlaubt, Hundestrände sind als solche gekennzeichnet.

NÜTZLICHE ADRESSEN

FLUGGESELLSCHAFTEN

AUSTRIAN AIRLINES
www.austrian.com

CROATIA AIRLINES
www.croatiaairlines.com

EASYJET
www.easyjet.com

EUROWINGS
www.eurowings.com

LUFTHANSA
www.lufthansa.com

RYANAIR
www.ryanair.com

EDELWEISS
www.flyedelweiss.com

FLUGHÄFEN IN KROATIEN

MALI LOŠINJ
6 km von Mali Lošinj, internationaler Sport- und Charterflughafen; auch Taxi- und Panoramaflüge
Tel. 051 23 16 66
www.airportmalilosinj.hr

ZRAČNA LUKA RIJEKA
30 km südöstlich der Stadt auf der Insel Krk, direkte Busverbindung nach Rijeka und Opatija
Tel. mob. 99 525 89 11
www.rijeka-airport.hr

ZRAČNA LUKA PULA
6 km östlich der Stadt in Ližnjan, direkte Shuttle-Busse nach Pula, Medulin, Fažana, Rovinj, Poreč, Novigrad, Umag und Rabac
Tel. 052 55 09 26
www.airport-pula.hr

ZRAČNA LUKA FRANJO TUĐMAN ZAGREB
15 km südlich von Zagreb in Velika Gorica, direkte Shuttle-Busse nach Zagreb, Rijeka, Novo Mesto (SLO) und Ljubljana (SLO)
Tel. 01 6 56 22 22
www.zagreb-airport.hr
Flughafen-Busshuttle:
https://plesoprijevoz.hr

IN SLOWENIEN

AERODROM LJUBLJANA
26 km nördlich der Stadt in Brnik
Tel. 04 2 06 19 81
www.lju-airport.si

AERODROM PORTOROŽ
6 km südöstlich der Stadt in Sečovlje, internationaler Sport- und Charterflughafen
Tel. 05 6 17 51 40
www.portoroz-airport.si

IN ITALIEN

AEROPORTO FRIULI VENEZIA GIULIA
33 km nordwestlich von Triest
Tel. 0481 77 32 24
www.triesteairport.it

BAHN

DEUTSCHE BAHN (DB)
www.bahn.de

ÖSTERREICHISCHE BUNDESBAHNEN (ÖBB)
Nachtzug Stuttgart–München–Rijeka
www.oebb.at

SCHWEIZERISCHE BUNDESBAHNEN (SBB)
www.sbb.ch

HRVATSKE ŽELJEZNICE (HŽ)
Kroatische Eisenbahnen
www.hzpp.hr

SLOVENSKE ŽELEZNICE (SŽ)
Slowenische Eisenbahnen
www.slo-zeleznice.si

REGIOJET
Verbindung nach Kroatien über den
Nachtzug Prag–Bratislava–Rijeka
www.regiojet.de

BUS

FLIXBUS
www.flixbus.de

AUTOTRANS RIJEKA
www.autotrans.hr

ARRIVA
www.arriva.com.hr

**AUTOBUSNI KOLODVOR
ZAGREB**
Busbahnhof Zagreb
www.akz.hr

**AVTOBUSNA POSTAJA
LJUBLJANA**
Busbahnhof Ljubljana
www.ap-ljubljana.si

AUTOSTAZIONE DI TRIESTE
Busbahnhof Triest
www.autostazionetrieste.it

SCHIFF

JADROLINIJA
www.jadrolinija.hr

RAPSKA PLOVIDBA
www.rapska-plovidba.hr

KRILO
Pula–Lošinj–Zadar
https://krilo.hr

Einreise nach Slowenien/ Kroatien

Innerhalb der EU gilt der freie Warenverkehr: Gegenstände des persönlichen Bedarfs können eingeführt werden. Auflagen gibt es bei Alkohol und Tabak, für die unterschiedliche Freimengen gelten. Die Ein- und Ausfuhr von mehr als 10 000 Euro muss innerhalb der EU mündlich angemeldet werden.

Wiedereinreise in die Schweiz

Personen ab 17 Jahren dürfen folgende Freimengen in die Schweiz einführen: 2 l alkoholische Getränke bis 15 % Vol. und 1 l über 15 % Vol. sowie 200 Zigaretten oder 50 Zigarren. Nähere Auskünfte erteilt die schweizerische Zollverwaltung (www.bazg.admin.ch).

AUSKUNFT

Tourismus-, Reisebüros

In den touristisch wichtigen Küstenorten haben viele Touristinformationen lange Öffnungszeiten. In der Hauptsaison sind sie täglich und oftmals bis 21 Uhr besetzt. Außerhalb der Hochsaison haben sie meist nur am Vormittag geöffnet.

NÜTZLICHE ADRESSEN

IN DEUTSCHLAND

KROATISCHE ZENTRALE FÜR TOURISMUS
Stephanstraße 13
60313 Frankfurt am Main
Tel. 069 2 38 53 50
https://croatia.hr

Regerstr. 68
81541 München
Tel. 089 22 33 44

SLOWENISCHES FREMDENVERKEHRSAMT
Maximiliansplatz 12 a
80333 München
Tel. 089 29 16 12 02
www.slovenia.info

IN ÖSTERREICH

KROATISCHE ZENTRALE FÜR TOURISMUS
auch für Anfragen aus der Schweiz
Mariahilfer Str. 31/16
1060 Wien
Tel. 01 5 85 38 84
http://croatia.hr

SLOWENISCHES TOURISMUSBÜRO
Opernring 1/R/4/447
1010 Wien
Tel.: 01 715 40 10
www.slovenia.info

IN KROATIEN

KROATISCHE ZENTRALE FÜR TOURISMUS
Hrvatska turistička zajednica
Iblerov trg 10/IV
10000 Zagreb
Tel. 01 4 69 93 33
www.htz.hr

TOURISMUSVERBAND DER GESPANSCHAFT ISTRIEN
Turistička zajednica Istarske županije
Pionirska 1a, 52440 Poreč
Tel. 052 45 27 97
www.istra.hr

TOURISMUSVERBAND DER GESPANSCHAFT PRIMORJE-GORSKI KOTAR (KVARNER)
Turistička zajednica Primosko-goranske županije
Nikole Tesle 2, 51410 Opatija
Tel. 051 27 29 88
www.kvarner.hr

IN SLOWENIEN

SLOWENISCHE TOURISMUSZENTRALE
Slovenska turistična organizacija
Dimičeva 13, 1000 Ljubljana
Tel. 01 589 85 50
www.slovenia.info

IN ITALIEN

TOURISMUSZENTRALE DER REGION FRIAUL–JULISCH VENETIEN
Agenzia Turismo Friuli Venezia Giulia
Via Carso 3
33052 Cervignano del Friuli
Tel. 0431 38 71 30
www.turismofvg.it

INTERNET

WWW.KROATI.DE
Kommerzieller Anbieter von Unterkünften, mit praktischen Tipps für den Urlaub in Kroatien

WWW.METEO.HR
Amtliche kroatische Wetterprognose für die kommenden sieben Tage (englisch).

WWW.FORUM-KROATIEN.DE
Reger Austausch von begeisterten
Kroatien-Anhängern zu allen Fragen
rund um den Urlaub

WWW.ADRIAFORUM.COM
Beliebtes deutschsprachiges
Forum

WWW.HAK.HR
Infos zur Verkehrslage in Kroatien auf
Deutsch, Download der App Croatia
Traffic Info.

**WWW.REISEINFO-KROATIEN.
COM**
Erster Überblick zu Land und Leuten,
mit Sehenswürdigkeiten.

WWW.SKIPPERTIPPS.DE
Deutschsprachiges Portal für Nautiker
und Skipper, Newsletter

WWW.FORUM-SLOWENIEN.DE
Hier treffen sich Slowenien-Freunde
im virtuellen Raum.

ETIKETTE

Trinkgeld
:   Trinkgeld von **5 bis 10 Prozent des Rechnungsbetrags** gilt als angemessen – sofern man mit dem Service zufrieden war. Natürlich freuen sich auch Hotelangestellte, Reiseleiter und Taxifahrer über ein Trinkgeld.

Politik
:   Bestimmte politische Themen sollte man in Gesprächen besser gar nicht oder nur mit sehr viel Sensibilität diskutieren. Obwohl Istrien vom jüngsten Krieg nur indirekt betroffen war – hier fanden Tausende von Flüchtlingen aus Dalmatien, Slawonien und der Bergregion Lika Unterschlupf –, ist der Zerfall Jugoslawiens noch nicht verarbeitet. Mit der Unabhängigkeit der beiden ehemaligen sozialistischen Teilrepubliken Slowenien und Kroatien im Jahr 1991 kam es zu Streitigkeiten um die nördliche Seegrenze in der Bucht von Piran. In Jugoslawien war der Verlauf nicht genau festgelegt; die Schlichtung dauert noch an.

Homo-
sexualität
:   Die Kroaten sind Homosexuellen gegenüber nicht tolerant eingestellt. Vor allem in ländlichen Gegenden trifft man oft auf strikte Ablehnung, was vor allem dem Einfluss der katholischen Kirche geschuldet ist.

Rauchen
:   In Kroatien herrscht ein **gesetzliches Rauchverbot** in öffentlichen Einrichtungen. In kleineren Cafés und Restaurants bis 50 m² darf mancherorts geraucht werden, in größeren Gaststätten gibt es gelegentlich abgetrennte Raucherräume. Auch im slowenischen und italienischen Istrien haben Raucher in Lokalen, Verkehrsmitteln und öffentlichen Einrichtungen das Nachsehen.
    Ausgetretene Zigaretten können in der freien Natur gefährlich werden: Vor allem im Sommer ist die **Waldbrandgefahr** groß!

6x
ERSTAUNLICHES

Hätten Sie das gewusst? Überraschen Sie Ihre Reisebegleitung!

1.

ISTRISCHES HOLLYWOOD

Das Städtchen **Draguć** in Istrien schmückt sich mit dem Beinamen »Istriens Hollywood«. Seit den 1970er-Jahren wurden hier schon ein Dutzend Filme gedreht, unter anderem mit Nastassja Kinski, Michael York und Gérard Depardieu. (▶ **S. 60**)

2.

NICHT GANZ GERADE

Einen schiefen Turm gibt es nicht nur in Pisa. Der **Campanile von Rijekas Mariä Himmelfahrtskirche** neigt sich ebenfalls zur Seite: Die Abweichung beträgt rund 40 cm! (▶ **S. 209**)

3.

ISTARSKA SUPA

Suppen sind nichts für Autofahrer? Zumindest die typische **Istarska supa** eher nicht, die hauptsächlich aus (stark erhitztem!) Rotwein besteht und mit Olivenöl, Zucker und geröstetem Brot verfeinert wird. In diesem Sinne: Prost!

4.

DREI MARDER, FÜNF LINDEN

Die Kroaten bezahlten bis 2023 mit Marder (Kuna) und Linden (Lipa)! So hieß die **offizielle Währung** übersetzt: 100 Linden waren 1 Marder. Der Name kommt aus der Zeit, als Marderfelle als Währung getauscht wurden. Ein Marder-Denkmal in Osor erinnert daran.

5.

UNTERIRDISCHE WELTEN

Pula war einst zentraler k. u. k. Marinehafen. Das hat Spuren hinterlassen: Ein ca. 10 km langes Netz von unterirdischen Gängen verbindet die wichtigsten strategischen Punkte der Stadt miteinander. Ein Teil der Gänge wurde freigelegt und kann in der Zerostraße besichtigt werden. (▶ **S. 192**)

6.

45. BREITENGRAD

Cres liegt genau zwischen Äquator und Nordpol am 45. Breitengrad. Dieser verläuft 6 km nördlich der Inselhauptstadt, ein Denkmal weist darauf hin. (▶ **S. 100**)

GELD

Euro Die kroatische Landeswährung ist seit dem 1. Januar 2023 der Euro. Dieser hat die alte Währung, Kuna (»Marder«) mit dem Währungscode HRK abgelöst. Falls Sie in absehbarer Zeit auf ungerade Eintritts- oder Kaufpreise stoßen, ist dies der Umrechnung geschuldet: Ein Euro entspricht 7,53450 Kroatischer Kuna, so der fixe Wechselkurs. Seit dem 1. Januar 2024 kann nur noch in Euro bezahlt werden. Alte Kuna-Bestände werden nur noch von Banken angenommen, nicht mehr in Geschäften.

Wenn Sie Schweizer Franken wechseln möchten, gibt es nach wie vor Wechselstuben (Mjenjačnica). Slowenien und Italien gehören ebenfalls zur Eurozone.

Kreditkarten Kreditkarten (Kreditna kartica) wie Visa, American Express, Eurocard/Mastercard oder Diners Club werden von den meisten kroatischen und slowenischen Hotels, Restaurants, Geschäften, an Tankstellen, von Mietwagenverleihern und an kroatischen Autobahnmautstellen akzeptiert. Mit einer Bank- oder Kreditkarte lässt sich in der Regel problemlos Bargeld an Geldautomaten (Bankomat) abheben. **Bei Verlust** können Bank- und Kreditkarten telefonisch gesperrt werden: Tel. 0049 116 116 (Kartennummer bereithalten!).

GESUNDHEIT

Medizinische Versorgung Die medizinische Versorgung in den kroatischen Touristenzentren ist gut. Viele Ärzte sprechen Deutsch oder Englisch. Während es in den Städten Gesundheitszentren (Dom zdravlja; slowenisch: Zdravstveni dom) gibt, findet sich auf den Inseln oder in kleineren Ortschaften meist nur eine Ambulanz (Ambulanta). In größeren Orten finden Sie moderne private Polikliniken und staatliche Krankenhäuser. Bei Tauchunfällen ist die Poliklinik für Baromedizin Oxy (Poliklinika za baromedicinu Oxy) in Pula oder Crikvenica zuständig (www.oxy.hr).

Apotheken Apotheken (Ljekarna) in **Kroatiens Küstenorten** sind oftmals Mo. – Fr. von 7 bis 20 Uhr geöffnet, Sa. nur am Vormittag. Man erkennt sie am grünen Kreuz. Welche Apotheke Notdienst hat (Dežurna ljekarna), steht in den kroatischen Tageszeitungen oder an Anschlagtafeln. In Pula (Ulica Giardini 14) und Rijeka (Riva 18) gibt es Apotheken, die 24 Stunden geöffnet sind. In **Slowenien** haben die meisten Apotheken (Lekarna) ähnliche Öffnungszeiten; rund um die Uhr gibt es in Koper (Kidričeva ulica 2) Medikamente.

LESETIPPS

Daniela Schetar: DuMont Bildatlas Kroatische Adriaküste. DuMont Reiseverlag, 2023. Ein schönes Porträt der kroatischen Küste in Wort und Bild weckt Vorfreude auf den Urlaub.

Bildband

Paola Bacchia: Istrien: Das Herz der Adria – Rezepte und Geschichten aus Kroatien. ars vivendi, 2023. Traditionelle Rezepte von herzhaft bis süß von der kulinarisch vielseitig beeinflussten Halbinsel – begleitet von persönlichen Geschichten und alten Fotos.

Sachbuch

Ranka Keser: Kulturschock Kroatien. Reise Know-How, 2017. Ein aufschlussreicher Blick hinter die touristische Fassade von Strandurlaub und Grillteller, ergänzt um praktische Verhaltenstipps.

Jagoda Marinić: Gebrauchsanweisung für Kroatien. Piper, 2019. Warum ist Kroatien so beliebt als Reiseland und wo trifft man eigentlich noch auf »echte Einheimische«? Die Autorin weiß es und verrät auch sonst allerlei Wissenswertes – und natürlich geht es um die Magie Istriens.

Susanne Schaber: Lesereise Istrien und Kvarner Bucht. Picus Verlag, 2023. Zwischen Vergangenheit und Gegenwart, von den Bergen bis ans Meer, macht sich die Autorin auf die Suche nach dem Glück, das hier immer ganz nah ist.

Veit Heinichen, Ami Scabar: Triest: Stadt der Winde. Insel Taschenbuch, 2012. Der deutsche Krimiautor mit Wahlheimat in Triest und seine Lebensgefährtin, die Triestiner Star-Köchin Ami Scabar, haben sich zusammengetan. Herausgekommen ist ein wunderbares Lesebuch mit vielen Hintergrundinformationen, das Lust auf die Kaffeehäuser und den Charme von Triest macht. Mit authentischen Rezepten, die den Triest-Urlaub zu Hause verlängern.

Belletristik

Silvija Hinzmann: Der Duft des Oleanders: Prohaskas erster Fall in Istrien. Wtb Wieser Taschenbuch, 2015. Ein frühpensionierter Kriminalhauptkommissar aus Stuttgart, der sich bei Rovinj niedergelassen hat, stellt eigenmächtige Ermittlungen an. Eine temporeiche Handlung, die mit atmosphärisch gelungenen Beschreibungen Lust auf Istrien macht. Die Autorin und Übersetzerin, in Kroatien geboren, lebt übrigens auch in Stuttgart, wie ihr Romanheld. Die Reihe um Kommissar Prohaska ist mittlerweile auf fünf Bände angewachsen.

Lidija Klasić: Noch 172 Tage bis zum Sommer: Eine istrische Reise. Folio, 2017. Die Autorin, die zeitweise in Rovinj lebt, nimmt den Leser mit zu Land und Leuten in Istrien mit einem bunten Potpourri an Geschichten und Momenten, die auf den Urlaub einstimmen.

Julie Chaplin: Die kleine Bucht in Kroatien. Rowohlt Taschenbuch, 2023. Romantische Sommerlektüre in deutscher Übersetzung von Christiane Steen mit stimmungsvollen Orten.

REISEZEIT

Sommer Im Sommer liegt die **Durchschnittstemperatur** bei 24 bis 28 °C, an manchen Tagen ist es jedoch deutlich wärmer. Im gebirgigen Hinterland bleibt es dagegen immer ein wenig kühler. Das **Wasser der Adria** erwärmt sich auf 20 – 26 °C. Die Sonnenscheindauer auf der Insel Rab liegt bei knapp 2500 Sonnenstunden pro Jahr. Zum Vergleich: In Deutschland sind es 1300 bis 1900 Stunden. Die Küstenwinde Bora und Jugo sorgen gelegentlich für Abkühlung, begleitet von Regen und hohen Wellen, vor allem rund um die Inseln. Der Schönwetterwind Maestral weht von Frühjahr bis Herbst.

Wer seinen Urlaub nicht mit vielen italienischen Touristen verbringen möchte, meidet den Zeitraum um den 15. August herum, wenn die Italiener den Feiertag Mariä Himmelfahrt nutzen, um ihren Jahresurlaub zu nehmen. Auch Kroaten, Bayern und Österreicher fahren in dieser Zeit gerne ans Meer – der Stau erreicht seinen Höhepunkt. Schon ab dem Wochenende darauf wird es etwas ruhiger. Mitte Juli bis Mitte August ist **Hauptreisezeit**, vor allem an den Samstagen ist daher mit langen Kolonnen an den Grenzen und Fährhäfen zu rechen.

Herbst Im September ist das Meer noch angenehm warm, die Touristen werden weniger, die Hitze hat nachgelassen, und die Hotelpreise pendeln sich wieder auf Normalniveau ein. Mit ein wenig Glück kann man jetzt ein ebenso schönes wie preisgünstiges Hotel finden. Ab Oktober wird es in reinen Touristenorten noch ruhiger, viele Restaurants und Hotels schließen. Für Feinschmecker empfiehlt sich nun eine **Gourmettour** durch Istrien: In Nordwestistrien werden weiße Trüffeln ausgegraben, und in vielen Dörfern segnet Sankt Martin am 11. November den jungen Wein.

Im Herbst und Winter weht oftmals der kalte Küstenfallwind Bora, dennoch sind die Winter in Istrien und der Kvarner-Bucht **vergleichsweise mild**. An der Küste gehen die Temperaturen nur selten in den Minusbereich. Im Gorski kotar, dem Bergland, schneit es in der Regel. Außer um Silvester herum (Opatija) und zu Karneval (Rijeka, Riviera von Opatija) sind Touristen bis Ostern nur vereinzelt anzutreffen.

Winter

Zum **Wandern oder Radfahren** eignen sich Mai und Juni (oder natürlich der Herbst) sehr gut. Im Frühjahr blüht die Mittelmeerflora aufs Prächtigste, die Temperaturen liegen bei 22 bis 25 °C, auch wenn es gelegentlich regnet. Im Juni ist die Luft zwar schön warm, allerdings kann das Meer noch ein wenig kühl sein.

Frühjahr

SICHERHEIT

Auch wenn sie im Sommer nur selten bläst, die Bora darf nicht unterschätzt werden: Dann wird das Meer stürmisch. Kleine Boote sollten sofort geschützte Buchten anlaufen, Schwimmer unverzüglich ans Ufer zurückkehren.

Bora

Landminen aus dem jüngsten Krieg (1991 – 1995) kommen trotz intensiver Bemühungen der Räumkommandos noch vereinzelt im Hinterland von Senj, im (südlichen) Velebit-Gebirge und im Gorski kotar vor. Hinweisschilder sollten unbedingt beachtet werden!

Landminen

Trockene Macchia begünstigt im Sommer großflächige Waldbrände, vor allem auf den Inseln und im Velebit-Gebirge. Starker Wind trägt zur raschen Ausbreitung bei. Niemals brennende **Zigaretten oder Glas**, das bei entsprechender Sonneneinstrahlung wie ein Brennglas wirkt, in die Natur werfen! **Offene Feuer** sind von Juni bis Oktober an der gesamten Küste **verboten**!

Waldbrände

SPRACHE

Sprachlos wird man in Istrien kaum bleiben: Die meisten Kellner, Hotelmitarbeiter oder Mitarbeiter in den Tourismusbüros sprechen zumindest einige Sätze Deutsch. In den Touristenzentren sind viele **Speisekarten** entweder mit Bildern versehen oder auf Deutsch, das

Verständigung

gilt auch für **Hinweistafeln** auf freie Zimmer oder **touristische Landkarten.** Nicht wenige Kroaten haben im deutschsprachigen Raum gearbeitet oder sind dort öfter auf Verwandtenbesuch und kennen die Sprache ein wenig.

Aussprache   Auf einigen Buchstaben thronen Striche oder Haken, sogenannte diakritische Zeichen, die dazu führen, dass der Buchstabe anders ausgesprochen wird als ohne Zeichen:

c wird grundsätzlich »z« gesprochen (wie Zentrum)
č wird »tsch« gesprochen (wie Tscheche)
ć wird »tch« gesprochen (wie im italienischen ciao)
đ wird »dj« gesprochen (wie im italienischen buon giorno)
dž wird »dsch« gesprochen (wie Ingenieur)
h wird »ch« gesprochen (wie machen)
š wird »sch« gesprochen (wie Schule)
z wird als stimmhaftes »z« gesprochen (wie Rose)
ž wird als stimmhaftes »sch« gesprochen (wie Journal)

SPRACHFÜHRER KROATISCH

ZAHLEN

nula	0	sedamnaest	17
jedan	1	osamnaest	18
dva	2	devetnaest	19
tri	3	dvadeset	20
četiri	4	trideset	30
pet	5	četrdeset	40
šest	6	pedeset	50
sedam	7	šezdeset	60
osam	8	sedamdeset	70
devet	9	osamdeset	80
deset	10	devedeset	90
jedanaest	11	sto	100
dvanaest	12	dvije stotine/dvjesto	200
trinaest	13	jedna tisuća/tisuću	1000
četrnaest	14	deset tisuća	10 000
petnaest	15	polovina	½
šesnaest	16	četvrtina	¼

WOCHENTAGE

ponedjeljak	**Montag**	utorak	**Dienstag**
srijeda	**Mittwoch**	četvrtak	**Donnerstag**
petak	**Freitag**	subota	**Samstag**
nedjelja	**Sonntag**	praznik/blagdan	**Feiertag**
radni dan	**Werktag**		

MONATSNAMEN

siječanj	**Januar**	veljača	**Februar**
ožujak	**März**	travanj	**April**
svibanj	**Mai**	lipanj	**Juni**
srpanj	**Juli**	kolovoz	**August**
rujan	**September**	listopad	**Oktober**
studeni	**November**	prosinac	**Dezember**

AUF EINEN BLICK

da / ne	**ja / nein**
molim / hvala	**bitte / danke**
oprostite!	**Entschuldigung!**
ne razumijem Vas / te	**Ich verstehe Sie / dich nicht**
dobro jutro	**Guten Morgen**
dobar dan	**Guten Tag**
dobra večer	**Guten Abend**
do viđenja	**Auf Wiedersehen**
kako ste/si?	**Wie geht es Ihnen / dir?**
zovem se ...	**Ich heiße ...**
imate li ...?	**Haben Sie ...?**
danas / sutra	**heute / morgen**
od ... do	**von ... bis**

UNTERWEGS

desno / lijevo / ravno	**rechts / links / geradeaus**
blizu/daleko	**nah / weit**
Molim Vas, gdje je ...?	**Bitte, wo ist ...?**
kola	**Wagen**
motocikl / skuter	**Motorrad / Motorroller**
bicikl	**Fahrrad**
zračna luka	**Flughafen**
kolodvor	**Bahnhof**
vlak	**Zug**
dolazak / odlazak	**Ankunft / Abfahrt**
autobusni kolodvor	**Busbahnhof**
autobusna postaja	**Bushaltestelle**
luka	**Hafen**
trajekt	**Autofähre**
katamaran	**Personenfähre**
lađa / brod	**Schiff**
grad	**Stadt**
ulica / cesta	**Straße**
trg	**Platz**
centar (grada)	**(Stadt-)Zentrum**
jezero	**See**
dolina	**Tal**
otok	**Insel**
zaljev / uvala / draga	**Bucht**
plaža	**Strand**
crkva	**Kirche**

samostan	**Kloster**
muzej	**Museum**

RUND UMS AUTO

benzinska stanica	**Tankstelle**
motorni benzin/super/dizel	**Motorenbenzin/Super/Diesel**
gorivo	**Kraftstoff**
Napunite, molim!	**Volltanken, bitte!**
ulje	**Öl**
popravak	**Reparatur**
automehaničar	**Automechaniker**
Imam kvar / Imam probušenu gumu	**Ich habe eine Panne/Reifenpanne**
kola, automobil	**Wagen, Automobil**
nezgoda	**Unfall**
policija	**Polizei**

EINKAUFEN

Koliko košta ...?	**Was kostet ...?**
Gdje mogu naći ...?	**Wo finde ich ...?**
trgovina prehranom	**Lebensmittelgeschäft**
pekara / pekarnica	**Bäckerei**
drogerija	**Drogerie**
tržnica	**Markt(-platz)**
banka	**Bank**
pošta	**Post**
mesnica	**Metzgerei**
ribarnica	**Fischgeschäft**
vinoteka	**Weinhandlung**
trgovački centar	**Einkaufszentrum**

ARZT UND APOTHEKE

liječnik	**Arzt**
ljekarna	**Apotheke**
bolnica	**Krankenhaus**
bolnička kola	**Krankenwagen**
prehlada	**Erkältung**
opekotina od sunca	**Sonnenbrand**
proljev	**Durchfall**
povraćanje	**Erbrechen**
zubar	**Zahnarzt**

ÜBERNACHTEN

hotel	**Hotel**
soba	**Zimmer**
jednokrevetna soba	**Einzelzimmer**
dvokrevetna soba	**Zweibettzimmer**
soba s bračnim krevetom	**Doppelzimmer**
noćenje s doručkom	**Übernachtung mit Frühstück**
jedna noć	**eine Nacht**
Imam rezervaciju	**Ich habe eine Reservierung**

ključ	**Schlüssel**
dizalo	**Lift**
privatna kupaonica	**eigenes Badezimmer**
autokamp	**Campingplatz**
doručak	**Frühstück**
polupansion	**Halbpension**
jedan tjedan	**eine Woche**
Imate li slobodnih soba?	**Haben Sie noch Zimmer frei?**
račun	**Rechnung**

IM RESTAURANT

restoran	**Restaurant**
konoba	**landestypisches Gasthaus/Taverne**
slastičarna	**Konditorei**
caffe bar, kafić	**Café**
kavana	**Kaffeehaus**
račun	**Rechnung**
doručak	**Frühstück**
ručak	**Mittagessen**
večera	**Abendessen**
jelovnik	**Speisekarte**
vinska karta	**Weinkarte**
pića	**Getränke**
predjela	**Vorspeisen**
glavna jela	**Hauptgerichte**
desert	**Dessert**
Imate li nešto vegetarijansko?	**Haben Sie etwas Vegetarisches?**
Ne jedem meso	**Ich esse kein Fleisch**
vegetarijanac (m.)/ vegetarijanka (f.) sam	**Ich bin Vegetarier/-in**
veganska/vegetarijanska jela	**vegane/vegetarische Speisen**
alergičan (m.)/alerična (f.) sam na gluten/pšenicu/kravlje mljeko	**Ich habe eine Allergie gegen Gluten/ Weizen/Kuhmilch**
organski uzgoj	**Bio-Anbau**
kava za van	**coffee to go**
dio za (ne-)pušače	**(Nicht-)Raucherbereich**

SPEISEKARTE

riba	**Fisch**
riblja juha	**Fischsuppe**
riblji pladanj	**Fischplatte**
bakalar	**Kabeljau**
cipal	**Meeräsche**
dagnje	**Miesmuscheln**
hlap	**istrischer schwarzer Hummer**
hobotnica	**Krake**
inćun	**Sardelle**
jastog	**Hummer/Languste**
kozice	**Garnelen**
lignje	**Tintenfisch**

list	**Seezunge**
losos	**Lachsforelle**
luben	**Barsch**
morski plodovi	**Meeresfrüchte**
orada	**Goldbrasse**
oštrige/kamenice	**Austern**
pastrva	**Forelle**
rak	**Krebs**
sipa	**Tintenfisch**
skuša	**Makrele**
srdela	**Sardine**
tuna	**Thunfisch**
škampi	**Scampi, Kaisergranat**
školjke	**Muscheln**
tuna	**Tunfisch**
zubatac	**Brasse**
meso	**Fleisch**
perad	**Geflügel**
kobasice	**Würstchen**
govedina	**Rindfleisch**
janjetina	**Lammfleisch**
teletina	**Kalbfleisch**
svinjetina	**Schweinefleisch**
piletina	**Hühnchen**
mješano meso	**gemischte Fleischplatte**
pljeskavica	**Hacksteak**
čevapčići	**Hackfleischbällchen**
dodaci	**Beilagen**
blitva	**mangold**
riža	**Reis**
krumpir	**Kartoffeln**
pomfrit	**Pommes Frites**
mješana salata	**gemischter Salat**
zelena salata	**grüner Salat**
kruh	**Brot**
umak	**Sauce**
sol	**Salz**
papar	**Pfeffer**
ocat	**Essig**
ulje / maslinovo ulje	**Öl / Olivenöl**

GELD	
banka	**Bank**
mjenjačnica	**Wechselstube**
tečajna lista	**Wechselkurs**
provizija	**Provision**
novac	**Geld**
(samo) gotovina	**(nur) Bargeld**
plaćanje gotovinom	**Barzahlung**

kreditna karta	**Kreditkarte**
bankomat	**Geldautomat**
tipkovnica	**Tastenfeld**
zaslon	**Bildschirm**

TELEKOMMUNIKATION/POST

telefonska kartica	**Telefonkarte**
SIM kartica	**SIM-Karte**
mobilni uređaj	**mobiles Endgerät**
pametni telefon/smartphone	**Smartphone**
mobilni telefon/mobitel	**Handy**
fiksni telefon	**Festnetztelefon**
pristup internetu	**Internetzugang**
surfanje uz bonove	**mit Prepaid-Karte im Internet surfen**
tarifna opcija	**Tarifoption**
društvene mreže	**Social Media**
poštanska marka	**Briefmarke**
razglednica	**Postkarte**

TELEKOMMUNIKATION · POST

Telefon

Das **Mobilfunknetz** in Kroatien und Slowenien ist sehr gut ausgebaut. Da beide Länder zur Europäischen Union gehören, werden keine Roaming-Gebühren mehr fällig. Wer sich allerdings dauerhaft im EU-Ausland aufhält, kann von seinem Mobilfunk-Anbieter dennoch zur Kasse gebeten werden. Guthabenkarten für Handys (Bon za mobitel) sind eine Alternative.
Öffentliche Telefonzellen (Javna telefonska govornica) sind, wie anderswo in Europa auch, sehr selten geworden.

Internet

Wer mit Smartphone, Tablet oder Laptop unterwegs ist: **Prepaid-Karten** für das Internet (Internet SIM kartica) kroatischer Anbieter sind eventuell günstiger, können aber nicht zum Telefonieren verwendet werden. Guthabenkarten für das Internet (Bon za surfanje) sind am Kiosk oder in Postämtern erhältlich. Touristentarife ohne Vertragsbindung können tage- oder wochenweise aktiviert werden.
WLAN-Verbindungen gibt es in vielen Innenstädten (z. B. Rijeka), Marinas, Jachthäfen, Hotels und Cafés, teilweise sogar kostenlos. Öffentliche Internetcafés und Computerterminals in Hotels sind eine Alternative, um im Internet zu surfen.

Post Postämter (Pošta) erkennt man in **Kroatien** an gelben Schildern mit blauem HPT-Logo. Eine Postkarte (Razglednica) ins europäische Ausland kostet derzeit 1,14 €. Briefmarken (Poštanska markica) erhält man in Postämtern, in Souvenirläden und am Kiosk. Postämter sind in der Regel werktags zwischen 7 und 19 Uhr geöffnet, in kleineren Orten nur am Vormittag.
In **Slowenien** weist ein PIT-Schild auf das Postamt (Pošta) hin. Auf eine Postkarte (Dopisnica) gehört eine Briefmarke (Znamka) im Wert von derzeit rund 1,50 €.

VERKEHR

Dokumente Ausländische **Führerscheine** werden anerkannt, die Zulassungsbescheinigung ist mitzuführen. Die **Grüne Versicherungskarte** wird in anderen EU-Ländern zwar nicht benötigt, die Automobilclubs empfehlen das Mitführen dennoch.

Verkehrs-regeln In Kroatien und Slowenien gelten folgende **Höchstgeschwindigkeiten**: Auf Autobahnen 130 km/h, auf Kraft- und Schnellstraßen 110 km/h bzw. in Slowenien 100 km/h, auf Landstraßen 90 km/h, innerhalb geschlossener Ortschaften 50 km/h. In Slowenien muss ganzjährig mit Abblendlicht gefahren werden, in Kroatien gilt diese Vorschrift nur im Winterhalbjahr. **Winterreifen** sind in Slowenien vom 15. November bis 15. März Pflicht. In beiden Ländern sind maximal 0,5 Promille am Steuer erlaubt.
Verbandskasten, Warndreieck und Warnwesten (für alle Insassen) müssen im Wagen sein. In Kroatien ist außerdem ein Ersatzlampenset erforderlich, ausgenommen sind Xenon- und LED-Leuchten. Linienbusse haben Vorrang, Schulbusse dürfen beim Ein- und Aussteigen von Passagieren nicht überholt werden. Der Blinker muss während des gesamten Überholvorgangs eingeschaltet bleiben. Am Steuer darf nur mit Freisprechanlage telefoniert werden.

Parken Von Juni bis September muss in touristischen Orten überall mit Parkgebühren gerechnet werden, daher empfiehlt es sich, Kleingeld bereitzuhalten für die Parkautomaten. Park-Apps funktionieren ebenfalls. Falschparker werden gerne abgeschleppt oder durch eine Wegfahrsperre am Wegfahren gehindert. Bekommt man ein Knöllchen, erledigt sich das nicht mit der Ausreise: Einige kommunale Parkplatz-Betreiber (z. B. Pula Parking) lassen Forderungen aus Parkverstößen auch in Deutschland und Österreich eintreiben. Behindertenparkplätze sind in der Regel überall vorhanden.

VERKEHR

MIETWAGEN

AVANTCAR (SLOWENIEN)
Tel. 01 589 08 50
www.avantcar.si

AVIS
www.avis.de

ENTERPRISE
www.enterprise.de

EUROPCAR
www.europcar.de

HERTZ
www.hertz.de

ORYX (KROATIEN)
Tel. 01 290 03 33
www.oryx-rent.hr

SIXT
www.sixt.de

AUTOMOBILCLUBS

ADAC
Tel. 0049 89 22 22 22
ADAC-Notruf in Zagreb
(dspr.) Tel. 01 3 44 06 66
www.adac.de

ACE-NOTRUFZENTRALE
Tel. 00 49 711 530 34 35 36
www.ace-online.de

ÖAMTC
Schutzbrief-Nothilfe
Tel. 00 43 1 25 120 00
www.oeamtc.at

ACS
Tel. 0041 44 283 33 77
www.acs.ch

PANNENHILFE

HAK (KROATIEN)
Tel. (00385) 1 1987
www.hak.hr

AMZS (SLOWENIEN)
Tel. 386 1987
www.amzs.si

BUS
▶ S. 326

BAHN
▶ S. 325

SCHIFF
▶ S. 326

Jeder Unfall sollte der Polizei gemeldet werden: Diese stellt eine **Schadensfeststellung** (kroat. Potvrda, slow. Potrdilo) aus, die bei der Ausreise vorgelegt werden muss. — Unfall

Die Kraftstoffpreise in Slowenien und Kroatien sind nahezu identisch oder ein wenig günstiger als in Deutschland. Das Tankstellennetz auf den Inseln ist mitunter recht dünn, lieber auf dem Festland nochmals volltanken! Tankstellen haben meist von 7 bis 20 Uhr geöffnet, in größeren Ortschaften länger, an Autobahnen rund um die Uhr. Elektroautos können zum Teil kostenlos an öffentlichen Ladestationen geladen werden; auch einige Hotels bieten diesen Service. — Benzin, Tankstellen

Straßenzustand	Die wichtigsten Straßen im Land sind meist in gutem, die Autobahnen in sehr gutem Zustand. **Fernab der Touristenpfade** sind die Straßen schlechter ausgebaut, auf den Inseln mitunter recht eng. Hier und im Hinterland gibt es auch abenteuerliche Schotterpisten mit tiefen Schlaglöchern. Die **Bora** kann eine Geschwindigkeit von bis zu 240 km/h erreichen, dann werden ganze Autobahnabschnitte und Brücken (oft für Gespannfahrer, aber auch Busse) gesperrt!
Mietwagen	Die **internationalen Autovermieter** haben auch in Kroatien und Slowenien Niederlassungen, hinzu kommen in größeren Städten und touristischen Zentren lokale Anbieter. Es genügt der nationale Führerschein sowie ein oder zwei Jahre Fahrpraxis (je nach Verleiher). Fahrer müssen in der Regel 21 Jahre alt sein. Für die Anmietung ist eine Kreditkarte erforderlich.
Busverbindungen	Die Busnetze sind in Kroatien und Slowenien landesweit sehr gut ausgebaut, die Tickets erschwinglich. Fahrpläne und Tickets gibt es auf den Webseiten der beiden größten Busbahnhöfe in Zagreb und Ljubljana sowie beim Busunternehmen Arriva, mit vielen innerkroatischen Verbindungen.
Bahnlinie	Vom slowenischen Divača führt eine Bahnlinie in Nord-Süd-Richtung über die Halbinsel nach Pula. Halte sind u. a. in Buzet, Hum, Pazin, Kanfanar und Vodnjnan, aber auch nach Triest.
Lokale Fähren	Fähren verbinden ganzjährig Festland und Inselwelt. Die staatliche **Reederei Jadrolinija** hat den Markt fest im Griff. Nur wenige lokale Linien werden von anderen Anbietern bedient. Unterschieden wird zwischen dem **Trajekt** (Autofähre) und dem schnelleren **Katamaran** (Personenfähre). Tickets sollten Sie im Juli und August schon vorab online erwerben. Die lokalen Fährlinien sind im Reiseführer bei der Beschreibung der jeweiligen Inseln aufgeführt.

REGISTER

BILDNACHWEIS

Adobe Stock/fotolia/Kaspars
  Grinvalds S. 237
Adobe Stock fotolia/Luftbildfotograf
  S. 317
Adobe Stock/fotolia/Aleš Nowák
  S. 50
Adobe Stock/fotolia/C. Schüßler
  S. 77
Bacher S. 300 links, 301 unten
Dumont Bildarchiv/Frank Heuer S. 2,
  3 oben u. unten, 5, 7, 8/9, 24/25,
  29, 37, 43, 61, 63, 66, 73, 80, 86,
  91, 93, 94/95, 101, 106, 112/113,
  121 unten, 125, 132/133, 136/137,
  146 oben u. unten, 151, 158, 180,
  190, 193, 197, 211, 215, 251, 253
  oben u. unten, 257, 262, 282, 299
  oben, 300 oben u. unten, 303, 318,
  U 7
Dumont Bildarchiv/Hans Madej S. 48,
  53, 55, 70, 162/163, 167, 274, 291,
  299 unten, 312, 314/315, 321
Dumont Bildarchiv/Ernst Wrba
  S. 234

getty images/andresr S. 17, 18
getty images/Jure Makovec S. 20/21
Glowimages/© Eye Ubiquitous S. 309
Glowimages/Hall S. 301 oben
Glowimages/Superstock
  S. 286 rechts
Frank Heuer/laif S. 15, 213
imago/blickwinkel S. 225,
imago/sepp spiegl S. 10 unten, 244
Istra/Infozentrum Istrien S. 10 oben
Karl Baedeker Verlag U 7
LookatSciences/laif S. 23
Martin/Le Figaro Magazine/laif
  S. 121 oben
Dorothea Schmid/laif S. 12/13, 27
Shutterstock/Flyoften S. 305
Shutterstock/meunierd S. 286 links
Shutterstock/Tjasa Janovljak
  S. 301 links
Shutterstock/YKD S. 265
Ernst Stankiewicz S. 266
Wagner S. 278/279
Titelbild: Frank Heuer/laif

VERZEICHNIS DER KARTEN UND GRAFIKEN

IMPRESSUM

Ausstattung:
91 Abbildungen, 23 Karten und
grafische Darstellungen, eine große
Reisekarte

Text:
Veronika Wengert

Bearbeitung:
Baedeker-Redaktion
(Miriam Muschkowski)

Kartografie:
Christoph Gallus, Hohberg;
Franz Huber, München
Klaus-Peter Lawall, Unterensingen
KOMPASS-Karten GmbH, A-6020
Innsbruck; MAIRDUMONT, D-73751
Ostfildern (Reisekarte)

3D-Illustrationen:
jangled nerves, Stuttgart

Infografiken:
Golden Section Graphics GmbH,
Berlin

Gestalterisches Konzept:
RUPA GbR, München

9., aktualisierte Auflage 2024
© MAIRDUMONT GmbH & Co KG;
Ostfildern

Trotz aller Sorgfalt von Redaktion und Autoren zeigt die Erfahrung, dass Fehler
und Änderungen nach Drucklegung nicht ausgeschlossen werden können.
Dafür kann der Verlag leider keine Haftung übernehmen. Infolge der Corona-
Pandemie kann es darüber hinaus zu kurzfristigen Geschäftsschließungen und
anderen Änderungen vor Ort gekommen sein.
Kritik, Berichtigungen und Verbesserungsvorschläge sind
jederzeit willkommen. Schreiben Sie uns, mailen Sie oder
rufen Sie an:

Baedeker-Redaktion
Postfach 3162, D-73751 Ostfildern
Tel. 0711 4502-262
www.baedeker.com
baedeker@mairdumont.com

BAEDEKER VERLAGSPROGRAMM

Viele Baedeker-Titel sind auch als E-Book erhältlich.

A
Ägypten
Algarve
Allgäu
Amsterdam
Andalusien
Australien

B
Bali
Baltikum
Barcelona

Belgien
Berlin · Potsdam
Bodensee
Böhmen
Bretagne
Brüssel
Budapest
Burgund

C
China

D
Dänemark
Deutsche
  Nordseeküste
Deutschland
Dresden
Dubai · VAE

E
Elba
Elsass · Vogesen
England

F
Finnland
Florenz
Florida
Frankreich
Fuerteventura

G
Gardasee
Golf von Neapel
Gomera
Gran Canaria
Griechenland

H
Hamburg
Harz
Hongkong · Macao

I
Irland
Island
Israel · Palästina

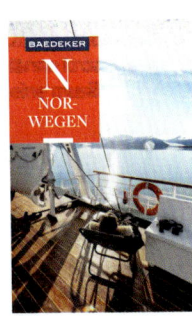

Meine persönlichen Notizen

Meine persönlichen Notizen